TRICK 17

BASTELN & DIY

SUSANNE PYPKE
JOHANNA RUNDEL

INHALT

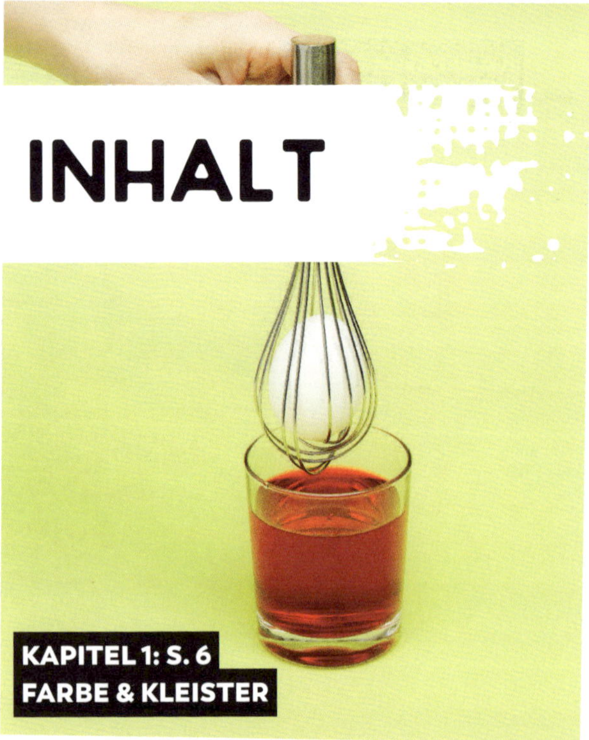

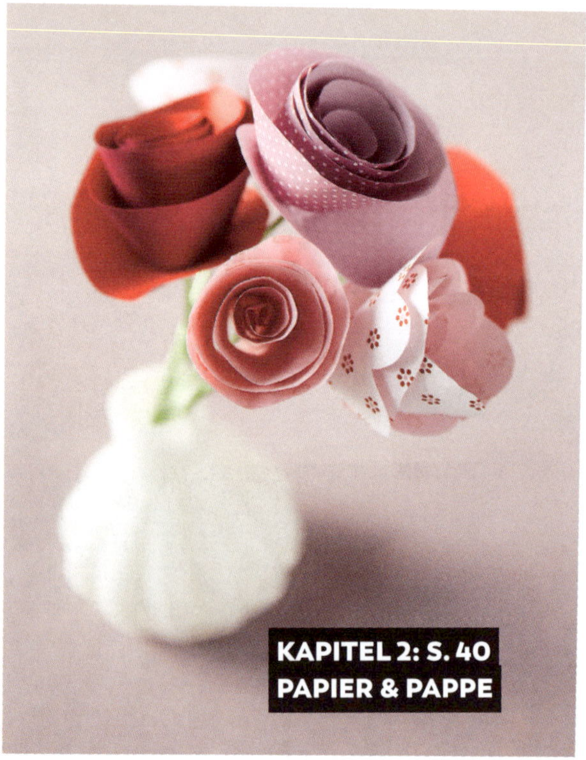

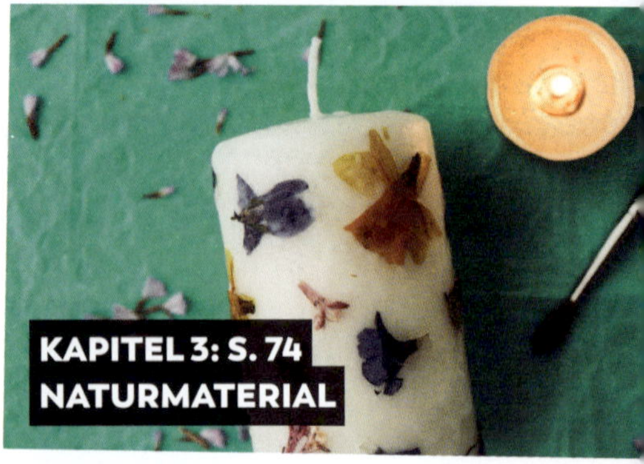

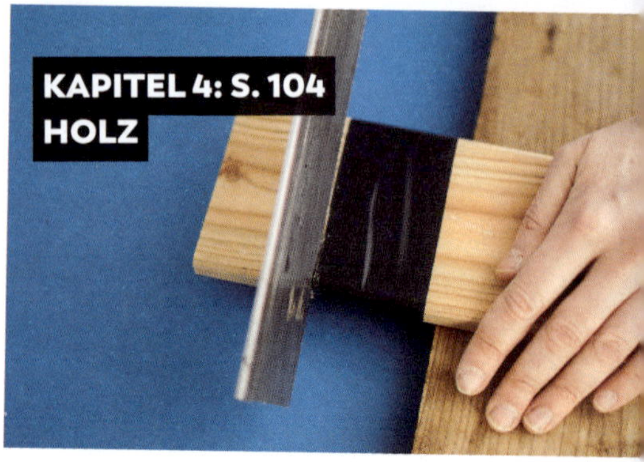

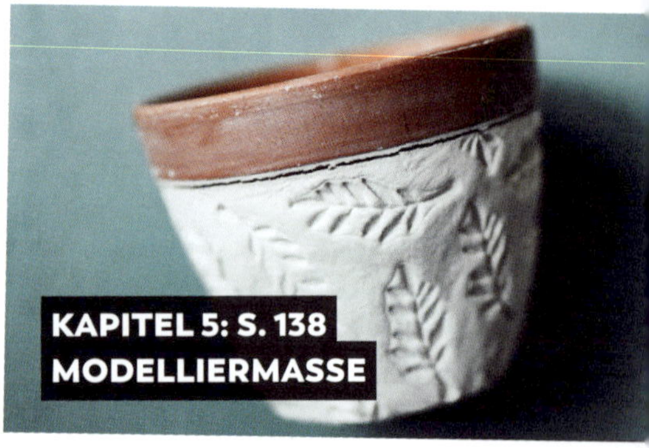

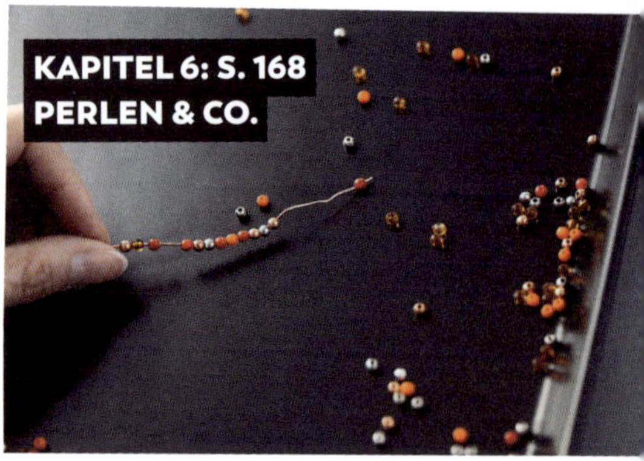

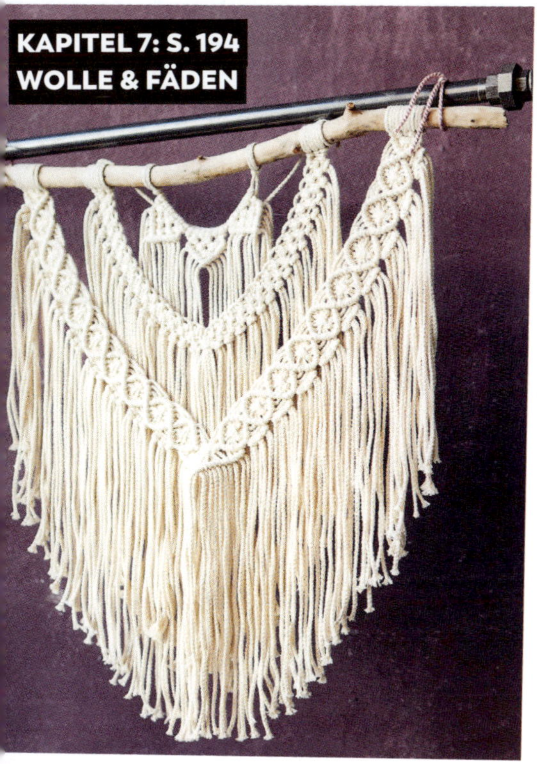

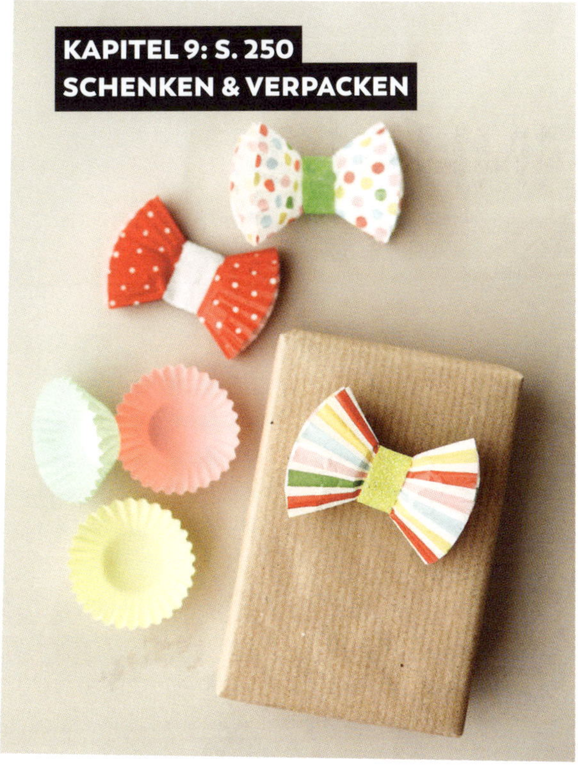

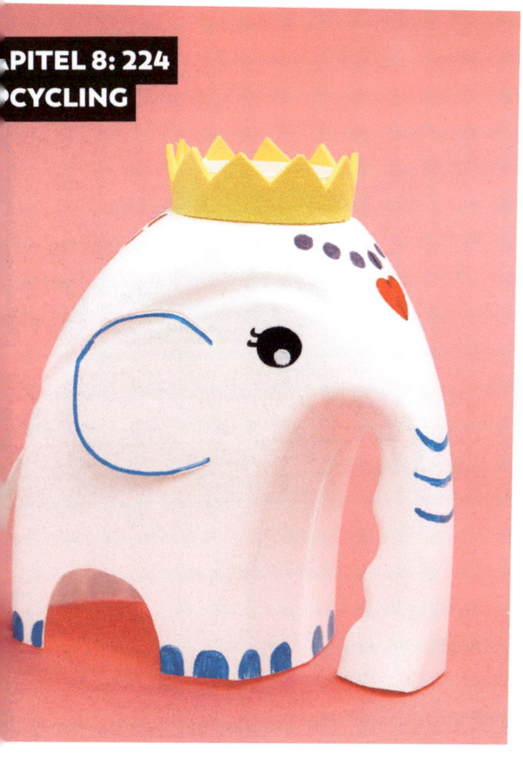

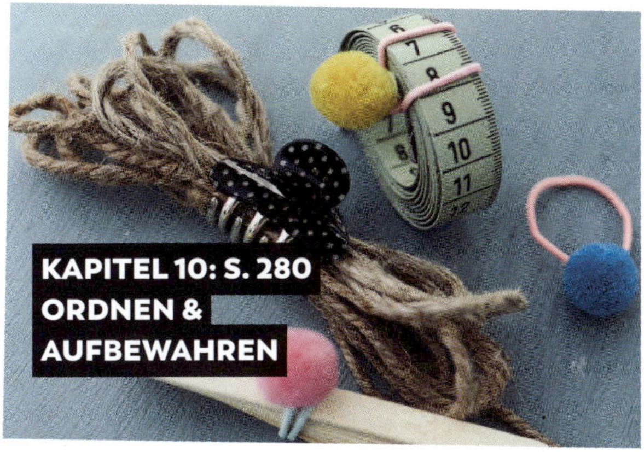

VORWORT

Du werkelst für dein Leben gern, kein DIY-Projekt ist vor dir sicher und am liebsten würdest du in deinen Bastelschrank einziehen? Oder du suchst nach einfachen Tipps, die dir als Anfänger weiterhelfen? Dann ist dieses Buch genau richtig für dich!

Als „professionelle“ Basteltanten beschäftigen wir uns seit Jahren tagtäglich mit den unterschiedlichsten Bastelmaterialien, Techniken und Werkzeugen. Unser geballtes Wissen und die besten Learnings aus über 45 Bastel- und Selbermach-Ratgebern, unseren DIY-Blogs, Workshops und TV-Shows geben wir jetzt mit Freude an dich weiter: in 222 genialen Hacks, Tricks, Tipps und tollen Projekten.

Damit du dich besser zurechtfindest, haben wir das Buch in zehn Kapitel unterteilt: Nach Werkstoffen wie Papier und Pappe, Wolle und Fäden oder Modelliermasse, aber auch nach Themen wie Upcycling, Ordnung und Aufbewahrung oder Schenken und Verpacken. So findest du, je nachdem, woran du gerade arbeitest, schnell und einfach die passenden Hacks. Umfangreiche Material- und Werkzeug-Checklisten und Tipps, wie du beim Material Geld sparen kannst, machen das Buch zum perfekten Nachschlagewerk für alle Bastelfans und die, die es noch werden wollen.

Aber jetzt genug geredet – legen wir los! Viel Spaß beim Basteln und Werkeln wünschen dir

Susanne **und** *Johanna*

Farbe & Kleister

Schluss für heute … Wenn du deine Malerarbeiten für eine Weile ruhen lässt, aber keine Lust hast, den Pinsel auszuwaschen, kannst du ihn einfach in einen deiner Einweg-Handschuhe einpacken! Nimm den Pinsel in die behandschuhte Hand und ziehe den Handschuh dann von der Hand über den Pinsel. Gummi drum und fertig!

Bei Maler- und Lackierarbeiten ist es sinnvoll, die Hände vor der Farbe zu schützen. Da sind Einweghandschuhe echt praktisch.

1

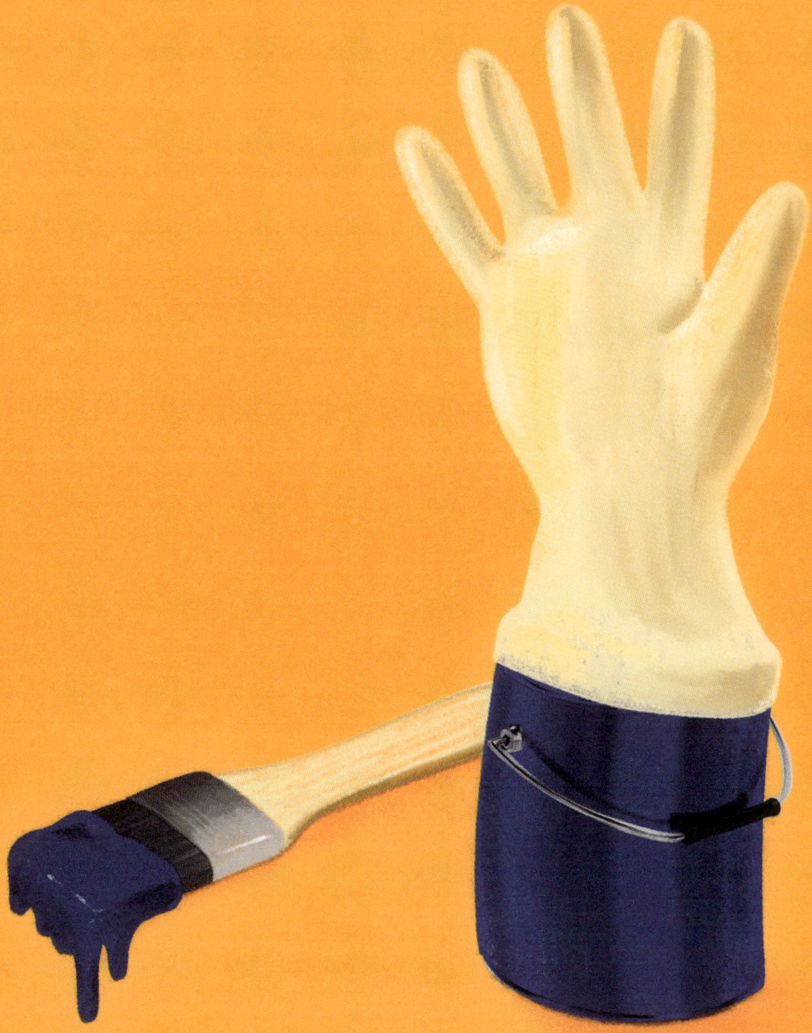

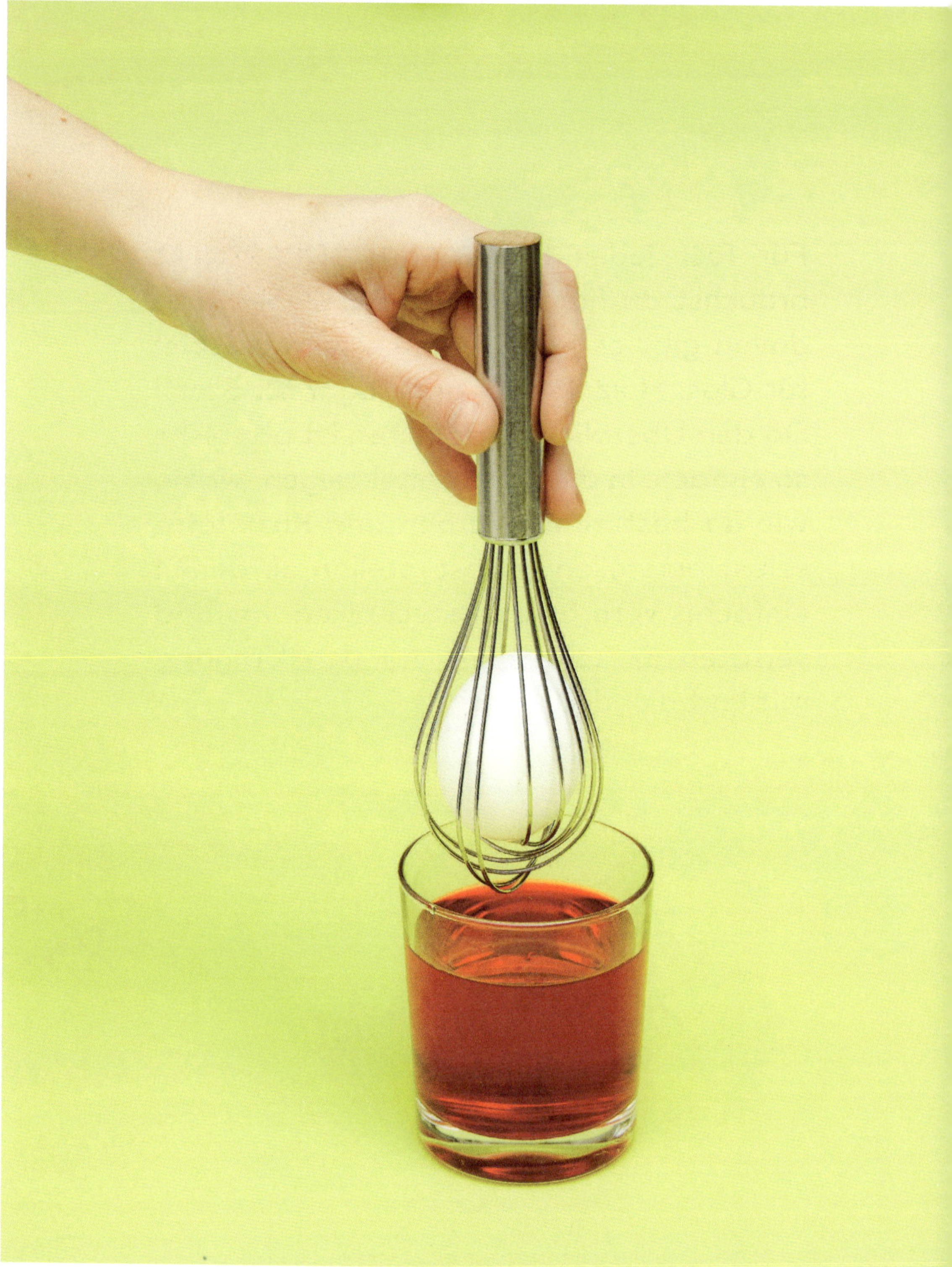

Für fast jedes Bastel- oder DIY-Projekt brauchst du Farben und/oder Kleber. Und davon gibt es jede Menge – zum Beispiel für Glas, Holz, Papier und sogar für Stoff! Da den Überblick zu behalten ist gar nicht so einfach. In diesem Kapitel zeigen wir dir, wie du bestimmte Farben und Klebstoffe selbst herstellen kannst, stellen dir genial einfache Verarbeitungstechniken vor und verraten dir tolle Tricks für den Umgang mit Farbe und Kleister.

2

MARMORIEREN MIT RASIERSCHAUM

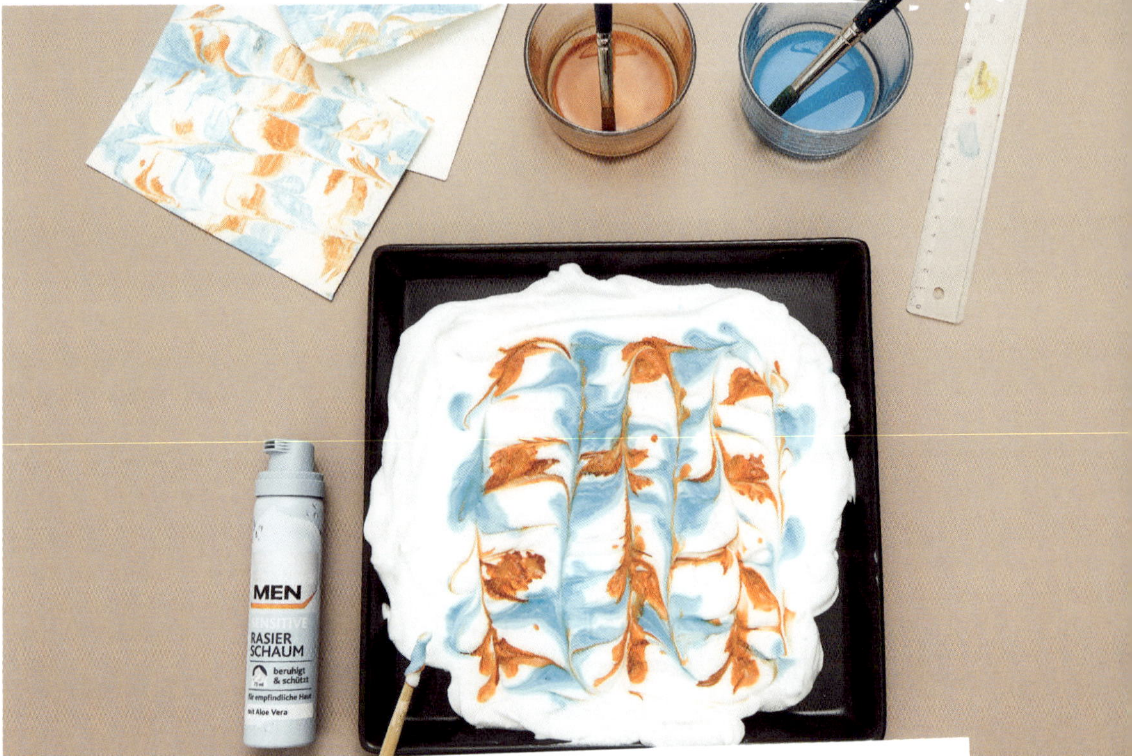

Marmorieren kann so einfach sein: Sprüh Rasierschaum auf einen Teller oder eine flache Schale und streiche ihn mit einem Lineal glatt. Gib dann flüssige Farbe (z. B. Aquarellfarbe, Tinte, verdünnte Acrylfarbe) auf den Schaum und male mit einem Holzstäbchen fantasievolle Muster hinein. Einen Bogen Papier, eine Karte oder einen Briefumschlag auflegen, wieder abziehen und den Schaum mit dem Lineal abstreifen. Tada, schon ist das Kunstwerk fertig!

Besser nicht übertreiben: Wenn du die Farben zu viel verziehst, vermischen sie sich zu einem unschönen Farbbrei.

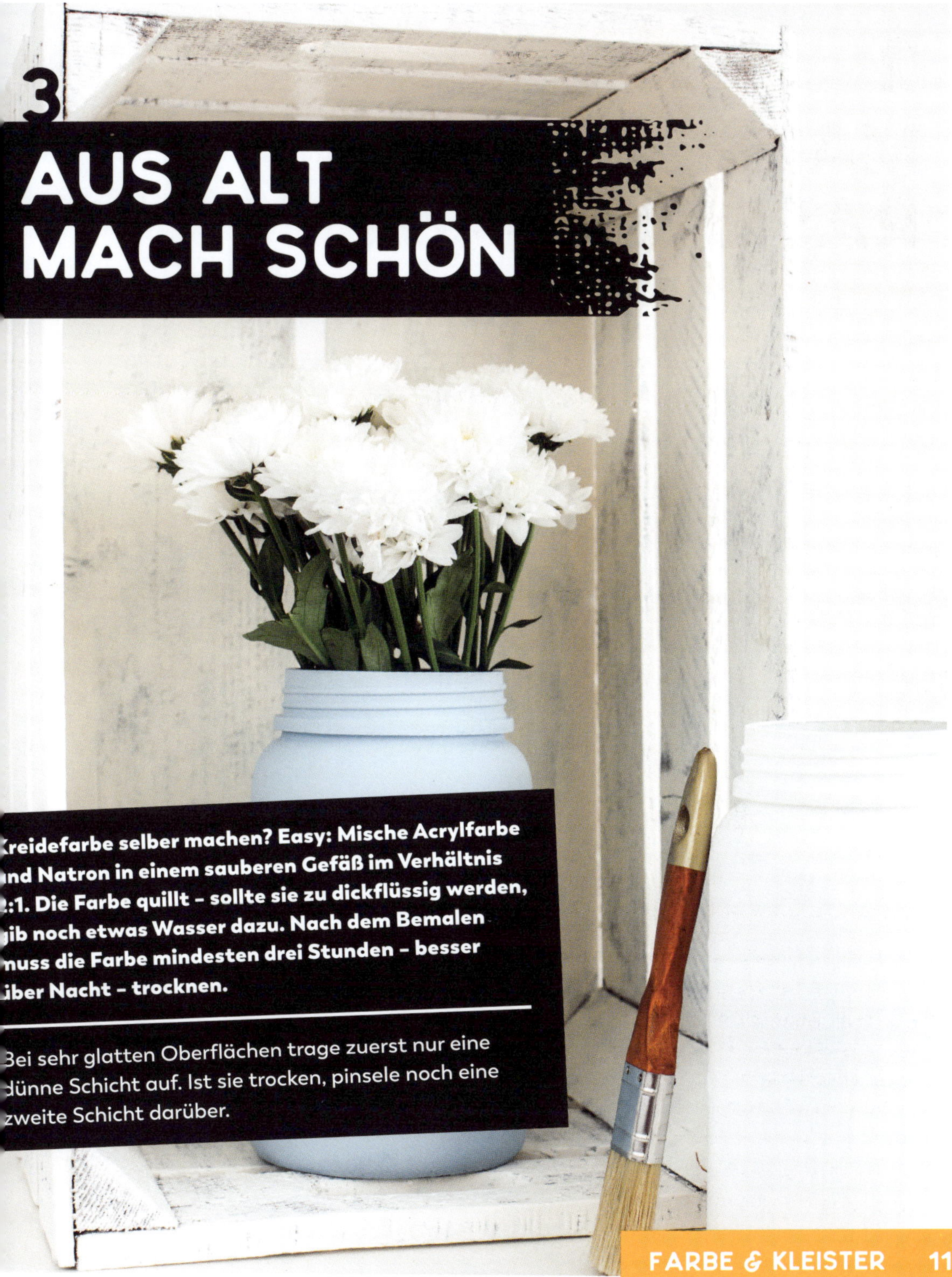

3

AUS ALT MACH SCHÖN

Kreidefarbe selber machen? Easy: Mische Acrylfarbe und Natron in einem sauberen Gefäß im Verhältnis 2:1. Die Farbe quillt – sollte sie zu dickflüssig werden, gib noch etwas Wasser dazu. Nach dem Bemalen muss die Farbe mindesten drei Stunden – besser über Nacht – trocknen.

Bei sehr glatten Oberflächen trage zuerst nur eine dünne Schicht auf. Ist sie trocken, pinsele noch eine zweite Schicht darüber.

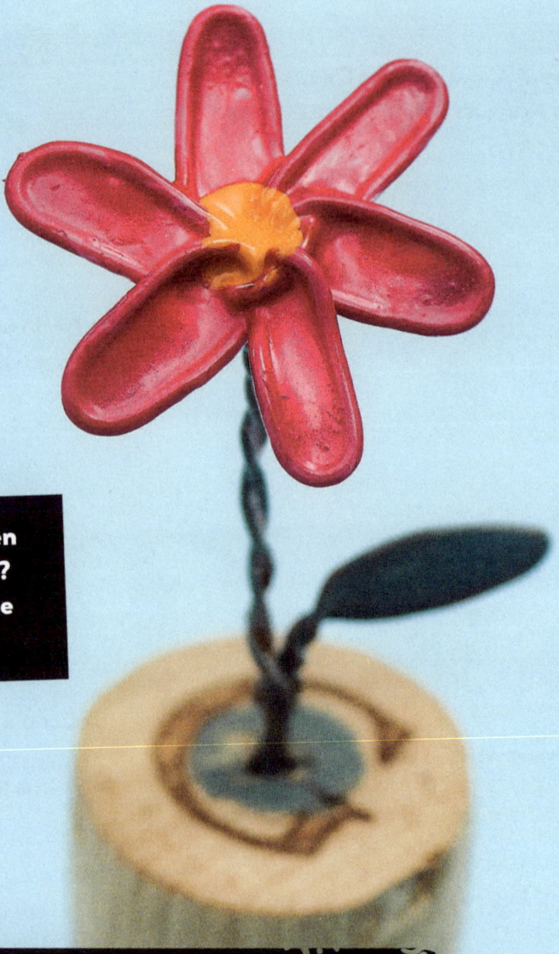

Du suchst nach einer kreativen Idee für deine Nagellackreste? Lass einfach eine kleine Blume aufblühen!

4 LACK-BLÜTEN

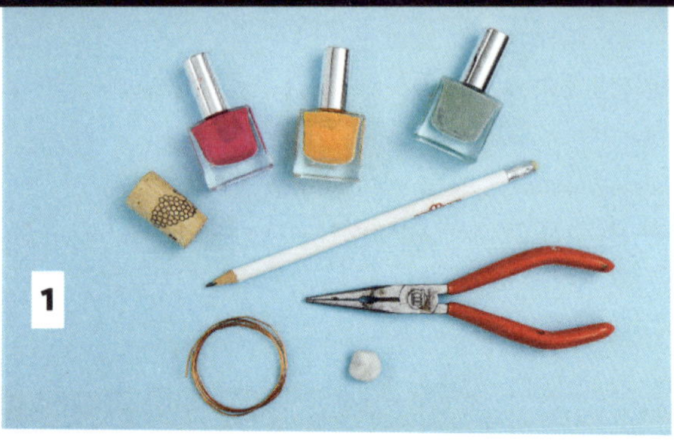

1

1 **Dazu brauchst du: Nagellack, dünnen Draht, runden Stift, kleine Zange, Knete, Weinkorken**

2 **Wickle einen 30 cm langen Draht fünf oder sechs Mal um den Stift und ziehe die Spirale ab.**

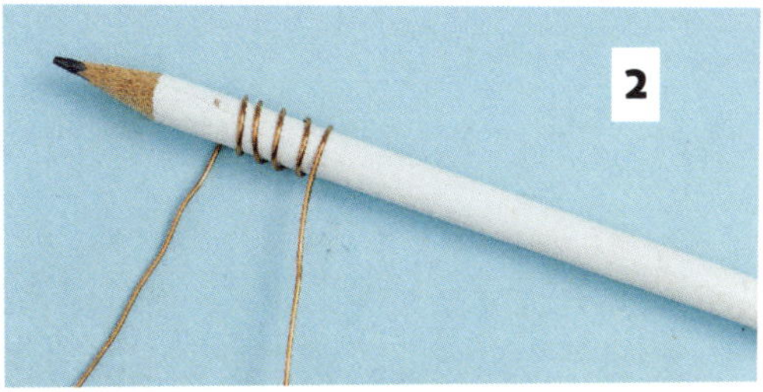

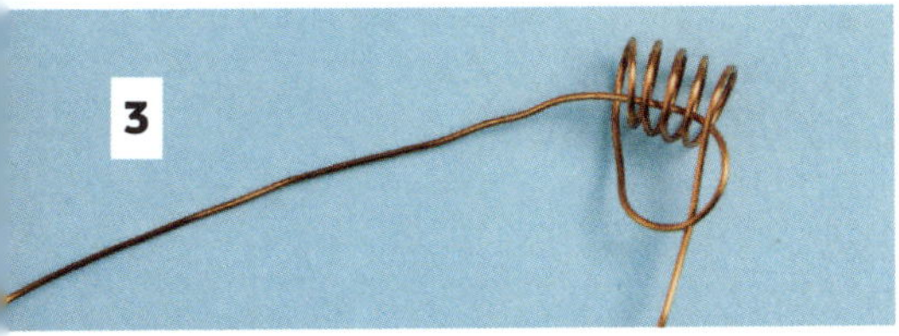

3 **Das Ende um den Anfang herumlegen und durch die Spirale ziehen.**

4 **Anfang und Ende fest miteinander verdrehen.**

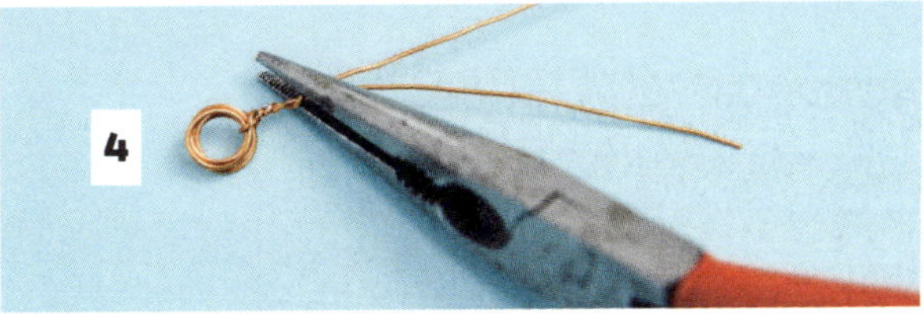

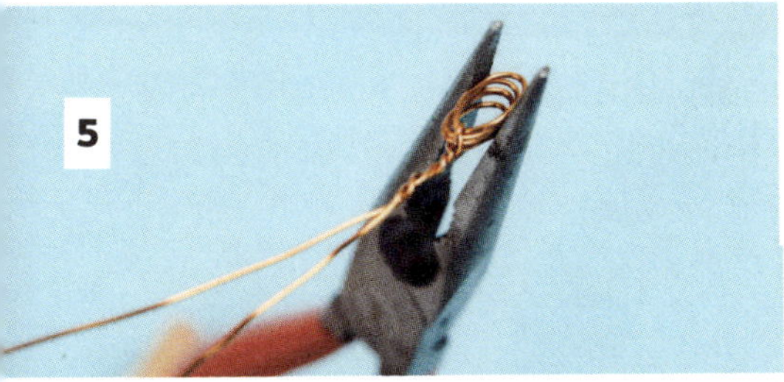

5 **Drücke die Ringe mit der Zange etwas zusammen, sodass ovale Blütenblätter entstehen.**

6 **Fächere die Blütenblätter auf und bestreiche sie satt mit Nagellack, bis sich eine Lackhaut spannt.**

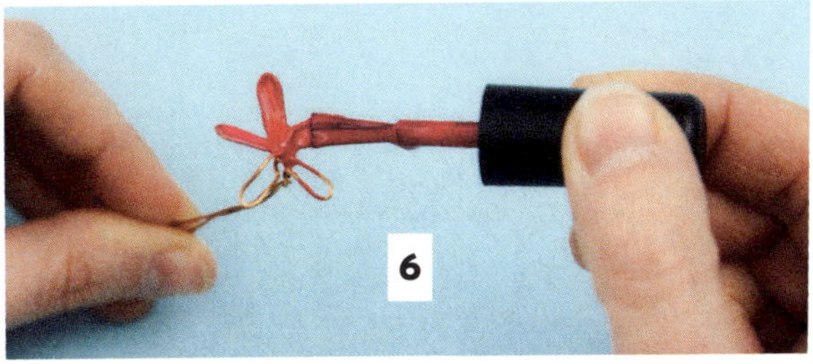

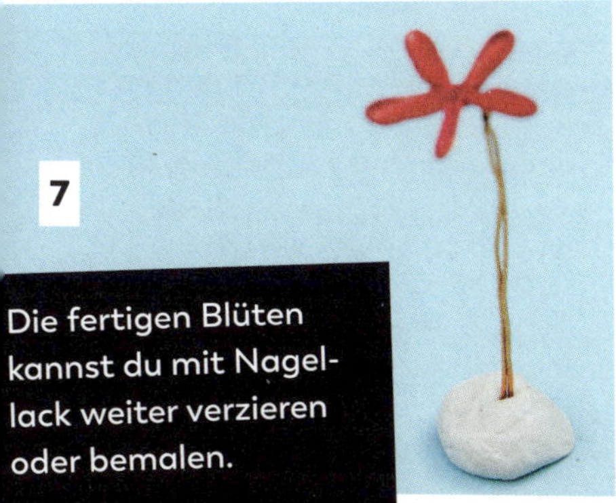

Die fertigen Blüten kannst du mit Nagellack weiter verzieren oder bemalen.

7 **Stell die Blüte zum Trocknen in die Knete.**

8 **Danach kannst du sie mit einem Blatt, das du nach dem gleichen Grundprinzip fertigst, in den Korken stecken.**

5

HANDGEMACHTE RELIEFPASTE

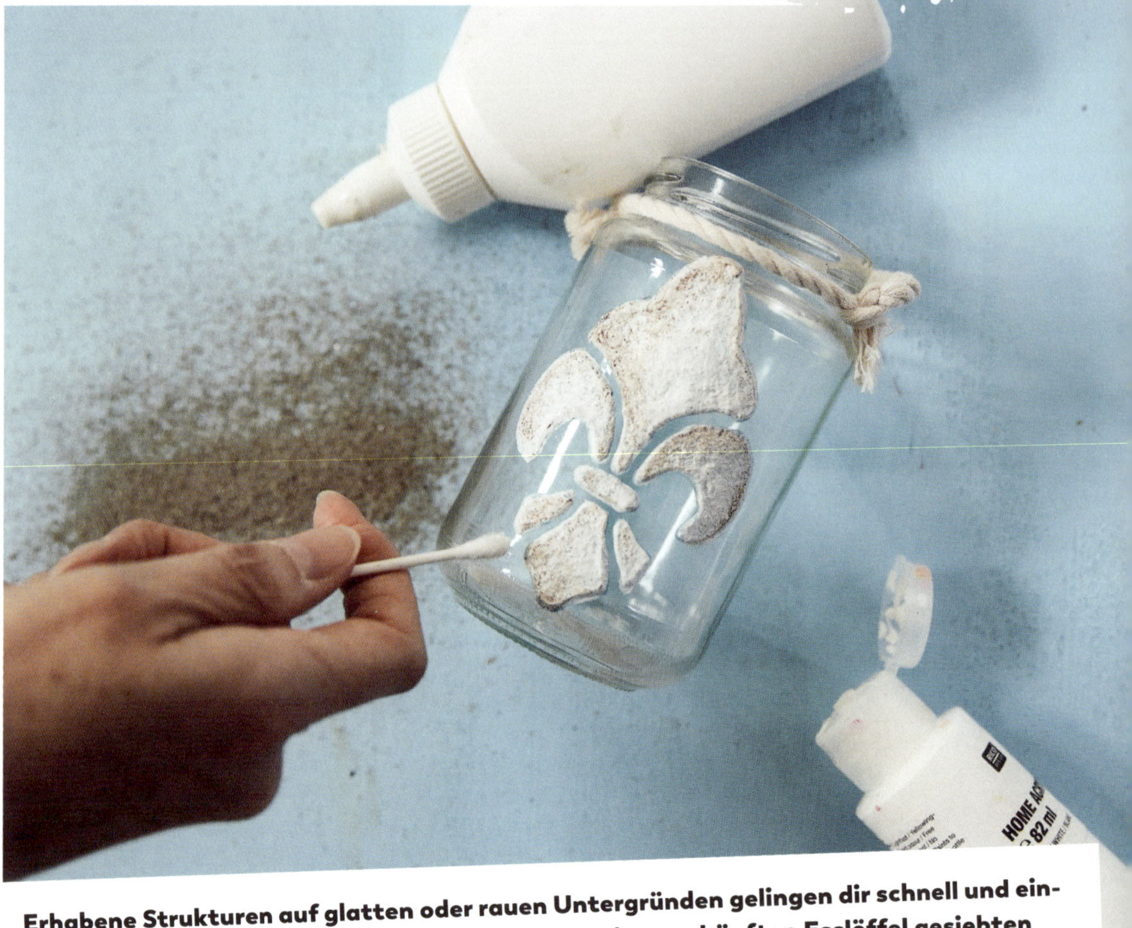

Erhabene Strukturen auf glatten oder rauen Untergründen gelingen dir schnell und einfach mit selbst gemachter Reliefpaste. Verrühre einen gehäuften Esslöffel gesiebten Sand, einen Esslöffel Holzleim, einen Esslöffel Farbe (z. B. Acrylfarbe oder Voll- und Abtönfarbe) und einen gehäuften Teelöffel Speisestärke zu einem pastösen Brei. Fertig!

Die Reliefpaste eignet sich hervorragend zum Schablonieren. Die Schablone mit einem Stupfpinsel ausstupfen und gleich abziehen, solange die Paste noch feucht ist.

6

RATZEFUMMEL-STEMPEL

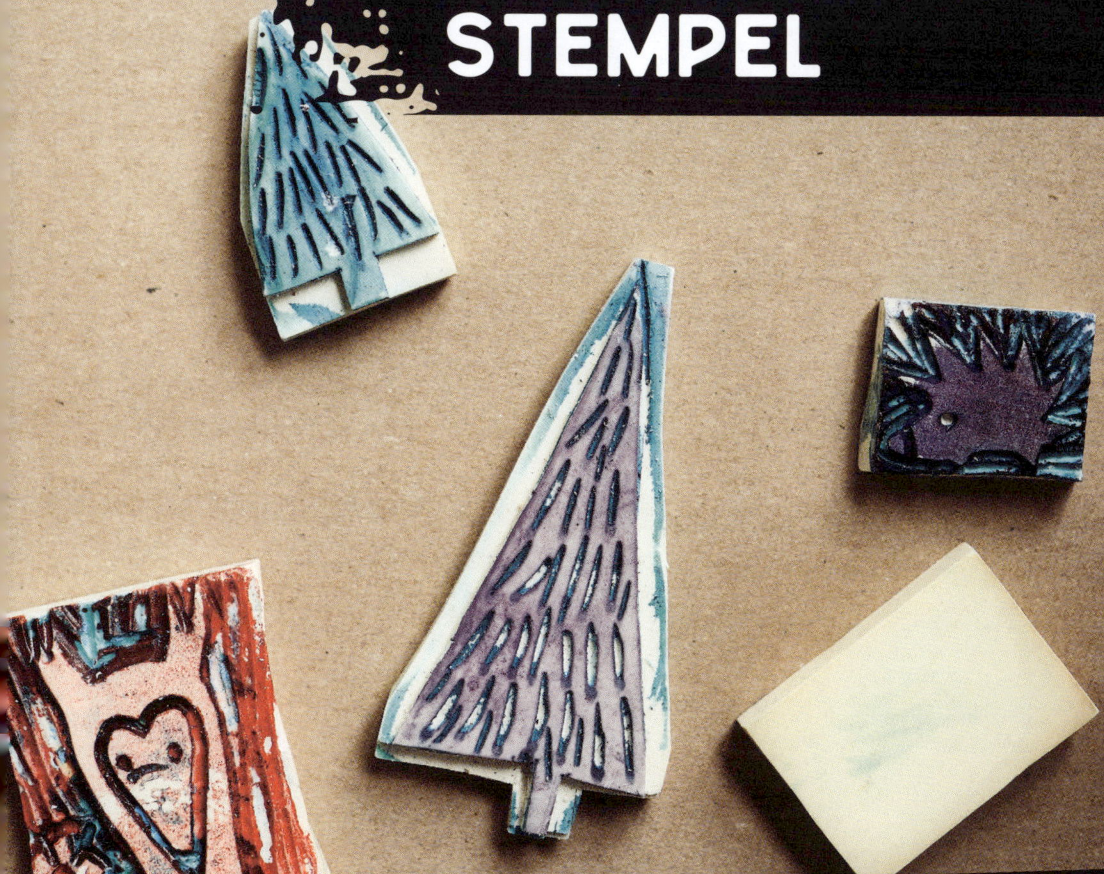

Zeichne mit dem Bleistift das Motiv auf dem Radiergummi vor. Entferne dann mit deinen Werkzeugen die Stellen, die später keine Farbflächen ergeben sollen (Negativräume). Zum Schluss schneidest du den Umriss nach und entfernst die äußeren Ränder. Der Stempel ist nun einsatzbereit!

Klappt am besten mit weißen Radiergummis. Die kleinen runden Radiergummi-Enden von Bleistiften eignen sich für Mini-Stempel.

7

SCHWAMM DRÜBER

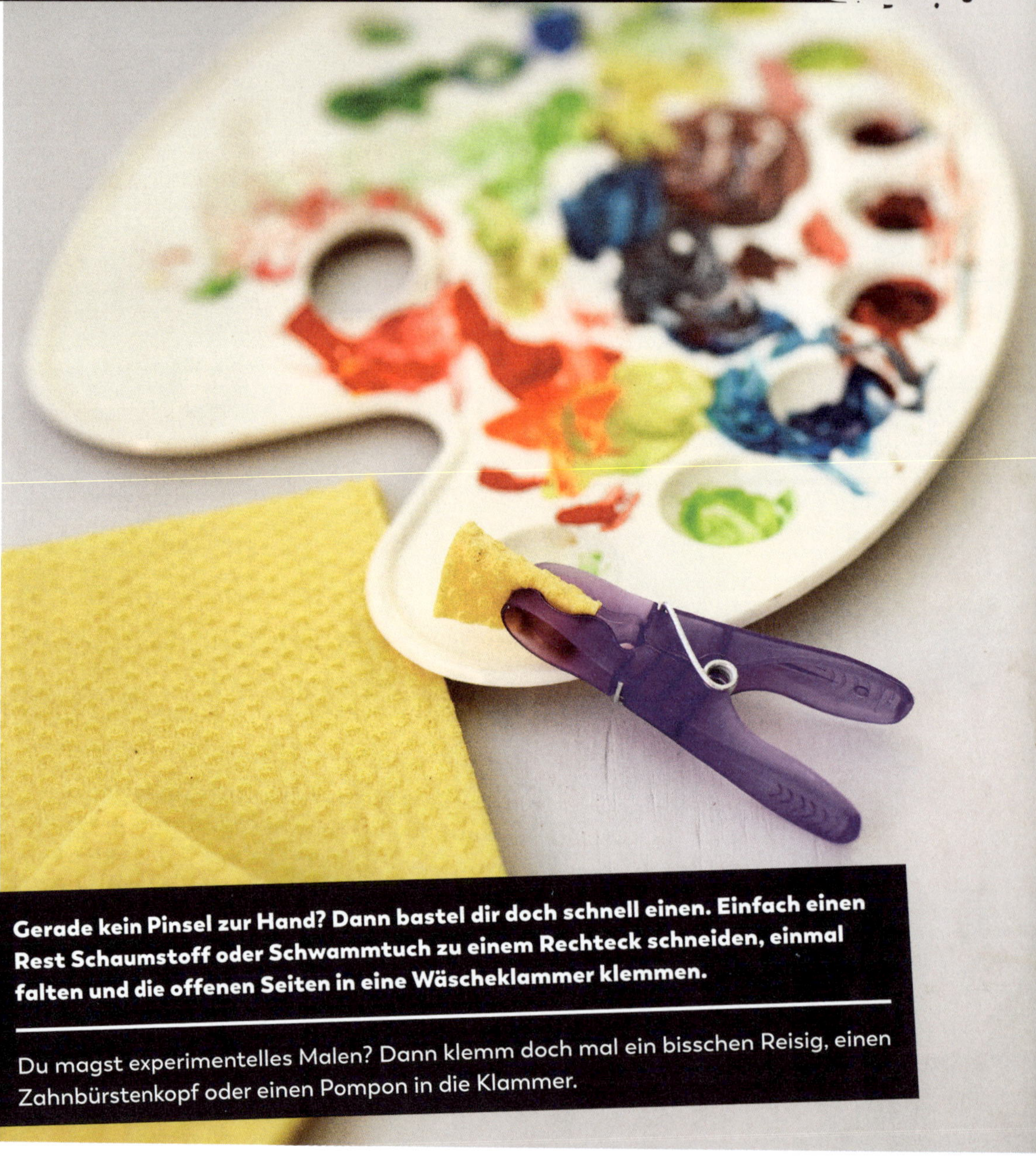

Gerade kein Pinsel zur Hand? Dann bastel dir doch schnell einen. Einfach einen Rest Schaumstoff oder Schwammtuch zu einem Rechteck schneiden, einmal falten und die offenen Seiten in eine Wäscheklammer klemmen.

Du magst experimentelles Malen? Dann klemm doch mal ein bisschen Reisig, einen Zahnbürstenkopf oder einen Pompon in die Klammer.

8

SCHRAUBENDECKEL

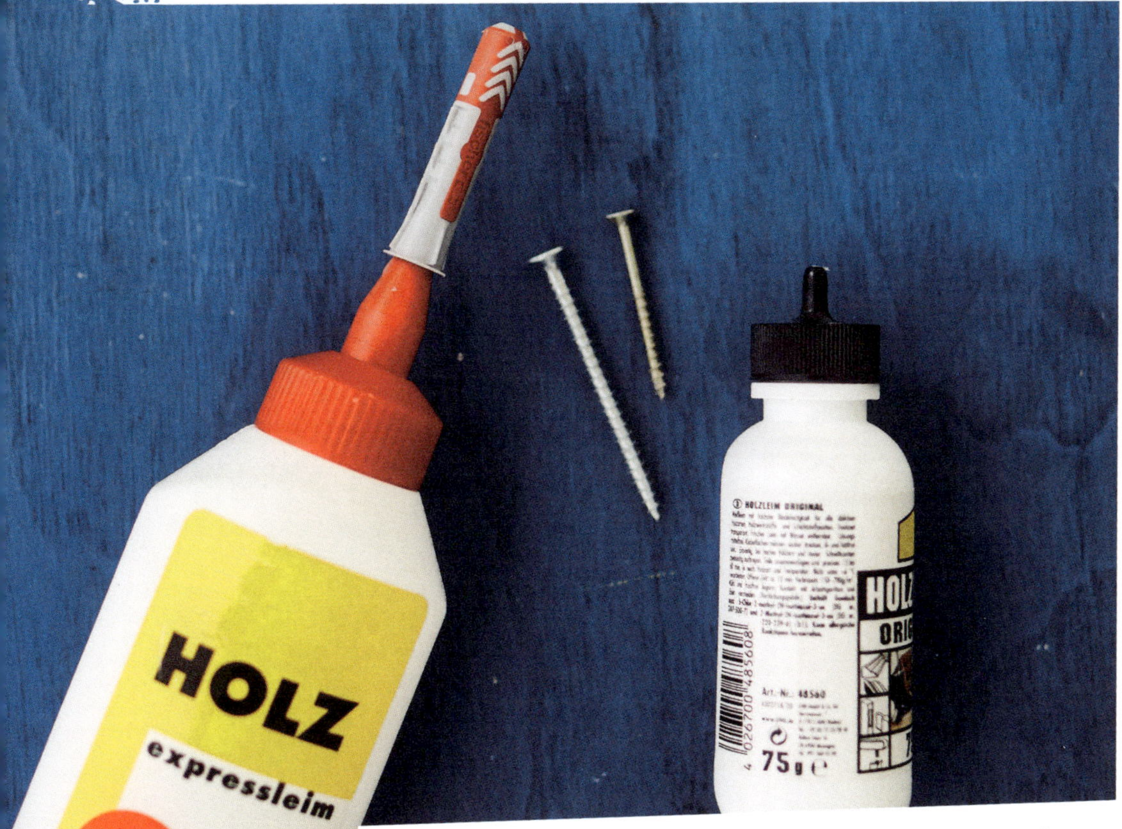

Wenn mal wieder der Deckel der Kleber- oder Leimflasche verschollen ist, kannst du stattdessen einfach eine passende Schraube oder einen Nagel hinein oder einen Dübel darauf stecken. Zur Sicherheit solltest du die Flasche jetzt aber nur noch stehend lagern.

Ist der Kleber schon eingetrocknet? Kein Problem, auf Seite 22 gibt es eine Anleitung für selbstgemachten Klebstoff!

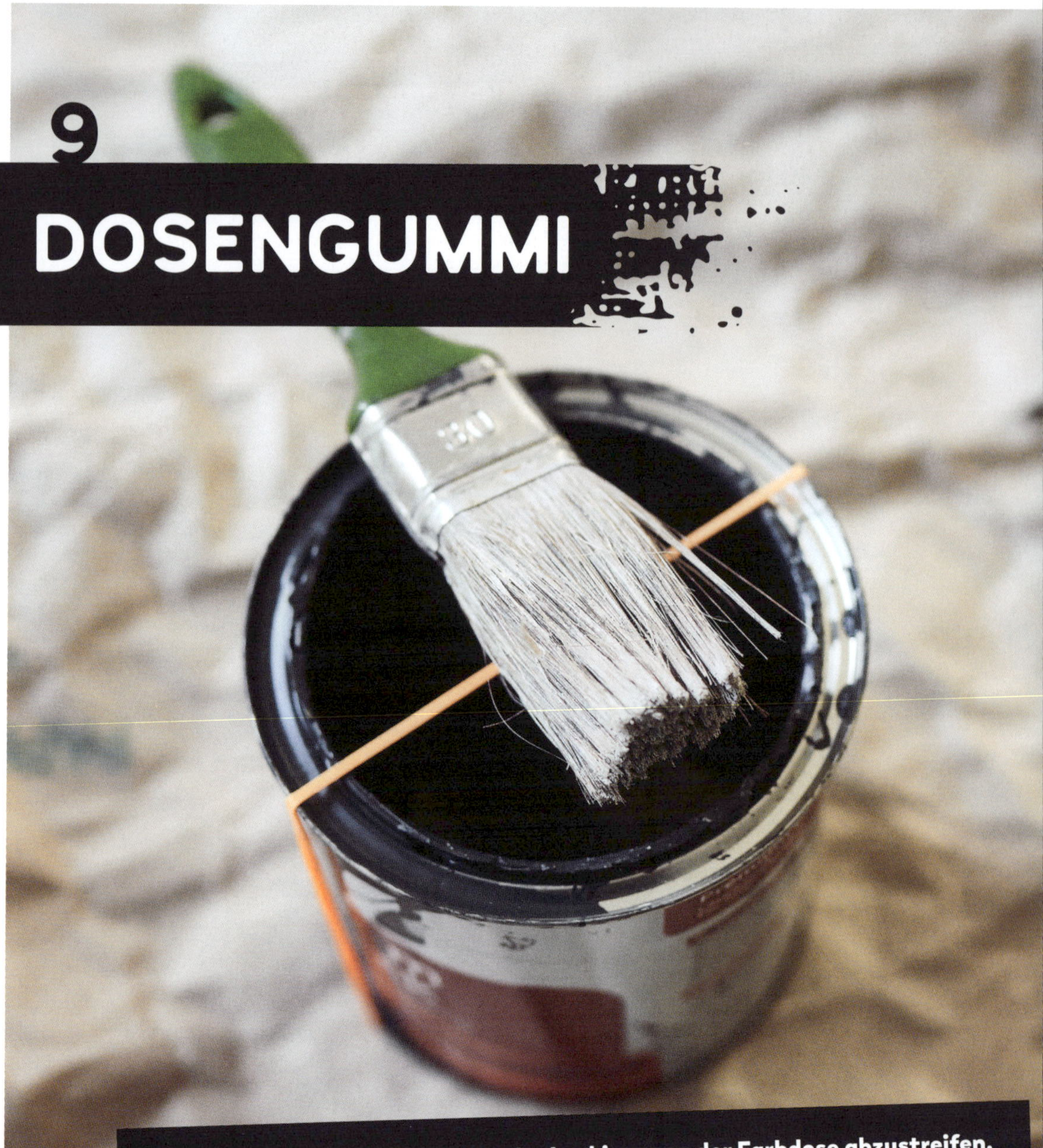

9

DOSENGUMMI

Statt deinen Pinsel beim Malen oder Lackieren an der Farbdose abzustreifen, kannst du einen großen, etwas breiteren Haushaltsgummi über die Dosenöffnung spannen und den Pinsel darüber abstreifen. So bleibt der Rand sauber und du kannst die Dose leicht wieder verschließen, ohne dass der Deckel später daran festklebt.

Das Gummiband eignet sich auch perfekt dazu, den Pinsel zwischendurch darauf abzulegen. Die Farbe tropft so einfach wieder zurück in die Dose.

10 NEVER-ENDING HEISSKLEBESTICK

Warum sind die Heißklebesticks immer genau dann zu Ende, wenn man mitten beim Kleben ist? Schluss damit! Erhitze einfach das Ende eines Sticks mit der Pistole und klebe den nächsten Stick dort an. Auf diese Weise kannst du einen unendlich langen Heißklebestick erzeugen!

Wenn du keinen Ständer für deine Heißklebepistole hast, nimm einfach eine große Fold-Back-Klammer, spreize sie auf und klemme die Pistolenspitze hinein.

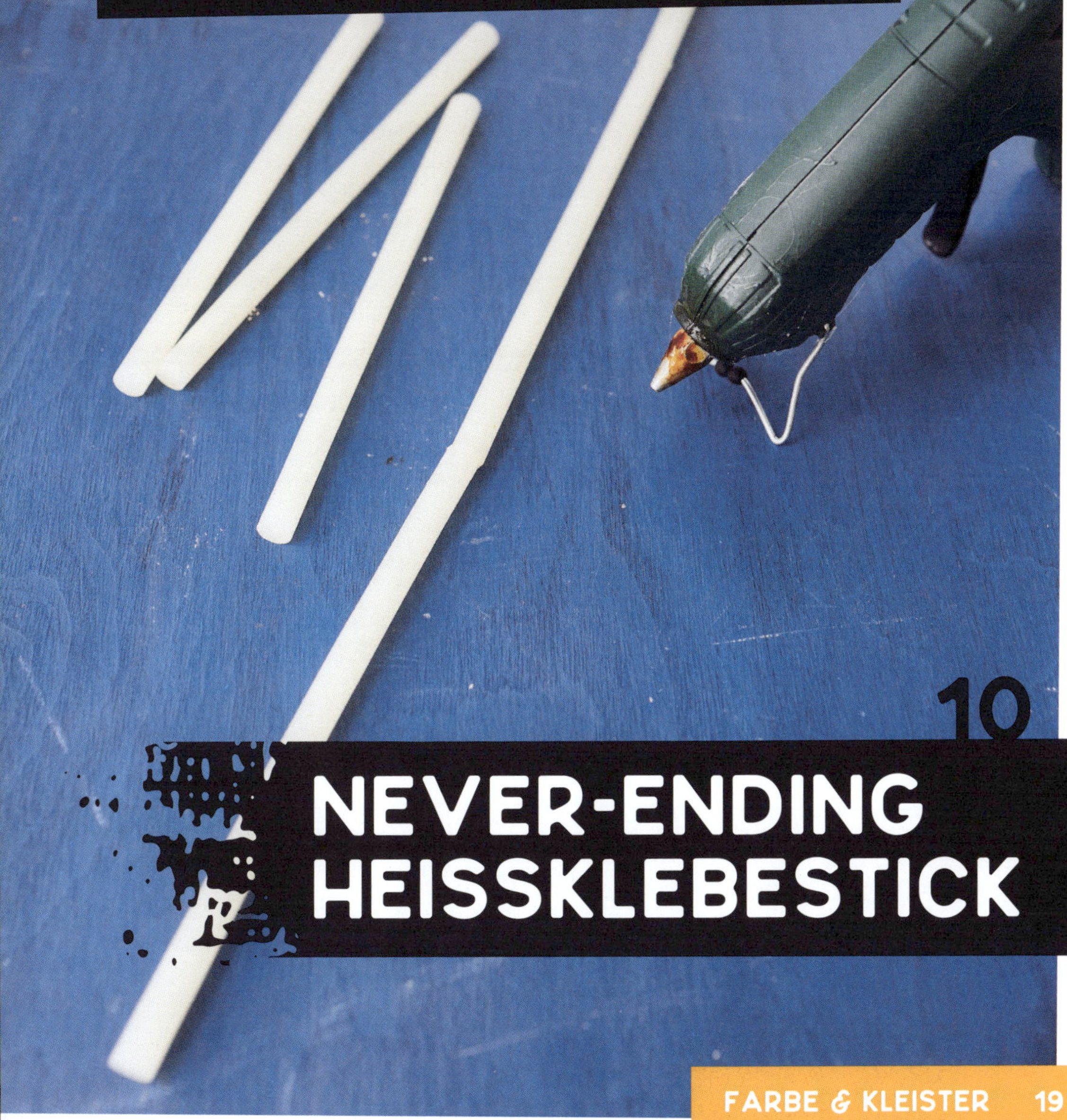

11 SPRAYBOX

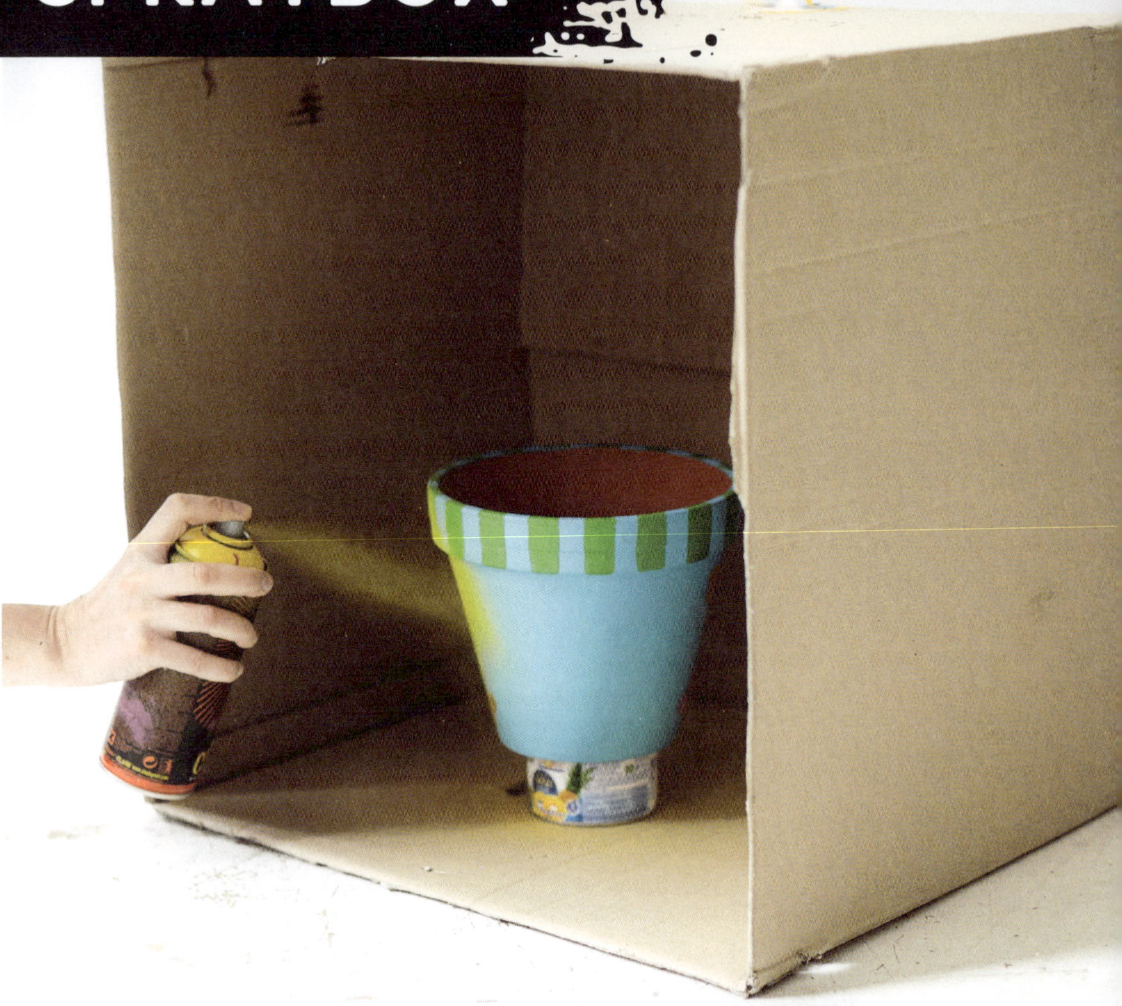

Stelle das Objekte, das du mit Farbe besprühen willst, in einen großen Karton. So kannst du die Farbe gleichmäßig auftragen, ohne dass der Sprühnebel die Umgebung einfärbt.

Wenn du das Objekt in dem Karton aufhängst, kannst du es drehen und in einem Durchgang rundum lackieren.

12

AUF TAUCHGANG

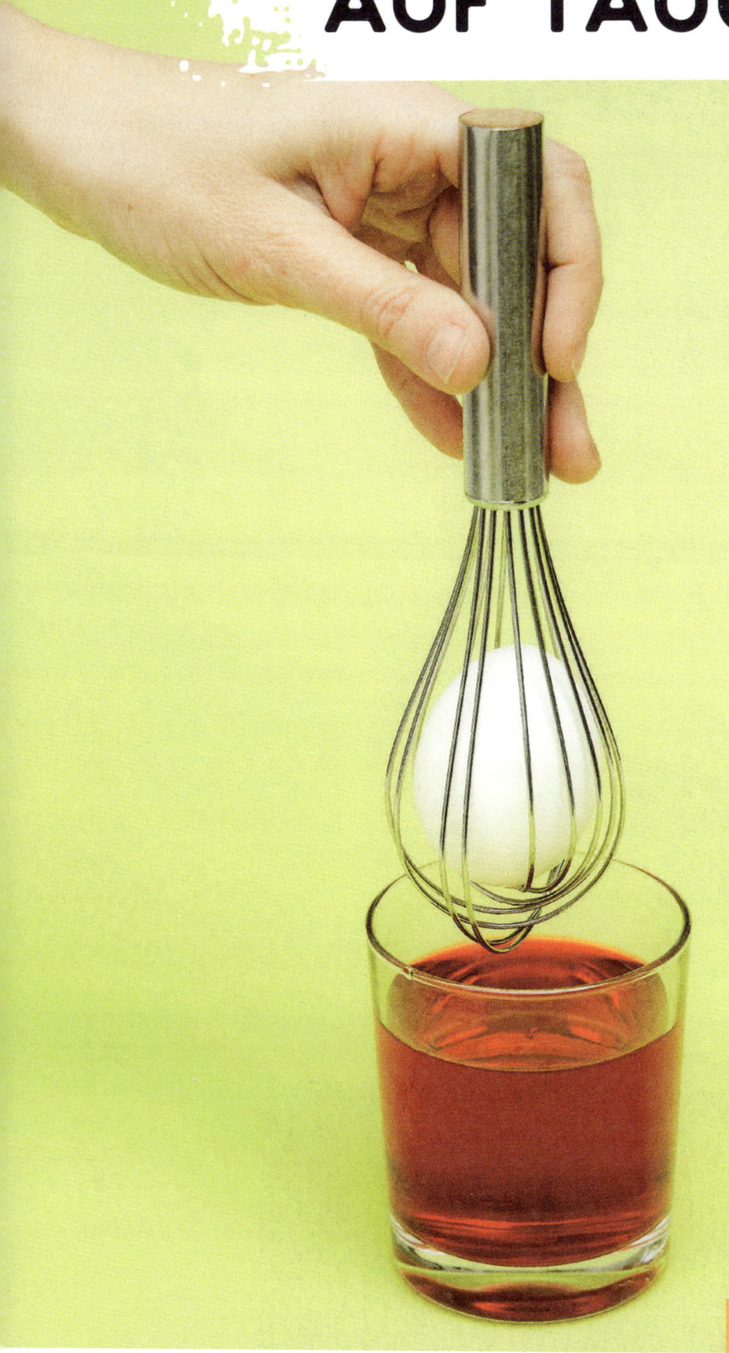

Mit dem Schneebesen wirkst du dem Auftrieb der ausgeblasenen Eier entgegen. Das Ei kriegt im Tauchkäfig überall Farbe ab. Und du bleibst sauber.

Der störende Aufdruck auf dem Ei lässt sich mit Essigessenz spurlos entfernen.

13

ALLES QUARK

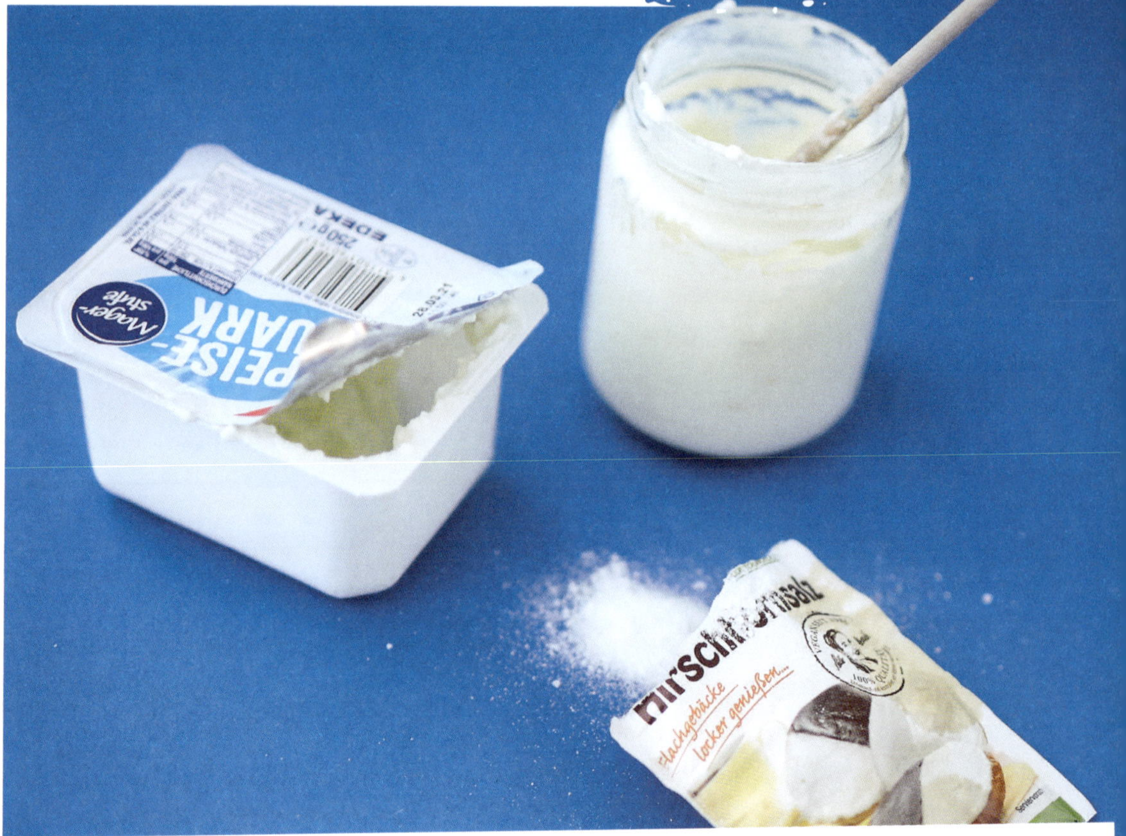

Löse einen halben Teelöffel Hirschhornsalz in einem Esslöffel warmem Wasser und verrühre die Lösung in einem Schraubglas mit 100 g Magerquark. So lange weiterrühren, bis der Quark aufhört zu schäumen und allmählich glänzend wird. Noch eine halbe Stunde stehen lassen, dann ist der Quark zu einem zähflüssigen Kaseinleim geworden. Er hat eine hohe Klebekraft (auch auf glatten Oberflächen) und ist nach dem Trocknen wasserunlöslich.

Du kannst den Quarkleim in einem verschlossenen Glas einige Tage im Kühlschrank aufbewahren.

14 STEMPELN OHNE GRENZEN

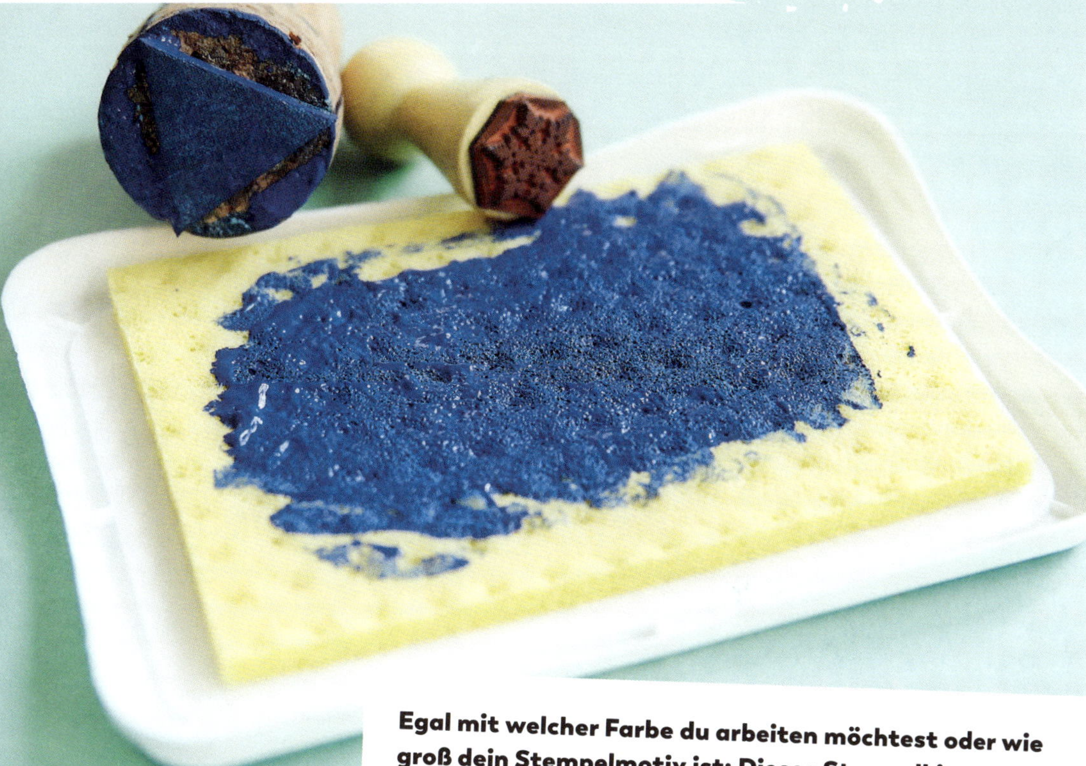

Egal mit welcher Farbe du arbeiten möchtest oder wie groß dein Stempelmotiv ist: Dieses Stempelkissen macht alles mit. Schneide ein Schwammtuch auf die passende Größe zu, feuchte es leicht an und leg es auf eine wasserdichte Unterlage. Dann gibst du die gewünschte Farbe darauf und arbeitest sie etwas in das Schwammtuch ein. Schon kann der Stempelspaß beginnen!

Ein feuchtes Schwammtuch ist auch ein super „Fußabstreifer“, um Stempel sauber zu machen.

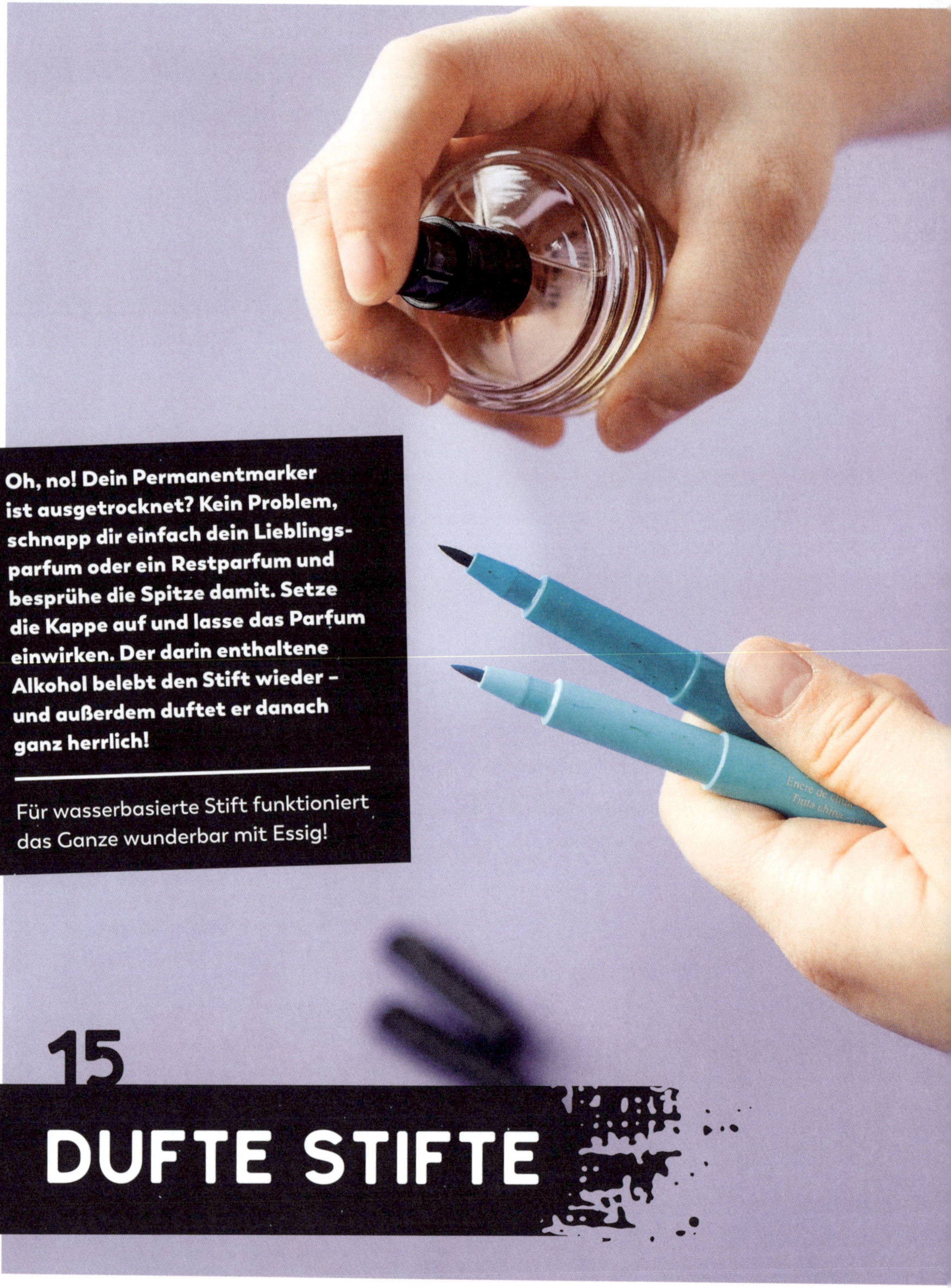

Oh, no! Dein Permanentmarker ist ausgetrocknet? Kein Problem, schnapp dir einfach dein Lieblingsparfum oder ein Restparfum und besprühe die Spitze damit. Setze die Kappe auf und lasse das Parfum einwirken. Der darin enthaltene Alkohol belebt den Stift wieder – und außerdem duftet er danach ganz herrlich!

Für wasserbasierte Stift funktioniert das Ganze wunderbar mit Essig!

15 DUFTE STIFTE

Ein Stück Klebeband macht's möglich! Fixiere es mit der Klebeseite nach oben auf der Arbeitsfläche. Kleinteile zum Bemalen einfach darauf andrücken. So bleiben deine Finger garantiert sauber.

Du kannst auch Knete verwenden, um kleine Teile beim Bemalen und Trocknen zu halten.

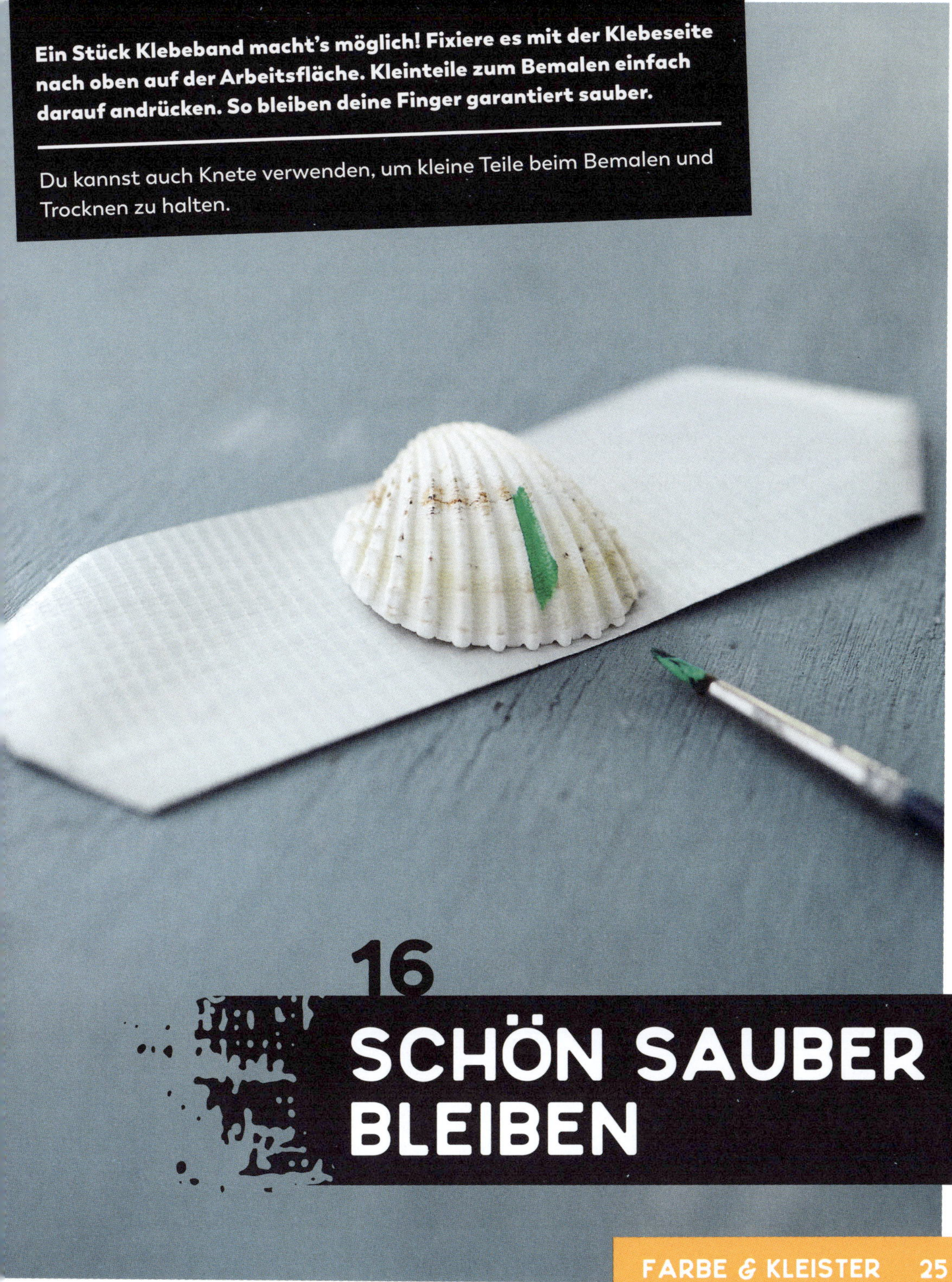

16 SCHÖN SAUBER BLEIBEN

17

NAGELLACK-MARMOR

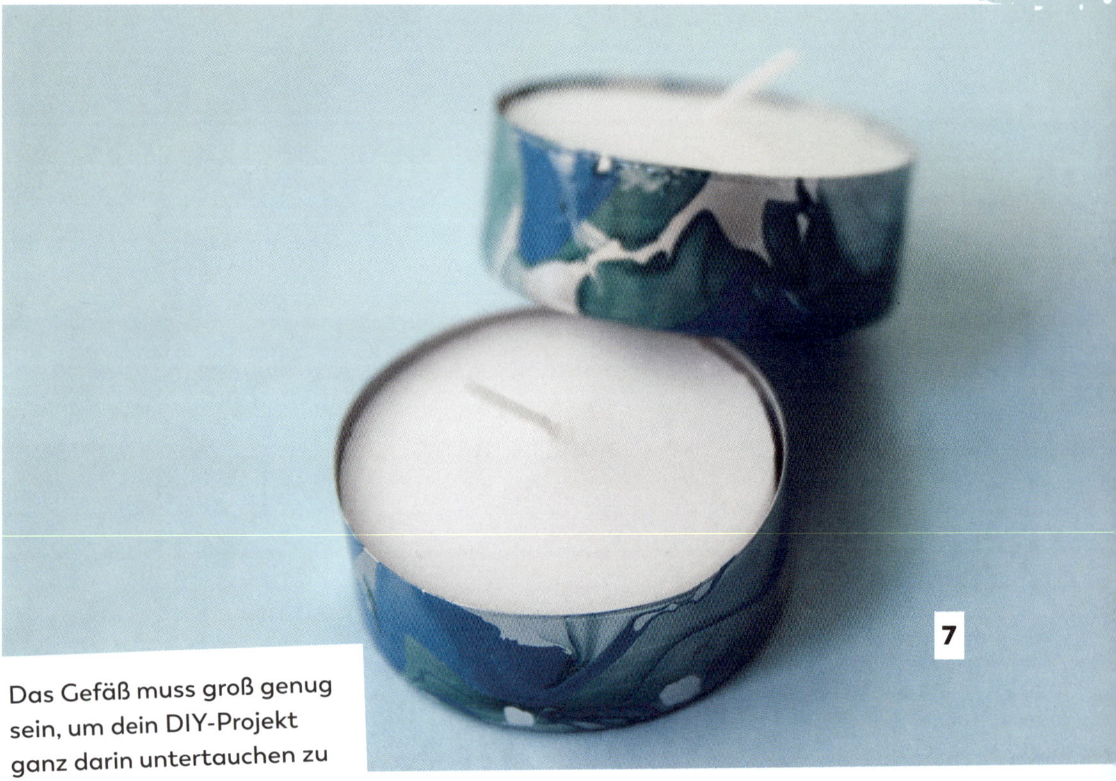

7

Das Gefäß muss groß genug sein, um dein DIY-Projekt ganz darin untertauchen zu können.

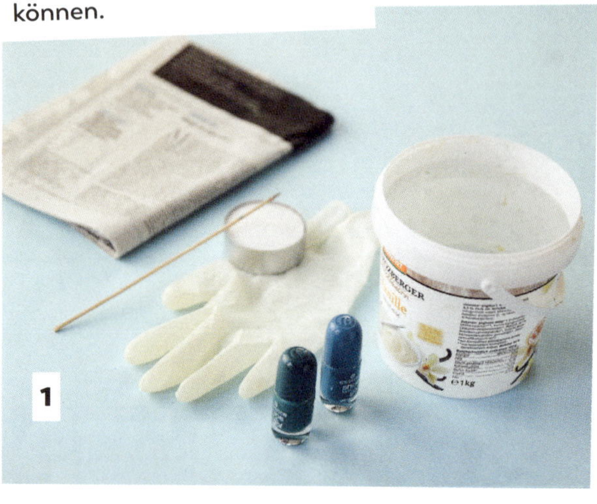

1

Ein Meer an Farben, günstige Preise, kle Mengen – und garantiert hat jeder irgen wo ein Fläschchen in seinem Badschrank stehen. Was liegt näher, als Nagellack fi ein DIY-Projekt zu nutzen? Hier hat er seinen Einsatz als Marmorierfarbe.

---

1 **Dazu brauchst du: Nagellack, Gefäß, Schaschlikstäbchen, kaltes Wasser, Teelichthüllen, Zeitungspapier**

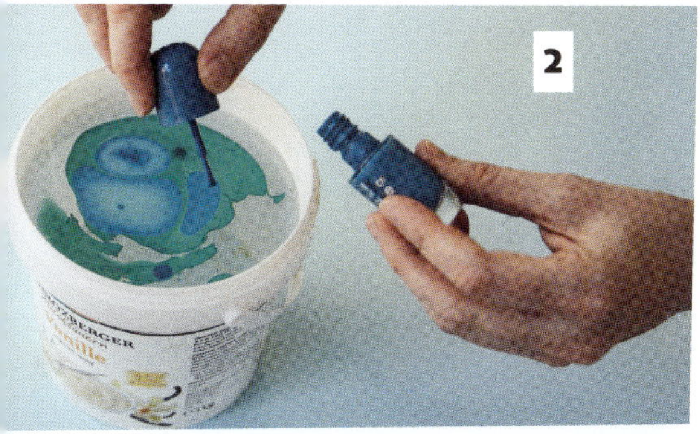

2 Füll das Gefäß bis wenige Zentimeter unter den Rand mit kühlem Wasser und gib zügig einige Tropfen Nagellack auf die Wasseroberfläche. Kombiniere zwei oder mehr Farben.

3 Verziehe die Farben mit dem Schaschlikstäbchen ineinander, sodass ein schönes Muster entsteht.

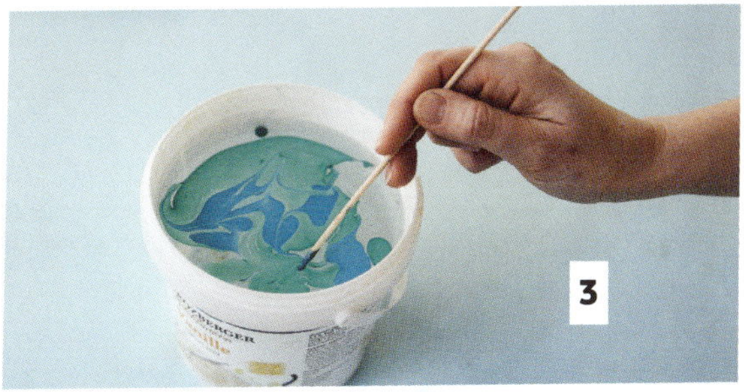

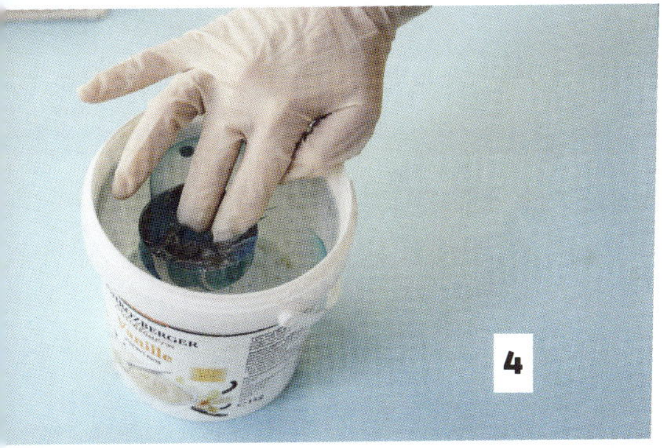

4 Tauche die Teelichthülle in das Wasser, sodass sich der Farbfilm von der Wasseroberfläche gleichmäßig über die Teelichthülle legt.

Nimm die fertig marmorierte Teelichthülle aus dem Wasser und stell sie auf dem Zeitungspapier zum Trocknen ab.

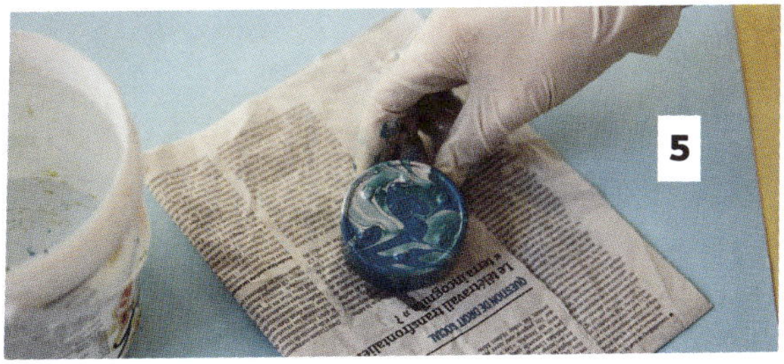

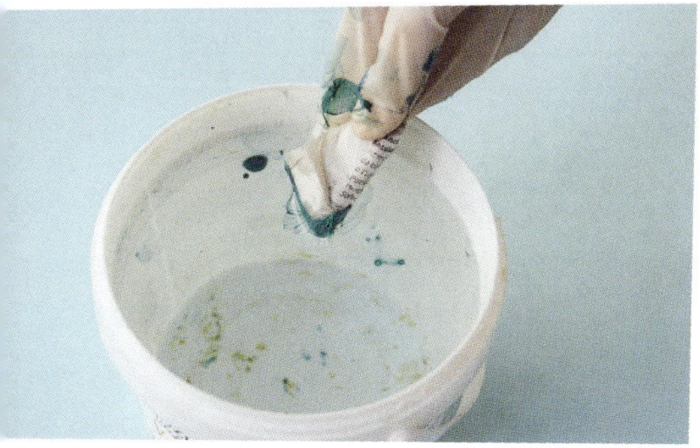

6 Mit etwas Zeitungspapier die Farbreste von der Oberfläche abnehmen und nach Wunsch die nächste Teelichthülle marmorieren.

7 Fertig ist dein Teelicht!

18

SICHER EINGETÜTET

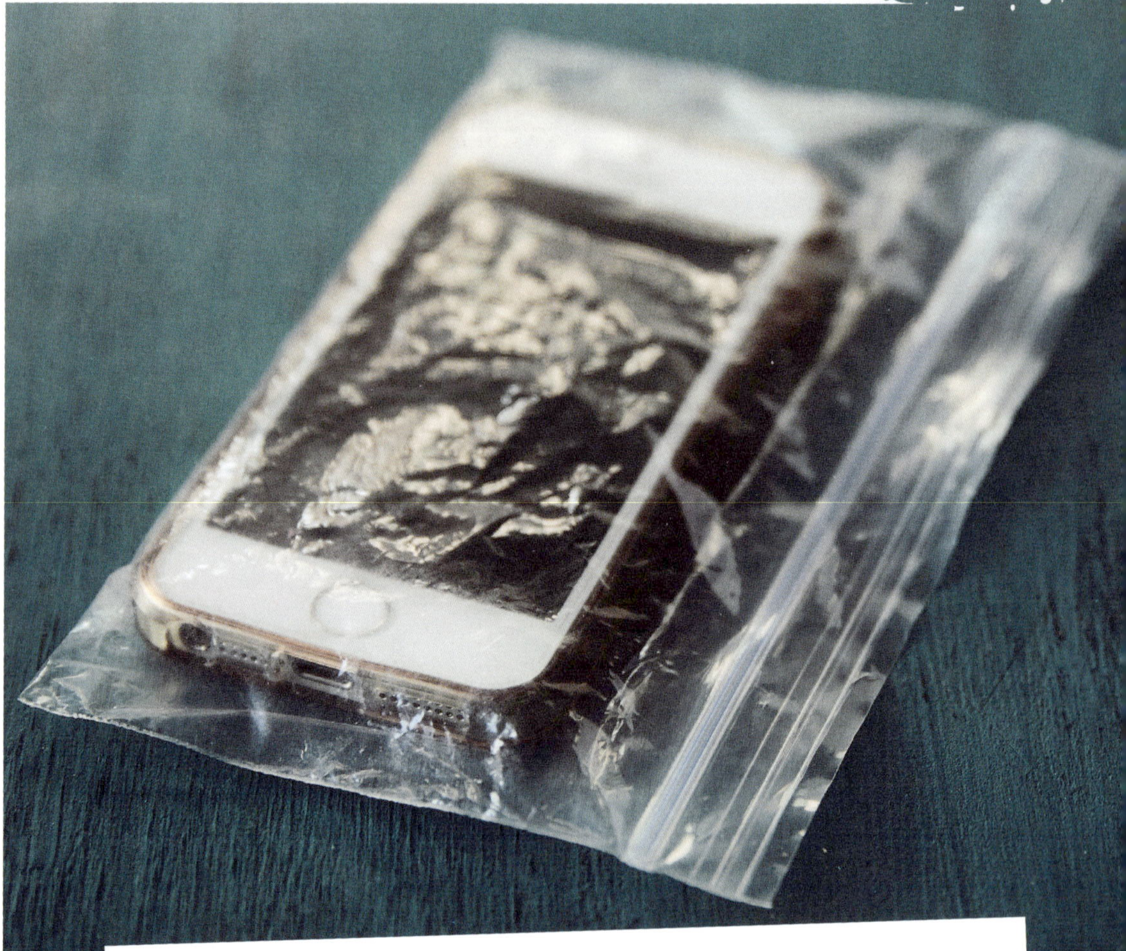

Der Klebstoff tropft aus der Tube und hängt an deinen Fingern, überall ist frische Farbe, du bist mit deinen Gedanken voll im Kreativtunnel – und genau dann klingelt dein Handy. Schütze dein Smartphone und pack es in eine Tüte mit Zippverschluss. Durch die Folie kannst du es sicher bedienen, ohne dass es schmutzig oder beschädigt wird.

Zieh die Folie glatt über die Linse, dann kannst du sogar Fotos machen.

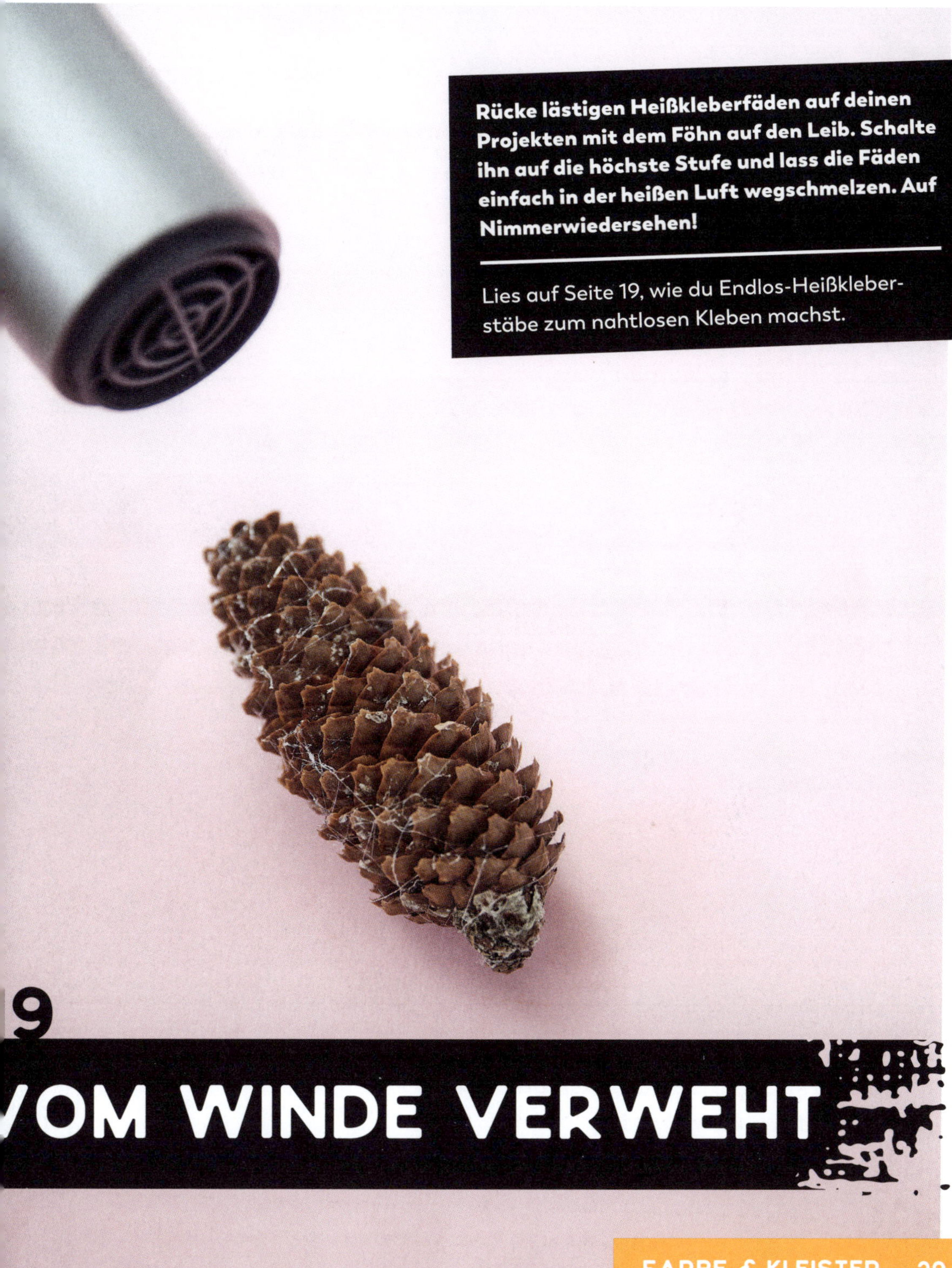

Rücke lästigen Heißkleberfäden auf deinen Projekten mit dem Föhn auf den Leib. Schalte ihn auf die höchste Stufe und lass die Fäden einfach in der heißen Luft wegschmelzen. Auf Nimmerwiedersehen!

Lies auf Seite 19, wie du Endlos-Heißkleberstäbe zum nahtlosen Kleben machst.

9 VOM WINDE VERWEHT

20

PUNKT, PÜNKTCHEN, KOMMA, STRICH …

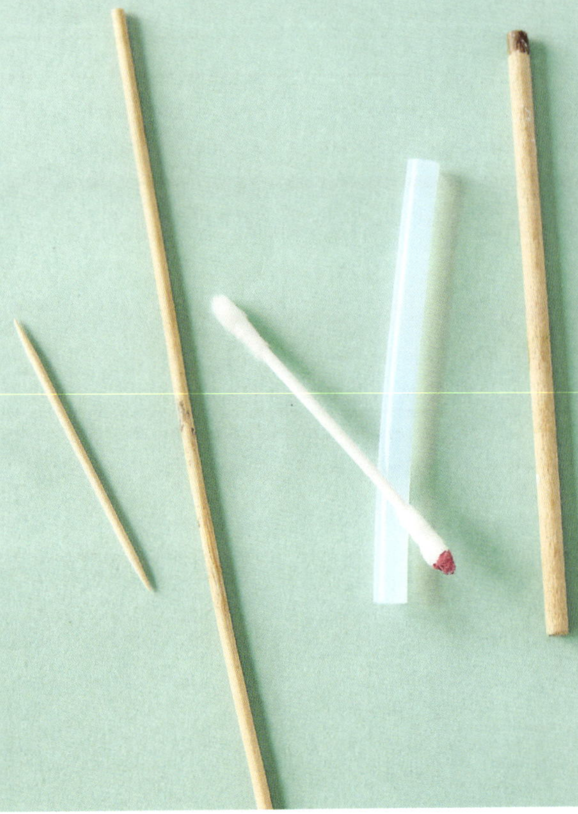

… fertig ist das Mondgesicht. Mit diesen Tricks kannst auch du Augen, Mund und Wangen gestalten und deinen Figuren Ausdruck verleihen. Zahnstocher, Schaschlikstäbchen, Wattestäbchen, Heißkleberstäbe, Rundhölzer etc. erleichtern dir die Arbeit. Nutze sie, um perfekte Kreise für Augen und Wangen aufzustempeln.

Die Gesamtkomposition

Stell dir ein Dreieck zwischen den Augen und dem Mund vor. Ist das Dreieck flach, wirkt das Gesicht niedlich. Ist das Dreieck gleichschenklig, wirkt das Gesicht neutral. Ist das Dreieck spitz, wirkt das Gesicht lustig. Überlege dir, welcher Style zu deinem Projekt passt.

Bei Menschen sollten sich die Augen etwa in der Mitte zwischen Scheitel und Kinn befinden.

Die Augen

Stemple erst einen weißen Kreis und nach dem Trocknen einen schwarzen Kreis für die Pupille auf. Ein weißer Lichtpunkt in der Pupille macht die Augen lebendig und lässt sie leuchten. Auch die Position der Pupille ist entscheidend: Ein Blick nach oben wirkt eher aufgeweckt, ein Blick nach unten eher schüchtern. Geht der Blick leicht schräg zur Seite, wirkt er eher neutral.

Auf hellen Untergründen tupfst du schwarze Augen auf und setzt einen weißen Lichtpunkt.

Der Mund

Ziemlich neutral wirkt ein liegender Halbkreis. Lustig wird es, wenn du den Mund seitlich aufmalst und den äußeren Mundwinkel nach oben ziehst. Und wenn der Mund einen Kreis bildet, fängt deine Figur an zu singen – oder ruft laut „Oh!". Zeichne den Mund mit dem Bleistift vor (du kannst dazu eine Kreis- oder Kurvenschablone nehmen) und ziehe ihn in einem Schwung mit einem feinen Marker nach.

Die Wangen

Der beste Platz für rote Wangen ist seitlich knapp unter den Augen. Du kannst du Wangen als runde Kreise mit Farbe auftupfen oder du reibst mit einem Wattestäbchen rote Buntstiftspäne kreisförmig auf.

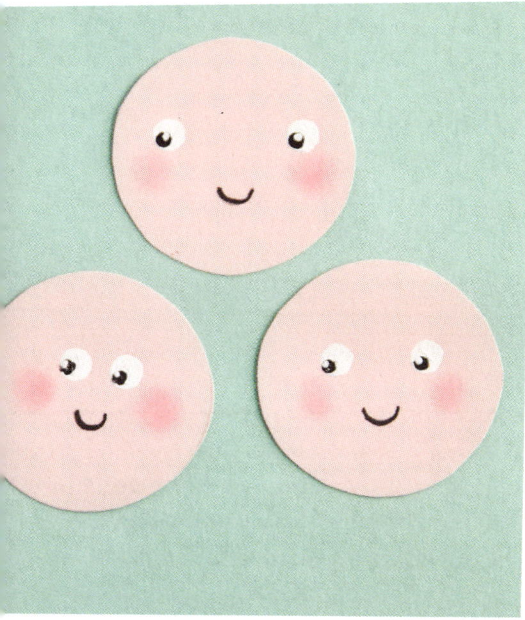

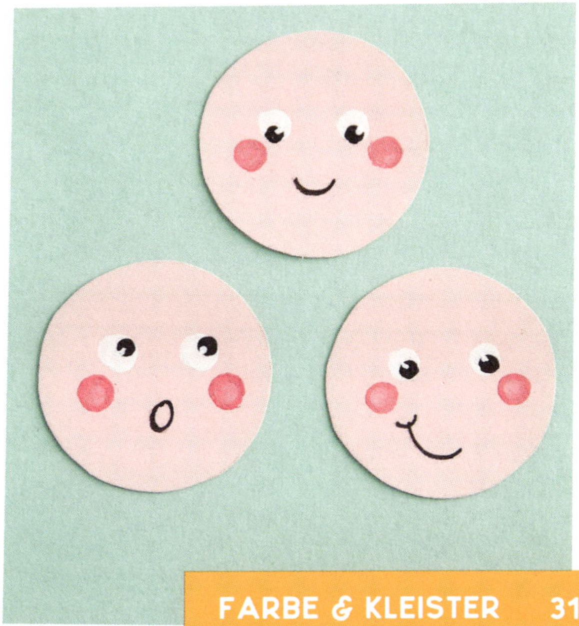

Mit Klorollen kannst du nicht nur schöne Kreise stempeln. Drücke eine Klorolle erst flach und schiebe dann eine der Kanten nach innen, sodass ein Herz entsteht. Mit einem Haushaltsgummi fixieren und schon kannst du losstempeln.

Das Stempelkissen machst du dir natürlich selbst. Auf Seite 23 erfährst du wie.

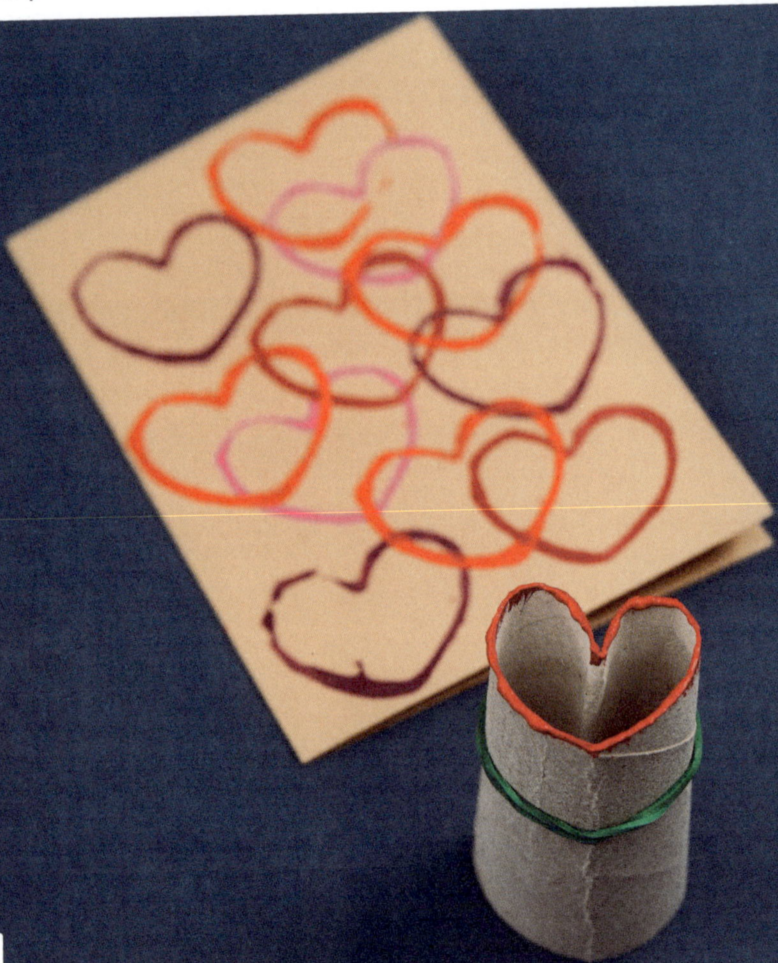

21 KLOROLLEN-STEMPEL

22

CLEVERE HEBEBÜHNE

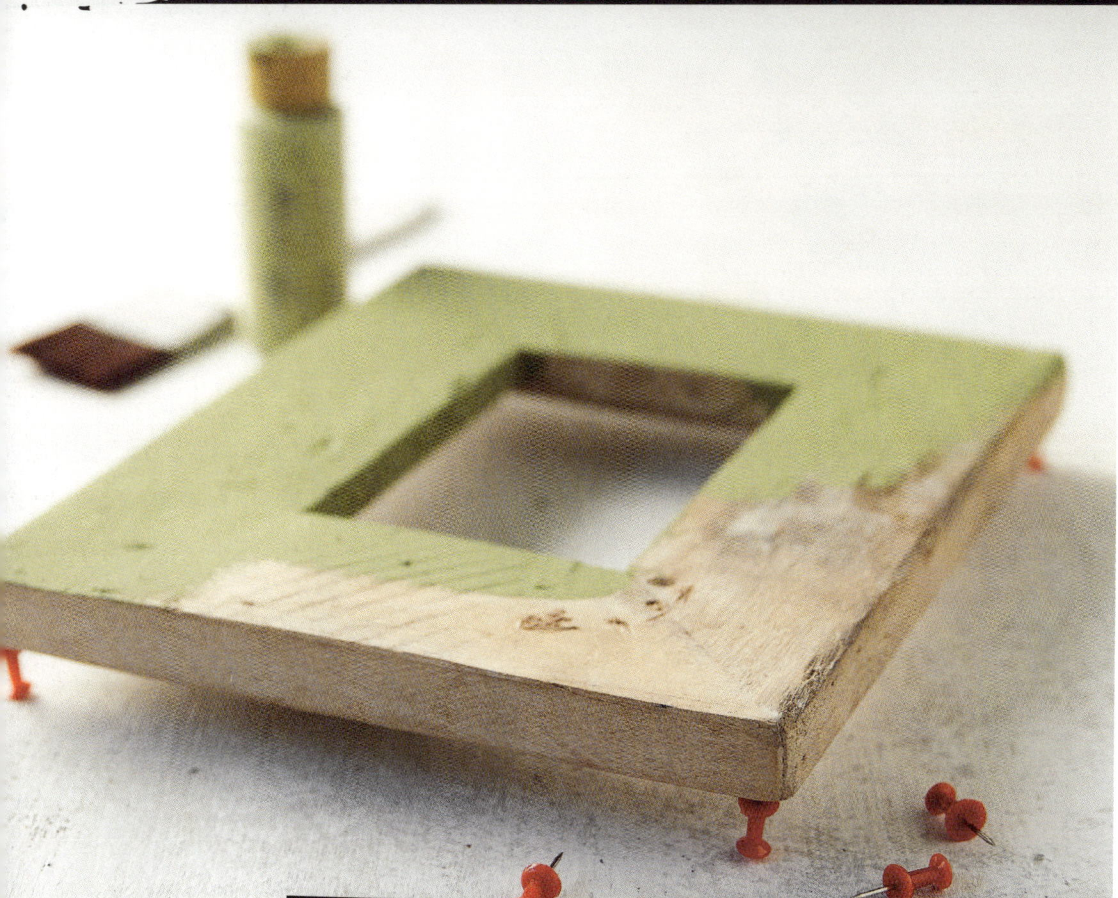

Lass dein Werkstück beim Bemalen auf Pinn-Nadeln über der Arbeitsfläche schweben. So kannst du auch die Ränder und Seiten sauber bemalen, ohne dass etwas mit der Arbeitsfläche verklebt.

Du kannst auch kleine Klötzchen als Auflage nehmen.

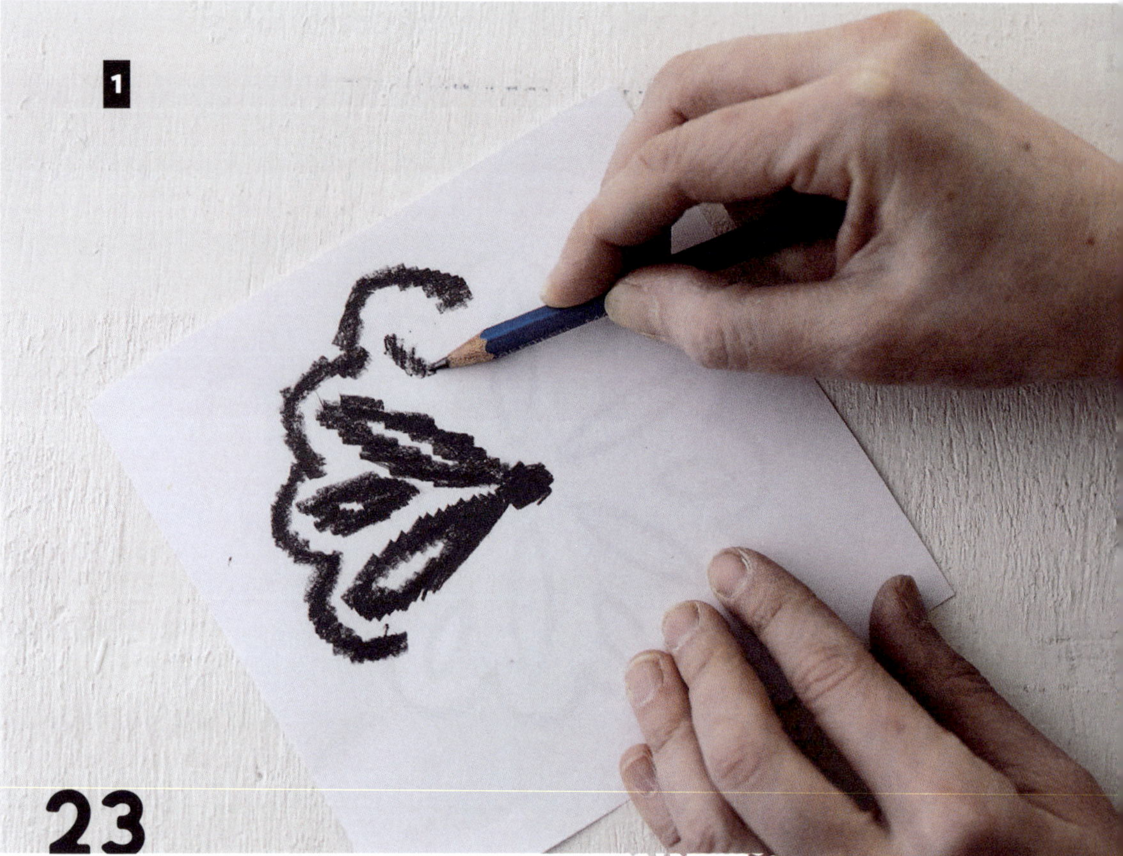

23 VORLAGEN ÜBERTRAGEN

Egal ob du eine fertige Vorlage oder eine selbst Entworfene verwendest: Irgendwie muss die Zeichnung vom Papier auf dein Werkstück kommen. Für jede Situation gibt es eine passende Methode.

1 Die „Geht-fast-immer"-Methode

Schraffiere die Linien der Vorlage auf der Papierrückseite mit Bleistift. Drehe das Papier wieder um, fixiere es mit Klebefilm auf dem Werkstück und ziehe die Linien mit einem spitzen Stift nach. Schon ist das Motiv übertragen.

2 Die Paus-Methode

Bei transparenten oder halbtransparenten Materialien legst du die Vorlage unter bzw. hinter das Werkstück und fixierst sie gegebenenfalls mit Klebefilm. Die Linien der Vorlage auf dem Werkstück mit einem Stift nachziehen.

3 Die Schablonen-Methode

Ein Motiv wird mehrfach benötigt? Dann mach dir eine Schablone. Klebe die Vorlage auf dünne Pappe und schneide sie aus. Die Schablone so oft wie nötig auf das Werkstück legen und mit einem Stift umfahren.

4 Welcher Stift wofür?

Ein **Bleistift mittlerer Stärke (HB)** geht auf fast allen Untergründen. Er lässt sich gut ausradieren. Auf dunklen Materialien ist ein **heller Buntstift** besser sichtbar. Zum Schraffieren eignet sich ein **weicher Bleistift (z. B. 2B)**. Soll das Motiv auf dunklen Grund übertragen werden, nimmst du einen **hellen weichen Buntstift**. Zum Vorzeichnen auf Porzellan und anderen glatten Oberflächen kannst du **Aquarellbuntstifte** verwenden. Sie lassen sich mit Wasser abwaschen. Ebenfalls nach dem Waschen unsichtbar ist ein **Phantomstift**. Er eignet sich – ebenso wie **Schneiderkreidestifte** – zum Anzeichnen von Motiven auf waschbaren Textilien.

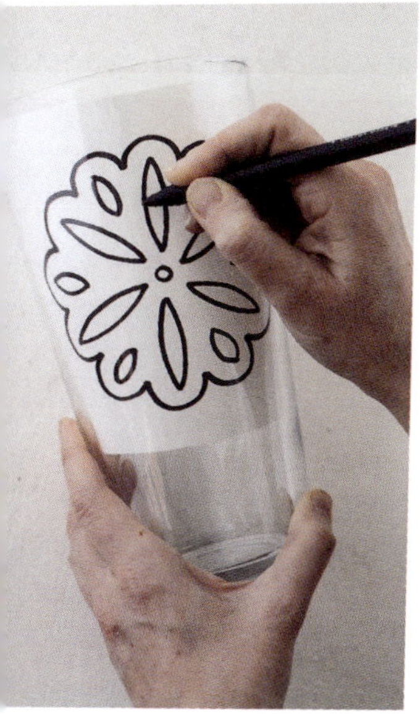

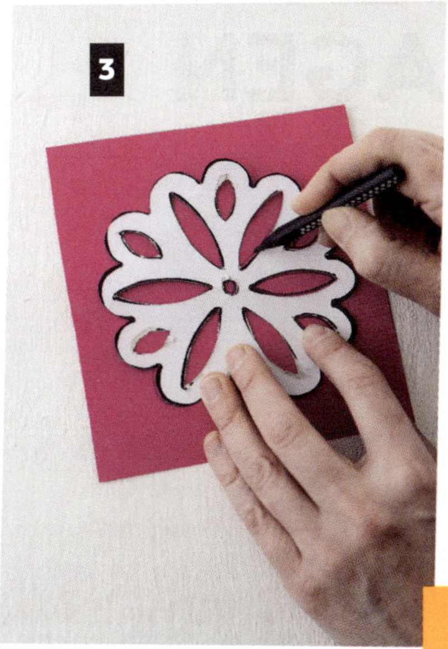

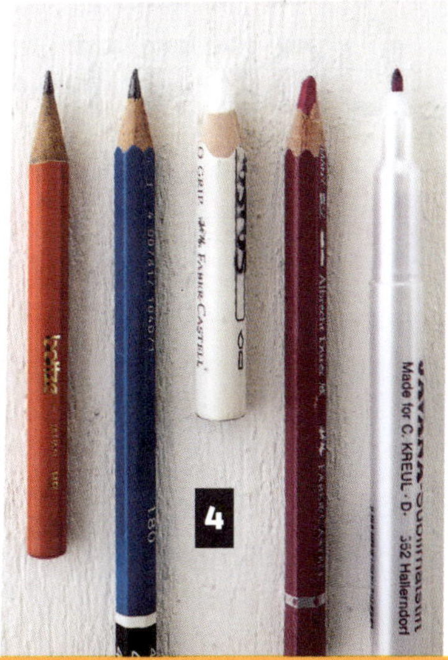

24

GUT GETRENNT

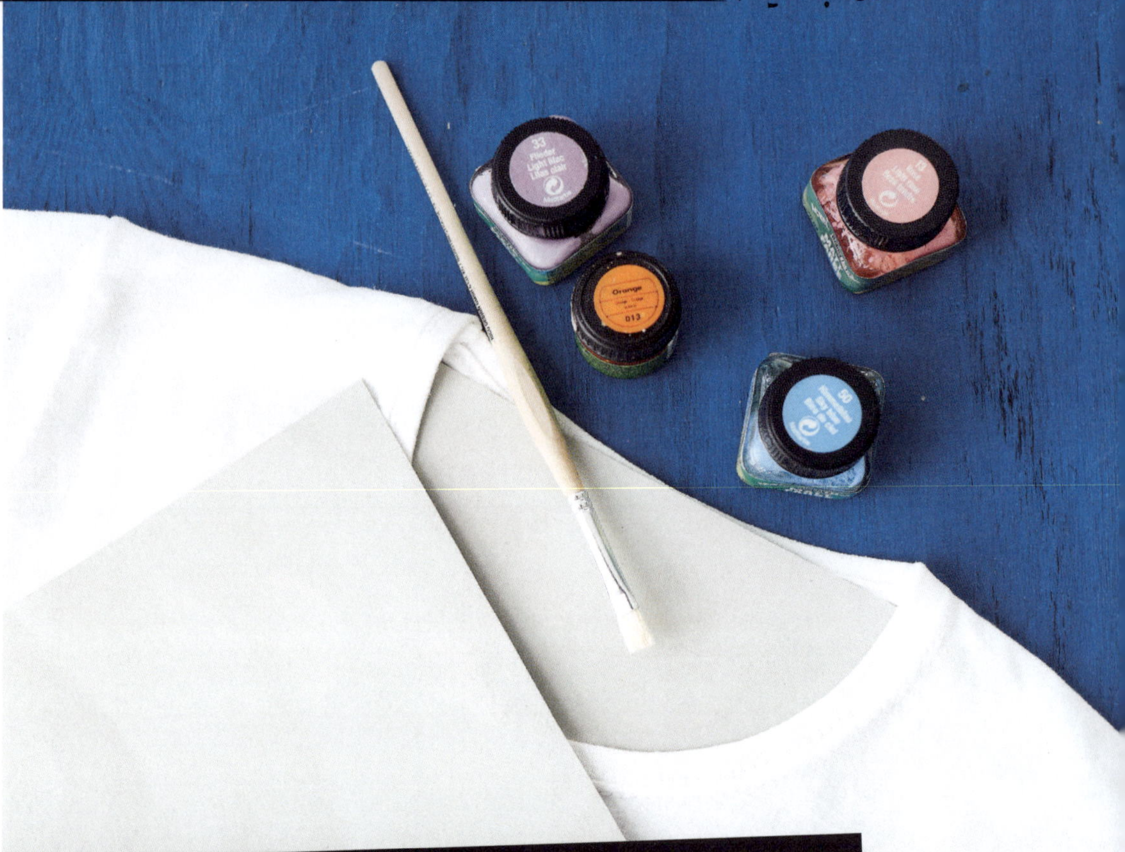

Lege beim Bemalen von Textilien (z. B. T-Shirts) eine Pappe zwischen die Stofflagen – so drückt sich die Farbe nicht durch und der Untergrund ist schön glatt.

Textilien vor dem Färben oder Bemalen mindestens einmal waschen, damit die Stofffarbe gut auf ihnen hält.

25

HIMMELFAHRTS-KOMMANDO

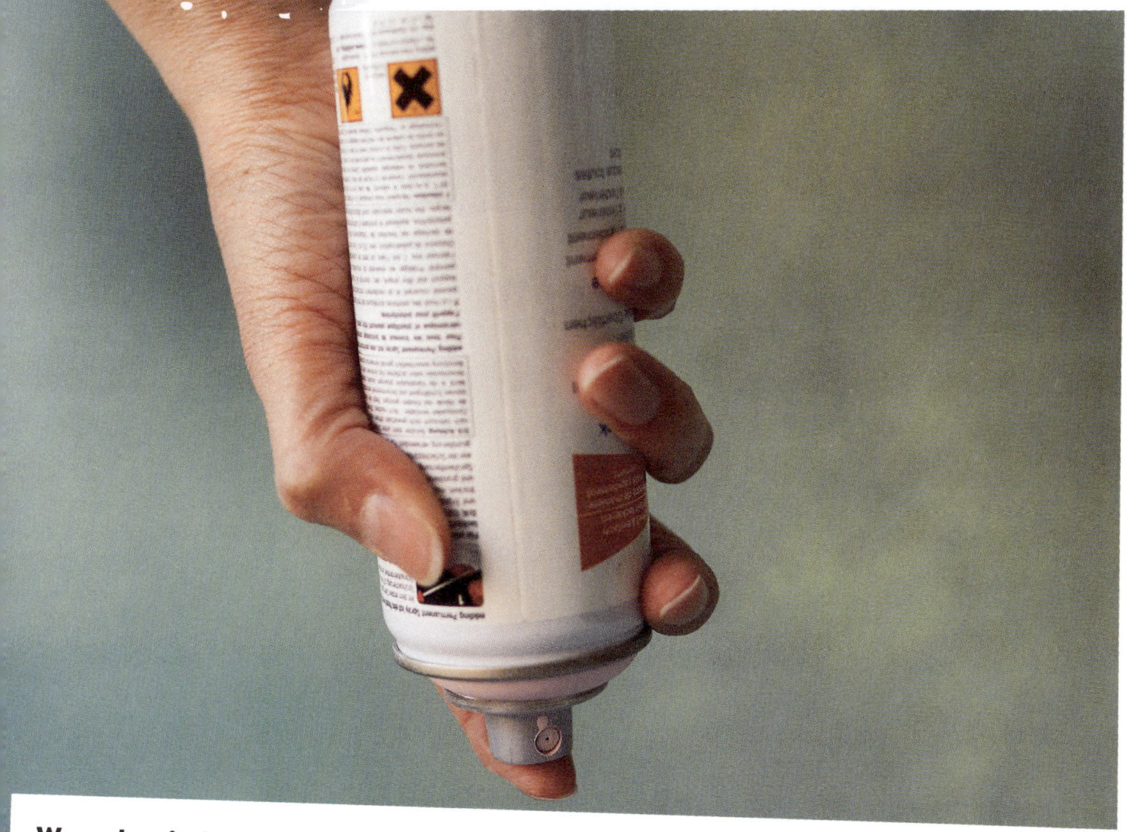

Wenn du mit dem Sprayen fertig bist, halte die Sprühdose einmal kopfüber und sprühe damit kurz nach schräg oben. Es tritt nur noch Gas und keine Farbe aus – so wird der Sprühkopf gereinigt und ist beim nächsten Einsatz nicht verklebt.

Wie du Objekte am besten ansprühst ohne viel Sauerei zu machen erfährst du auf Seite 20.

NOTIZEN

AHA!

Dosen und Schraubgläser kannst du mit einem Luftballon luftdicht verschließen. Puste den Ballon auf und drücke ihn fest mit der Hand auf die Öffnung. Der Rüssel des Ballons zeigt dabei zur Seite. Lass langsam die Luft raus und drücke weiter den Ballon fest nach unten, sodass er sich um die Öffnung legt. Der Trick hilft, wenn du den Deckel verlegt hast oder wenn er nicht mehr richtig schließt.

Papier und Pappe

Für einen Wabenball von Ø 10 mm schneidest du 24 Blätter Seidenpapier à 12 cm × 12 cm zurecht. Lege ein Blatt vor dich und ziehe mit dem Klebestift fünf Streifen im Abstand von 2 cm zueinander (der erste und letzte Streifen sind ganz außen). Lege das nächste Blatt auf und ziehe nun vier Streifen Klebestift, versetzt, genau zwischen zu den vorherigen Klebestiftlinien. Nächstes Papier auflegen, dann wieder fünf Streifen, Papier auflegen vier Streifen usw., bis alle Papiere aufgebraucht sind. Alles gut andrücken und trocknen lassen.

Das Kleben geht leichter, wenn du dir ein Blatt unterlegst, auf das du die Markierungen für die Klebestift-Abstände gezeichnet hast.

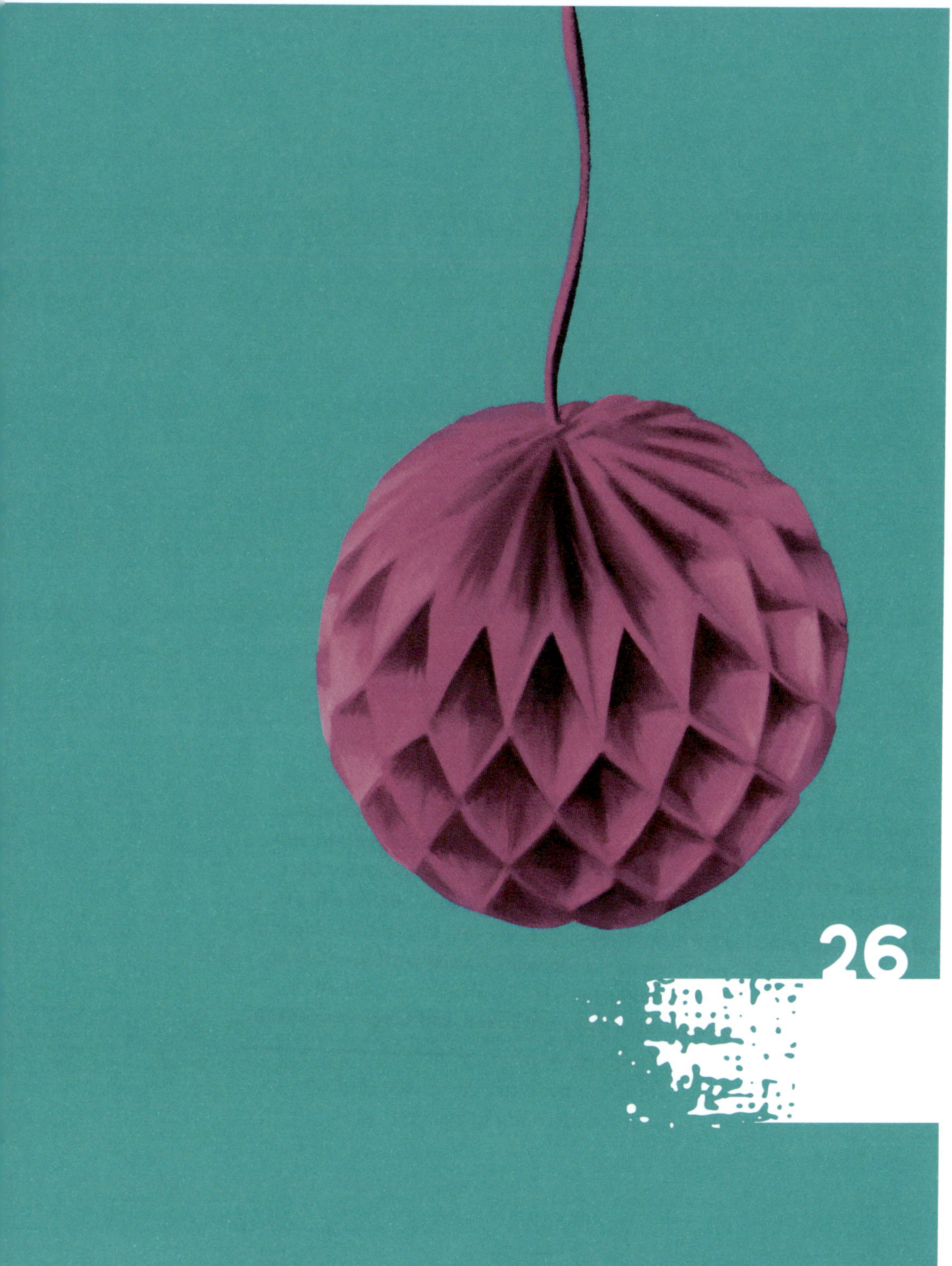

26

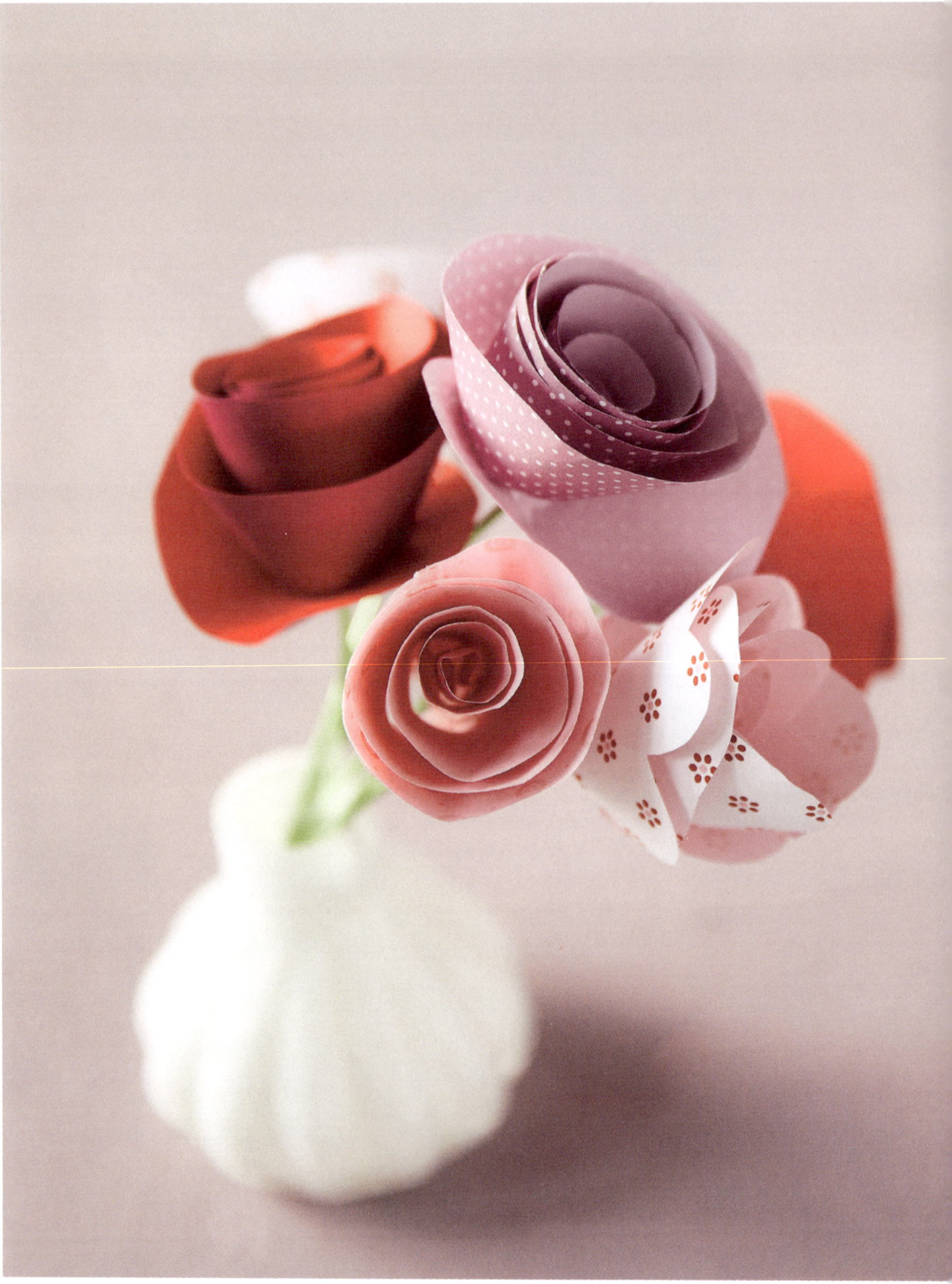

Kaum ein Werkstoff ist so vielseitig einsetzbar wie Papier und Pappe. Du kannst daraus Blumen formen, eine Grußkarte basteln, Origami-Werke falten oder es einfach mit Stempeln und Stanzern verzieren. Und im Alltag findet sich überall tolles Material: bunte Zeitschriften, alte Zeitungen, Versandkartons oder goldene Schaumkussverpackungen. Einfach mal die Augen offenhalten – das nächste Bastelprojekt kommt bestimmt!

27 ZUM BAUKLÖTZE STAUNEN

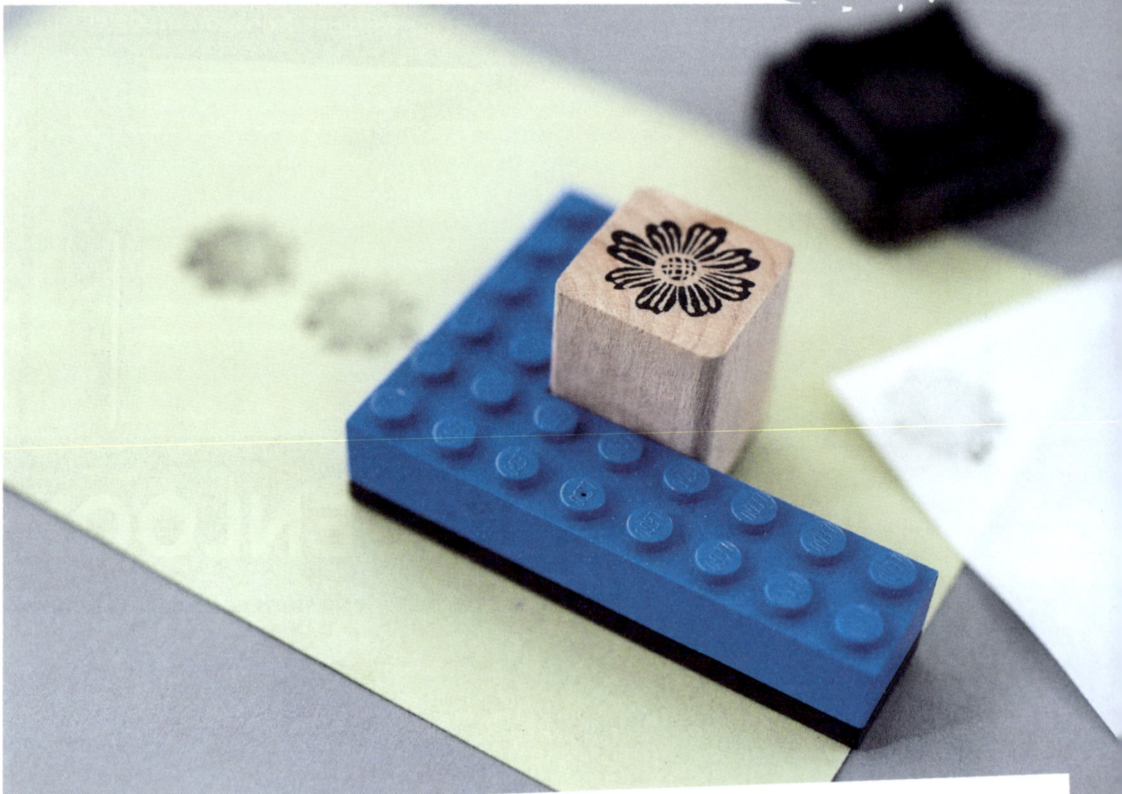

Nie wieder einen schiefen Stempelabdruck machen? Mit dem selbst gebauten Stempelsetzer aus LEGO®-Steinen kein Problem. Lege ein Transparentpapier in der Ecke an und mach mit dem Stempel in der Ecke einen Probedruck. Der Stempelsetzer führt dabei den Stempel. Bestimme nun mit dem Probedruck, wo du das Motiv haben willst. Lege den Stempelsetzer wieder an, entferne den Probedruck und stemple das Motiv mithilfe des Stempelsetzers auf.

Schriftzüge kannst du schneller stempeln, wenn du einzelne Buchstabenstempel mit einem Gummiband verbindest. Am besten silbenweise vorgehen.

Mit Butterbrotpapier zauberst du im Handumdrehen eine Winterlandschaft ans Fenster. Schneide drei Papierbahnen auf Fensterbreite zu. Nimm die erste Bahn und zeichne im oberen Drittel mit Bleistift die Schnittlinie an. Lege das zweite Papier auf und zeichne unter der ersten Linie die zweite Schnittlinie an. Dann das dritte Papier auflegen und unterhalb der zweiten Linie die dritte Schnittlinie anzeichnen. Die Bahnen ausschneiden und mit Klebefilm übereinander ans Fenster kleben.

Lust auf eine andere Jahreszeit? Dann nimm stattdessen farbiges Transparentpapier.

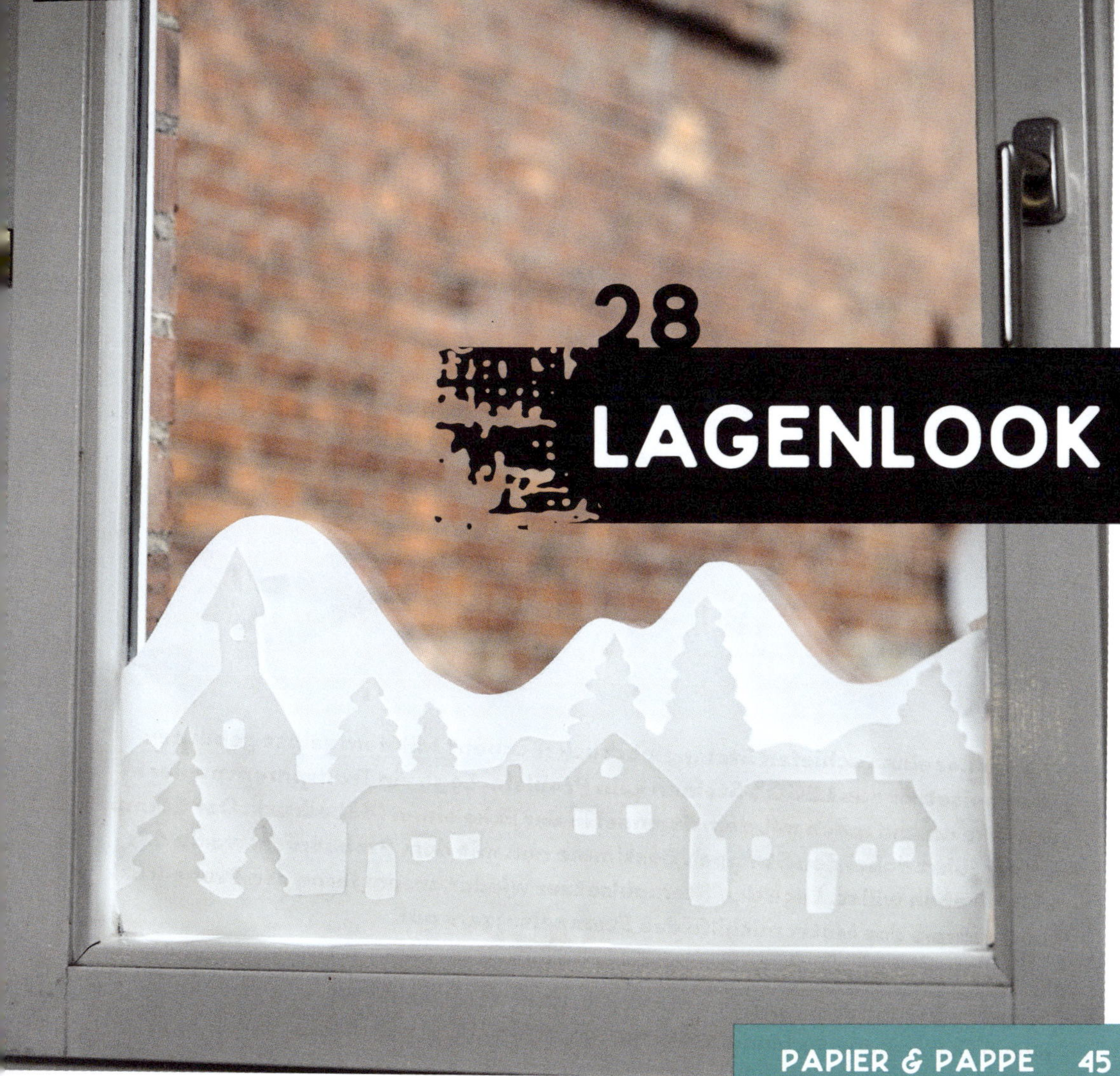

28 LAGENLOOK

Lege eine Butterbrottüte mit der Öffnung nach oben vor dich. Streiche mit einem Klebestift mittig von oben nach unten und am unteren Rand von links nach rechts (wie ein umgekehrtes T). Lege eine Tüte darauf. Klebe auf diese Weise alle Tüten aufeinander. Schneide die geöffnete Seite zu einem Zacken. Fächer den Stern auf, lege die ungeklebten Spitzen übereinander und loche sie. Fädle das Garn durch die Löcher und hänge den Stern daran auf.

Damit das dünne Papier beim Aufhängen nicht reißt, kannst du die Lochstellen vor dem Lochen mit etwas Klebefilm verstärken.

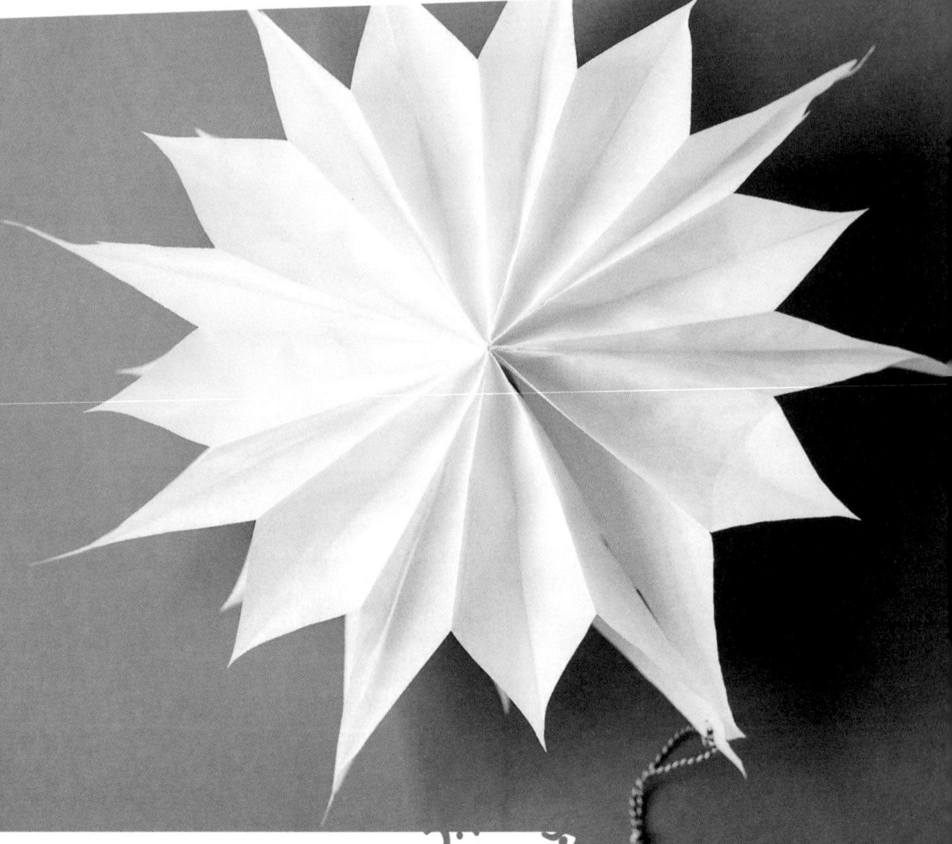

29

SCHNELLER TÜTENSTERN

30 WASHITAPE-AUFKLEBER

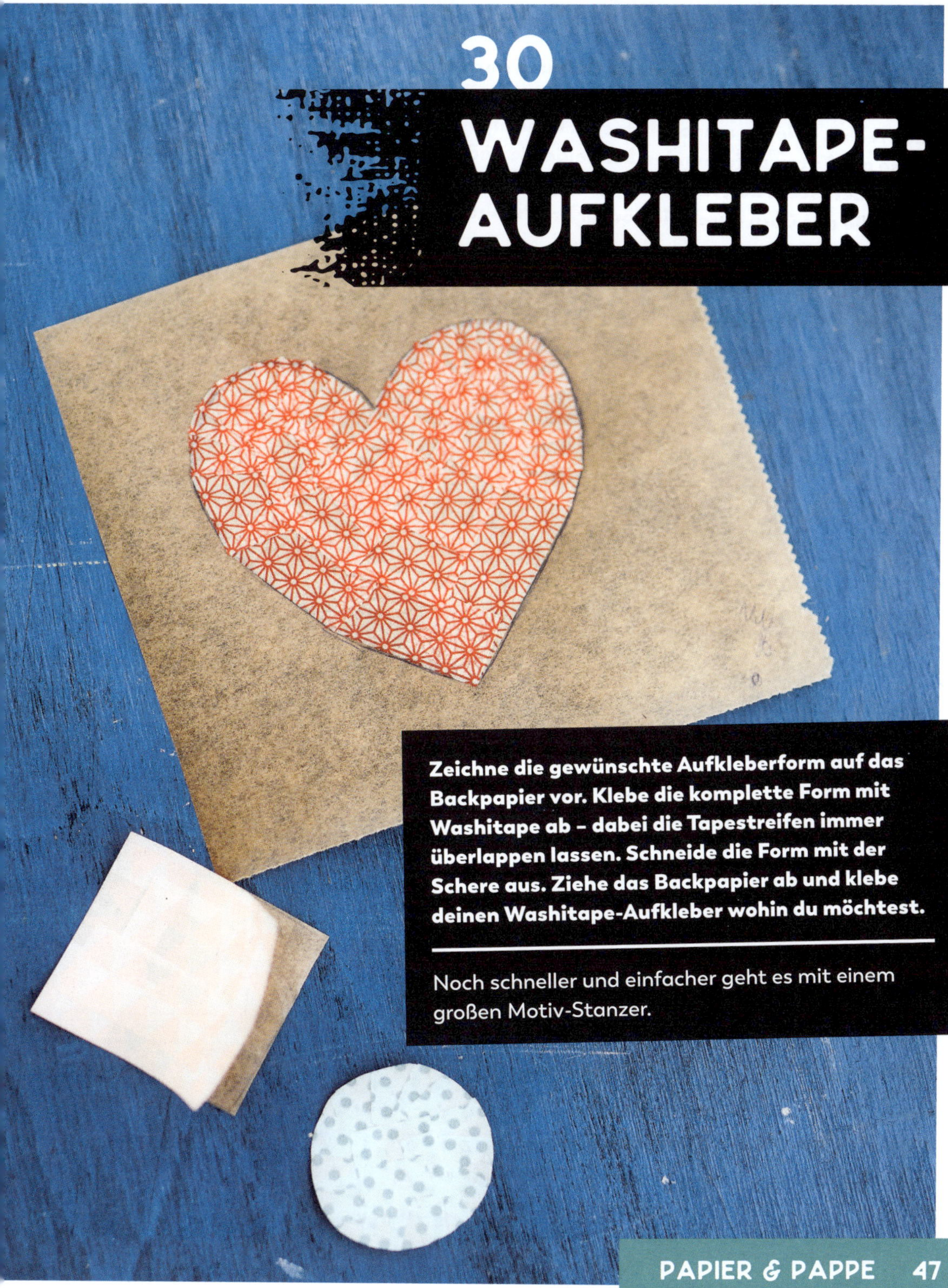

Zeichne die gewünschte Aufkleberform auf das Backpapier vor. Klebe die komplette Form mit Washitape ab – dabei die Tapestreifen immer überlappen lassen. Schneide die Form mit der Schere aus. Ziehe das Backpapier ab und klebe deinen Washitape-Aufkleber wohin du möchtest.

Noch schneller und einfacher geht es mit einem großen Motiv-Stanzer.

31 SCHARF GEMACHT

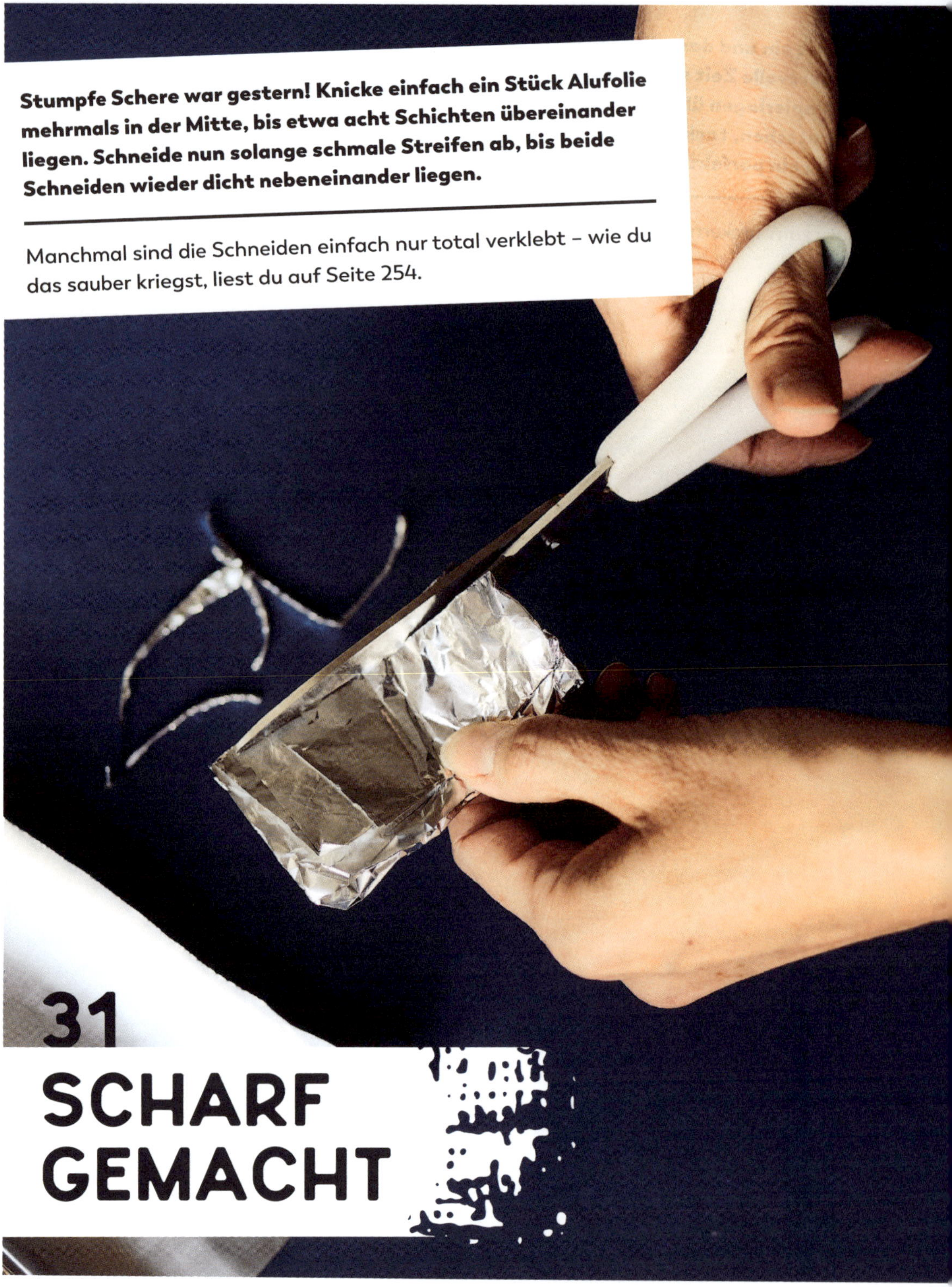

Stumpfe Schere war gestern! Knicke einfach ein Stück Alufolie mehrmals in der Mitte, bis etwa acht Schichten übereinander liegen. Schneide nun solange schmale Streifen ab, bis beide Schneiden wieder dicht nebeneinander liegen.

Manchmal sind die Schneiden einfach nur total verklebt – wie du das sauber kriegst, liest du auf Seite 254.

32 RATZFATZ ZUGESCHNITTEN

Du brauchst ein und dasselbe Teil gleich mehrmals für dein Bastelprojekt? Spar dir wertvolle Zeit und schneide die Teile in einem Rutsch zu. Lege einfach mehrere Papierlagen übereinander. Damit die Papierlagen beim Schneiden nicht verrutschen, tackerst du sie rings um das Motiv herum zusammen. So erhältst du ein perfektes Ergebnis!

Kein Platz zum Tackern? Nimm Fold-Back-Klammern und klemme sie rund um den Rand fest.

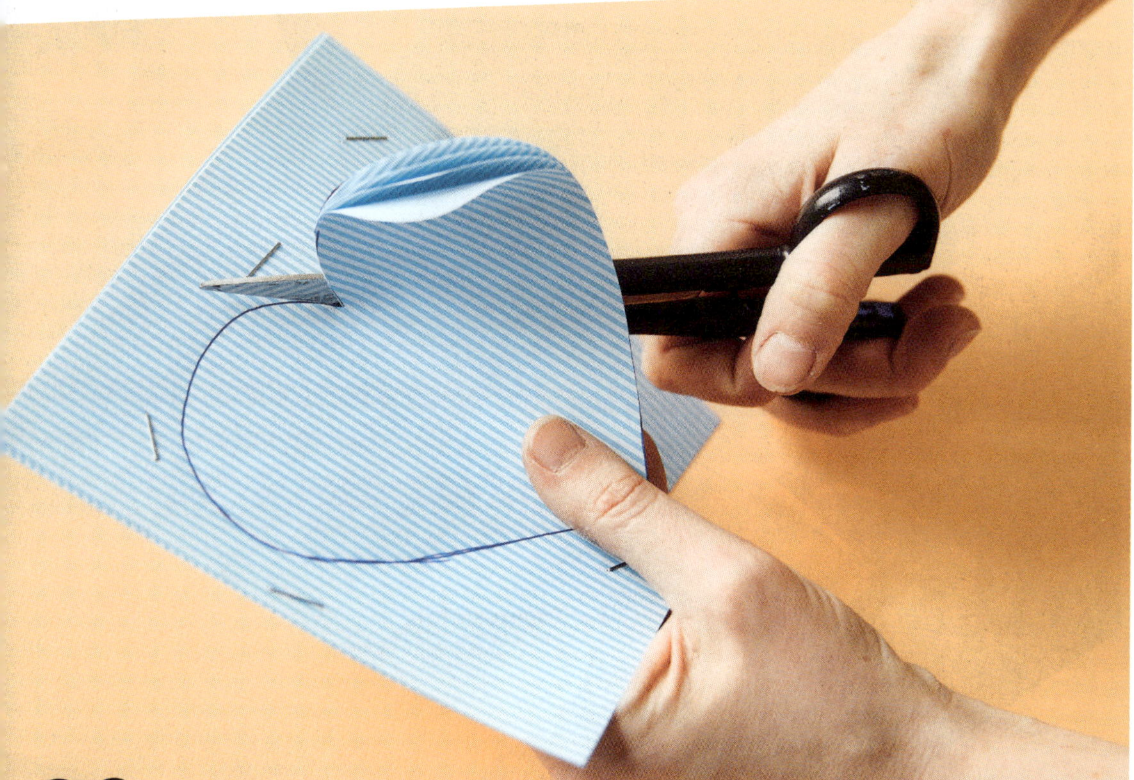

Wenn du mit Papier arbeitest, verwende auf jeden Fall eine LED-Lichterkette, da werden die Birnchen nicht heiß.

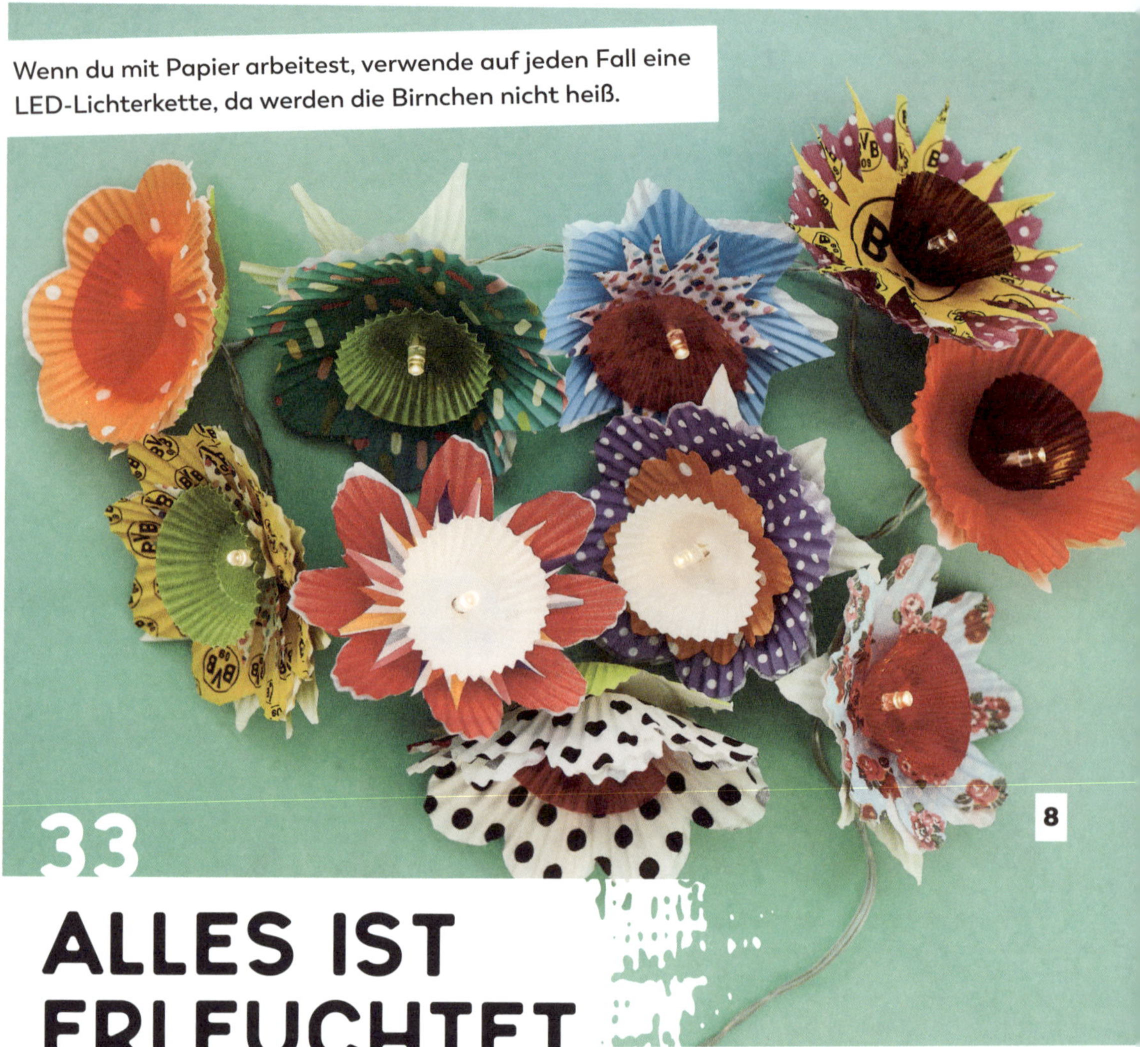

8

33

ALLES IST ERLEUCHTET

Mit ein paar Papiermuffinförmchen wird aus einer einfachen Lichterkette ein fröhlich-bunter Hingucker.

1 **Dazu brauchst du: LED-Lichterkette, unterschiedlich gemusterte Papier-Muffinförmchen, Pralinenförmchen aus Papier, Schere, Cutter, Kleber**

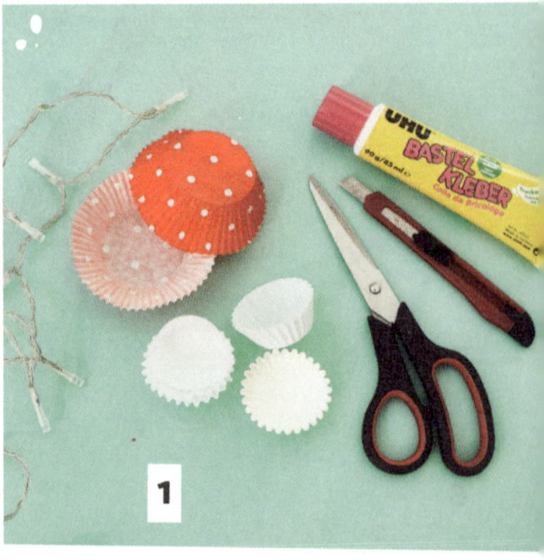

1

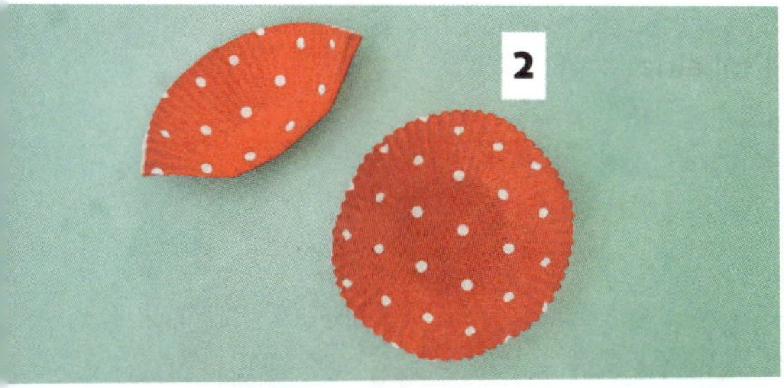

2 **Streiche die Muffinförmchen mit der Hand flach und falte sie mehrmals in der Mitte.**

3 **Schneide eine Rundung oder Spitze in den äußeren Rand des gefalteten Muffinförmchens. Wenn du es wieder auseinander faltest, hat es eine Blütenform. Arbeite mehrere solcher Blüten in verschiedenen Größen.**

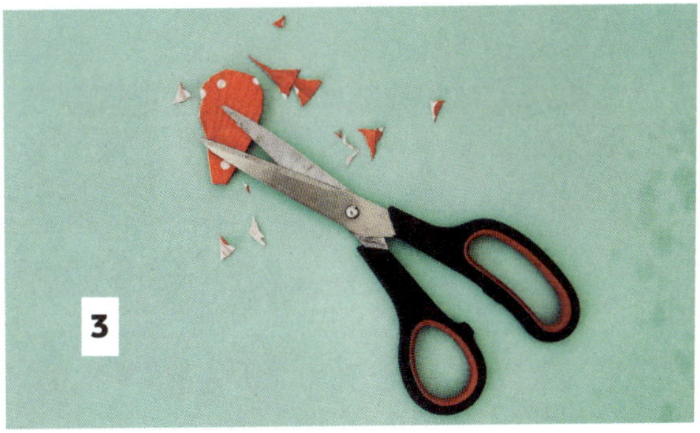

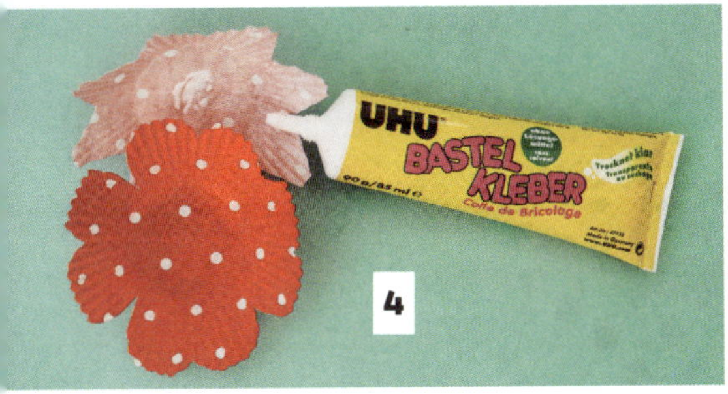

4 **Setze immer zwei bis drei Förmchen zu einer Blüte zusammen und klebe sie in der Mitte aufeinander.**

5 **Ein kleines Pralinenförmchen bildet den Abschluss.**

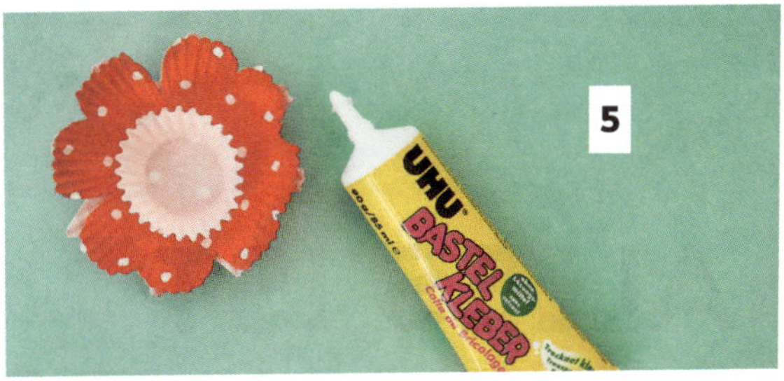

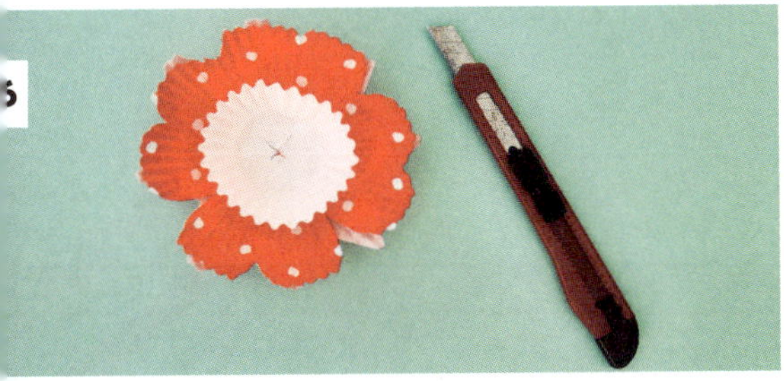

6 **Schneide mit dem Cutter vorsichtig ein Kreuz in die Mitte der Blüte.**

7 **Stecke es über ein Lämpchen der Lichterkette.**

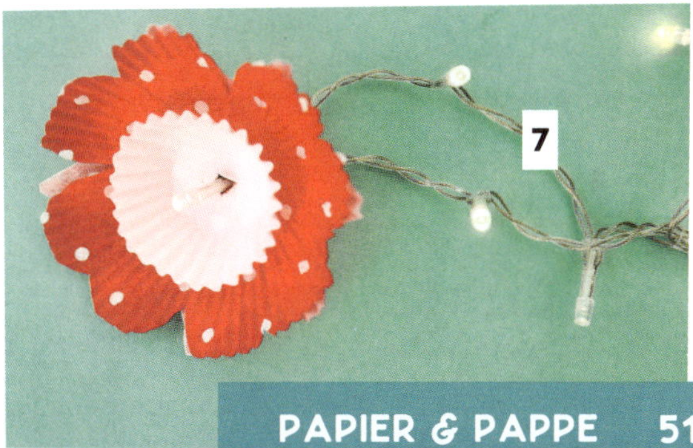

8 **Fertig ist deine Lichterkette!**

34

DER PERFEKTE KNICK

Festes Papier oder Pappe zu falten, ist gar nicht so leicht. Schnell bekommt man eine schiefe oder faltige Kante und manchmal reißt sogar die Oberfläche. Lege vor dem Falten ein Lineal oder ein Geodreieck® an der Faltlinie an und ziehe sie mit einer Stricknadel nach, sodass das Papier auf der Linie leicht eingedrückt wird. Danach lässt sich das Papier sauber an der Linie falten.

Für Karten eignet sich Tonkarton mit einer Grammatur von 220–270 g/qm sehr gut. Er ist stabil, aber noch gut faltbar.

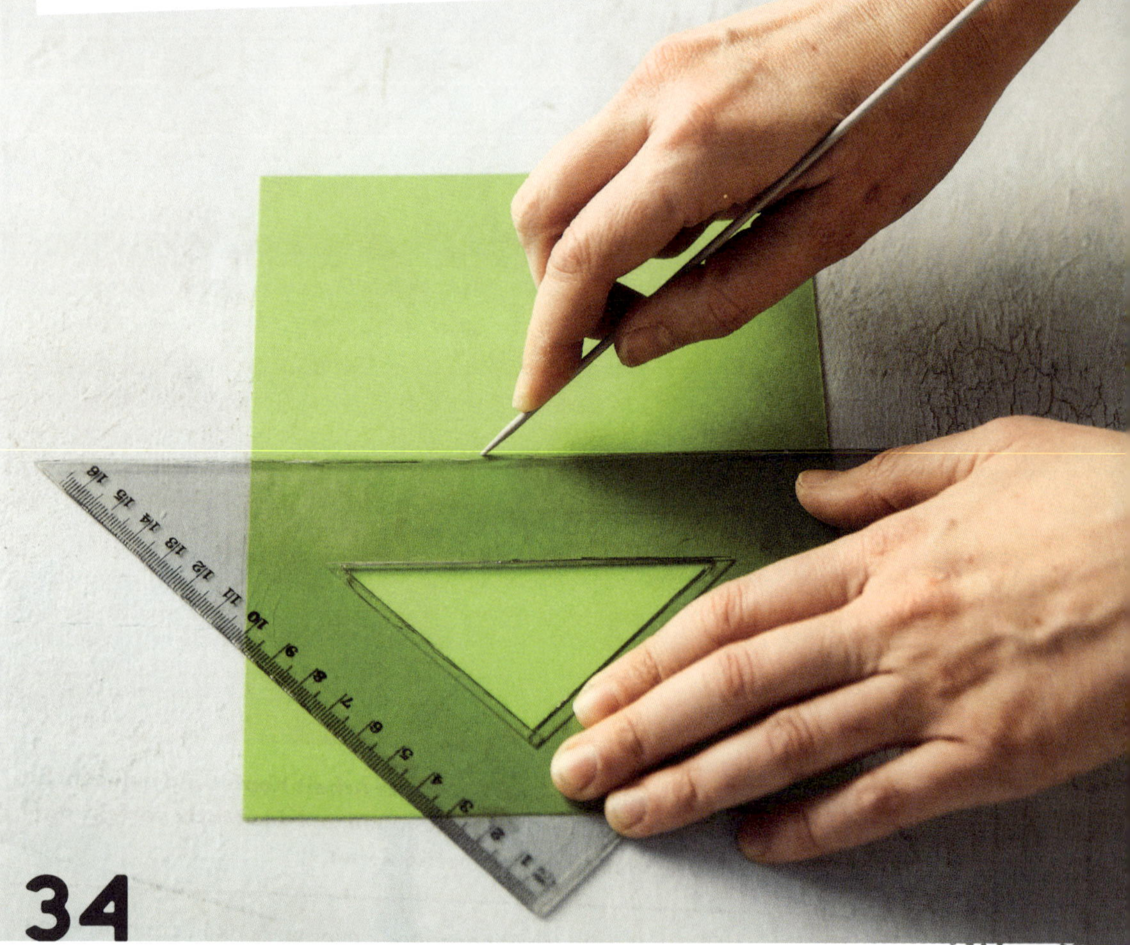

35

UPSIDE DOWN

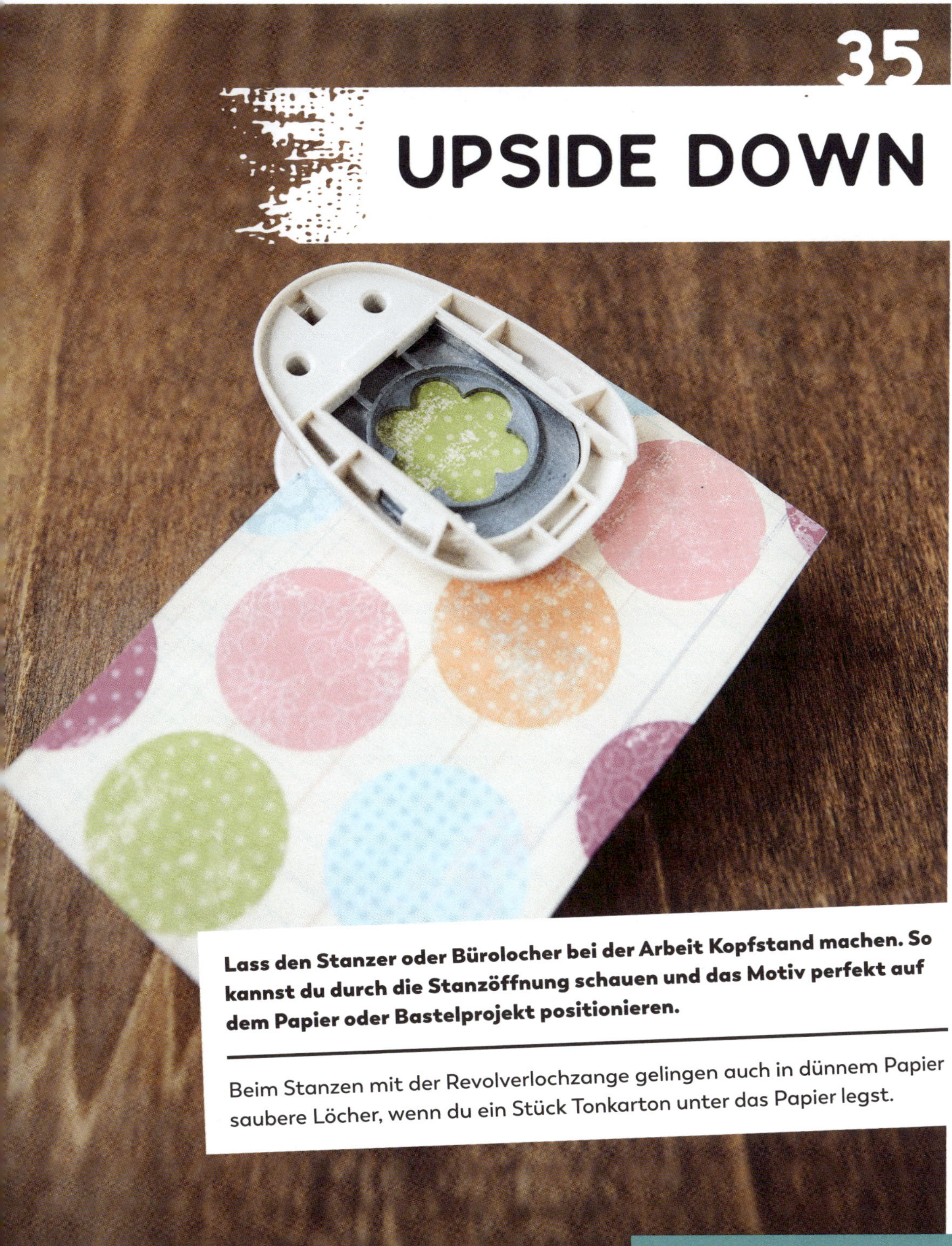

Lass den Stanzer oder Bürolocher bei der Arbeit Kopfstand machen. So kannst du durch die Stanzöffnung schauen und das Motiv perfekt auf dem Papier oder Bastelprojekt positionieren.

Beim Stanzen mit der Revolverlochzange gelingen auch in dünnem Papier saubere Löcher, wenn du ein Stück Tonkarton unter das Papier legst.

36

GRUSSKARTE MIT ÜBERRASCHUNG

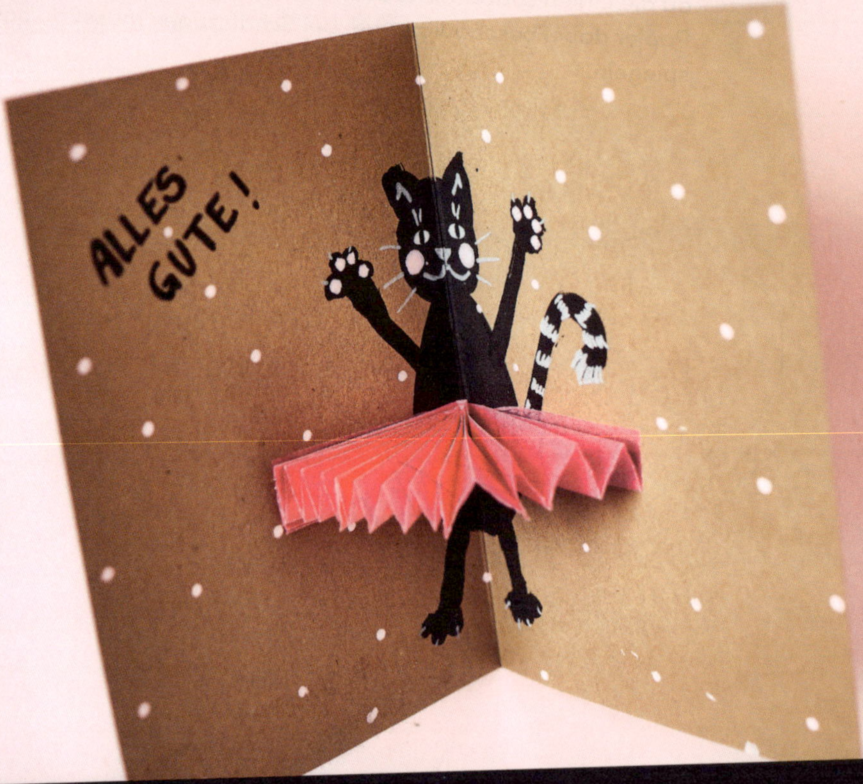

Zeichne in den Innenknick der Klappkarte mit bunten Stiften eine Tierfigur. Falte aus dem bunten Papier eine „Ziehharmonika“. Knicke diese mittig und schneide sie so ab, dass sie als Tutu für das Tier fungieren kann. Klebe eine Außenfläche waagerecht über den Tierbauch. Die andere klebst du zusammen, so dass ein Bogen entsteht. Öffnet man die Karte, spannt sich der Bogen zum Tutu auf.

Statt eines Tutus kannst du dem Tier auch eine Hutkrempe „anziehen“ oder mit mehreren Plissee-Lagen eine Torte zaubern.

37 SCHNITT FÜR SCHNITT

Schraffiere bei feinen Papierarbeiten zuerst mit einem Stift die Teile, die ausgeschnitten werden, um den Überblick zu behalten. Beginne dann mit den Innenschnitten. Dadurch hast du mehr Halt im Papier und das Motiv reißt nicht so leicht beim Schneiden. Erst am Schluss schneidest du die Kontur, am besten mit einer Schere.

Zeichne das Motiv auf der Rückseite des Papiers auf, dann musst du die Linien später nicht ausradieren und riskierst nicht, dass das Papier dabei beschädigt wird. Bei Schriftzügen musst du das Motiv spiegeln.

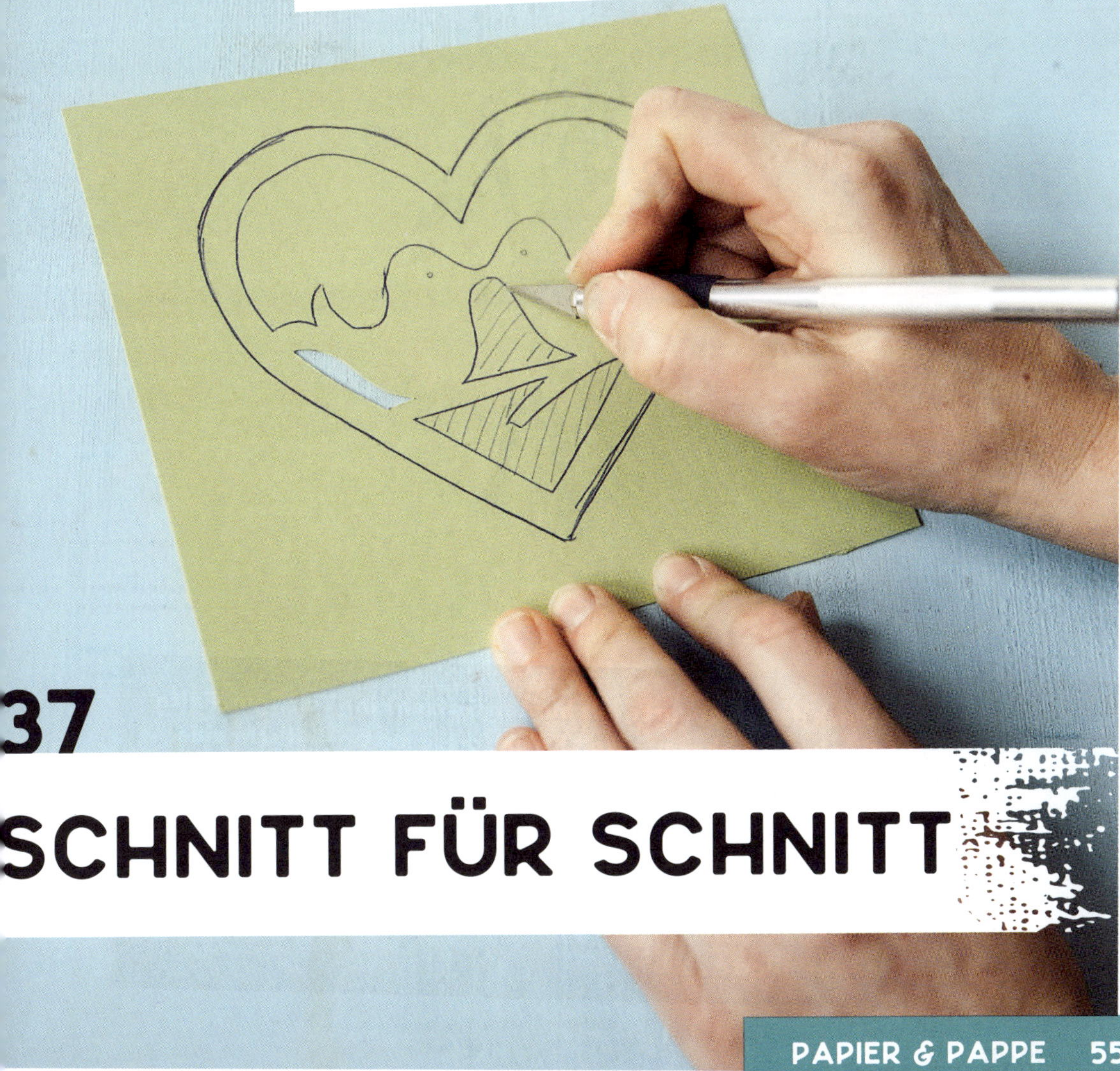

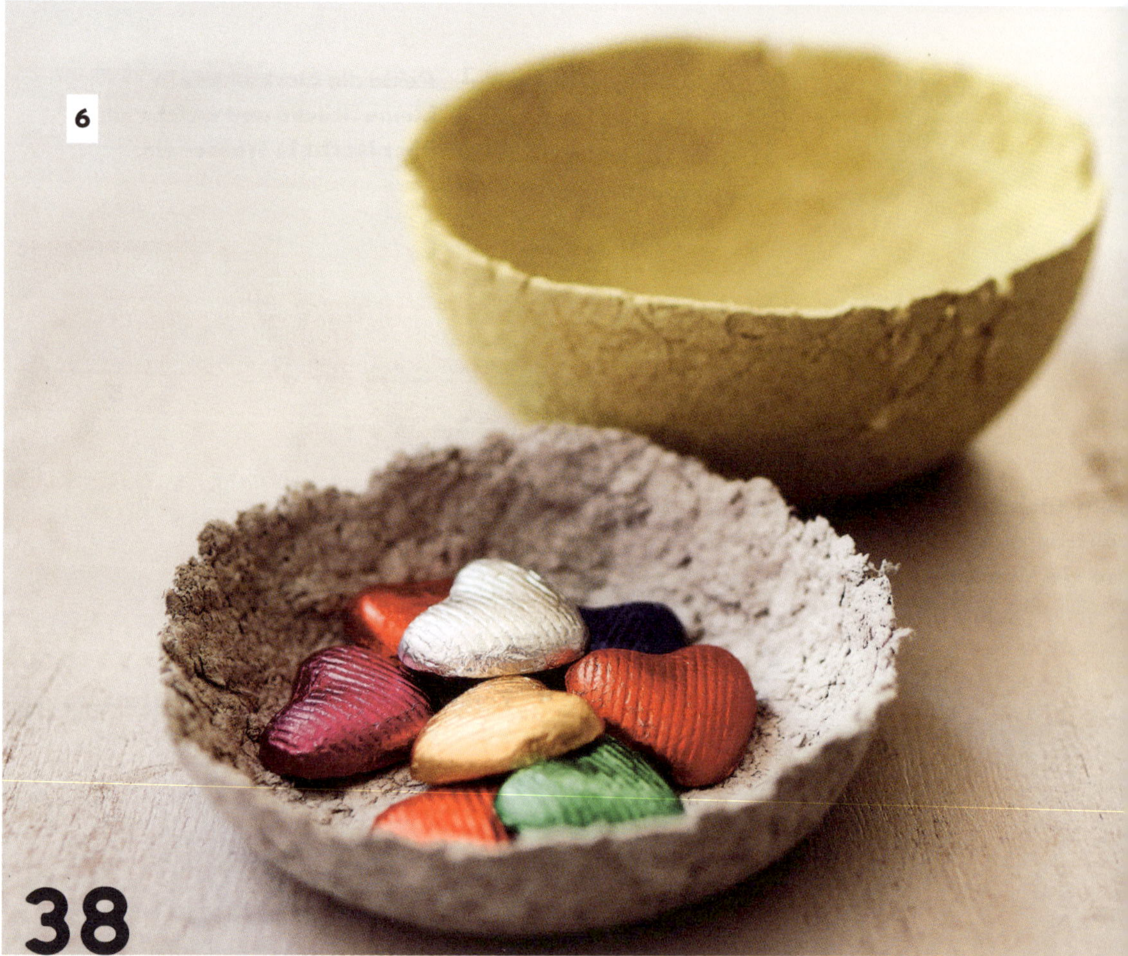

38
PAPPMACHÉ BOWL

1 **Dazu brauchst du: 1 leeren, sauberen Eierkarton, Wasser, Schüssel, Pürierstab**

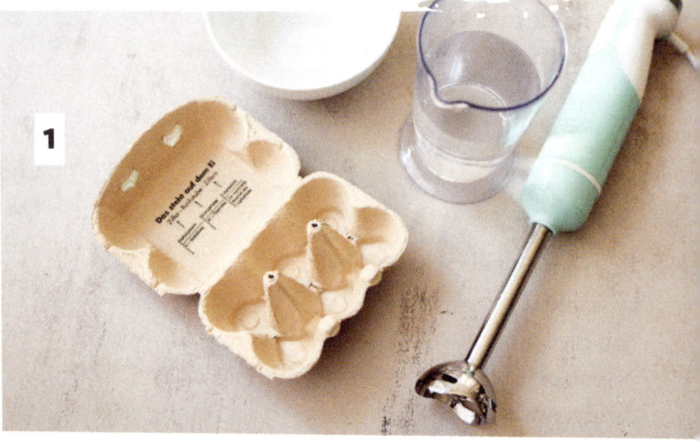

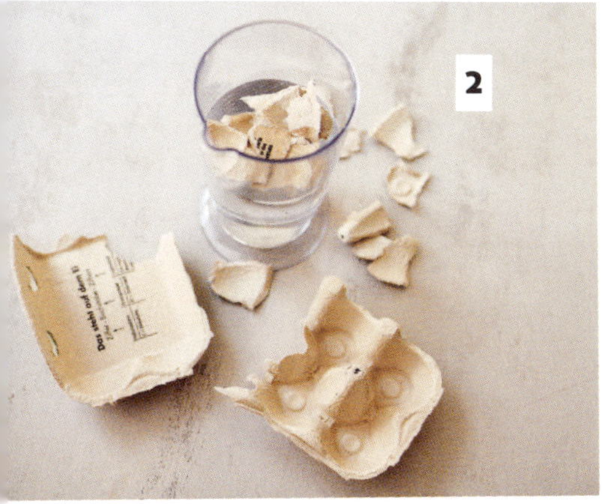

2 **Reiße die Eierkartons in kleine Stücke und weiche sie über Nacht in Wasser ein.**

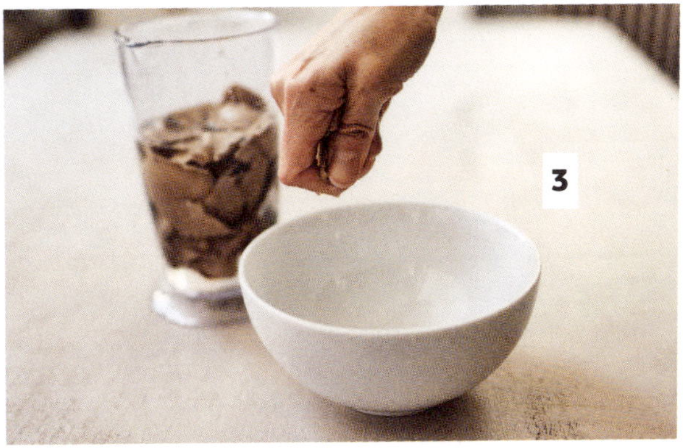

Am nächsten Tage lässt du die Kartons abtropfen und drückst mit den Händen so viel Wasser wie möglich heraus.

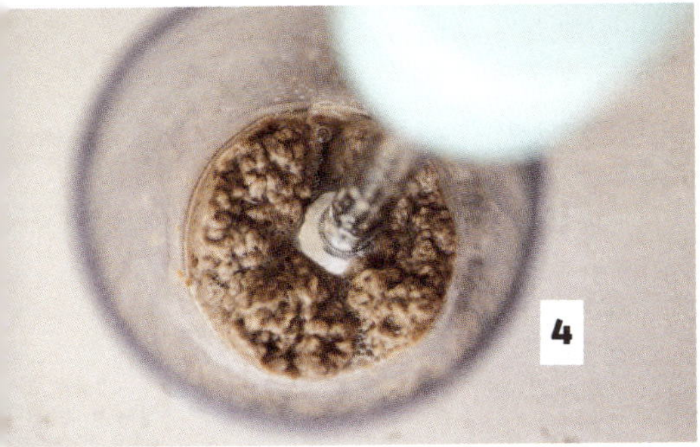

4 **Zerkleinere die Pappstücke mit einem Pürierstab, bis sie eine fast pudrige Konsistenz haben.**

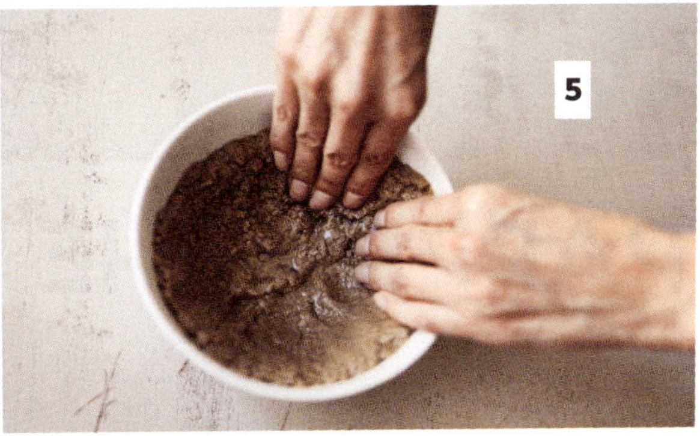

Verteile die Masse in einer passenden Schüssel, ziehe die Ränder hoch und drücke alles feste mit den Daumen an die Wände der Schüssel.

6 **Lass die Papierschüssel ein paar Tage trocknen. Die Masse schrumpft in der Zeit und die Papierschüssel löst sich von der „Formschüssel".**

Die Schüssel ist super für Kleinkram auf dem Schreibtisch oder kann z. B. als Osternest oder für kleine Geschenke verwendet werden.

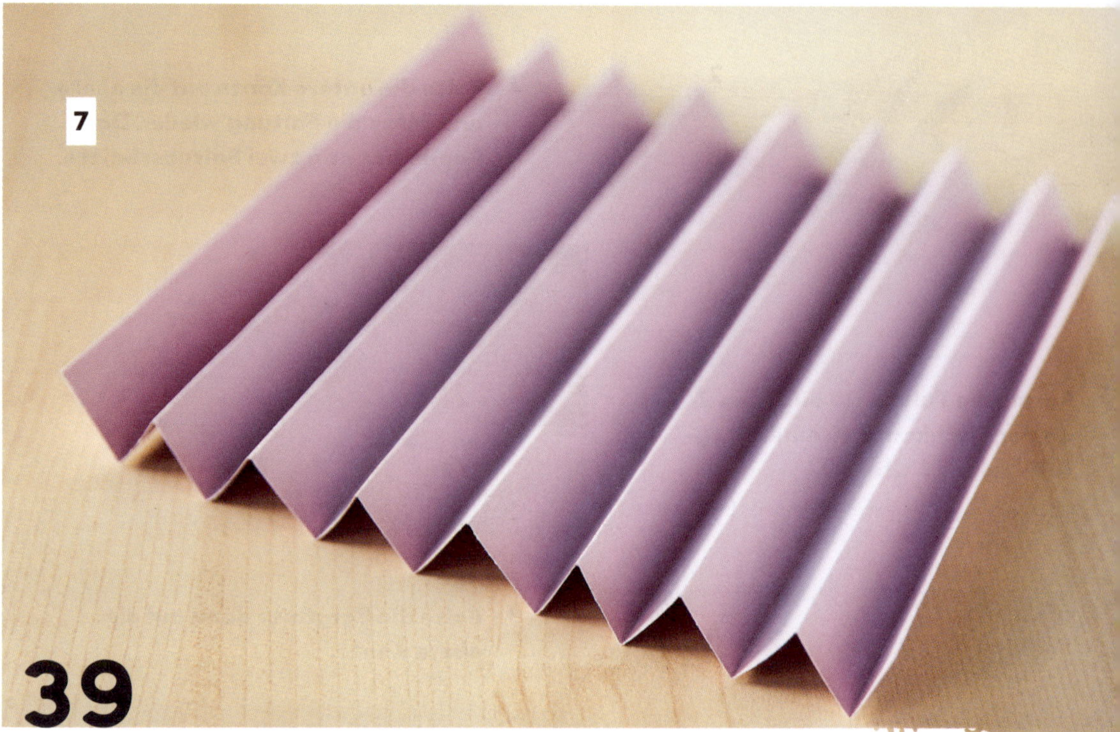

39 PERFEKTES PLISSEE PLEASE

Für Papier- und Bastelarbeiten wird immer wieder diese einfache Grundfaltung benötigt. A[ber] wie macht man sie eigentlich richtig? Die meisten Menschen gehen Pi mal Daumen vor und falten von einem Ende zum anderen. Darum hier der Tipp, wie Profis diese Faltung machen.

1 **Dazu brauchst du: Papierstreifen, z. B. 15 cm × 30 cm, Falzbein**

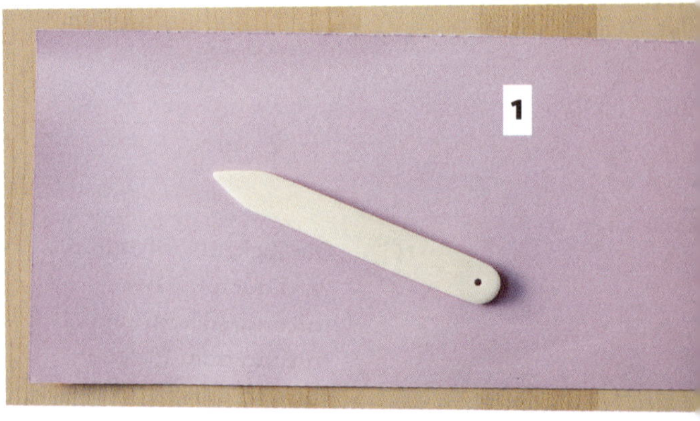

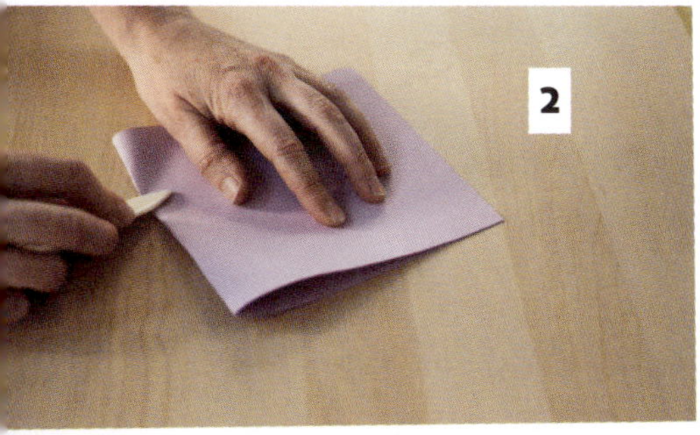

2 **Falte die untere Kante auf die obere und öffne die Faltung wieder. Das Papier hat nun zwei Faltabschnitte.**

3 **Forme die Faltkante aus Step 2 an der Tischkante zu einer Bergfalte (siehe Seite 64).**

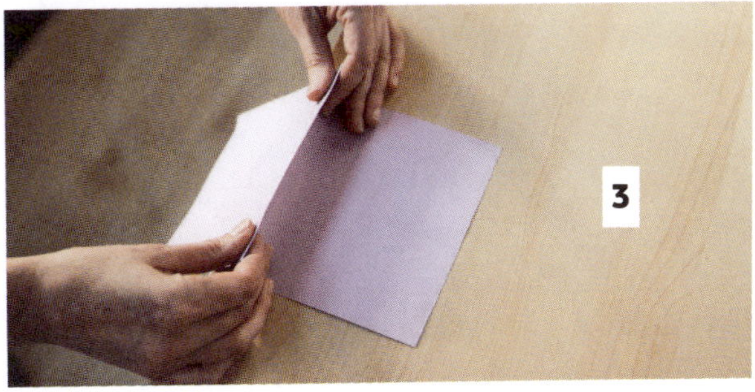

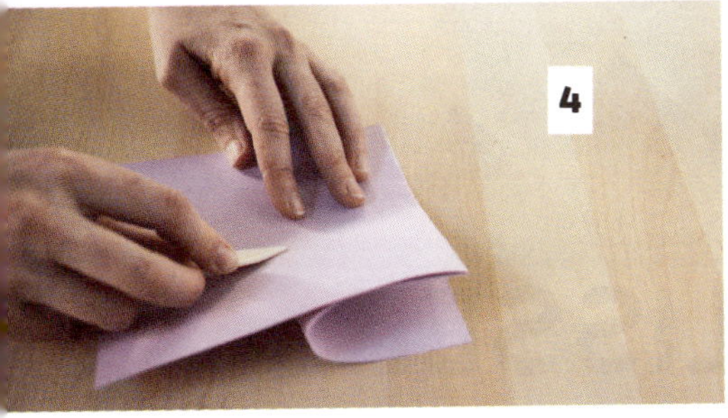

4 **Falte die Bergfalte dann auf die obere Kante.**

Zum Schluss die untere Kante ebenfalls auf die obere falten. Danach alle Faltungen wieder öffnen. Das Papier hat nun vier Faltabschnitte.

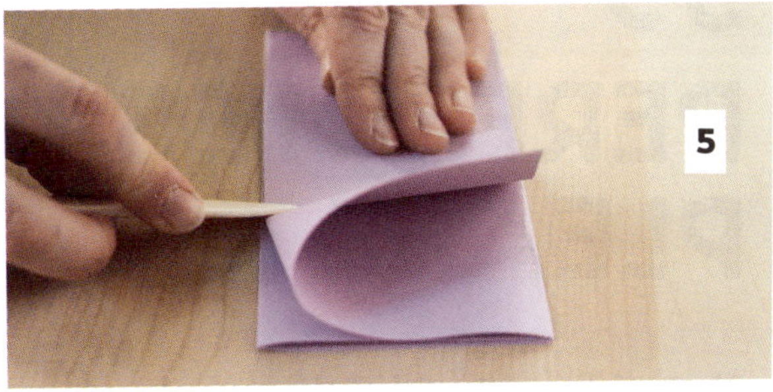

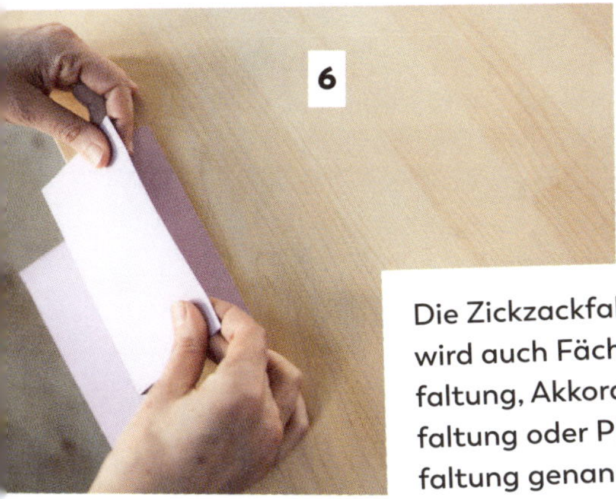

6 **Wiederhole die Faltschritte 3 bis 5 mit allen Faltkanten und der untere Kante. Das Papier hat jetzt acht Faltabschnitte.**

7 **Noch einmal die Faltschritte 3 bis 5 wiederholen. Danach hast du eine saubere Plisseefaltung mit sechzehn Faltabschnitten.**

Die Zickzackfaltung wird auch Fächerfaltung, Akkordeonfaltung oder Plisseefaltung genannt.

40

LUCKY HEARTS

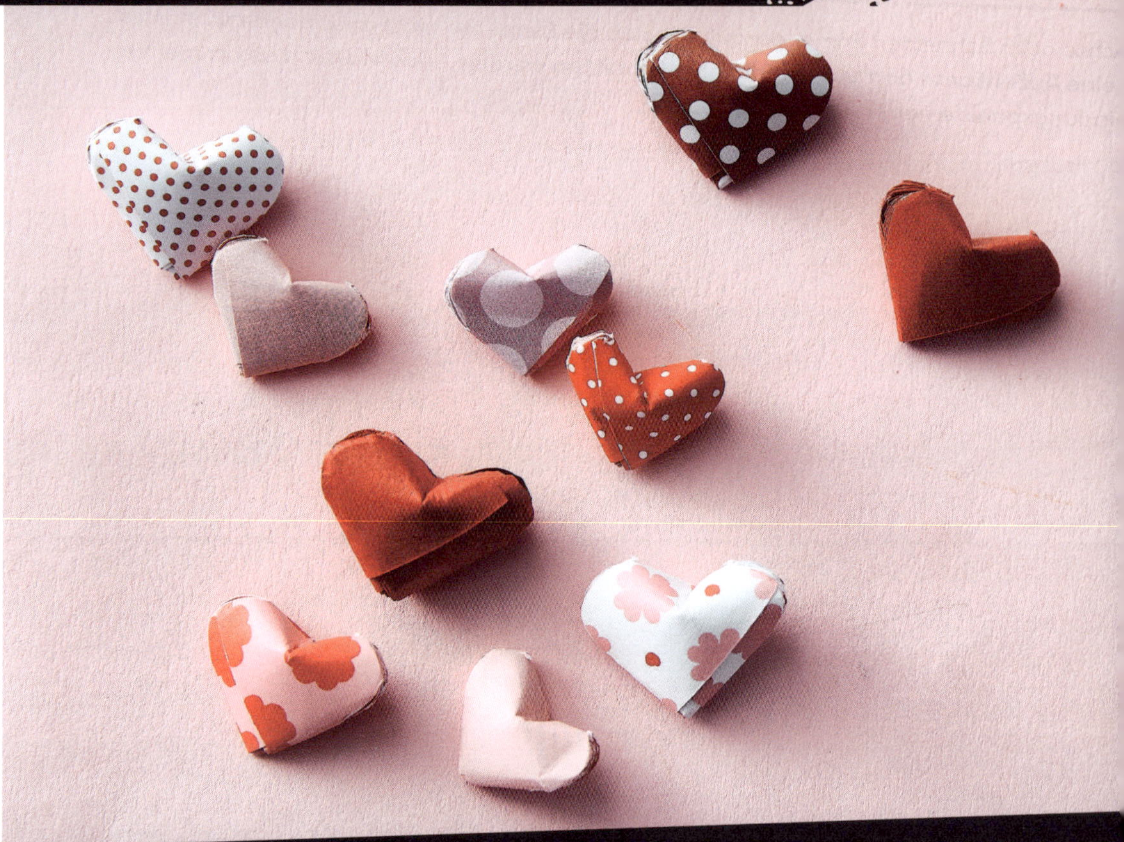

Mit diesem einfachen Trick verwandelst du einen Papierstreifen in ein plastisches Herz. Dazu brauchst du: Papierstreifen, z.B. Fröbelsternstreifen oder Quillingstreifen (halbe Länge), Schere. Falte ein Ende des Streifens schräg nach unten, sodass ein rechtwinkliges Dreieck entsteht. Wickle den Papierstreifen um das Dreieck herum auf. Das Ende mit der Schere schräg abschneiden und unter der letzten Papierrunde einstecken. Schneide die seitlichen Ecken mit der Schere rund. Drücke die lange Kante des Dreiecks in der Mitte ein, z.B. mit einer Schere. Fertig ist das Herz.

Schreib eine Botschaft, einen Wunsch oder ein Gedicht auf das Papier und verschenke es!

ılte das Quadrat einmal diagonal, dann noch einmal mittig und nochmals mittig. ılte die mittlere, rechtwinklige Spitze nach links entlang der unteren Kante und :hneide das überstehende Dreieck ab. Male ein Muster aus Zacken und Linien auf und :hneide es danach aus. Nutze eine kleine Nagelschere für Löcher und Ecken. Radiere ie Bleistiftlinien weg und falte die Schneeflocke vorsichtig auseinander.

:chte beim Schneiden immer darauf, dass du die Elemente nicht auseinanderschneidest. :eine Außenkante darf vollständig abgeschnitten werden – das Muster muss immer Ver-ındungspunkte haben.

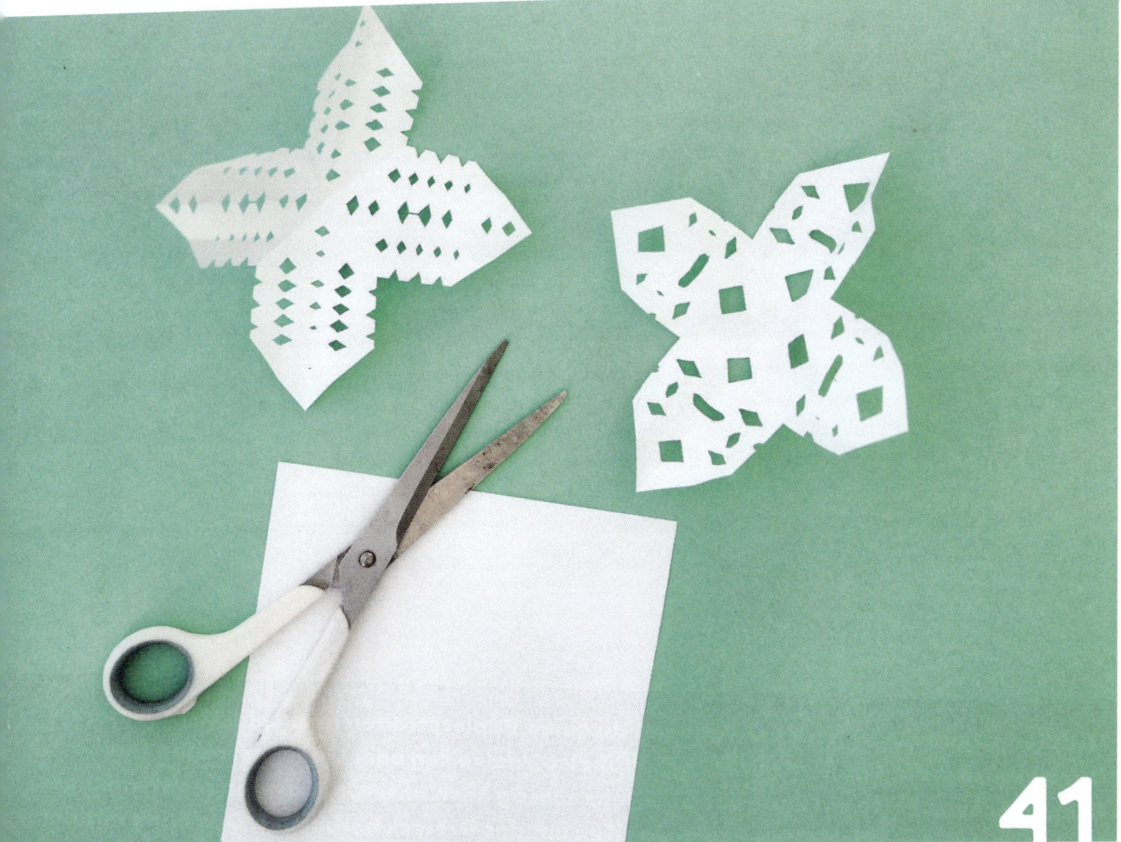

41

SCHNEEFLÖCKCHEN

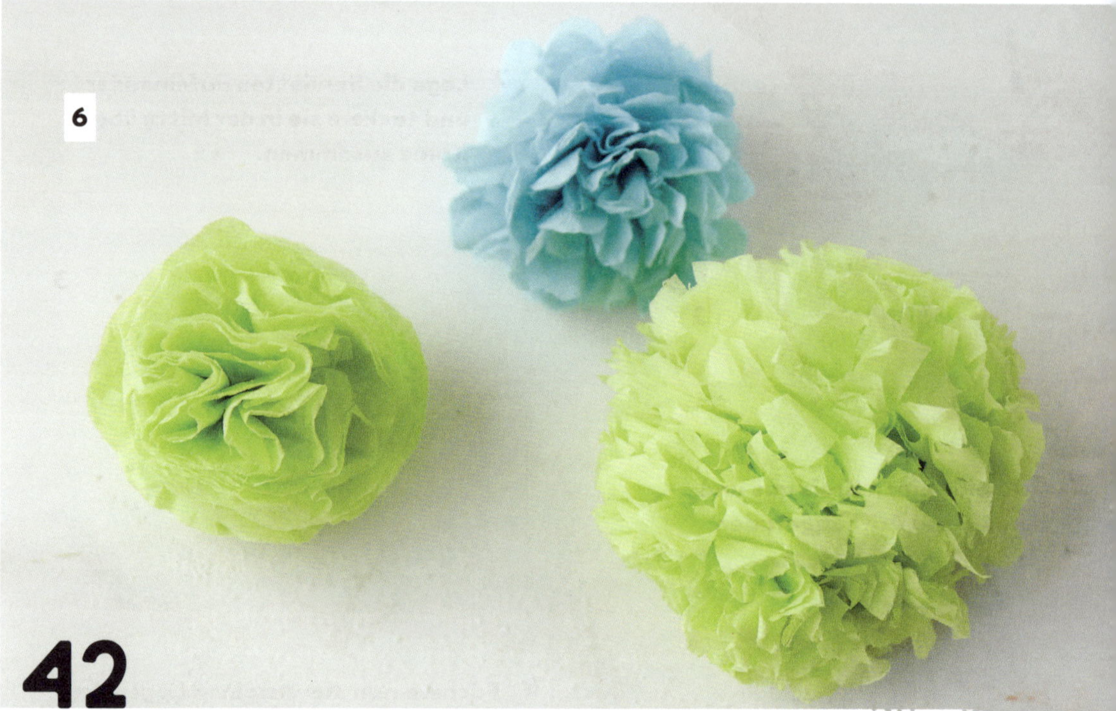

42 EINE RUNDE SACHE

Silvester, Fasching, runder Geburtstag? Welche Feier auch immer als Nächstes ansteht, mit diesen bunten Papierkugeln schaffst du im Handumdrehen einen stimmungsvollen Rahmen

1 **Dazu brauchst du:**
Servietten, 3x 24 cm × 24 cm oder 4x 33 cm × 33 cm, Tacker, Faden zum Aufhängen, Schere

1

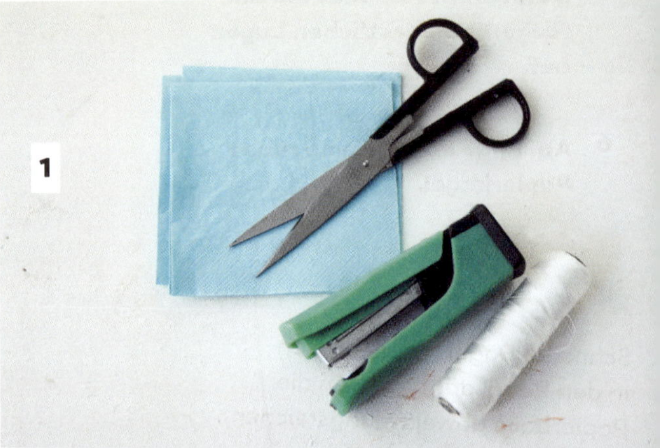

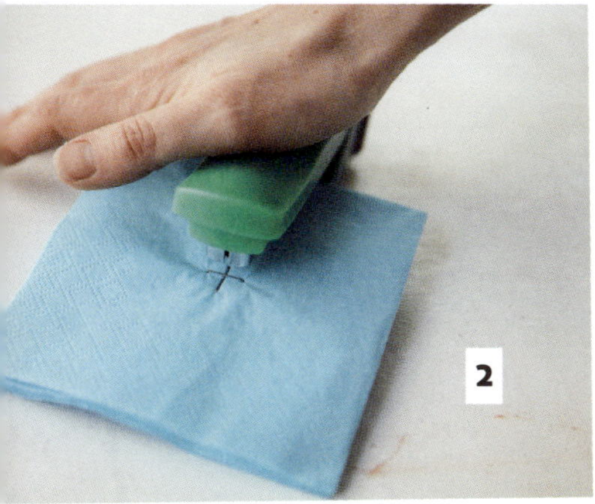

2 **Lege die Servietten aufeinander und tackere sie in der Mitte über Kreuz zusammen.**

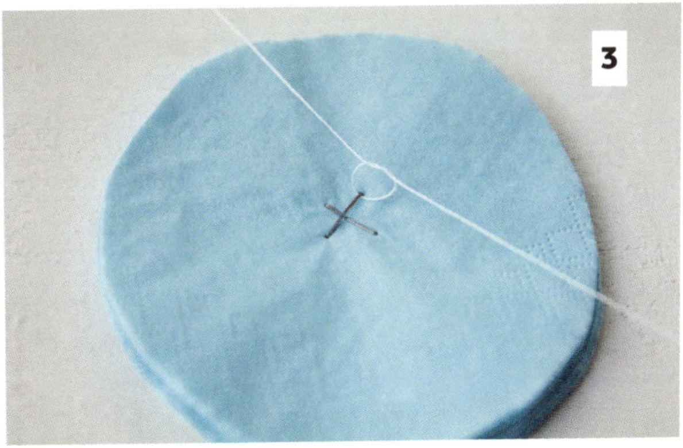

3 **Schneide einen Kreis aus und binde einen Aufhängefaden an den Klammern fest.**

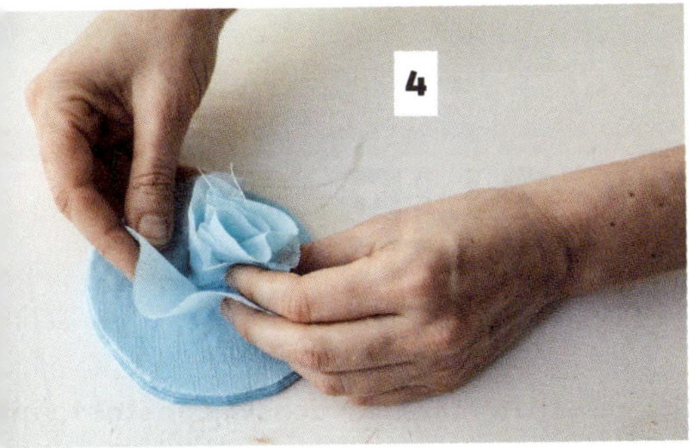

4 **Fächere nun die einzelnen Lagen der Servietten auf und knülle sie etwas, bis du eine Halbkugel hast.**

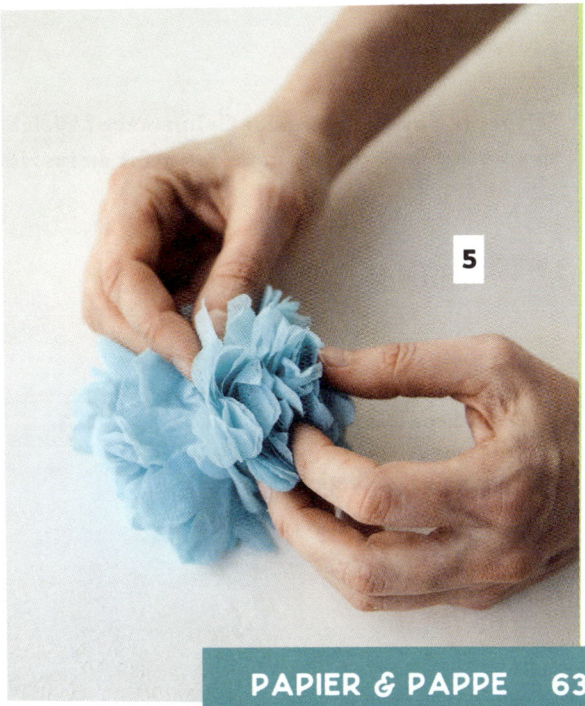

5 **Dann drehst du alles um und fächerst die restlichen Lagen auf.**

6 **Am Ende hast du eine runde Papierkugel.**

Schneide Bögen oder Fransen in den Rand, dann werden die Papierbälle abwechslungsreicher.

43

KNICK IST NICHT GLEICH KNICK

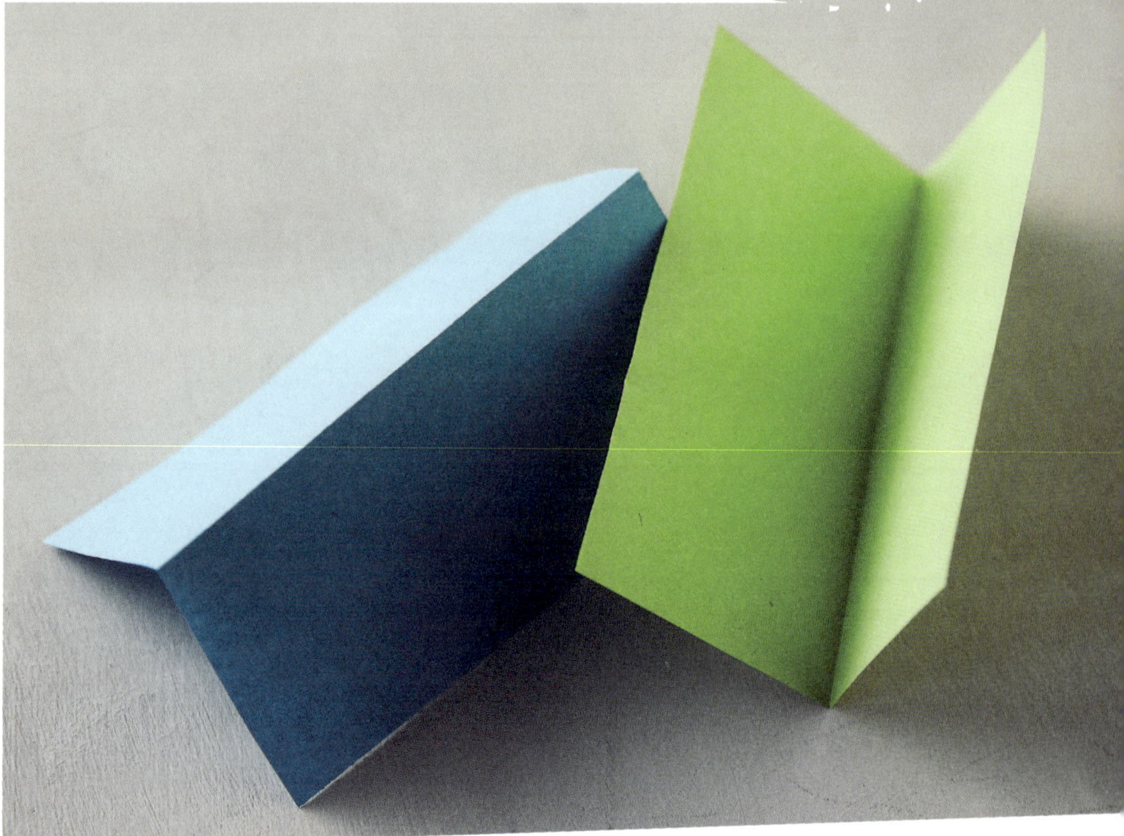

Egal ob du dich an Origamiwerke wagst oder dekorative Faltsterne basteln möchtest: Um dein Ziel zu erreichen, musst du die beiden wichtigsten Grundfaltungen kennen. Die Bergfalte: Die Faltkante zeigt wie ein Bergrücken nach oben. Symbol in Faltskizzen: gestrichelte Linie. Die Talfalte: Die Faltkante zeigt wie ein Tal nach unten. Symbol: Strich-Punkt-Linie.

Die Faltbewegung wird in Faltskizzen mit Pfeilen angezeigt. Ein Doppelpfeil bedeutet, dass das Papier an der Faltlinie gefaltet und die Faltung anschließend wieder geöffnet wird.

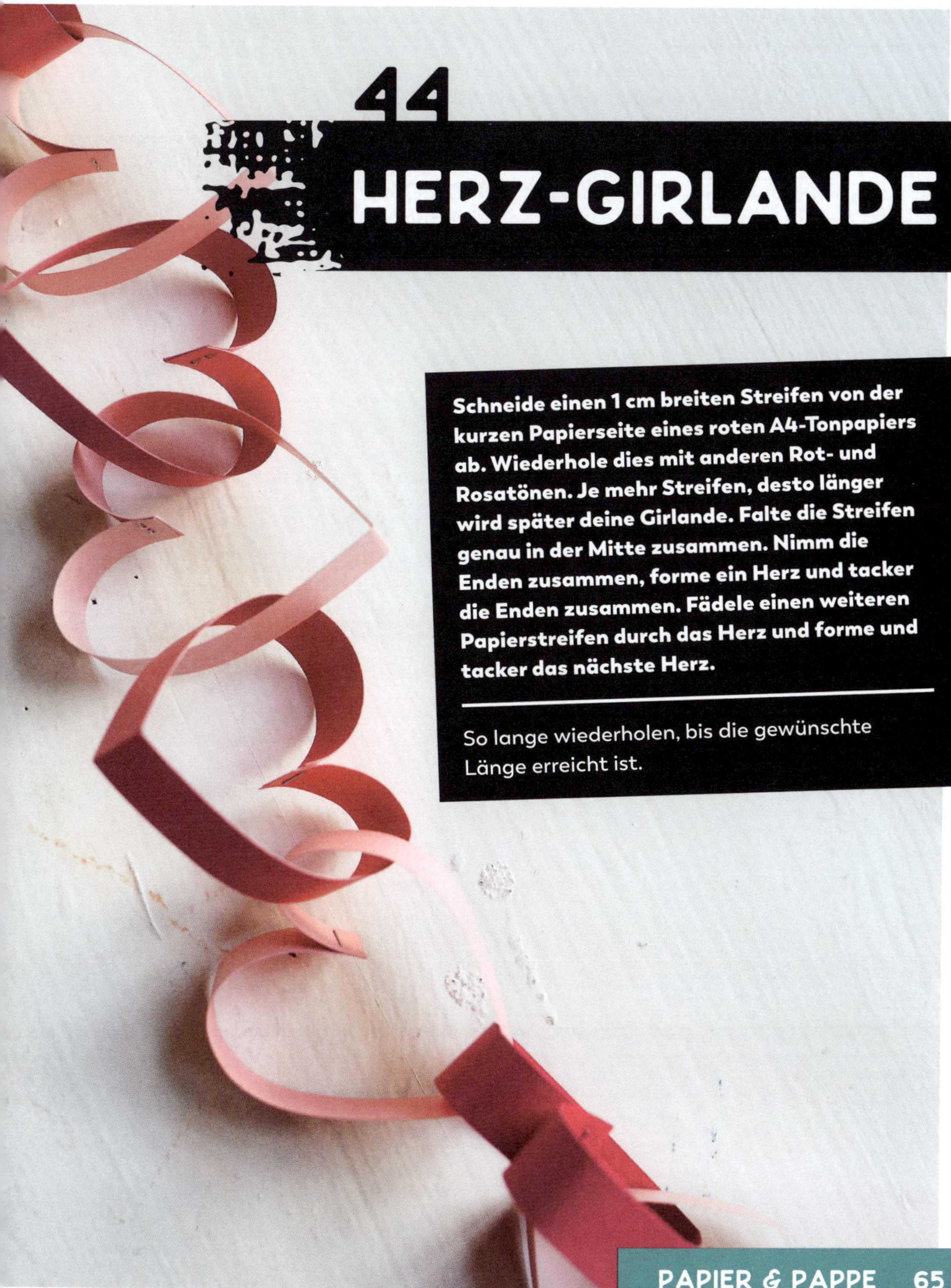

44 HERZ-GIRLANDE

Schneide einen 1 cm breiten Streifen von der kurzen Papierseite eines roten A4-Tonpapiers ab. Wiederhole dies mit anderen Rot- und Rosatönen. Je mehr Streifen, desto länger wird später deine Girlande. Falte die Streifen genau in der Mitte zusammen. Nimm die Enden zusammen, forme ein Herz und tacker die Enden zusammen. Fädele einen weiteren Papierstreifen durch das Herz und forme und tacker das nächste Herz.

So lange wiederholen, bis die gewünschte Länge erreicht ist.

Lidschatten, Rouge und Puder verleihen nicht nur deinem Gesicht Ausstrahlung. Auch auf dem Papier machen sie etwas her. Bring mit transparenter Pigmentfarbe ein Stempelmotiv auf und trage mit einem weichen Schminkpinsel das Farbpulver auf. Nach dem Trocknen das Embossing vorsichtig mit Haarspray fixieren.

Tupfe die Stempelfarbe auf die erhabenen Stellen von Prägemotiven und koloriere sie mit Lidschatten, Rouge und Puder.

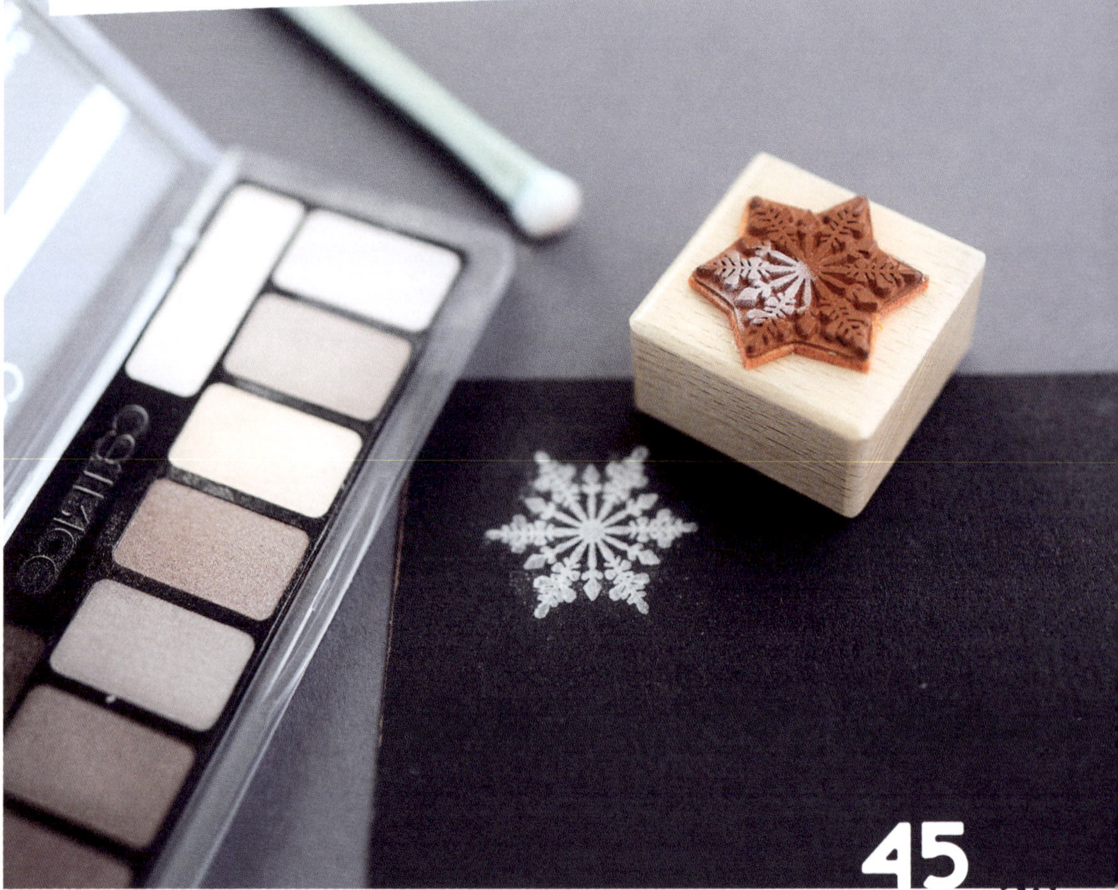

45

MAKE-UP FÜRS PAPIER

Wickle einen Papierstreifen um einen grobzinkigen Kamm. Fixiere ihn nach jeder Runde am Anfangspunkt mit einem Klebstofftropfen und wandere Runde für Runde einen Zinken weiter. So erhältst du luftig aufgewickeltes Papier, das du mit den Fingern zu Blütenblättern oder Sternzacken formen kannst. Das nennt man auch Quilling.

Auf Seite 173 erfährst du, wie du Papierperlen selber machen kannst.

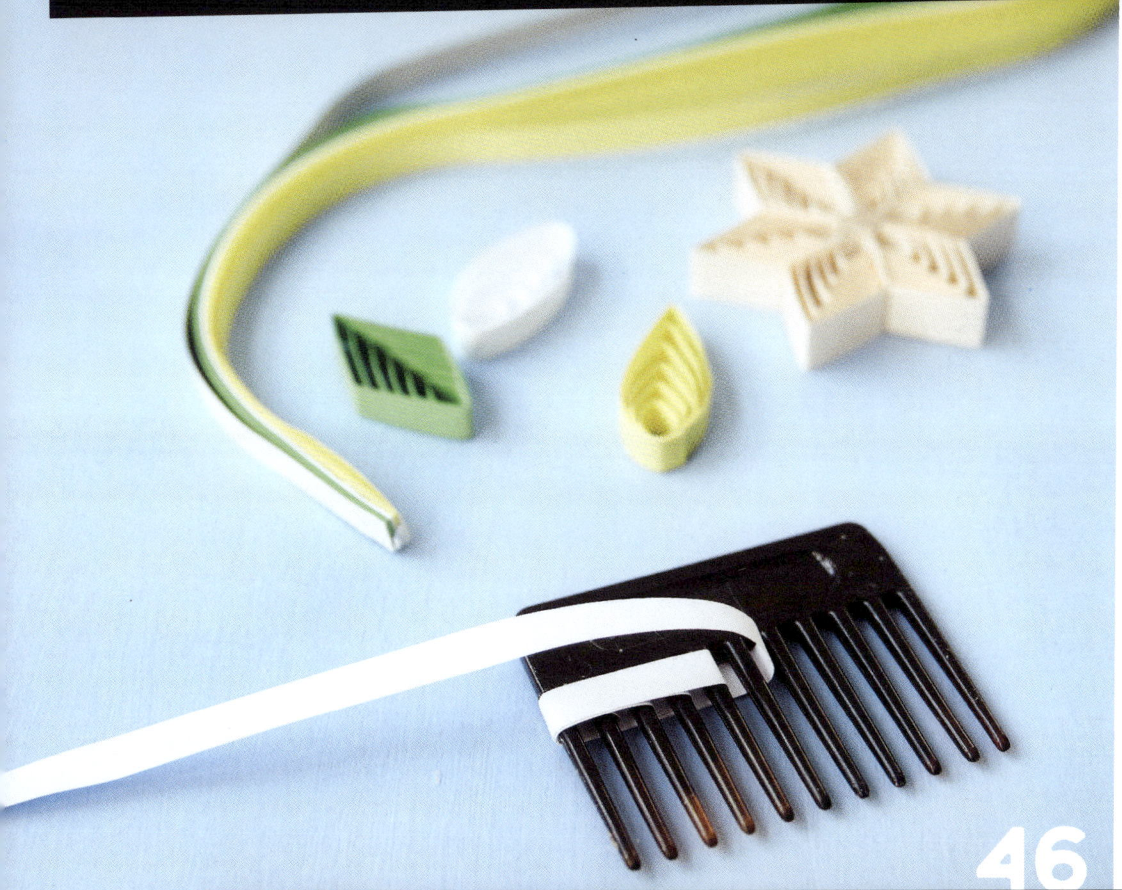

46

ÜBER DEN KAMM GEWICKELT

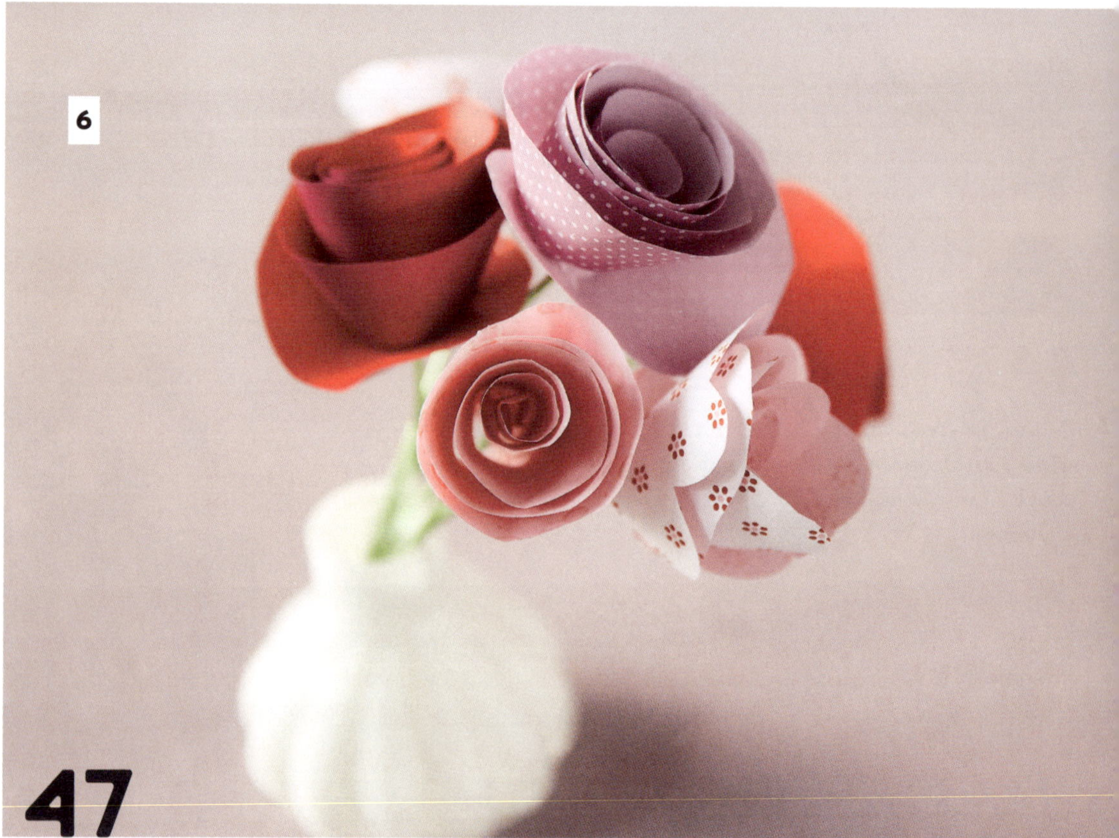

6

47

LET IT BLOOM

An diesen zarten Blüten wirst du lange deine Freude haben. Beim Basteln geht dagegen alles schnell von der Hand.

1 **Dazu brauchst du:**
Papier, z. B. 15 cm × 15 cm, Schere, Klebstoff, Draht

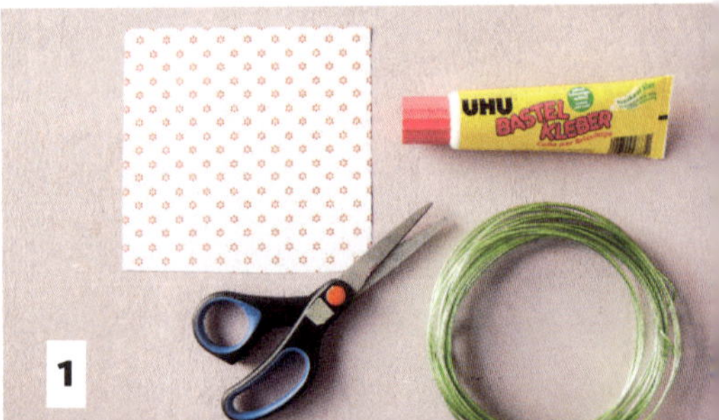

1

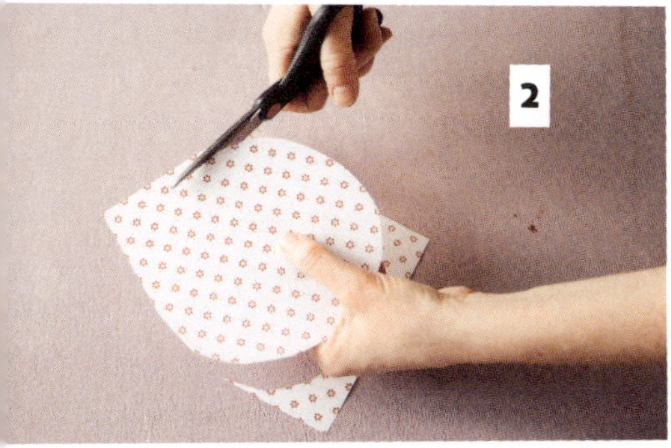

2 Schneide aus dem Papier einen Kreis aus. Er muss nicht ganz exakt sein.

3 Schneide von außen nach innen eine Spirale, etwa 2–3 cm breit. Auch hier musst du nicht exakt arbeiten.

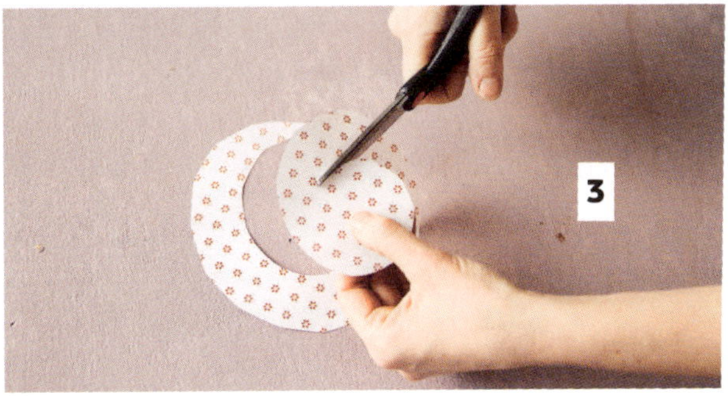

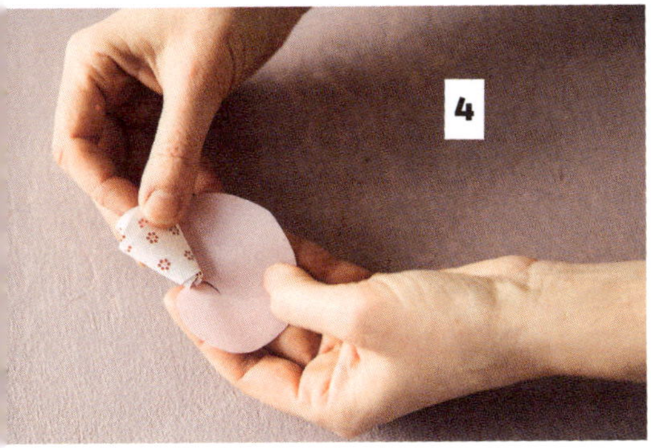

4 Rolle die Spirale von außen nach innen eng auf.

5 Lass die Spirale etwas aufspringen und klebe sie auf das Ende.

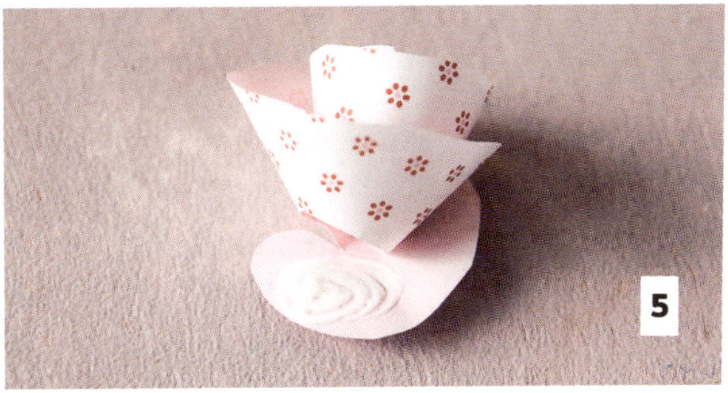

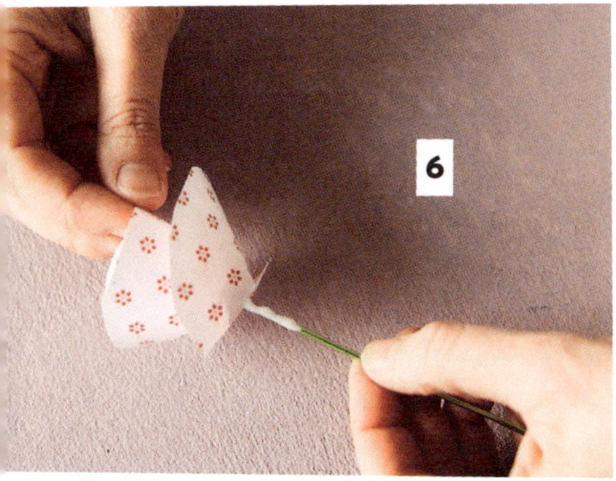

6 Zum Schluss den Draht in die Blüte stecken und festkleben.

Schneide Bögen oder Wellen in die äußere Kante des Kreises und in die Spirale.

Variiere die Länge und Höhe des Streifens, die Zahl der Faltabschnitte und die Position des zickzackförmigen Bergkamms.

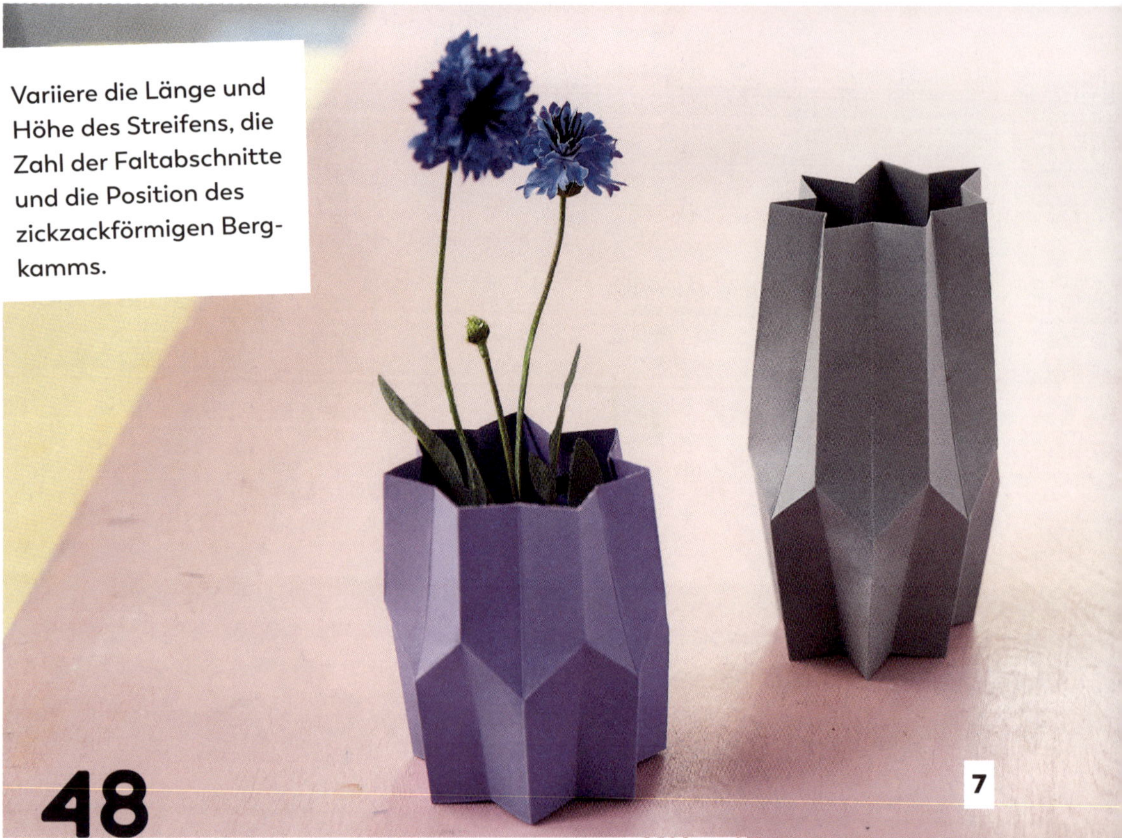

7

48

PAPIER-VASE

Verwandle ein simples Papier in eine kunstvolle Vase – mit dieser Technik ein Kinderspiel.

---

1 **Dazu brauchst du:**
Tonpapier, 12 cm × 34 cm, Geodreieck®, Stricknadel, Falzbein, Klebstoff, Glas für die Vase

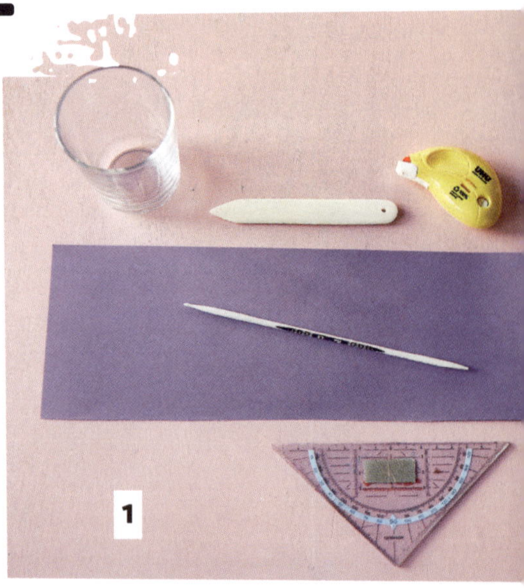

1

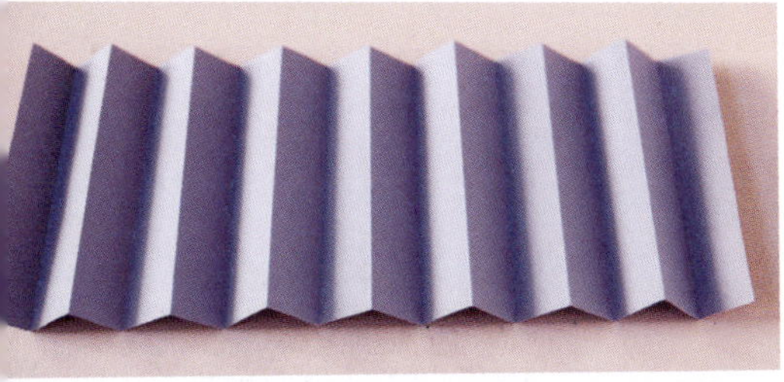

2 Falte das Papier wie auf Seite 58/59 beschrieben, sodass du eine Plisseefaltung mit 16 Faltabschnitten hast. Lege das Papier dann so hin, dass die erste Falte von links eine Talfalte ist.

Lege das Geodreieck® mit der Spitze 5 cm über der unteren Kante an jeder Talfalte an und zieh die Schrägen bis zur nächsten Faltlinie bzw. Papierkante mit der Stricknadel nach.

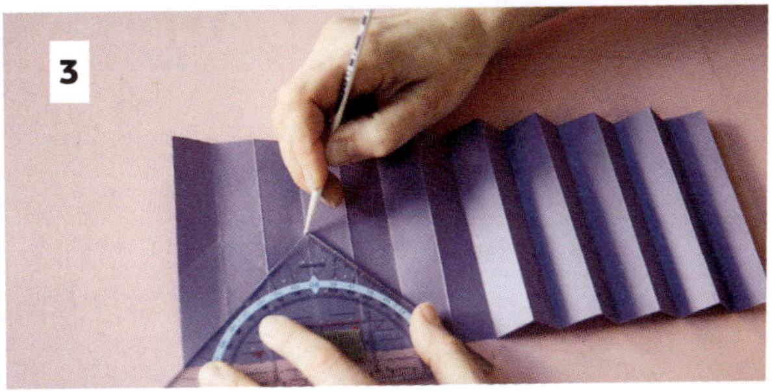

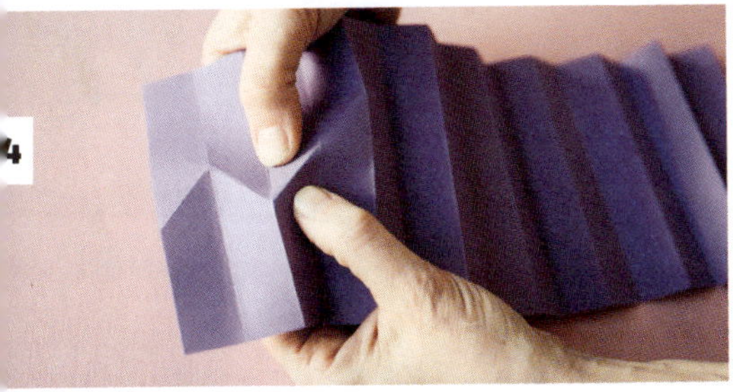

4 Knicke die Prägelinien zu Bergfalten, sodass ein zickzackförmiger Bergkamm entsteht.

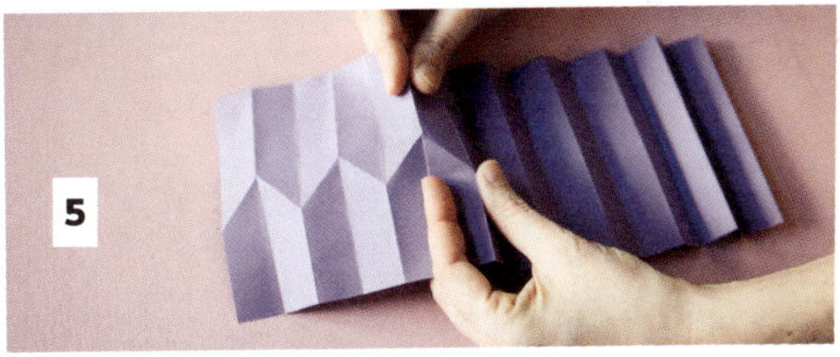

5 Nun faltest du an der oberen Hälfte die Faltungen aus Step 1 in die Gegenrichtung, aus Talfalten werden also Bergfalten und aus Bergfalten werden Talfalten.

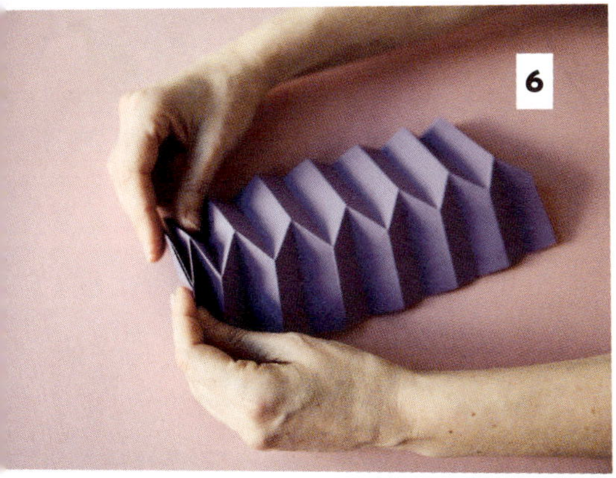

6 Lege das Papier an den Faltungen zusammen und streiche den Papierstapel glatt.

7 Zum Schluss öffnest du die Faltungen und klebst die ersten und die letzten Faltabschnitte deckungsgleich übereinander. Die Manschette über das Glas stellen.

49

FLIEGENDE VÖGELCHEN

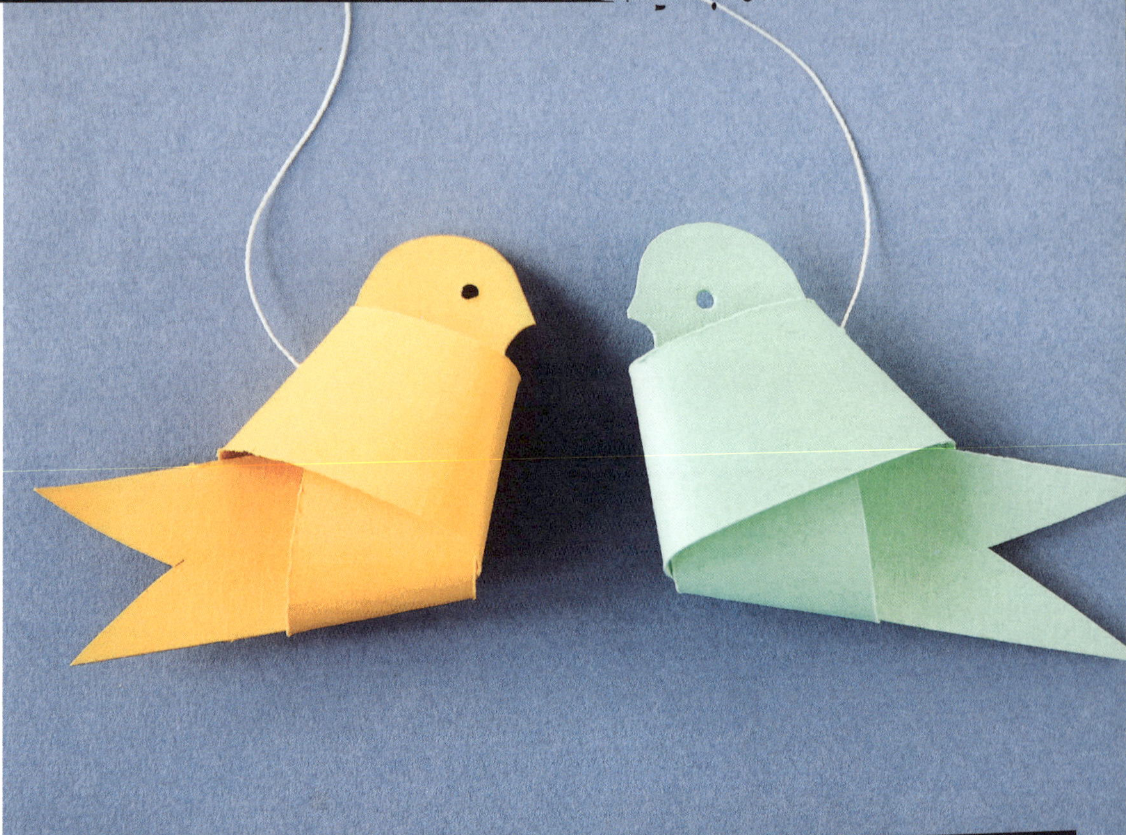

Was kommt heraus, wenn man in ein Stück Papier einen Knoten macht? Ein niedliches Vögelchen! Nimm einen ca. 3 cm breiten und 30 cm langen Tonkartonstreifen und mach einen lockeren Knoten. Den Kopf und die Schwanzfedern mit der Schere in Form schneiden, das Auge mit der Lochzange einstanzen. Schon kannst du das Vögelchen an einem Faden aufhängen.

Ziehe den Papierstreifen ein paar Mal wie Geschenkband zum Kräuseln über einen runden Stift. Das macht die Papierfasern weich und verhindert Knicke.

NOTIZEN

AHA!

Festes Papier lässt sich ohne Risse und Knicke falten, biegen und aufrollen, wenn du die richtige Laufrichtung beachtest. Um sie herauszufinden, legst du zwei gegenüberliegende Kanten des Papiers aufeinander und drückst mit der Hand sanft auf die Wölbung. Mit den anderen beiden Kanten wiederholen. Die Richtung, bei der du weniger Widerstand spürst, ist die richtige!

Naturmaterial

Blumen trocknest du am besten kopfüber an der Luft: Klemme die einzelnen Blütenstiele in einen Hosen-Kleider-bügel und hänge sie damit auf. Je dunkler der Raum ist, desto eher bleiben die Farben der Blüten erhalten.

Mit Haarspray kannst du die Konservierung optimieren. Dafür die gesamte Blüte, inklusive Stiel, kräftig einsprühen.

50

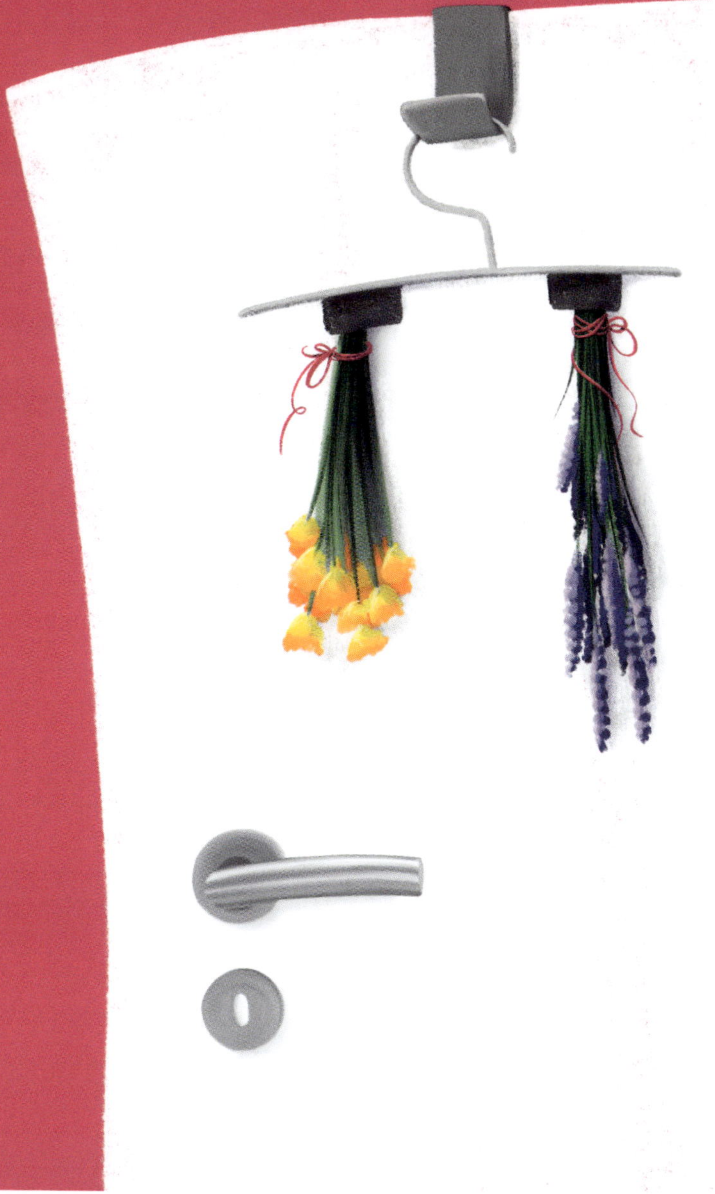

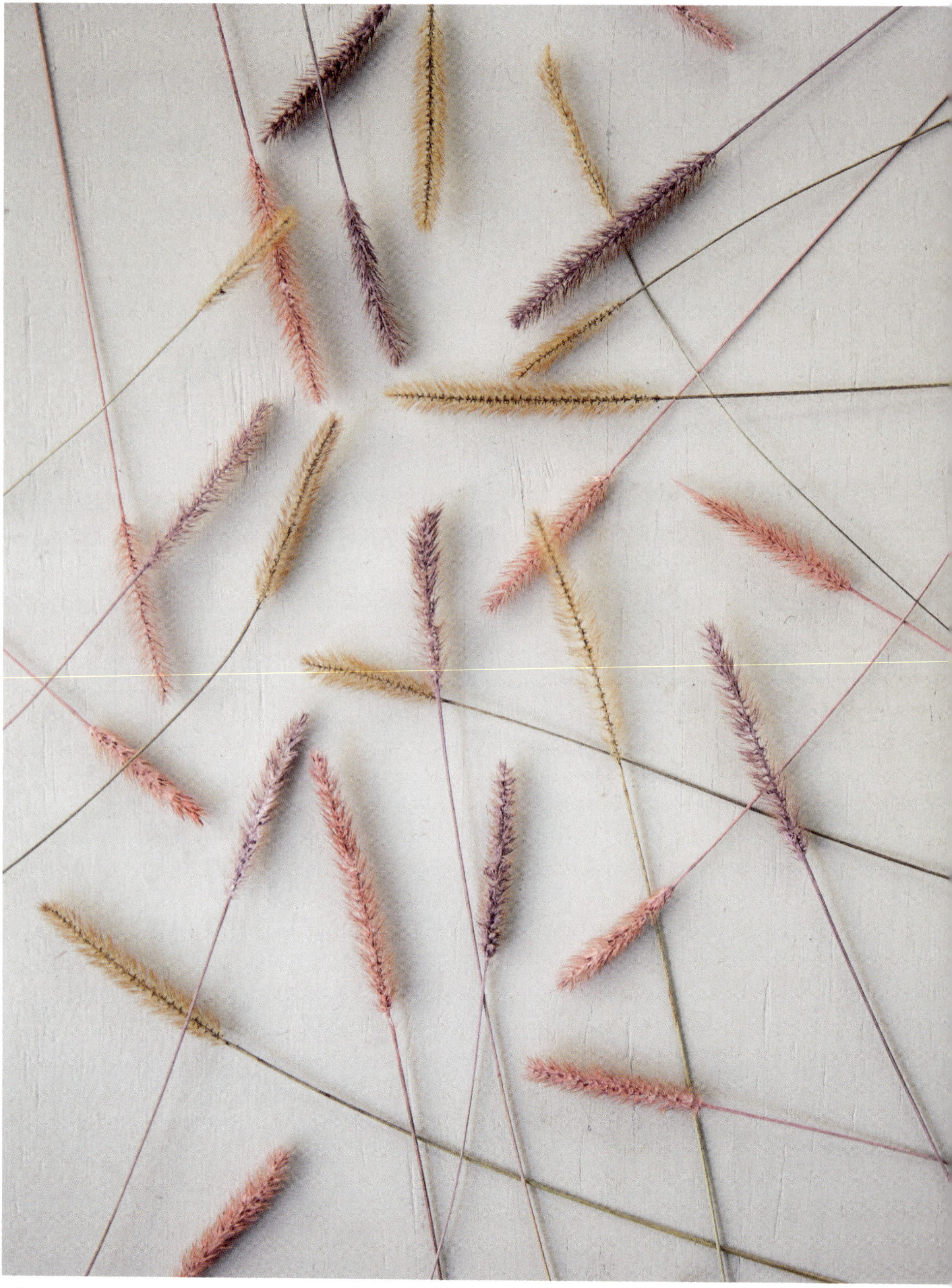

Sobald du draußen einen schönen Stein, ein hübsches Blatt oder eine Kastanie findest, wandert dieser Schatz in deine Tasche? Perfekt! Denn für dieses Kapitel kannst du das gesammelte Naturmaterial prima gebrauchen. Du erfährst außerdem, wie du Blumen trocknest, Blätter konservierst, mit Naturfarben färbst oder einen misslungenen Kürbis-Schnitzversuch rettest. Viel Spaß beim Jagen und Sammeln!

51

BLÜTENKERZE

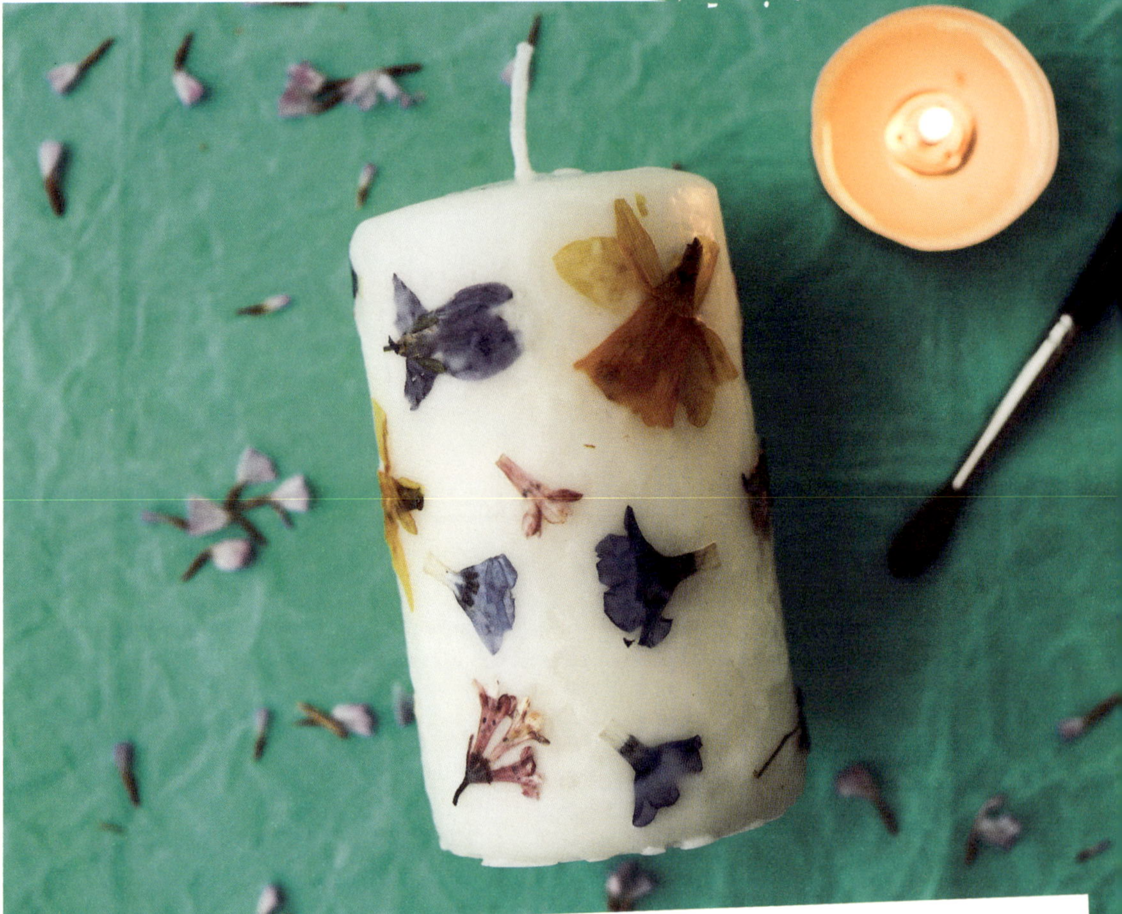

Blütenkerze selbst gemacht? Nimm einfach das flüssige Wachs eines brennenden Teelichts, lege getrocknete Blüten auf die Stumpenkerzeerze, tauche den Pinsel in das flüssige Wachs und streiche damit in einem schnellen Zug über die Blüte auf der Kerze. Die Blüte sollte komplett mit Wachs bedeckt sein.

Wie du Blumen in nur zwei Minuten pressen und trocknen kannst, erfährst du auf Seite 86.

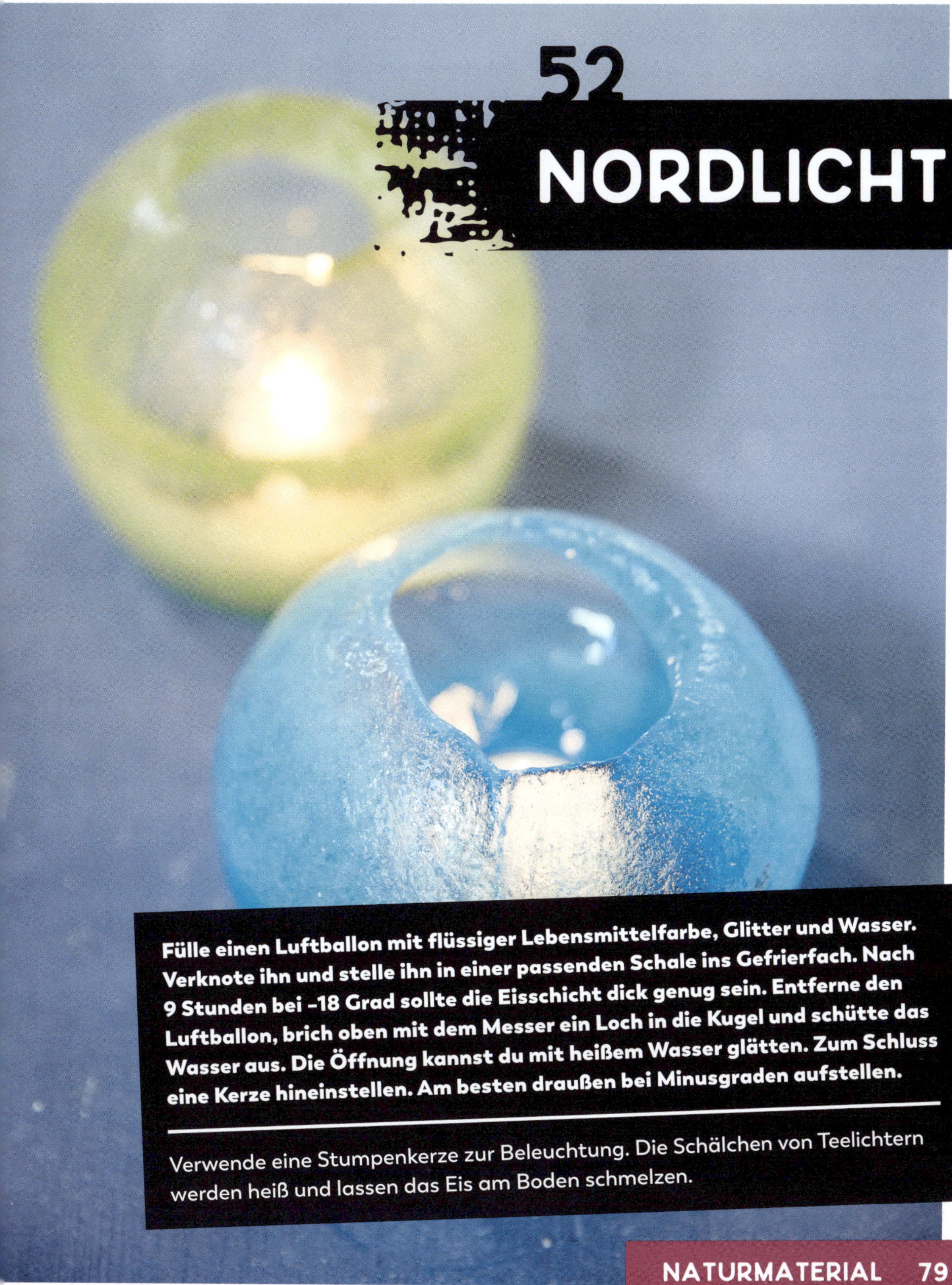

52 NORDLICHT

Fülle einen Luftballon mit flüssiger Lebensmittelfarbe, Glitter und Wasser. Verknote ihn und stelle ihn in einer passenden Schale ins Gefrierfach. Nach 9 Stunden bei –18 Grad sollte die Eisschicht dick genug sein. Entferne den Luftballon, brich oben mit dem Messer ein Loch in die Kugel und schütte das Wasser aus. Die Öffnung kannst du mit heißem Wasser glätten. Zum Schluss eine Kerze hineinstellen. Am besten draußen bei Minusgraden aufstellen.

Verwende eine Stumpenkerze zur Beleuchtung. Die Schälchen von Teelichtern werden heiß und lassen das Eis am Boden schmelzen.

53

VOLL SPIESSIG

Mach dir nicht die Finger schmutzig, wenn du kleine Teile wie Kastanien, Walnüsse, Eicheln und Co. bemalen willst. Stecke sie auf ein Schaschlikstäbchen. So lassen sie sich in einem Mal rundum mit Farbe bepinseln.

Verwende die Stäbchen, um die bemalten Teile sicher zum Trocknen aufzustellen (siehe Seite 299).

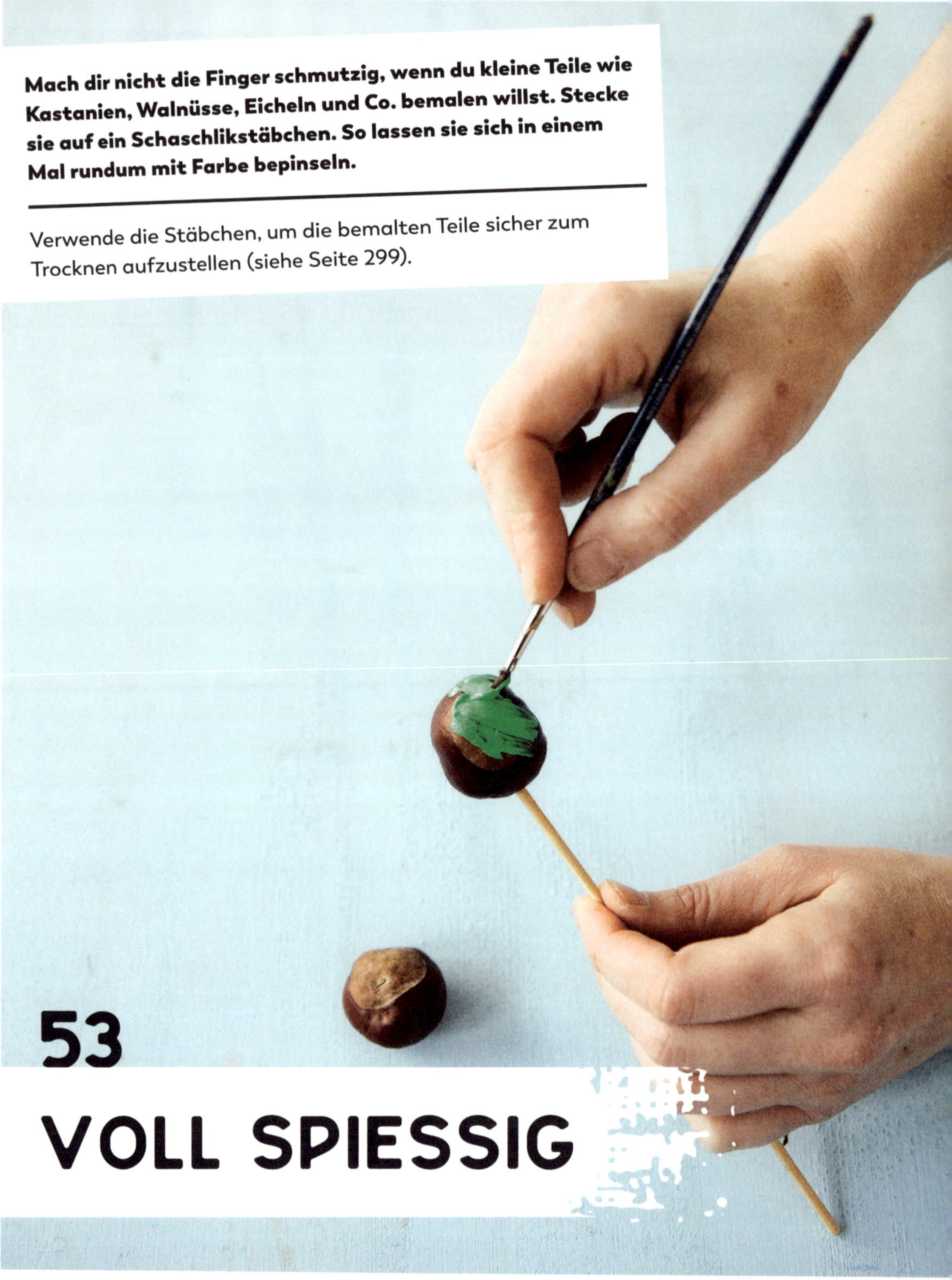

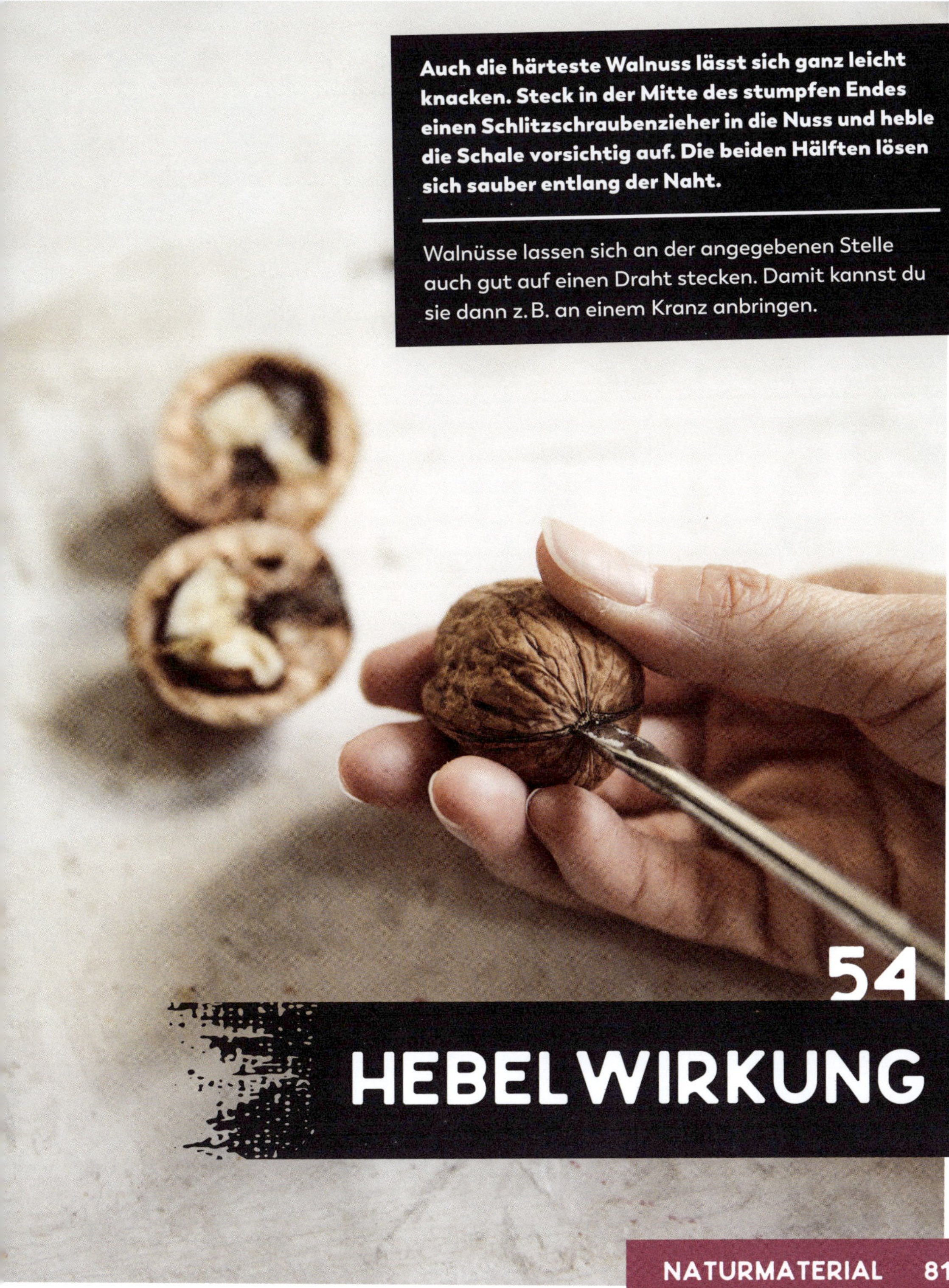

54 HEBELWIRKUNG

Auch die härteste Walnuss lässt sich ganz leicht knacken. Steck in der Mitte des stumpfen Endes einen Schlitzschraubenzieher in die Nuss und heble die Schale vorsichtig auf. Die beiden Hälften lösen sich sauber entlang der Naht.

Walnüsse lassen sich an der angegebenen Stelle auch gut auf einen Draht stecken. Damit kannst du sie dann z. B. an einem Kranz anbringen.

55

K(L)EINE SCHNITZER

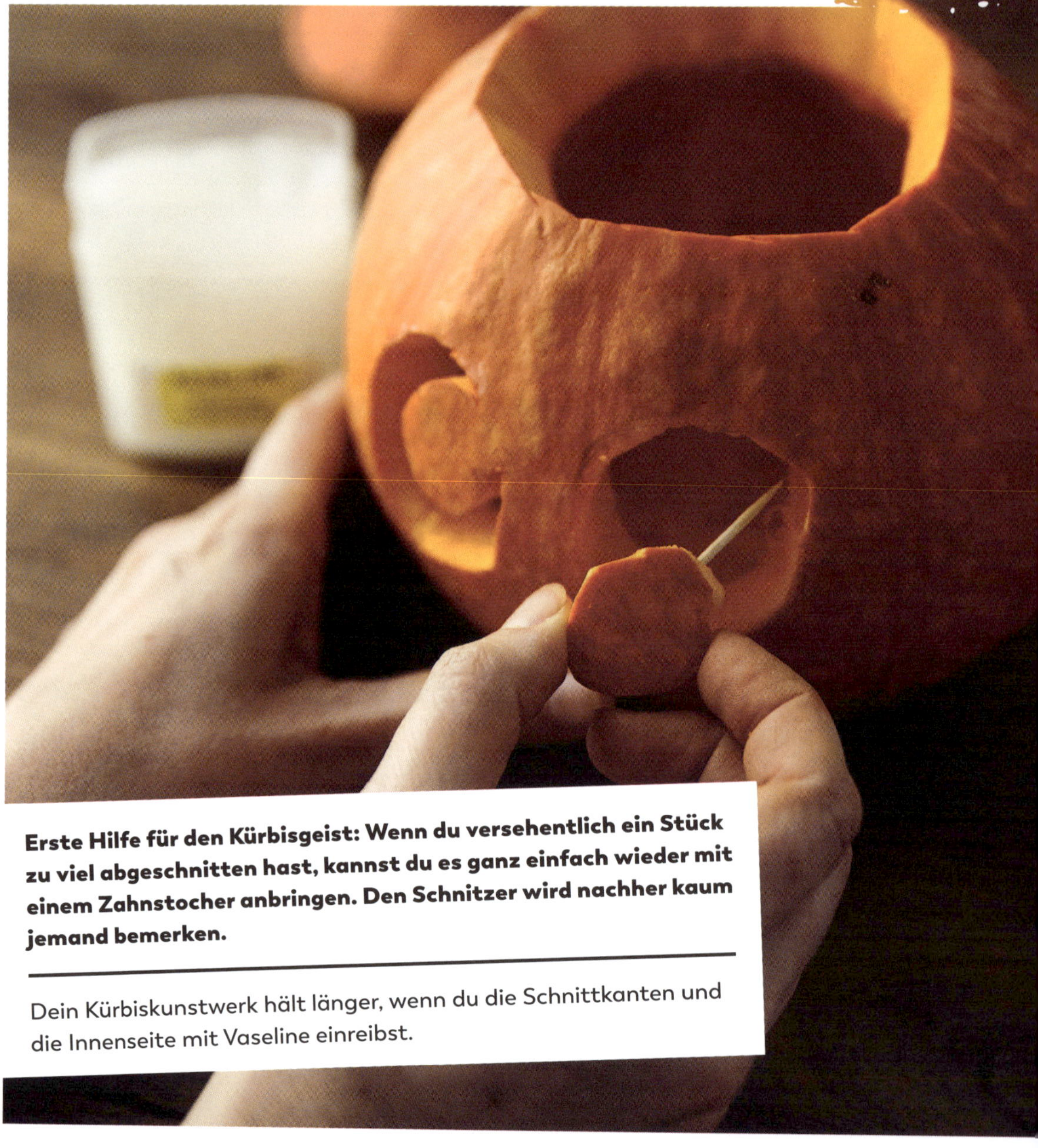

Erste Hilfe für den Kürbisgeist: Wenn du versehentlich ein Stück zu viel abgeschnitten hast, kannst du es ganz einfach wieder mit einem Zahnstocher anbringen. Den Schnitzer wird nachher kaum jemand bemerken.

Dein Kürbiskunstwerk hält länger, wenn du die Schnittkanten und die Innenseite mit Vaseline einreibst.

Du kannst einen Zapfen mühsam Schuppe für Schuppe mit dem Pinsel anmalen – oder du lässt ihn kurz auf Tauchgang gehen. Stecke den Zapfen dafür auf einen Draht. Verdünne die Farbe mit etwas Wasser und gib sie in einen hohen Becher.

Stelle den Zapfen zum Trocknen mit dem Draht in ein Glas. Lies dazu auch Hack Nr. 219.

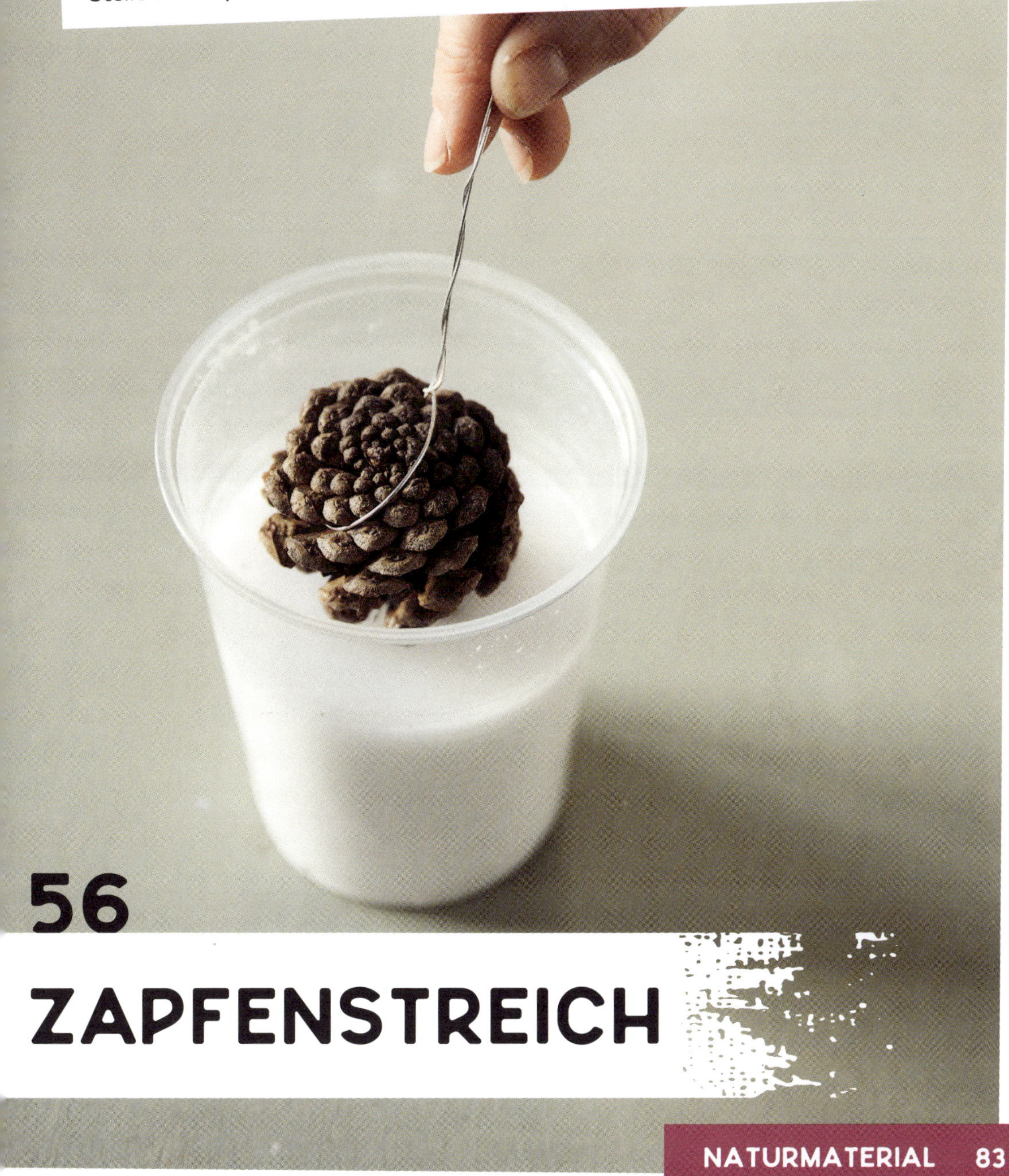

56 ZAPFENSTREICH

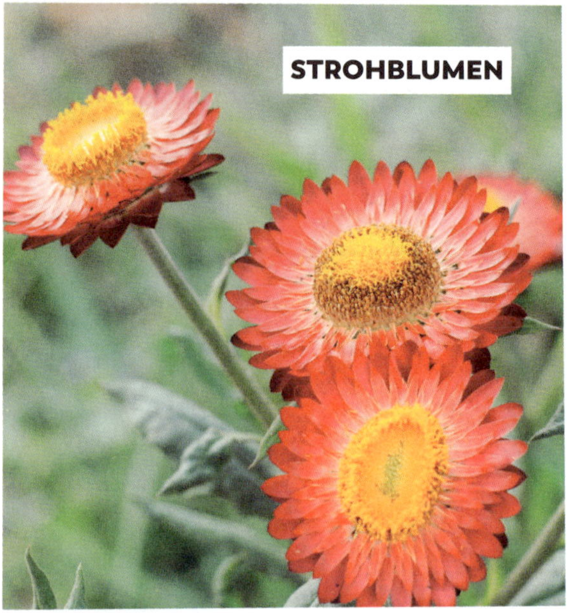

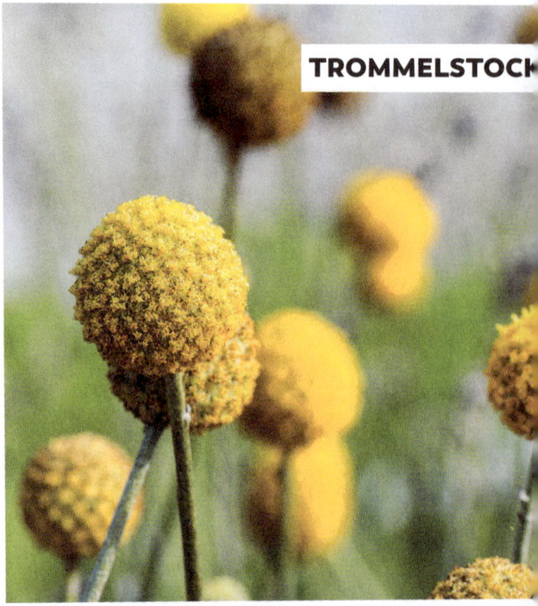

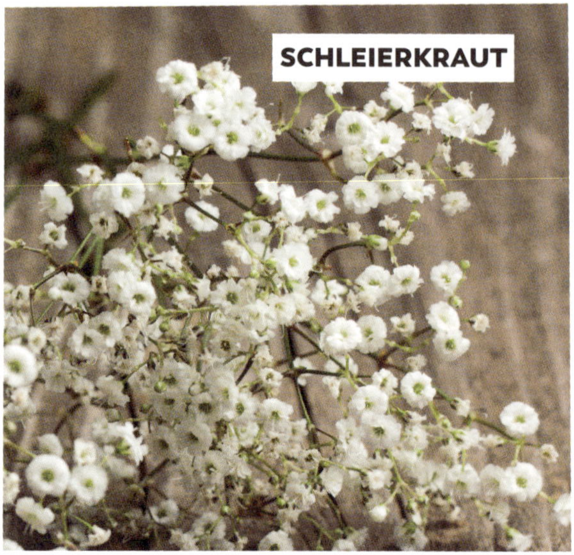

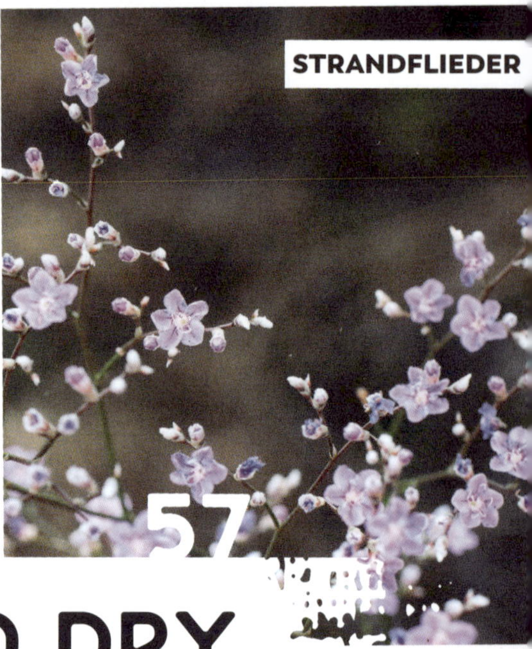

57

FLOWERS TO DRY

Diese Blumen und Pflanzen kannst du super trocknen!

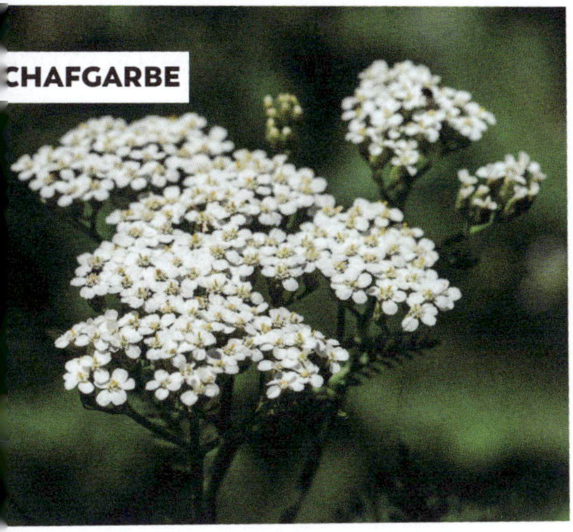

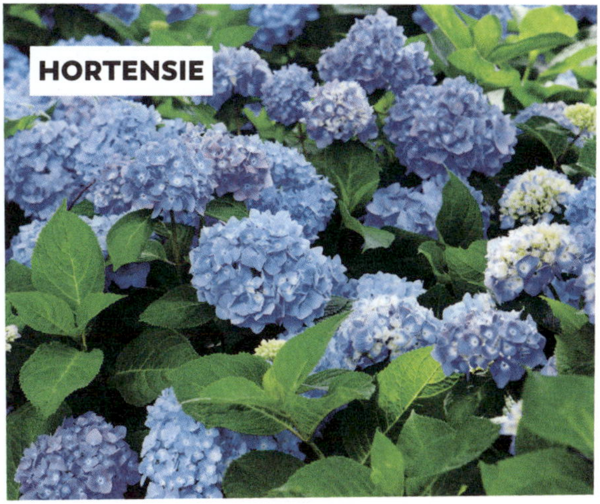

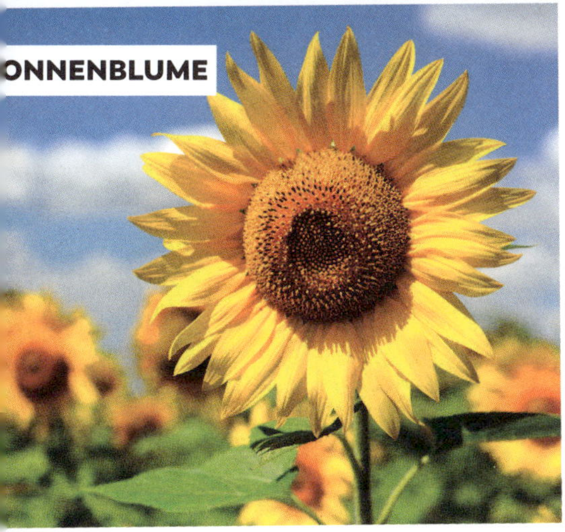

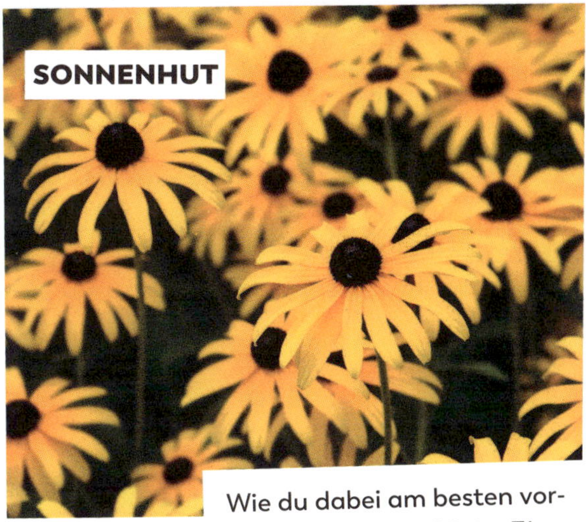

Wie du dabei am besten vorgehst, liest du auf Seite 74.

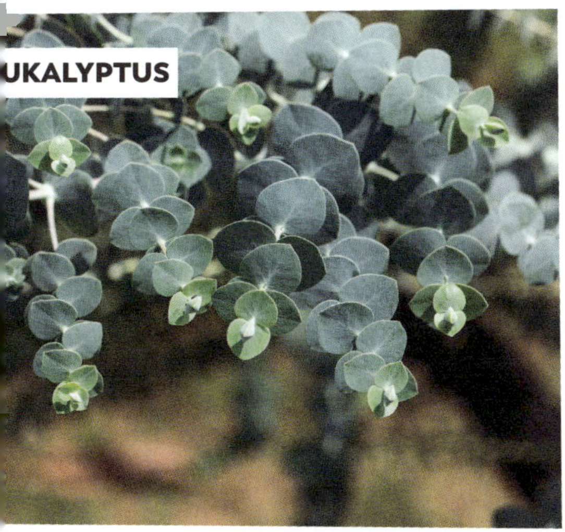

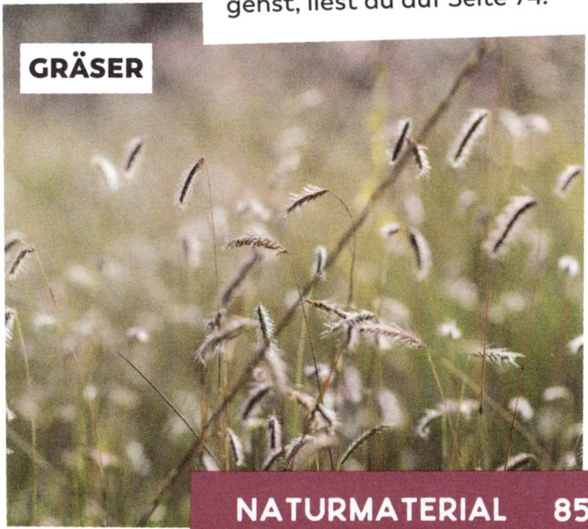

58 2-MINUTEN-BLUMENPRESSE

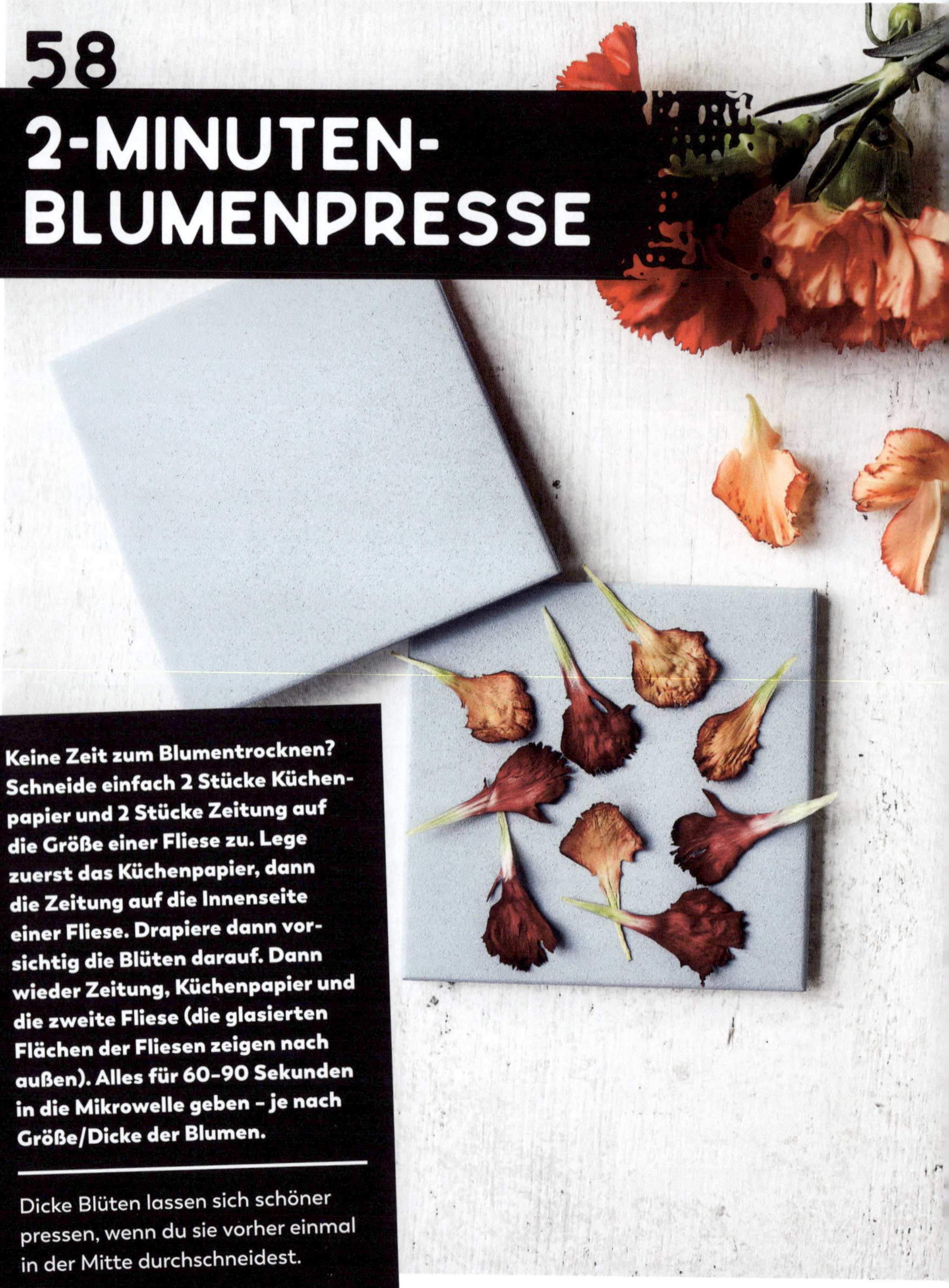

Keine Zeit zum Blumentrocknen? Schneide einfach 2 Stücke Küchenpapier und 2 Stücke Zeitung auf die Größe einer Fliese zu. Lege zuerst das Küchenpapier, dann die Zeitung auf die Innenseite einer Fliese. Drapiere dann vorsichtig die Blüten darauf. Dann wieder Zeitung, Küchenpapier und die zweite Fliese (die glasierten Flächen der Fliesen zeigen nach außen). Alles für 60–90 Sekunden in die Mikrowelle geben – je nach Größe/Dicke der Blumen.

Dicke Blüten lassen sich schöner pressen, wenn du sie vorher einmal in der Mitte durchschneidest.

59

ALLES SPRITZE!

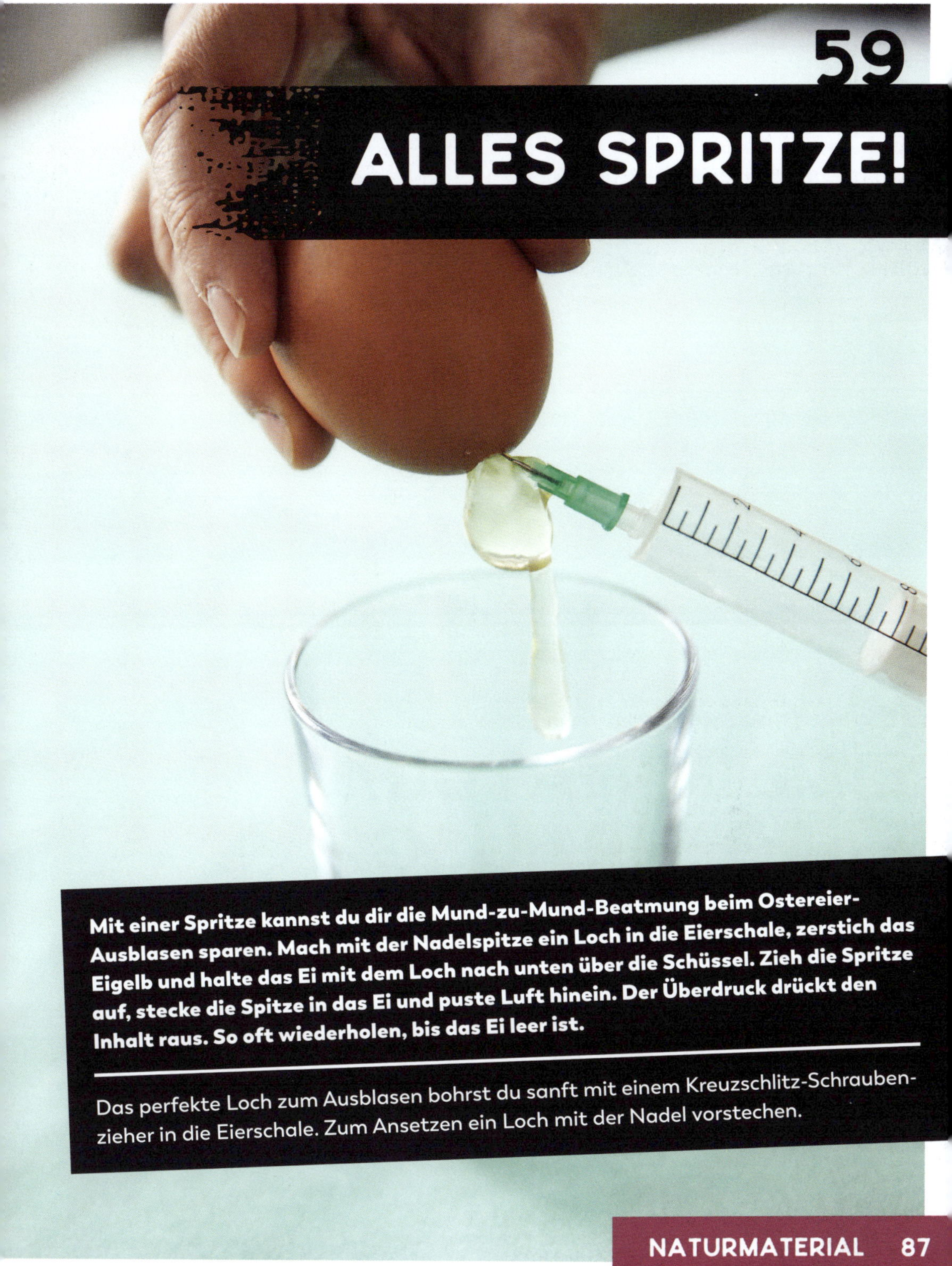

Mit einer Spritze kannst du dir die Mund-zu-Mund-Beatmung beim Ostereier-Ausblasen sparen. Mach mit der Nadelspitze ein Loch in die Eierschale, zerstich das Eigelb und halte das Ei mit dem Loch nach unten über die Schüssel. Zieh die Spritze auf, stecke die Spitze in das Ei und puste Luft hinein. Der Überdruck drückt den Inhalt raus. So oft wiederholen, bis das Ei leer ist.

Das perfekte Loch zum Ausblasen bohrst du sanft mit einem Kreuzschlitz-Schraubenzieher in die Eierschale. Zum Ansetzen ein Loch mit der Nadel vorstechen.

Plündere deine Gemüseschublade und das Gewürzregal und färbe 08/15-Eier in sensationellen Naturfarben.

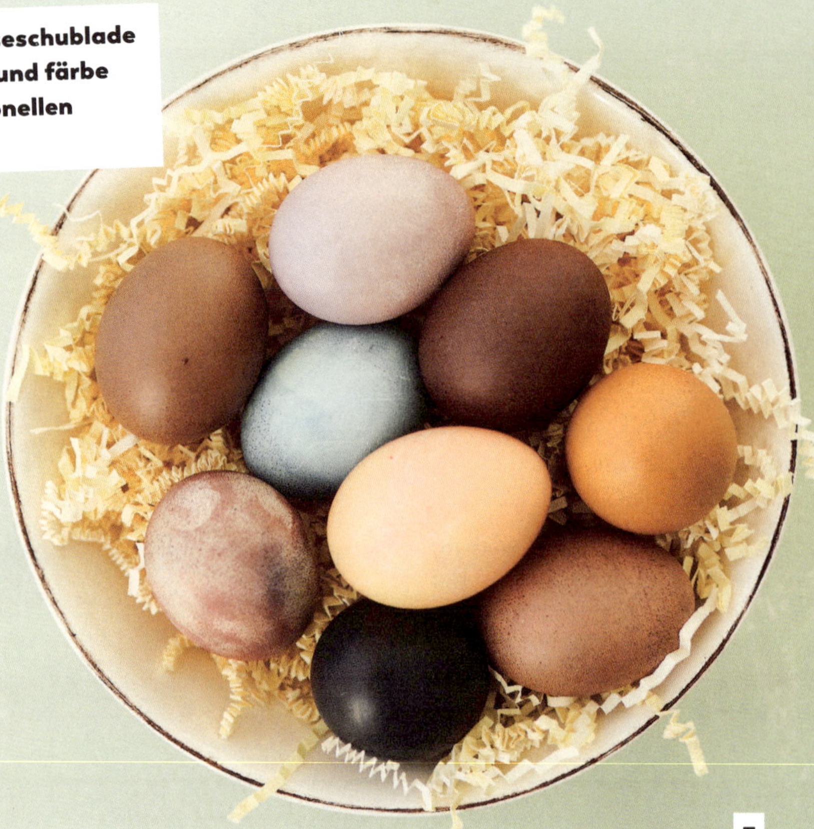

5

60 EIER IM NATUR-FARBENRAUSCH

1 Blau bis Petrol

Zutaten: Rotkohl, Essig
Rotkohl in Streifen schneiden und auf zwei kleine Töpfe verteilen. In einen Topf zusätzlich 2 EL Essig geben. Fünf Eier in jeden Topf legen und mit mit kaltem Wasser bedecken. Langsam zum Kochen bringen. 12 Minuten kochen. Eier über Nacht in den Suden lassen.

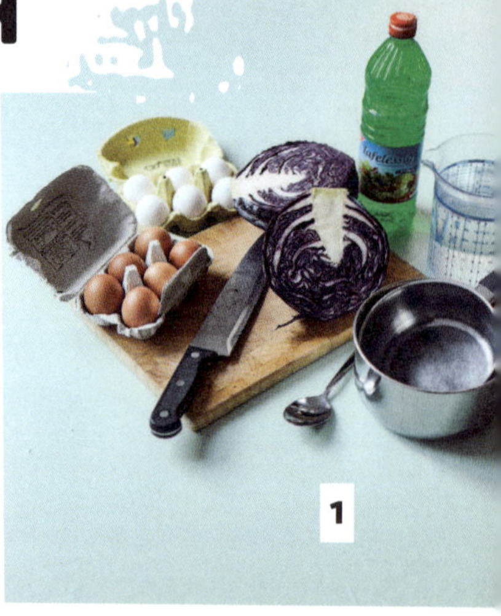

1

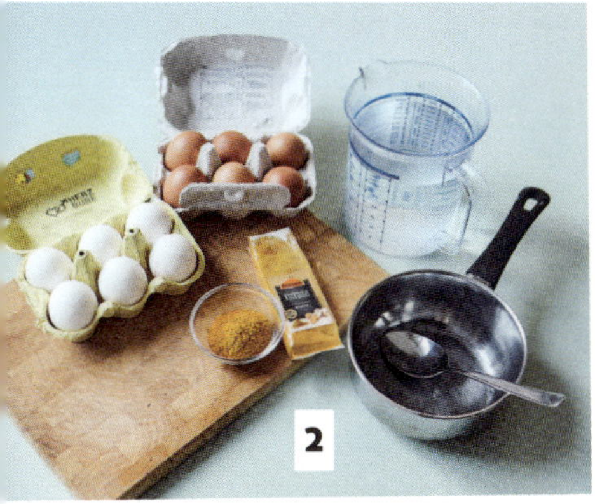

2 Gelb bis Orange

Zutaten: Kurkuma-Pulver
4 EL gemahlenes Kurkuma in einem kleinen Topf Wasser auflösen. Fünf Eier dazu geben und 12 Minuten kochen. Die Eier im Sud abkühlen lassen.

Braun bis Bordeaux

ıtaten: Schalen von roten Zwiebeln
halen in einen kleinen Topf gegeben.
ınf Eier dazu geben und aufkochen.
Minuten hartkochen. Im Sud kalt
erden lassen.

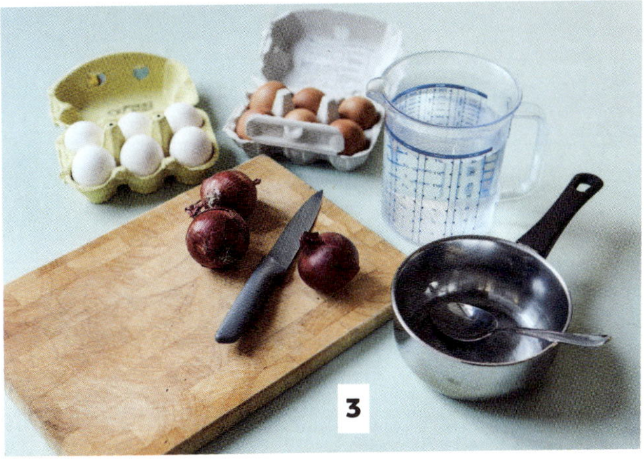

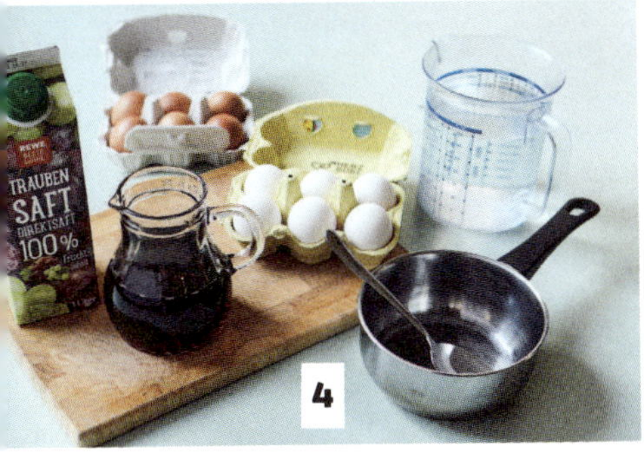

4 Grau bis Flieder

Zutaten: roter Traubensaft
Fünf eher helle Eier mit einem halben Liter purem roten Traubensaft in einem kleinen Topf ansetzen. Aufkochen und 12 Minuten kochen lassen. Eier über Nacht im Sud lassen.

5 Fertig ist dein natürlich buntes Oternest!

Je unterschiedlicher die natürliche Farbe der Eier ist, desto verschiedender werden die Färbungen.

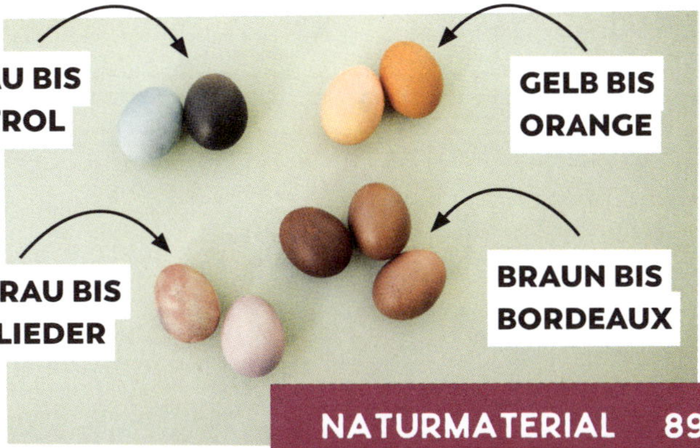

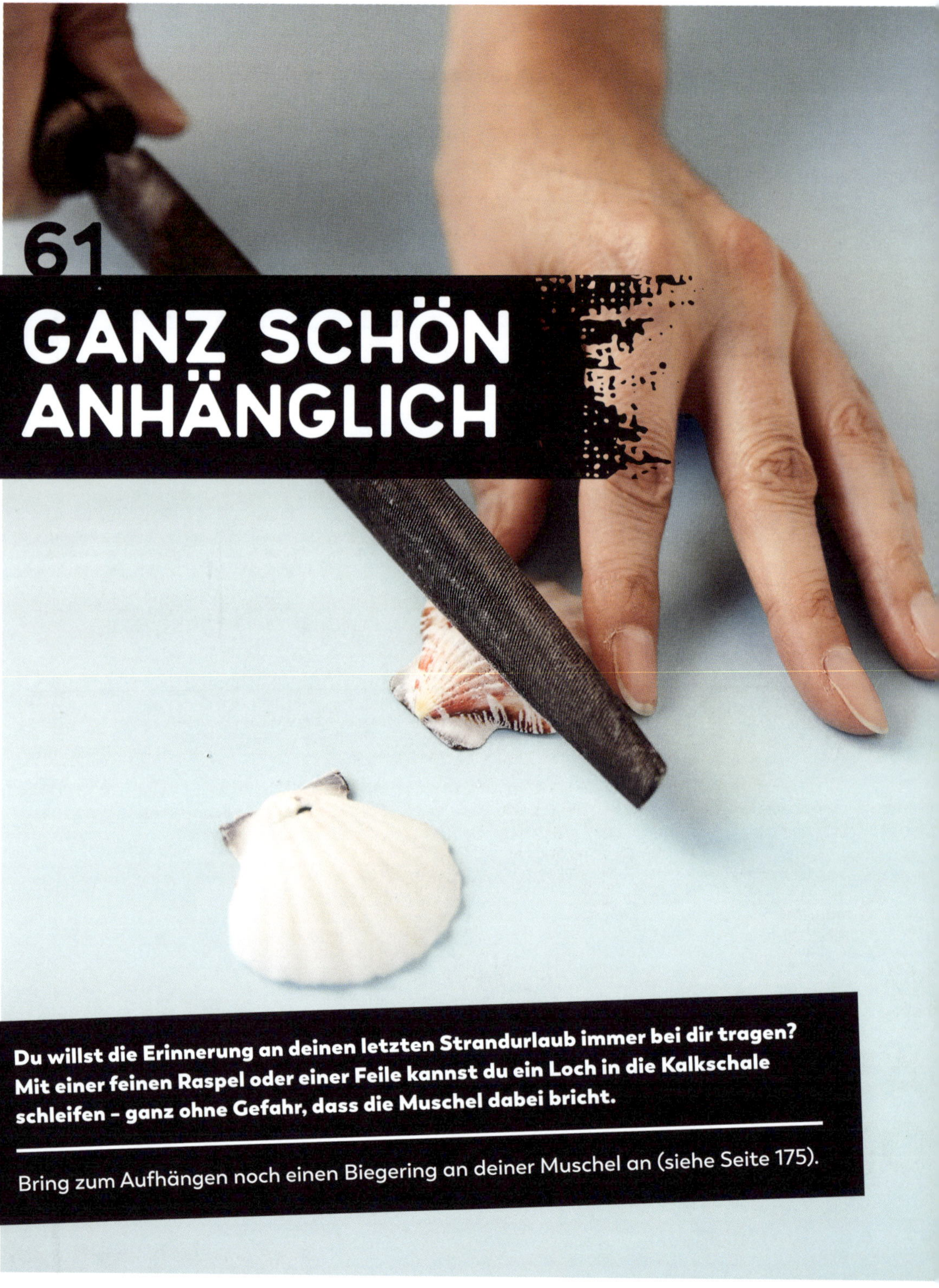

61

GANZ SCHÖN ANHÄNGLICH

Du willst die Erinnerung an deinen letzten Strandurlaub immer bei dir tragen? Mit einer feinen Raspel oder einer Feile kannst du ein Loch in die Kalkschale schleifen – ganz ohne Gefahr, dass die Muschel dabei bricht.

Bring zum Aufhängen noch einen Biegering an deiner Muschel an (siehe Seite 175).

Findest du es auch so schade, dass Kastanien nur im Herbst von den Bäumen fallen? Verlängere den Bastelspaß, pack deine gesammelten Schätze in eine Plastiktüte und frier sie ein. So kannst du jederzeit ein paar Kastanien auftauen und verbasteln. Die Früchte werden bei den Minusgraden bestens frischgehalten.

Der Trick funktioniert auch mit Eicheln oder Bucheckern.

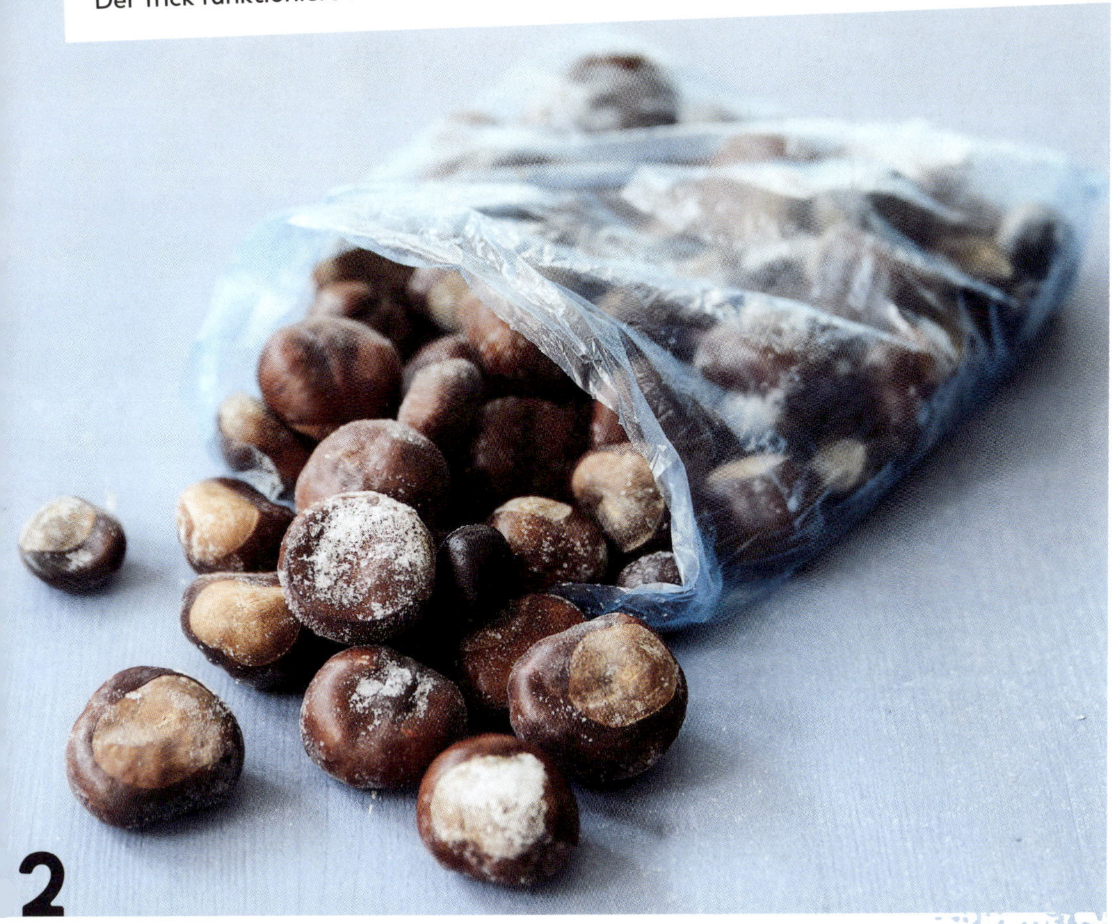

2 ASTANIENMÄNNCHEN OREVER

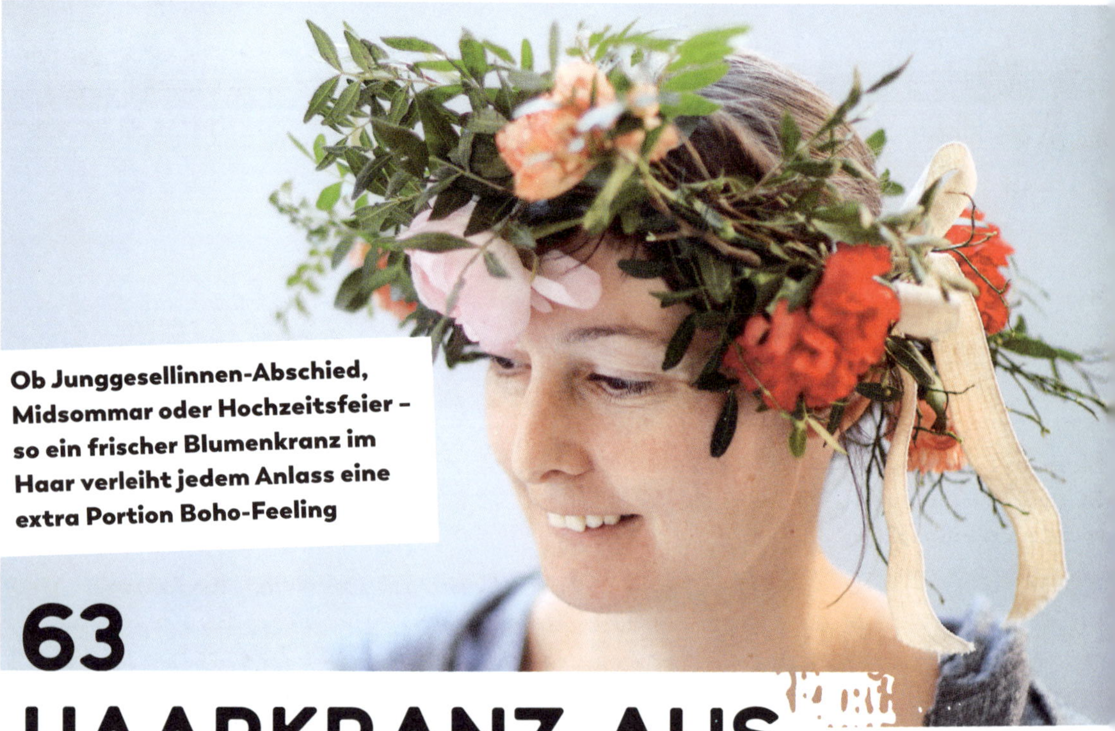

Ob Junggesellinnen-Abschied, Midsommar oder Hochzeitsfeier – so ein frischer Blumenkranz im Haar verleiht jedem Anlass eine extra Portion Boho-Feeling

63 HAARKRANZ AUS BLUMEN BINDEN

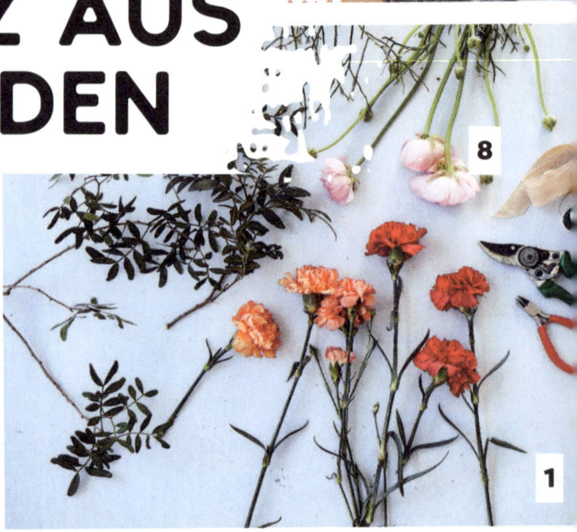

8

1

1 Dazu brauchst du: je ein Bund Ranunkeln, Nelken, Buchsbaum, Blumendraht, Ripsband, Gartenschere, Schere. Geeignet sind auch Nelken, Schleierkraut, Sterndolde, Wachsblumen, Asparagus und Eukalyptus.

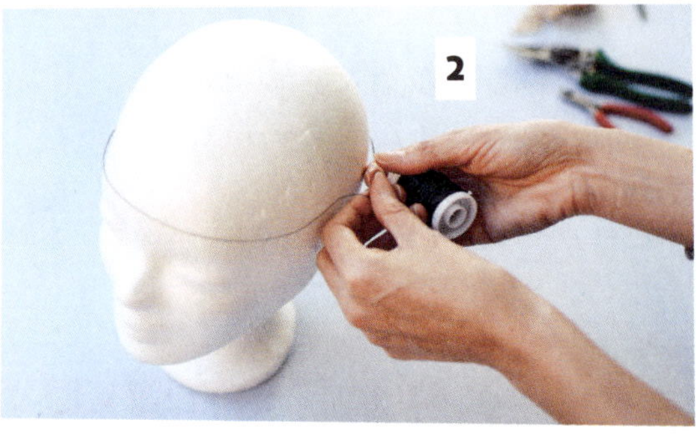

2

2 Miss mit dem Draht den Umfang deine Kopfes von einem Ohr zum andern aus.

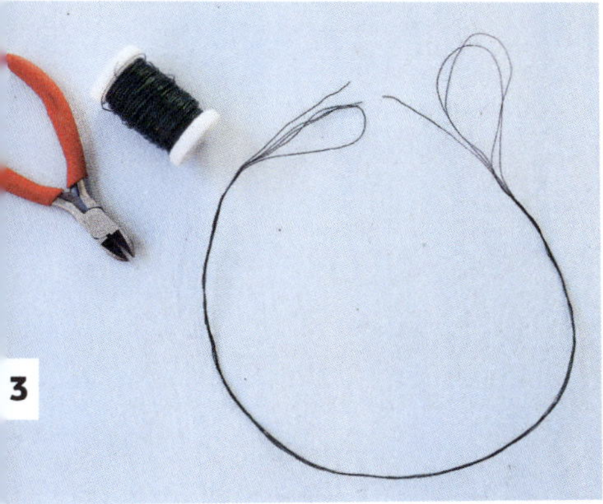

3

Binde aus den Blumen 12–18 kleine Sträußchen und umwickle die Enden mit dem dünnen Draht.

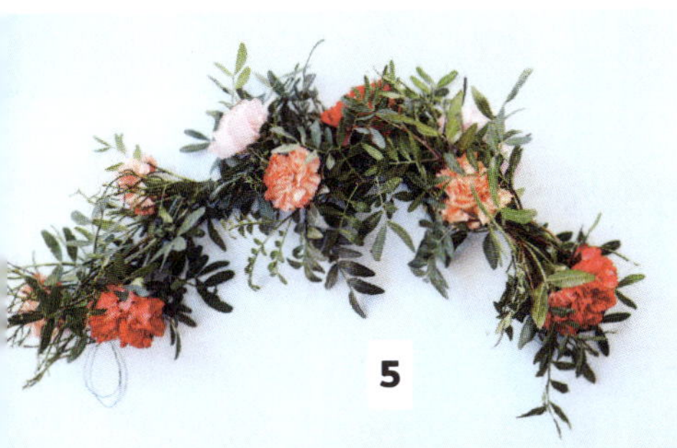

5

Am Ende des Reifs legst du das letzte Sträußchen andersherum (Richtung Schlaufen zeigend).

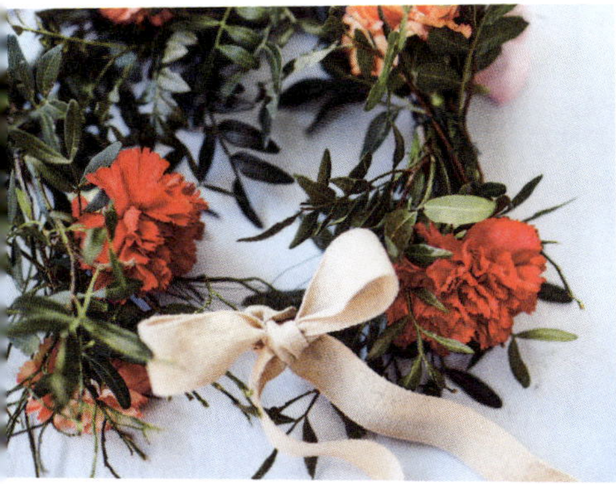

3 Lege den Blumendraht in dieser Länge vierfach übereinander – an den beiden Enden entstehen so Schlaufen. Drähte ineinander verzwirbeln.

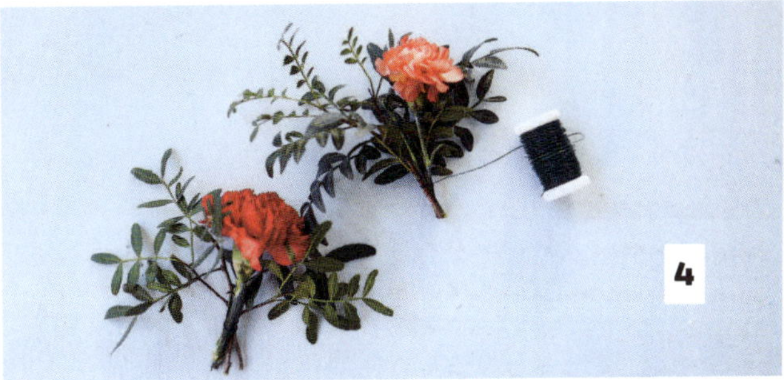

4

5 Binde ein Sträußchen mit den Blüten in Richtung Schlaufe an ein Ende des Reifs. Lege das nächste Sträußchen an – die Blüten überdecken die Wickelstelle des vorherigen Sträußchens und so weiter.

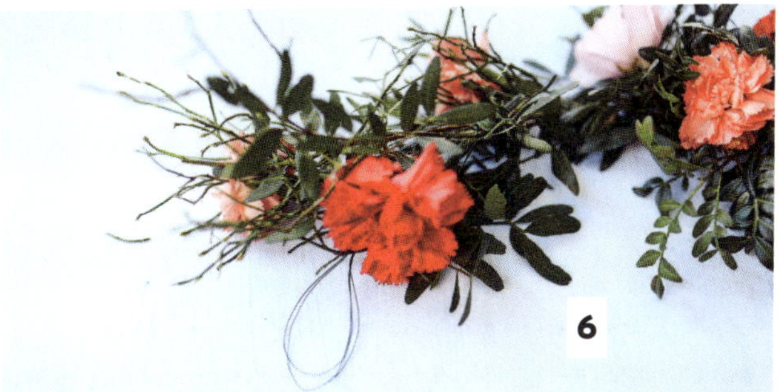

6

7 Knote in die beiden End-Draht-Schlaufen ein Stück Ripsband.

8 Fertig ist dein frischer Haarkranz!

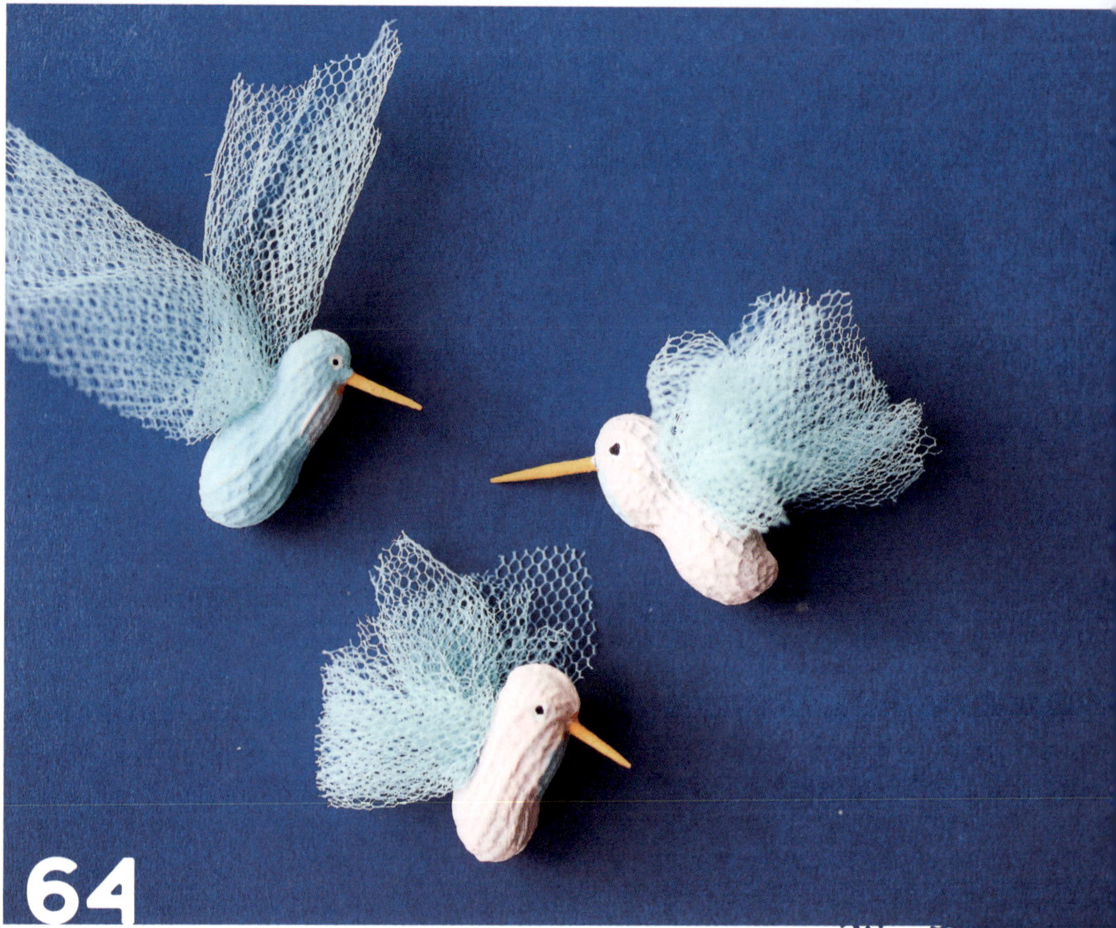

64

ERDNUSS-KOLIBRI

Kaum zu glauben! Dass die flinken Vögel mal eine Erdnuss waren, sieht man ihnen kaum noch an, oder?

1 **Dazu brauchst du: ganze Erdnuss mit Schale, weiße und verschiedene farbige Acrylfarben, Zahnstocher, dünner schwarzer Filzstift, etwas Tüll in Türkis, Nadel und Faden, flüssiger Klebstoff, Schere**

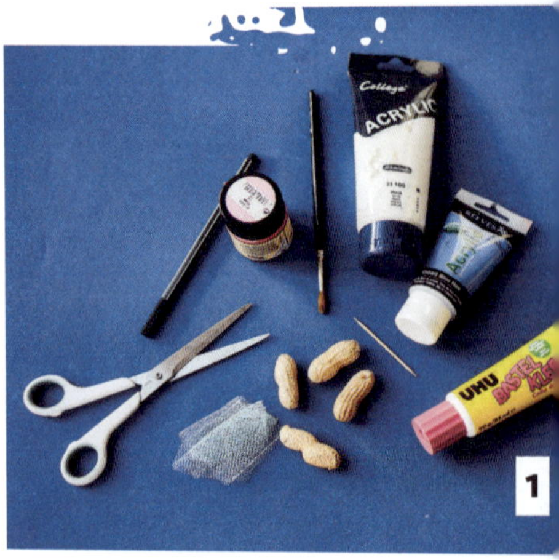

1

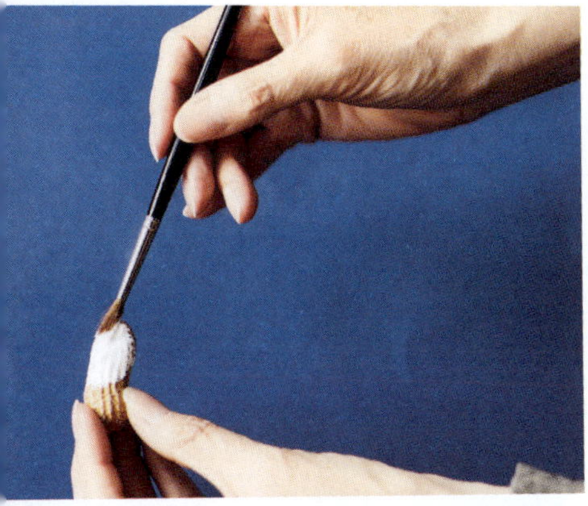

2 Grundiere die Erdnuss mit weißer Acrylfarbe.

3 Pike mit dem Zahnstocher in der oberen Hälfte eines „Bobbel“ der Erdnuss ein Loch hinein.

4 Kürze den Zahnstocher mit der Schere und klebe ihn als Schnabel in das Loch. Male den Vogel kunterbunt an.

5 Nach dem Trocknen malst du mit einem schwarzen Filzstift noch links und rechts des Schnabels zwei Augen.

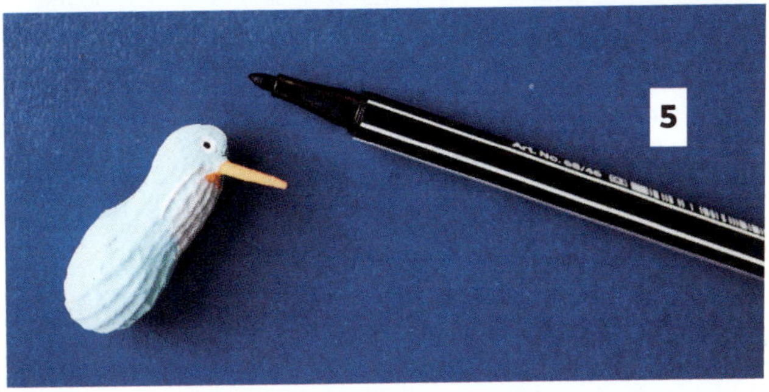

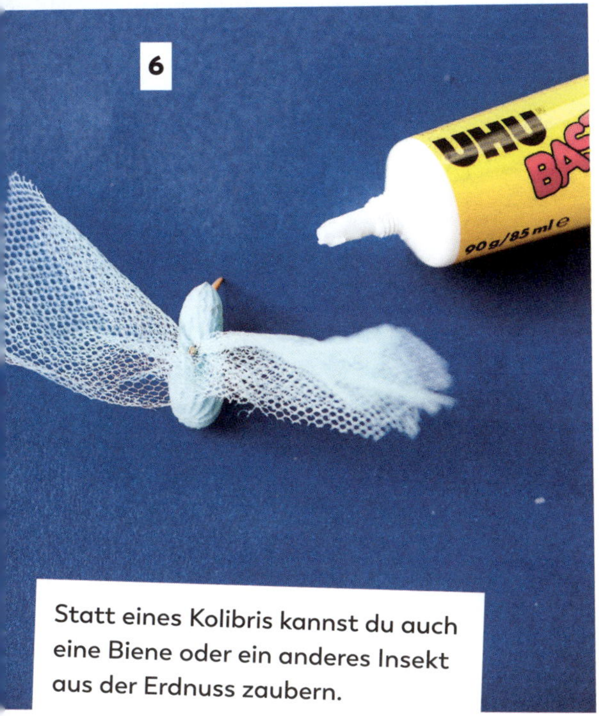

6 Pikse dem Vogel ein etwas größeres Loch in den Rücken. Schneide ein kleines Stück Tüll zurecht (ca. 3 cm × 5 cm), verdrehe es in der Mitte zu einer Schleife und klebe das gezwirbelte Ende in das Loch hinein.

7 Für den Aufhänger fädelst du ein langes Stück Garn in die Nadel und ziehst den Faden damit ganz nah am Körper des Vogels durch die Flügel.

Statt eines Kolibris kannst du auch eine Biene oder ein anderes Insekt aus der Erdnuss zaubern.

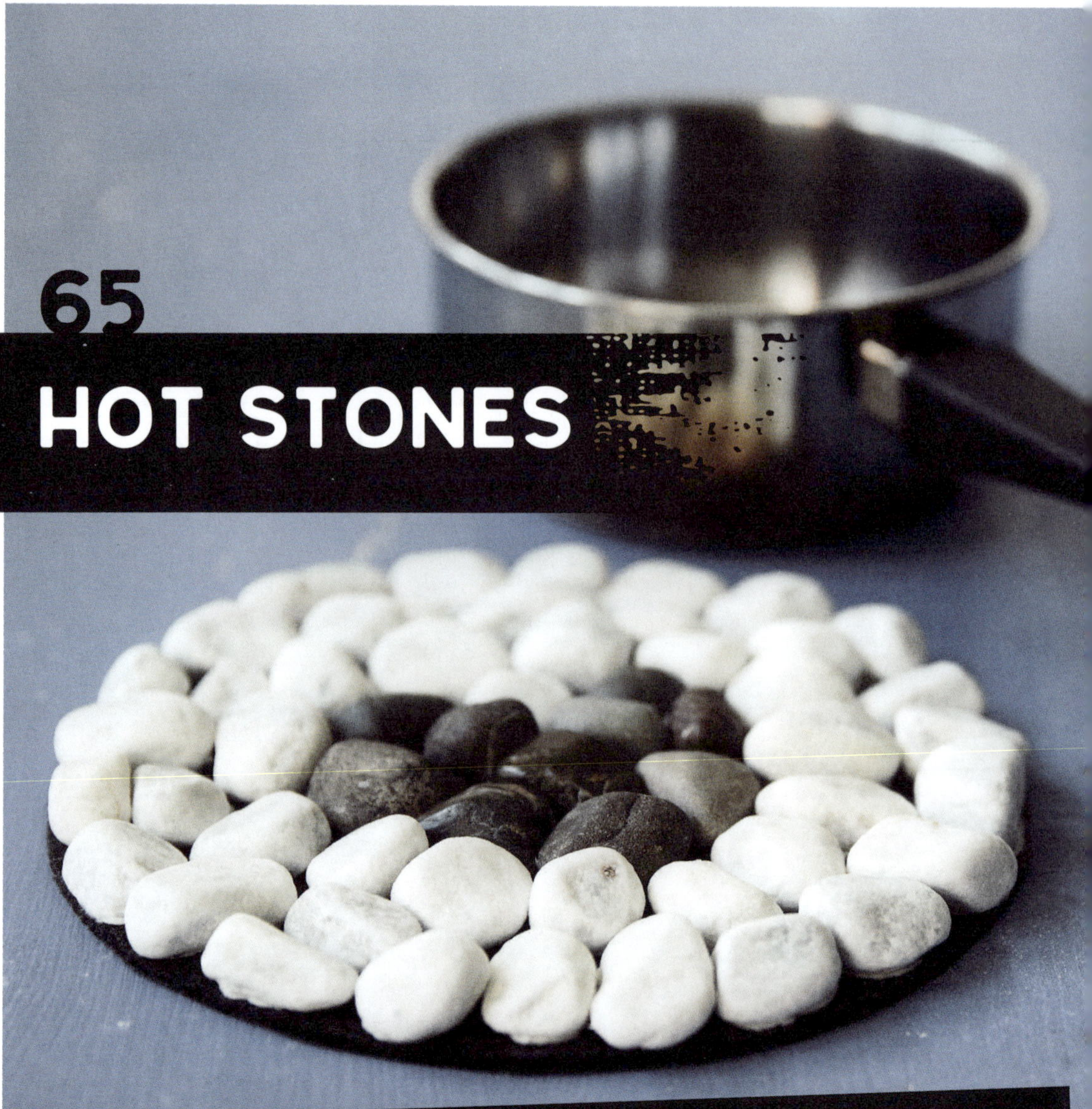

65 HOT STONES

Eigentlich viel zu schade, um darauf heiße Töpfe abzustellen! Schneide aus einer dicken Bastelfilzplatte einen Kreis aus und beklebe ihn mit flachen Kieselsteinen. Zum Aufkleben eignet sich am besten Montagekleber aus dem Baumarkt. Wenn der Kleber getrocknet ist, die Steine mit einer dünnen Schicht Klarlack zum Glänzen bringen. Ein wahrer Augenschmaus.

Turbotrick zum Bemalen: Gib Farbe und Kieselsteine in eine Tüte. Verschließ die Tüte und knete alles gut durch. Die gefärbten Kiesel auf einer Folie zum Trocknen ausbreiten.

66

EINE WAHRE AUGENWEIDE

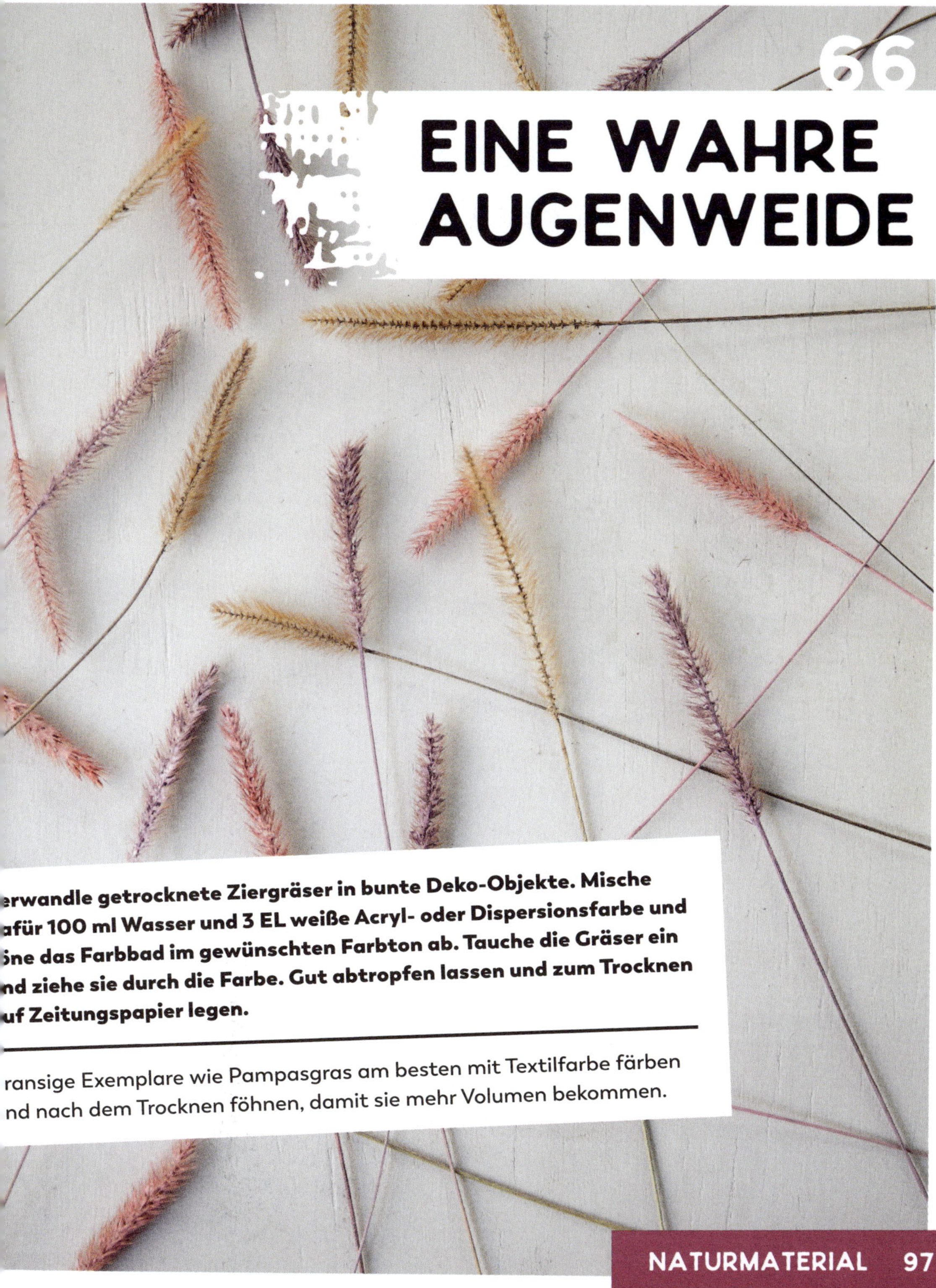

erwandle getrocknete Ziergräser in bunte Deko-Objekte. Mische afür 100 ml Wasser und 3 EL weiße Acryl- oder Dispersionsfarbe und öne das Farbbad im gewünschten Farbton ab. Tauche die Gräser ein nd ziehe sie durch die Farbe. Gut abtropfen lassen und zum Trocknen uf Zeitungspapier legen.

---

ransige Exemplare wie Pampasgras am besten mit Textilfarbe färben nd nach dem Trocknen föhnen, damit sie mehr Volumen bekommen.

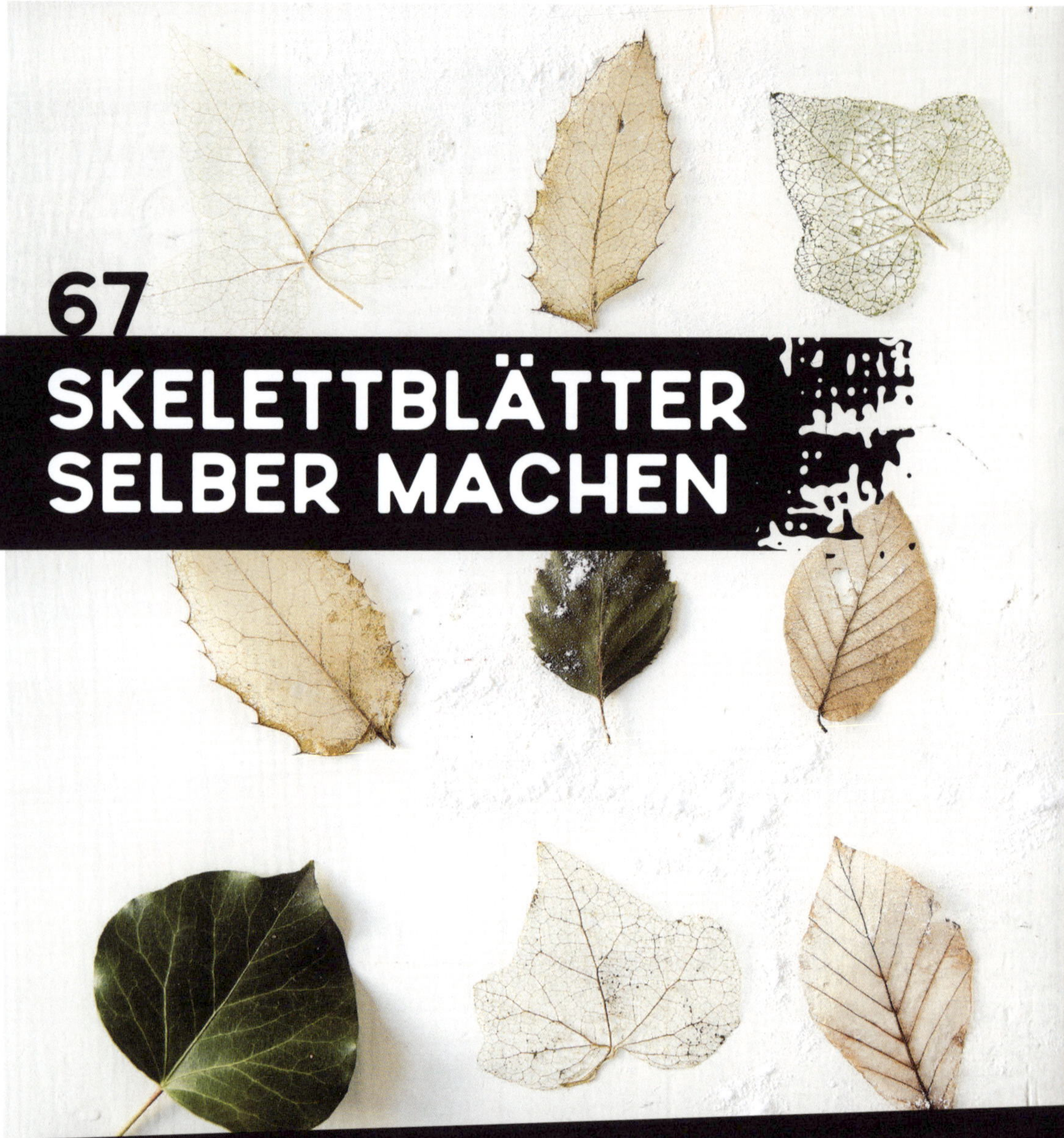

67

SKELETTBLÄTTER SELBER MACHEN

Bring eine Handvoll Blätter mit 1 Liter Wasser und 100 g Waschsoda zum Kochen und lasse sie mit geschlossenem Deckel ca. 2 Stunden köcheln. Ziehe Handschuhe über und rubble mit einer Zahnbürste oder (bei zarteren Blättern) mit einem Borstenpinsel von beiden Seiten das Blattgewebe ab. Die Blätter in einer Schüssel mit klarem Wasser spülen und anschließend zum Trocknen auf ein Blatt streichen.

Gut geeignet sind zum Beispiel die Blätter von Efeu, Hainbuche oder Ilex. Nach dem Trocknen kannst du die Skelettblätter vorsichtig mit Acrylfarbe färben.

68 HERBSTLICHE WALDTIERE

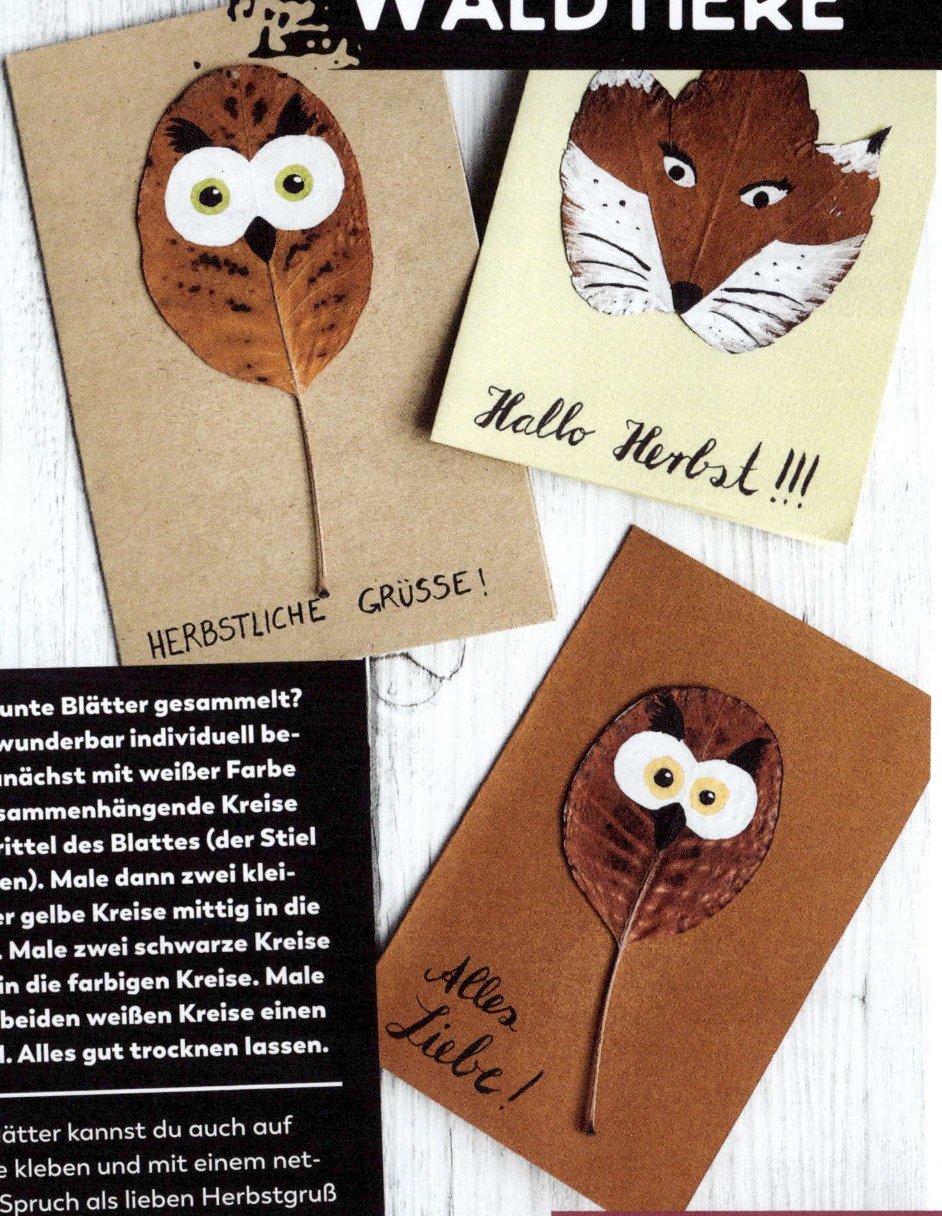

Du hast viele bunte Blätter gesammelt? Die kannst du wunderbar individuell bemalen! Male zunächst mit weißer Farbe zwei große, zusammenhängende Kreise in das obere Drittel des Blattes (der Stiel zeigt nach unten). Male dann zwei kleinere grüne oder gelbe Kreise mittig in die weißen Kreise. Male zwei schwarze Kreise als „Pupillen“ in die farbigen Kreise. Male unterhalb der beiden weißen Kreise einen Eulenschnabel. Alles gut trocknen lassen.

Die fertigen Blätter kannst du auch auf eine Grußkarte kleben und mit einem netten Lettering-Spruch als lieben Herbstgruß verschicken.

Kein Eisspray da? Kein Problem, Salz geht auch! Fülle ein Glas 1 cm hoch mit warmem Wasser und rühre so lange Meersalz ein, bis sich die Kristalle nicht mehr auflösen. Stelle das Glas an einen warmen Ort (z. B. auf die Heizung) und warte einige Tage. Fülle ab und zu etwas Wasser nach, damit die Salzlösung nicht eintrocknet und die Kristalle weiter in die Höhe wachsen.

Schalte den Turbo an und stell das Glas ins heiße Wasserbad. Dann kannst du zusehen, wie die Kristalle wachsen.

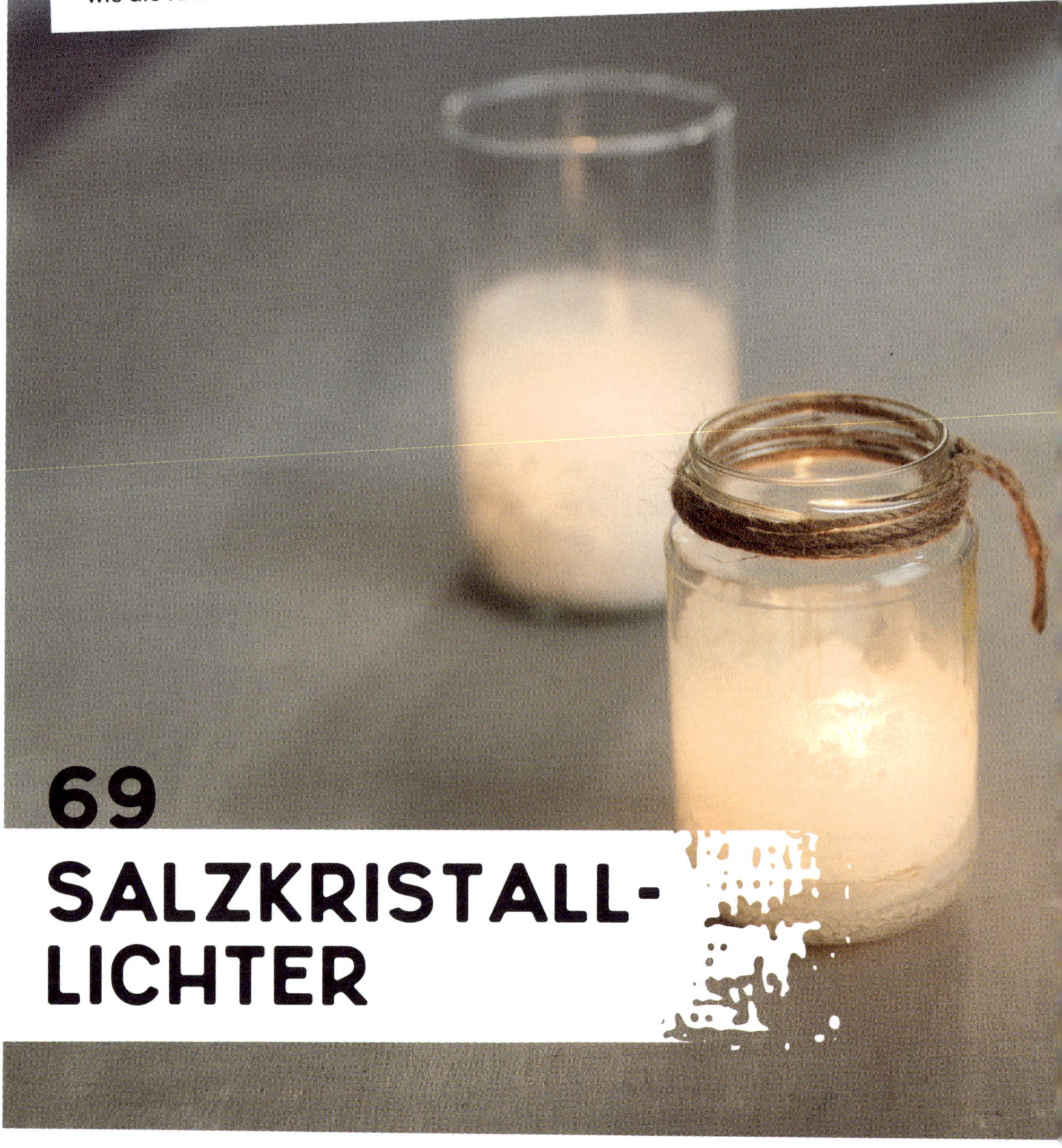

69
SALZKRISTALL-LICHTER

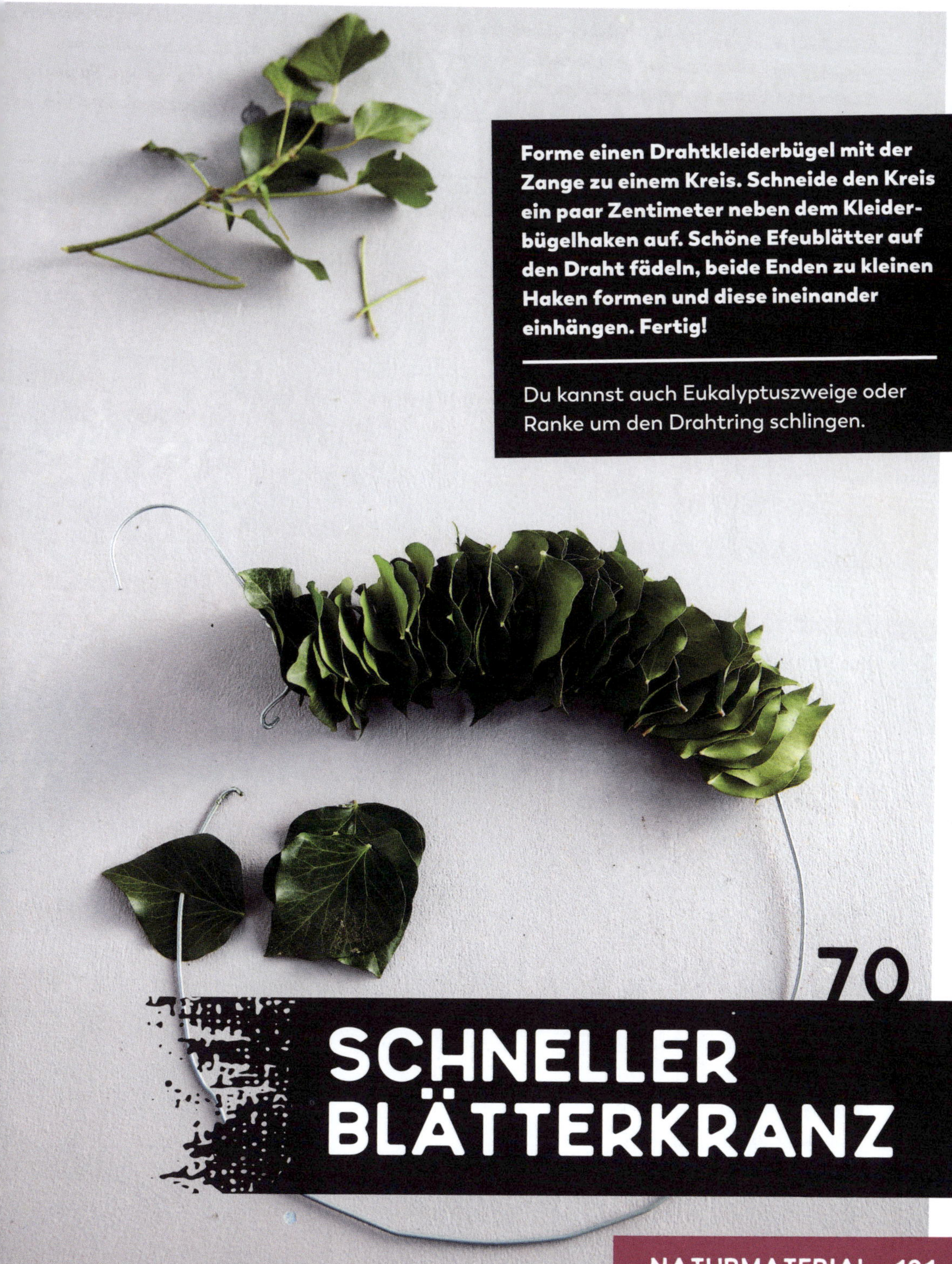

Forme einen Drahtkleiderbügel mit der Zange zu einem Kreis. Schneide den Kreis ein paar Zentimeter neben dem Kleiderbügelhaken auf. Schöne Efeublätter auf den Draht fädeln, beide Enden zu kleinen Haken formen und diese ineinander einhängen. Fertig!

Du kannst auch Eukalyptuszweige oder Ranke um den Drahtring schlingen.

70

SCHNELLER BLÄTTERKRANZ

71

EWIG BUNTE BLÄTTER

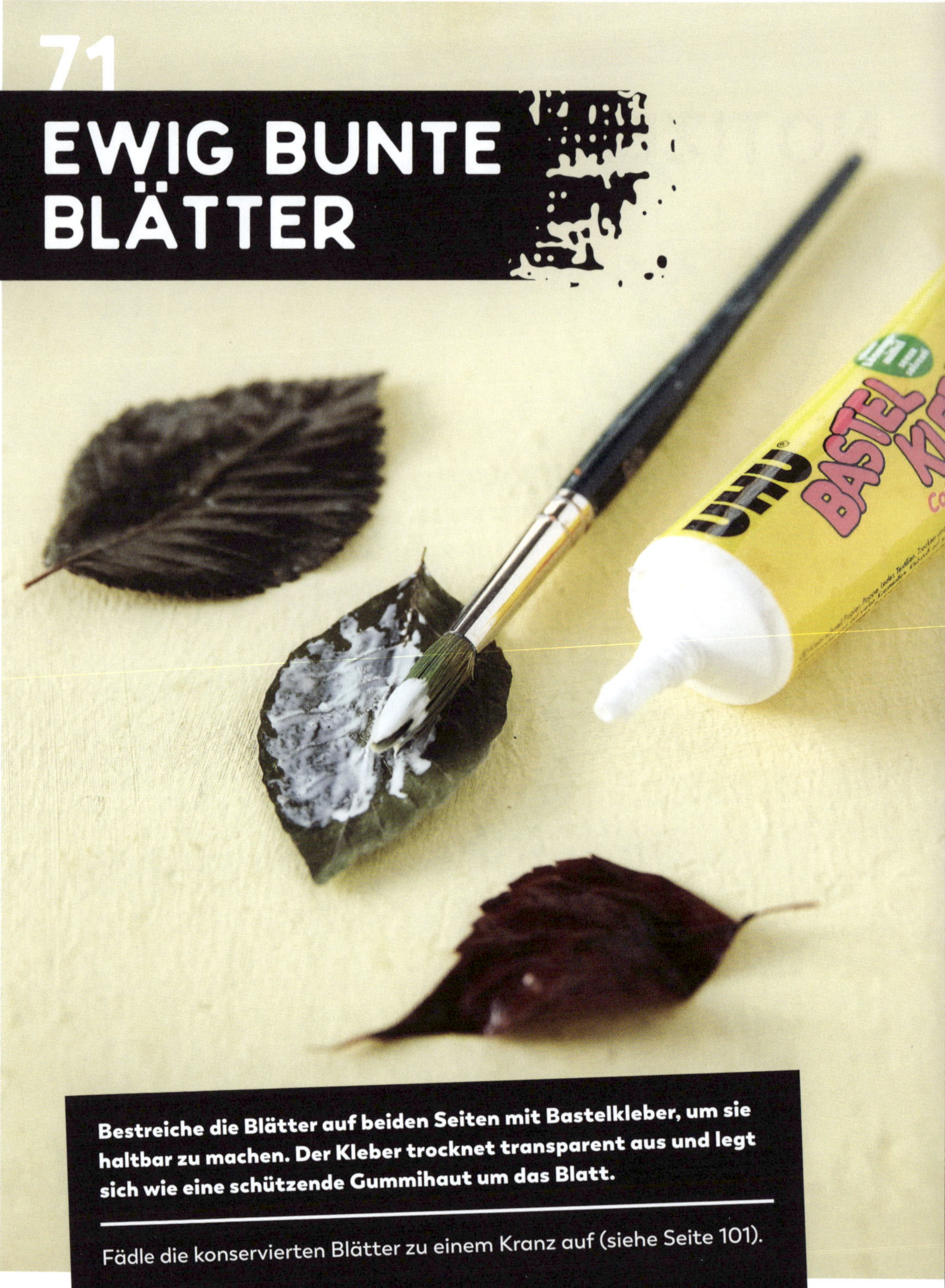

Bestreiche die Blätter auf beiden Seiten mit Bastelkleber, um sie haltbar zu machen. Der Kleber trocknet transparent aus und legt sich wie eine schützende Gummihaut um das Blatt.

Fädle die konservierten Blätter zu einem Kranz auf (siehe Seite 101).

NOTIZEN

AHA!

Nimm dir ein Beispiel an den Tieren und lege einen Vorrat an. Die Natur hält in jeder Jahreszeit andere Bastel-Schätze für dich bereit. Nimm doch einfach beim Spazierengehen oder Wandern eine Extra-Vesperdose und eine kleine Tüte mit. So kannst du damit deine Fundstücke sicher nach Hause transportieren. Dort lagerst du sie nach dem Trocknen am besten in verschließbaren Kisten. Oder friere sie ein, damit sie frisch bleiben (siehe Seite 91).

HOLZ

Aus einer einfachen Vierkant-Holzleiste kannst du einen wunderschönen Ständer für Trockenblumen oder Kerzen zaubern. Schneide die Leiste in die gewünschte Länge und bohre mit einem Akku-Bohrer passende Löcher ins Holz. Bohre dabei nicht ganz durch! Schleife alles mit etwas Schleifpapier glatt.

Du kannst auf diese Art auch ein Adventskalender-Kerzen-Brett basteln! Nimm dafür ein längeres und breiteres Brett und bohre 24 Löcher für Kerzen hinein.

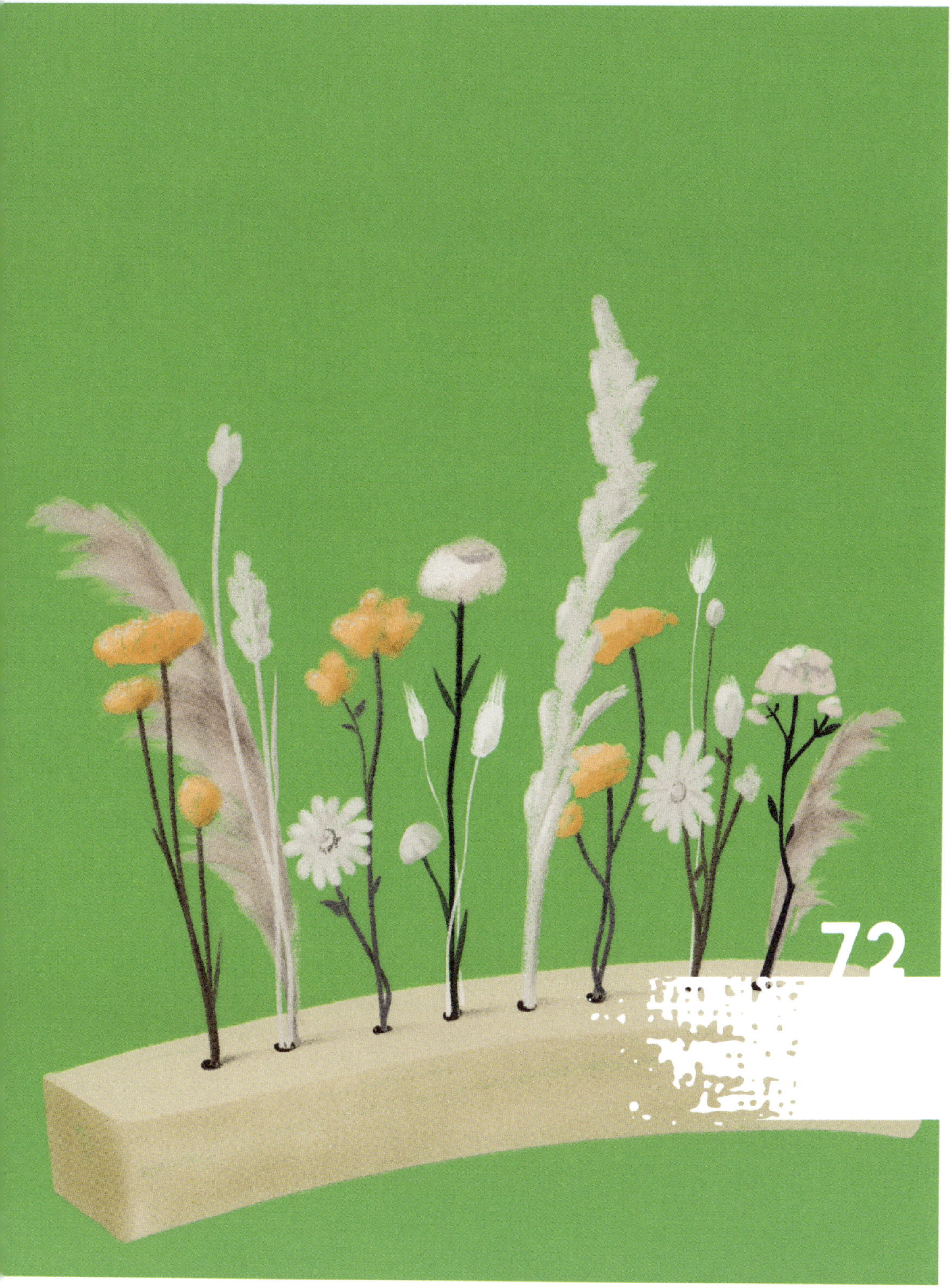
72

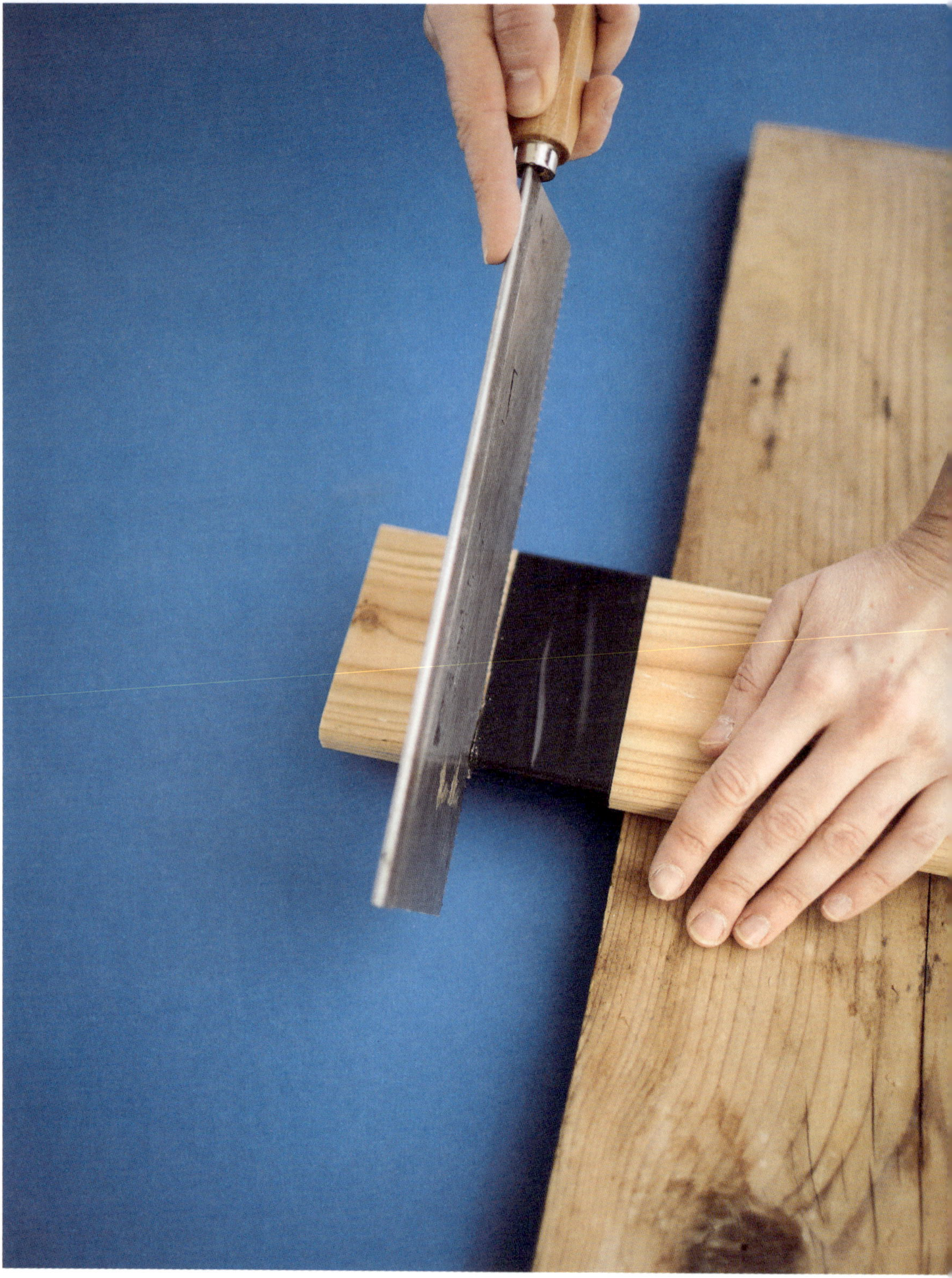

Holz ist nur was für Heimwerker und Werkstattbesitzer? Nö! Kleinere Holzprojekte lassen sich auch wunderbar ohne sperriges Spezialwerkzeug oder vorherigen Besuch im Baumarkt realisieren. Worauf du beim Bohren, Schleifen, Sägen und Hämmern achten solltest, erfährst du in diesem Kapitel. Außerdem gibt es ein paar super einfache Werkelprojekte und viele praktische Tipps für deine kleine „Holzwerkstatt“.

73

BALSAHOLZ-LICHTER

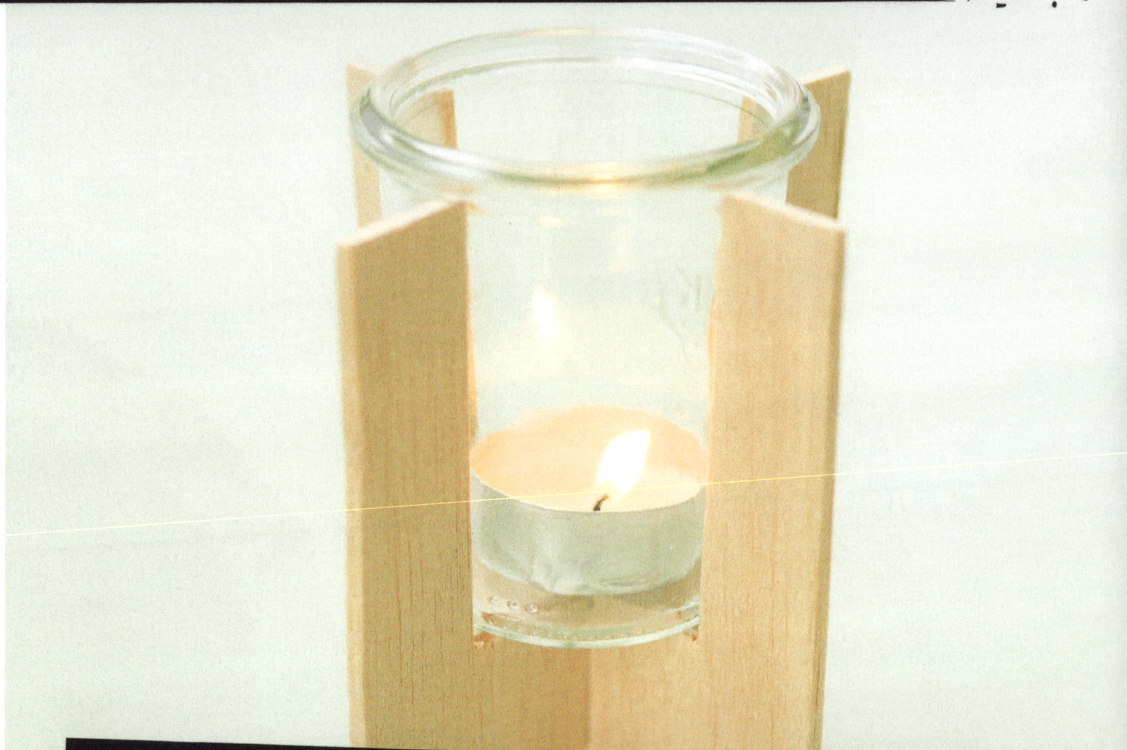

Balsaholz kannst du einfach mit dem Cutter schneiden! Schneide zwei gleich große rechteckige Stücke aus, je nach Größe deines Glases. Die Rechtecke sollten etwa doppelt so lang sein und auf beiden Seiten ca. 1,5 cm breiter als das Glas. Lege das Glas mittig auf je eines der Balsaholzteile, zeichne den Umriss nach und schneide ihn mit dem Cutter aus. Schneide in eine der Platten mittig, von unten nach oben, einen – je nach Breite und Dicke des Holzes – ca. 5 mm breiten und 3 cm langen Schlitz. In die andere Platte einen mittigen, vom Ausschnitt nach unten führenden Schlitz. Er muss dieselbe Länge haben wie der Abstand zwischen dem Schlitz und dem Ausschnitt für das Glas auf dem anderen Holzteil. Stecke die beiden Teile ineinander und schiebe das Glas ein.

Du kanst einen Teil des Kerzenhalters mit bunter Acrylfarbe bemalen!

Das Sägeblatt in der Laubsäge hat die richtige Spannung, wenn es beim Anzupfen einen singenden Ton von sich gibt. Viele Laubsägetischchen haben seitlich zwei Kerben, in die man die Säge zum Einsetzen des Sägeblatts klemmen kann.

Die Sägezähne des eingesetzten Blattes müssen zum Griff zeigen, da mit der Laubsäge auf Zug gearbeitet wird.

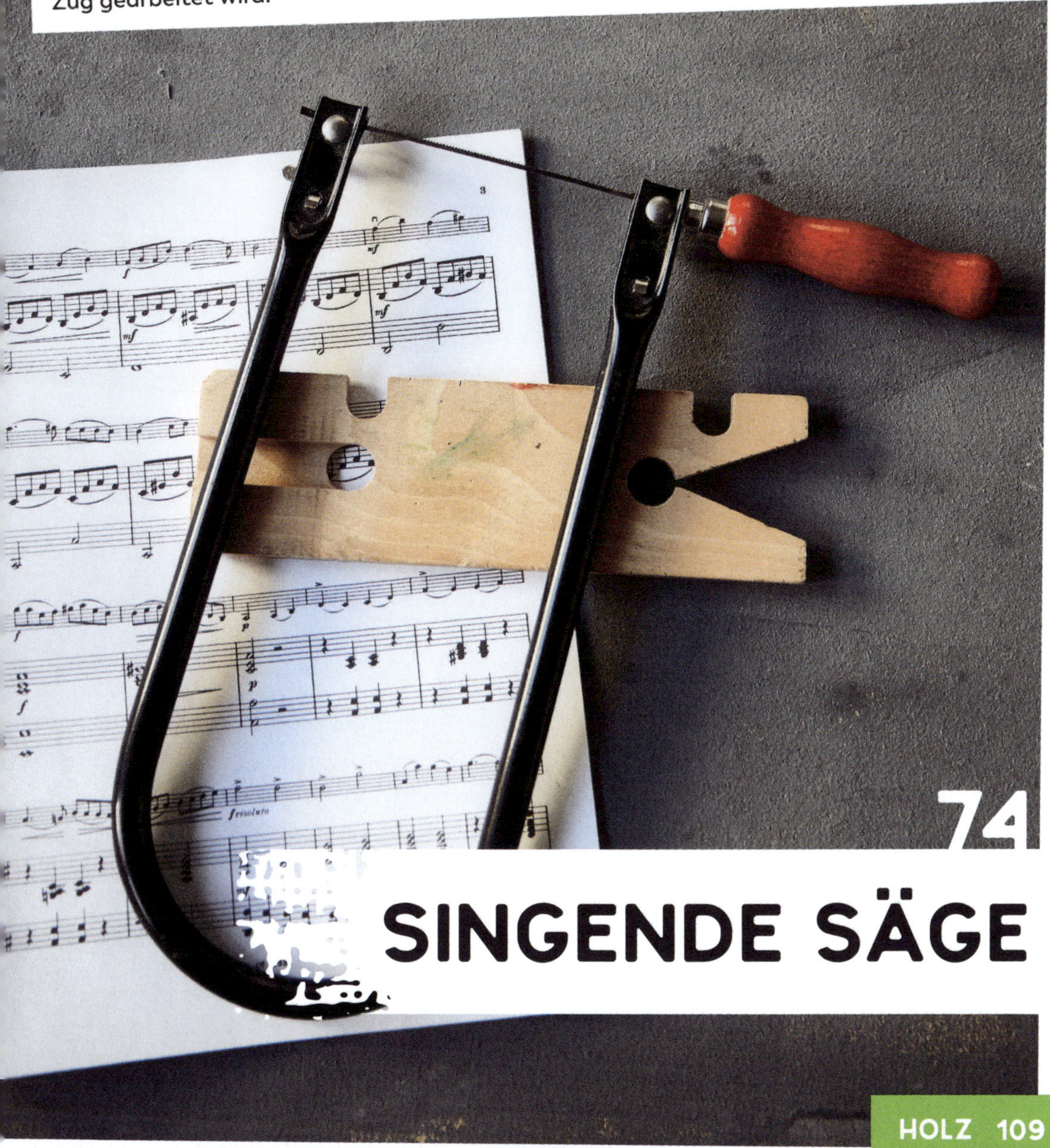

74 SINGENDE SÄGE

Mal wieder keinen Nagel in der passenden Länge zur Hand? Spar dir den Weg zum Baumarkt. Nägel kannst du einfach mit einer Kneifzange auf die passende Länge kürzen. Bei dickeren Nägeln kannst du dazu noch einen Hammer zu Hilfe nehmen.

Die richtige Länge: Wenn du Holz mit Nägeln verbindest, müssen die Nägel so lang sein, dass etwa 2/3 der Schaftlänge im haltenden (unteren) Holzteil sitzt.

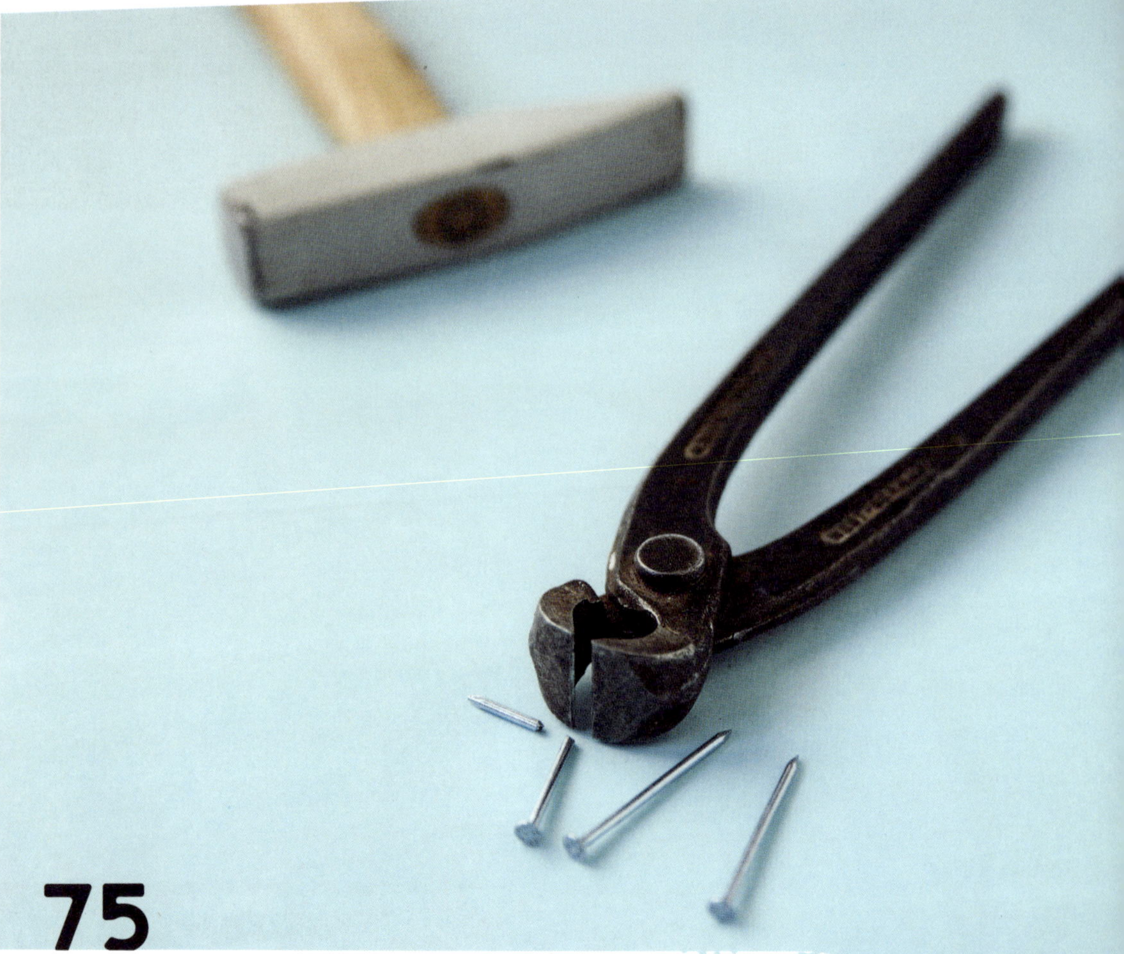

75 KNEIFEN IST IN

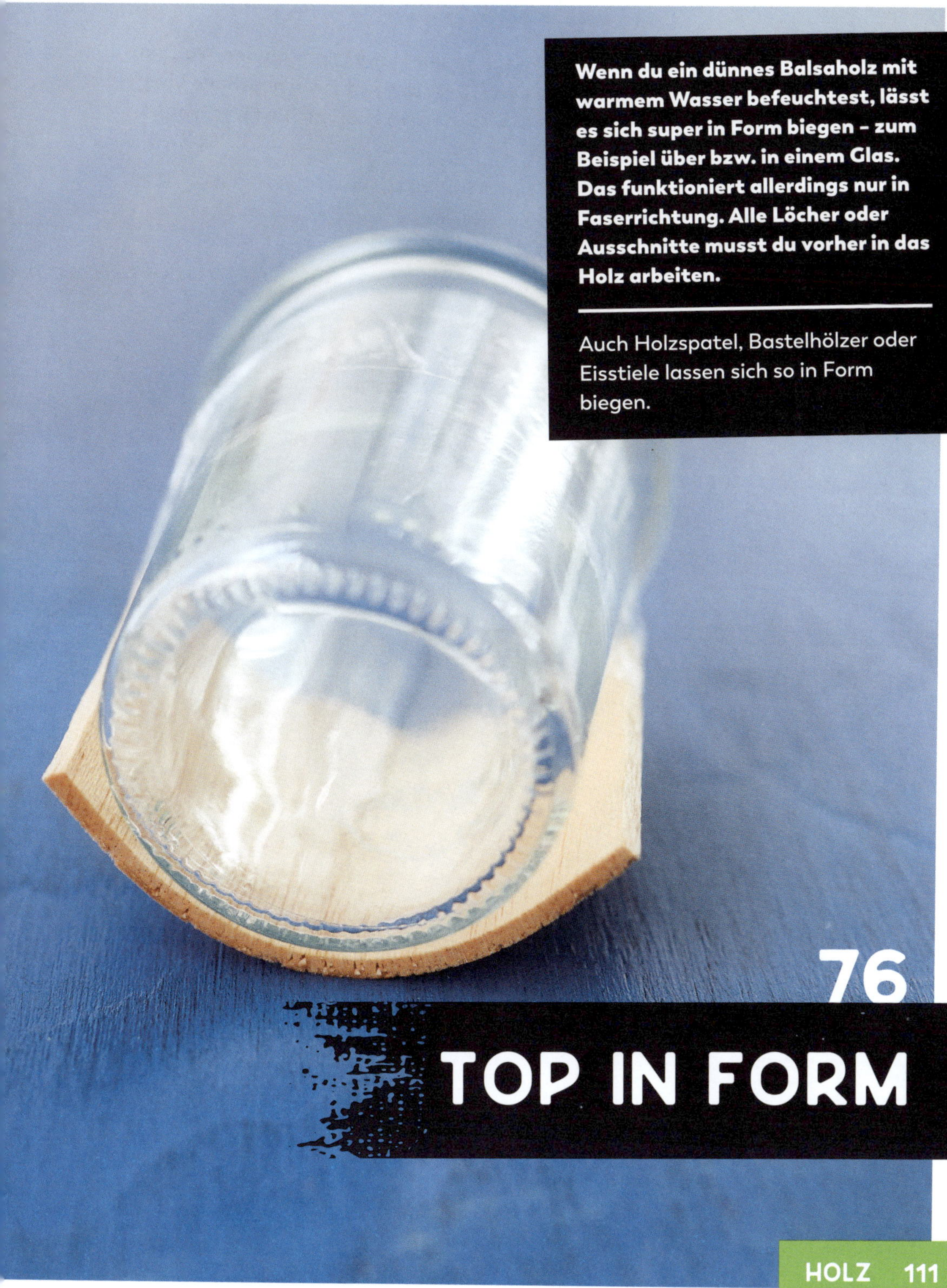

76

TOP IN FORM

Wenn du ein dünnes Balsaholz mit warmem Wasser befeuchtest, lässt es sich super in Form biegen – zum Beispiel über bzw. in einem Glas. Das funktioniert allerdings nur in Faserrichtung. Alle Löcher oder Ausschnitte musst du vorher in das Holz arbeiten.

Auch Holzspatel, Bastelhölzer oder Eisstiele lassen sich so in Form biegen.

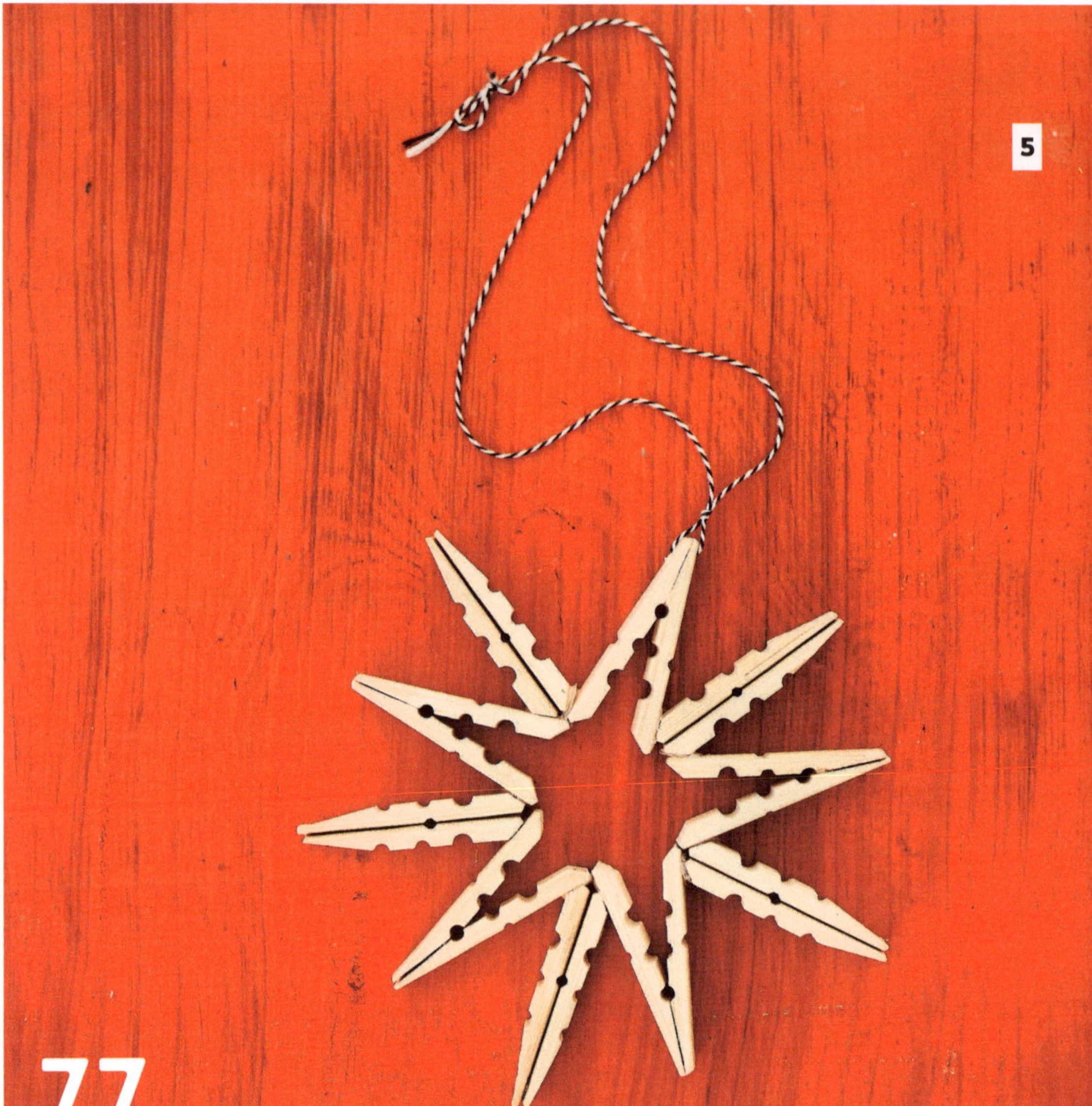

77 WÄSCHEKLAMMER-STERN

Deine Wäscheklammern haben jetzt etwas Besseres zu tun und hängen lieber als Stern rum – ist auch viel dekorativer.

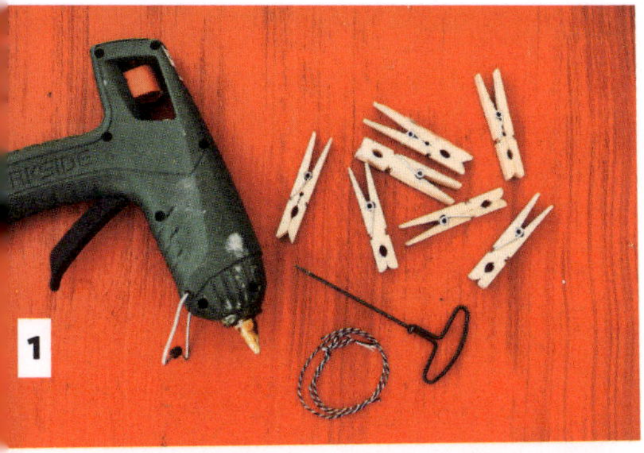
1

1 Dazu brauchst du: Holzwäscheklammern, Heißklebepistole und Sticks, Acrylfarbe, Pinsel, Kordel

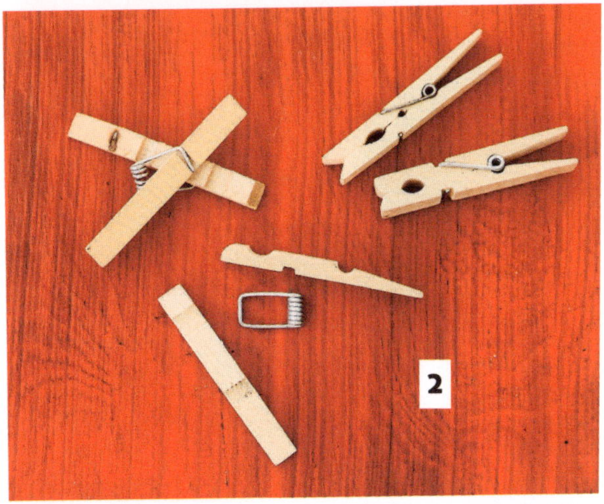
2

2 Nimm die Wäscheklammern auseinander und entferne das Metallteil.

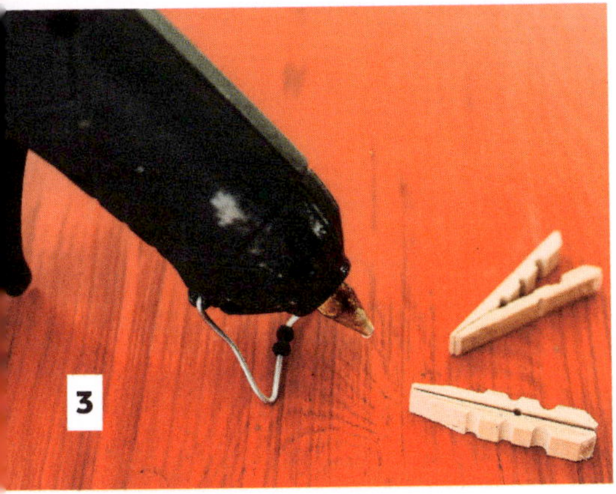
3

3 Klebe jeweils zwei Wäscheklammerteile Rücken an Rücken mit Heißkleber zusammen. Wiederhole das mindestens achtmal.

4 Lege die Wäscheklammerteile zu verschiedenen Sternformen zusammen und verklebe sie. Dabei müssen ausreichend große Klebeflächen aufeinandertreffen.

5 Bohre ein Loch in eine der Spitzen und hänge den Stern mit einer Kordel daran auf.

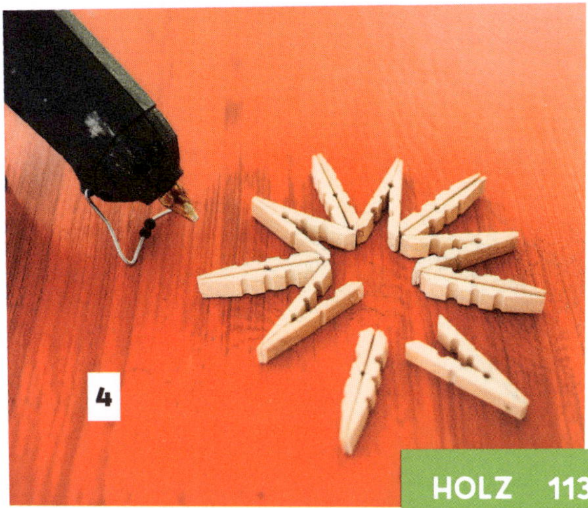
4

Male die Sterne von allen Seiten mit Acrylfarbe an.

78 MOBILE MINI-WERKBANK

Nicht jeder hat den Platz für eine eigene Werkbank. Montiere den Schraubstock auf ein dickes Brett. Damit kannst du ihn schnell und flexibel überall aufbauen, wo du ihn gerade brauchst. Einfach auf einen stabilen Tisch stellen und das Brett mit Schraubzwingen an der Tischplatte fixieren.

Bohren, Sägen, Leimen – bei DIY-Projekten aus Holz ist ein Schraubstock zum Einspannen einfach unersetzlich, um gute Ergebnisse zu erzielen.

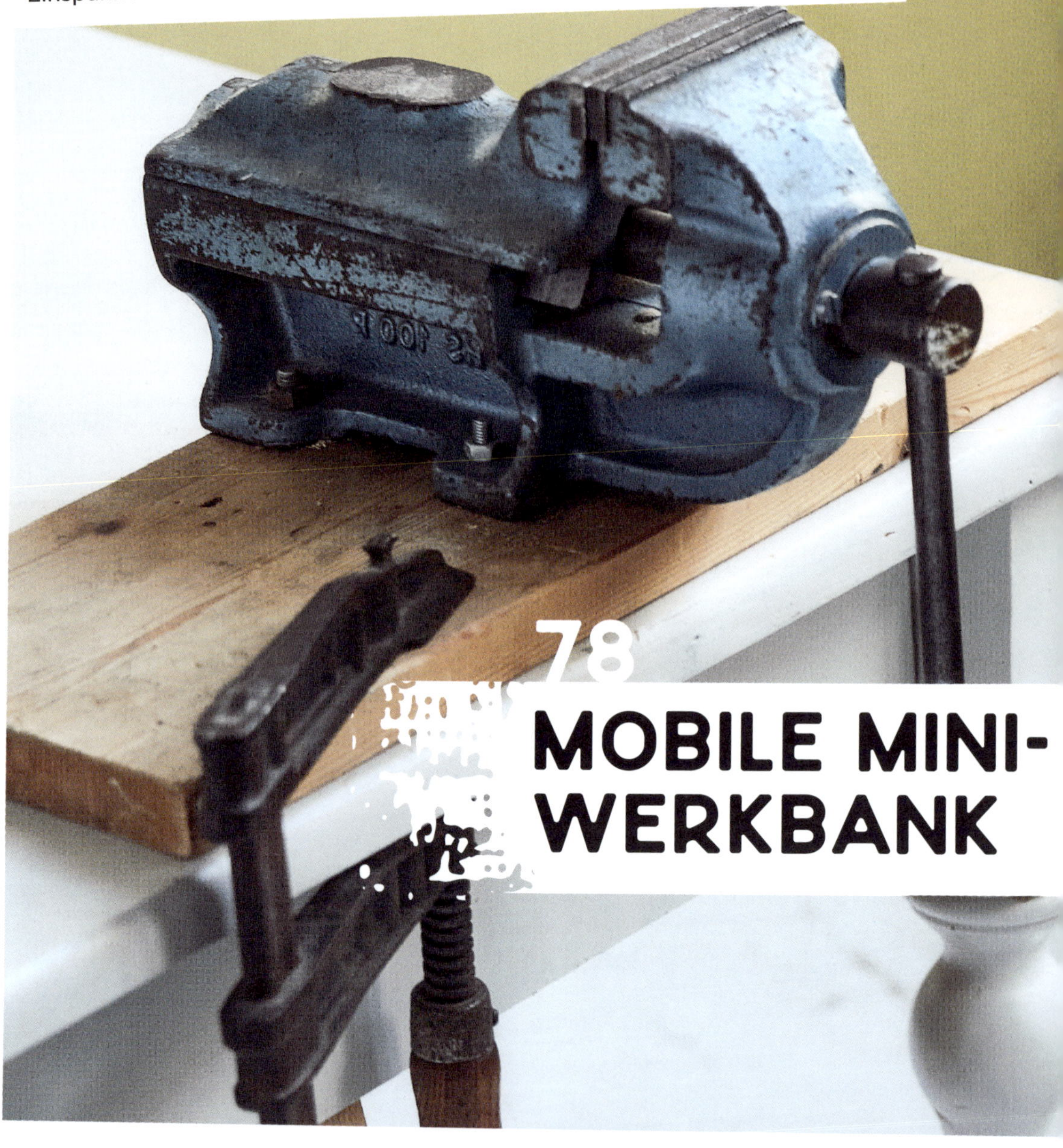

Was gibt 16,7 geteilt durch 3? Zerbrich dir nicht den Kopf. Leg dein Maßband schräg am Holz an, bis es eine leicht zu teilende Zahl misst. Zum Beispiel 15 cm. Diese Zahl lässt sich leicht im Kopf durch drei teilen. Du machst deine Markierungen am schräg angelegten Maßband also bei 6 cm und 12 cm – und schon kannst du dein Brett in drei gleich breite Stücke sägen.

Weißt du, warum das Ende am Rollbandmaß wackelt? Weil es dadurch automatisch seine Länge anpasst, um Innen- und Außenmaße korrekt zu messen.

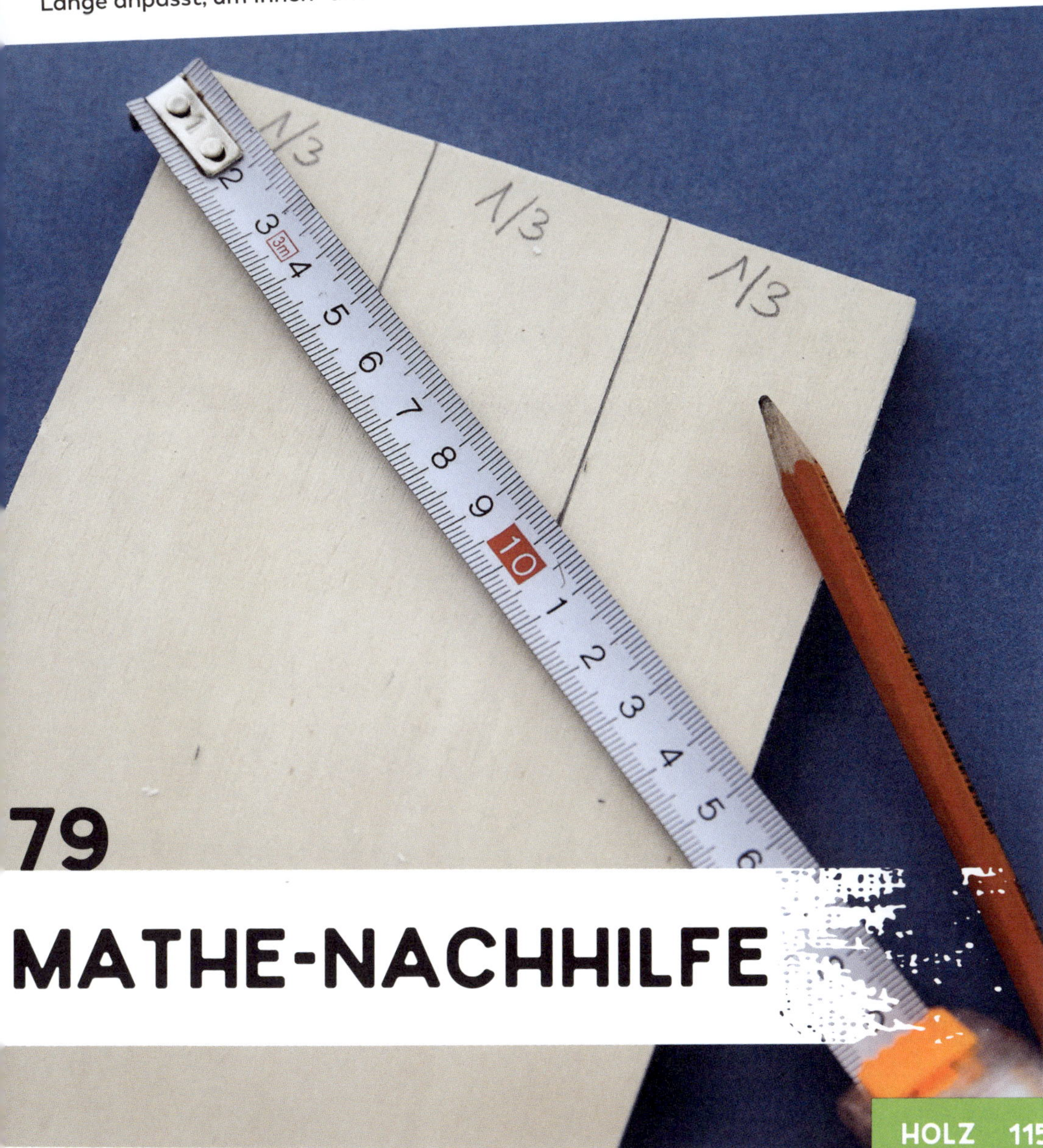

79 MATHE-NACHHILFE

Bohre die Löcher für Schrauben immer mit einem etwas dünneren Bohrer vor. Damit vermeidest du, dass das Holz beim Eindrehen der Schraube zu starke Spannung aufbaut und reißt.

Schlag Nägel nicht alle in einer Reihe in die gleiche Holzfaser ein, sondern springe immer etwas hin und her. Auch das verhindert Risse.

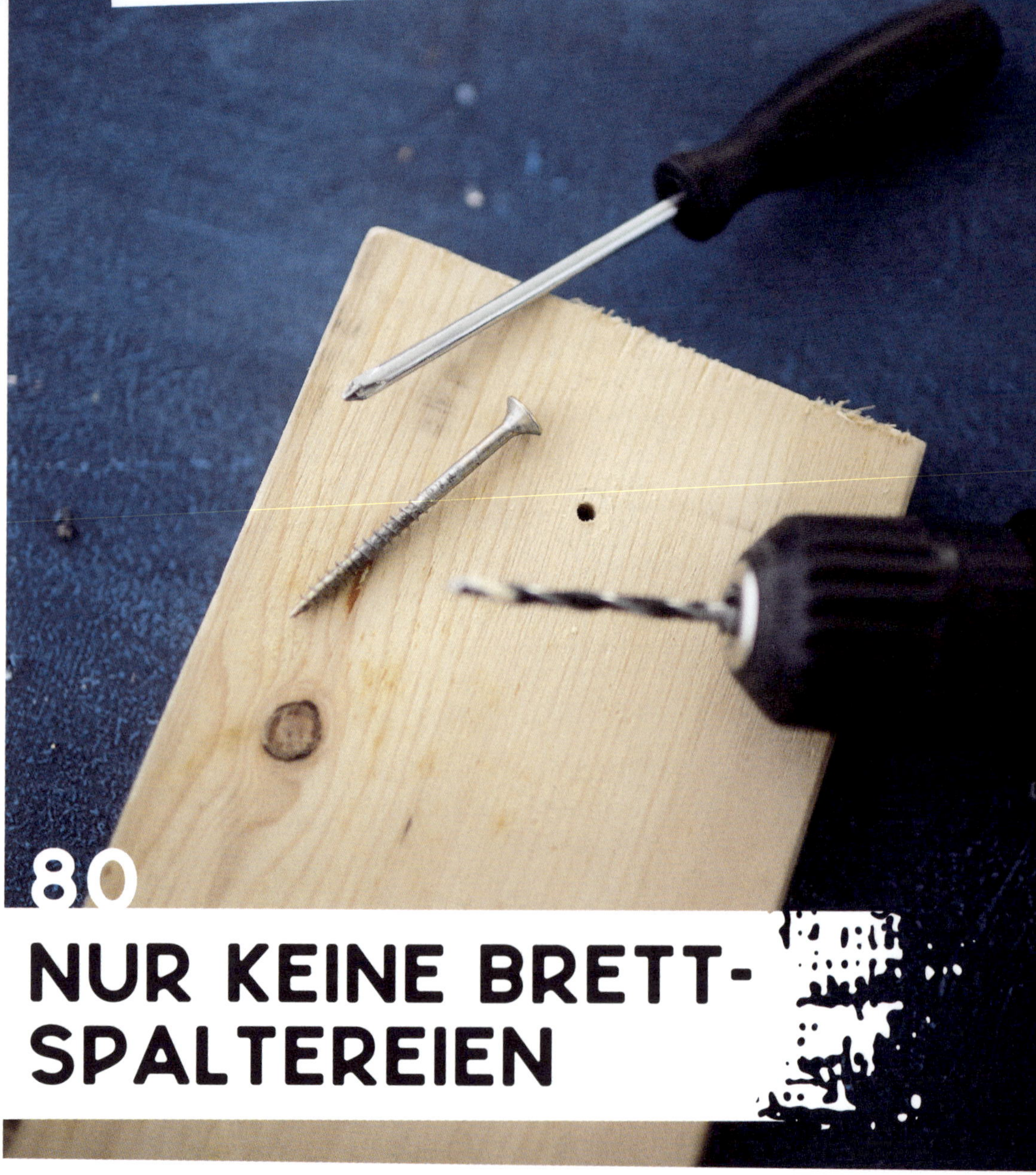

80

NUR KEINE BRETT-SPALTEREIEN

81

SCHICHTARBEIT

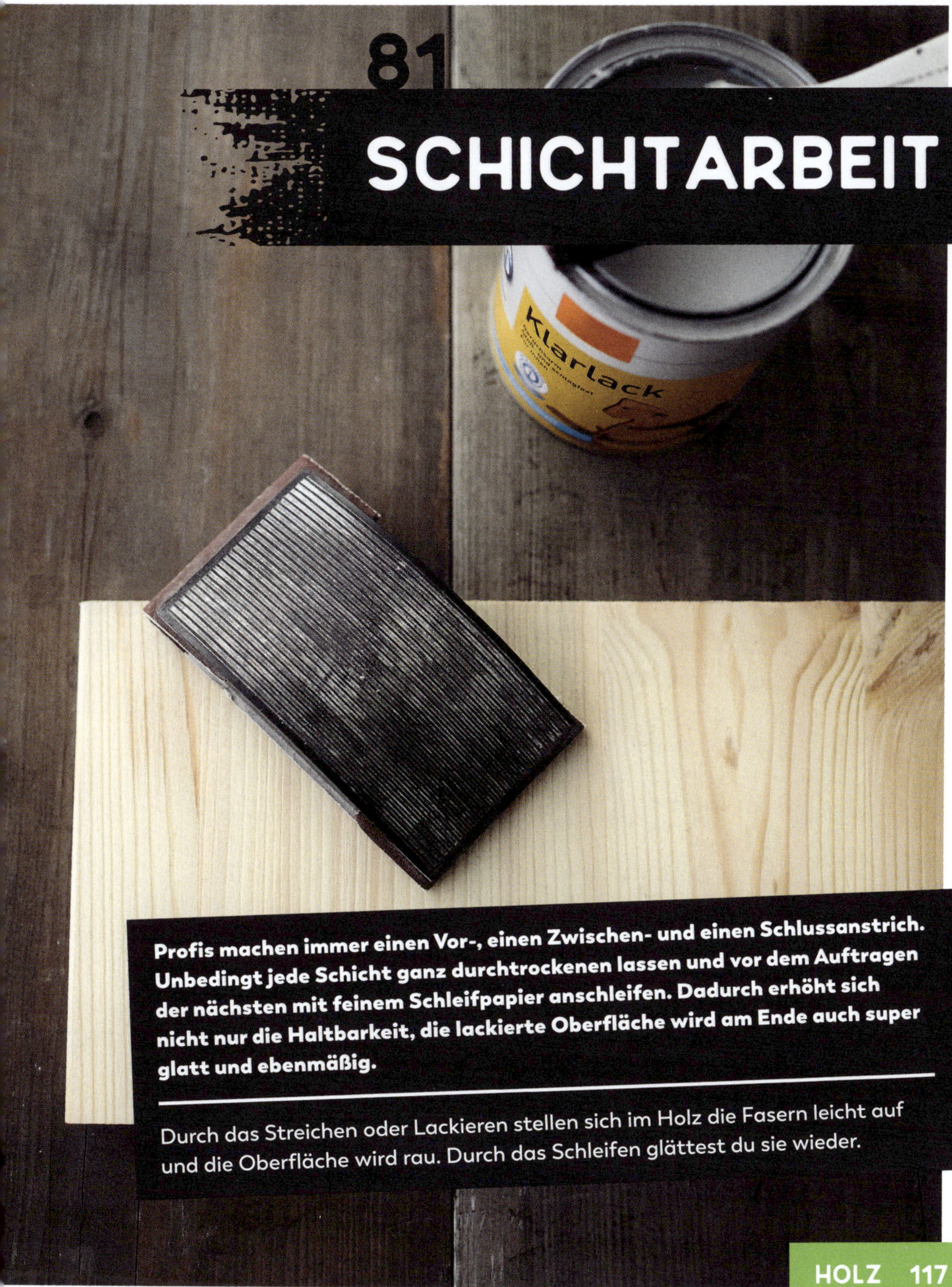

Profis machen immer einen Vor-, einen Zwischen- und einen Schlussanstrich. Unbedingt jede Schicht ganz durchtrockenen lassen und vor dem Auftragen der nächsten mit feinem Schleifpapier anschleifen. Dadurch erhöht sich nicht nur die Haltbarkeit, die lackierte Oberfläche wird am Ende auch super glatt und ebenmäßig.

Durch das Streichen oder Lackieren stellen sich im Holz die Fasern leicht auf und die Oberfläche wird rau. Durch das Schleifen glättest du sie wieder.

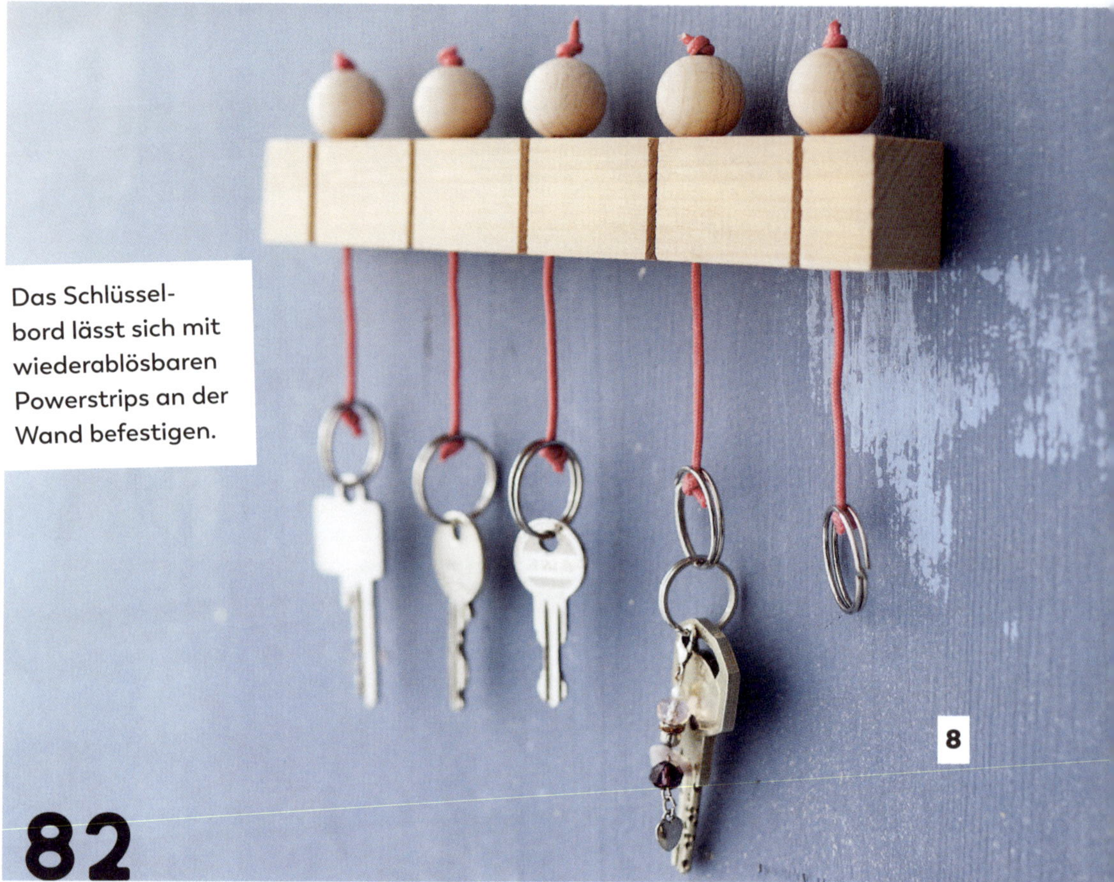

Das Schlüsselbord lässt sich mit wiederablösbaren Powerstrips an der Wand befestigen.

8

82 EASYPEASY SCHLÜSSELBORD

Tschüss Schlüsselchaos – dieses einfache Bord ist schnell gemacht und sieht super aus!

1 **Dazu brauchst du: 20 cm lange, quadratische Holzleiste 3 cm × 3 cm, 5 naturbelassene Holzperlen à Ø 30 mm, 1 m Paracord rosa Ø 3 mm, Feuerzeug, 5 Schlüsselringe, feines Schleifpapier, Schere, Zollstock, Bleistift, Gehrungssäge und Gehrungslade**

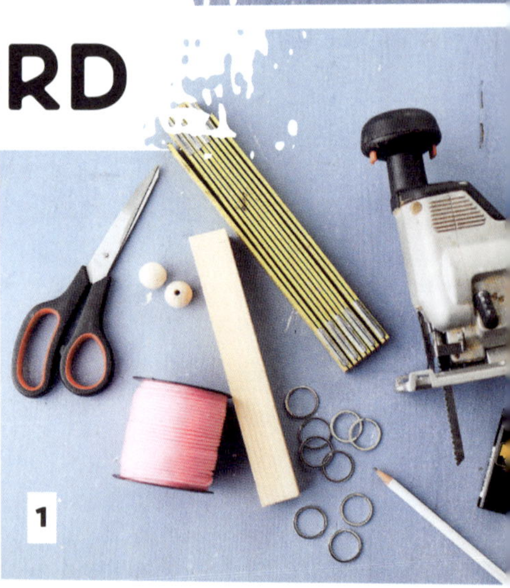

1

Für die Leiste:

2 **Markiere mithilfe des Zollstocks auf der Leiste folgende Abstände mit Bleistift: 2 cm, 6 cm, 10 cm, 14 cm und 18 cm.**

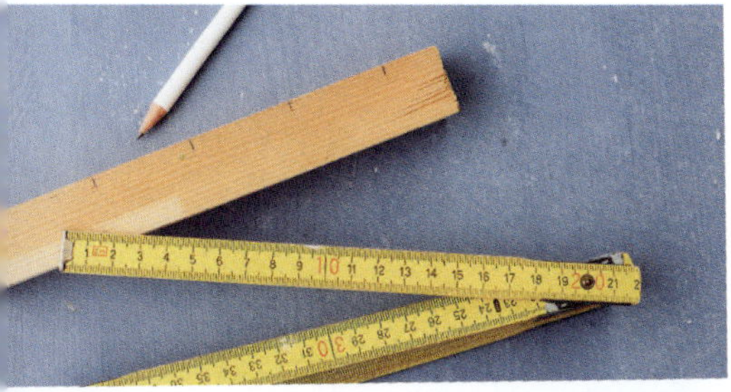

äge mit Gehrungssäge und -lade an den narkierten Stellen jeweils einen Schlitz, is 1 cm vor dem Durchbruch.

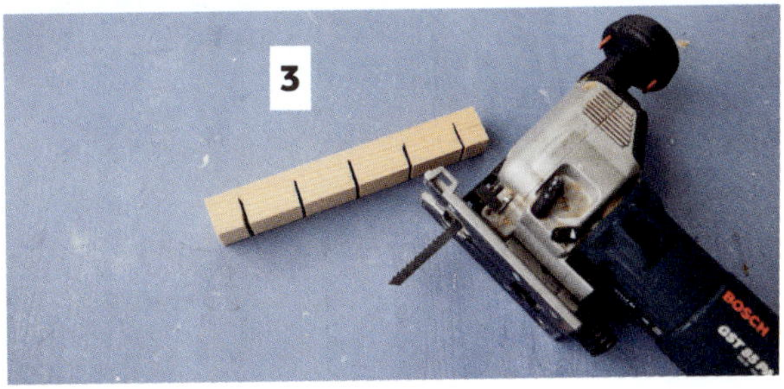

4 **Schleife die Schlitze, Ecken und Kanten mit Schleifpapier glatt.**

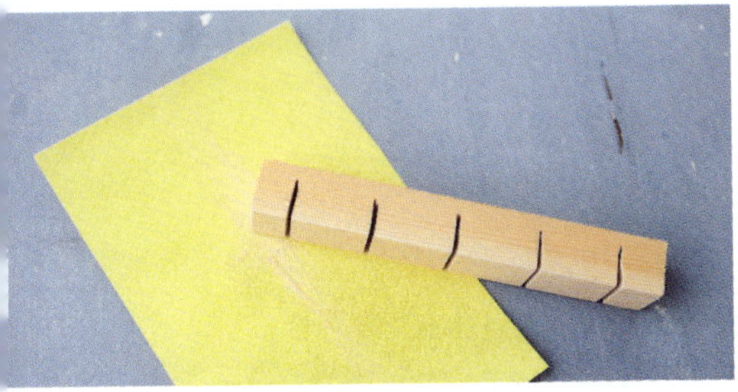

ür die 5 Schlüsselanhänger:

Flamme das Ende eines 10 cm langen Stücks Paracord mit dem Feuerzeug etwas an und drücke es mit den Fingern zusammen – so kann der Paracord nicht aufribbeln.

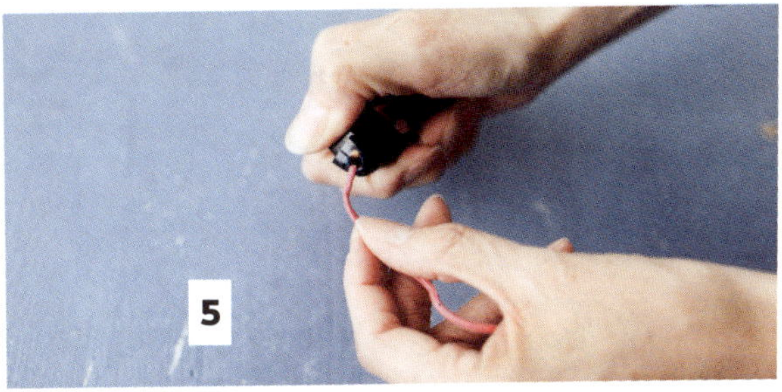

6 **Mach einen festen Knoten in das Ende des Kordelstücks. Fädle die Holzperle auf den Paracord und setze sie auf den Knoten. Mache am unteren Ende ebenfalls einen Knoten und flämme das Ende an.**

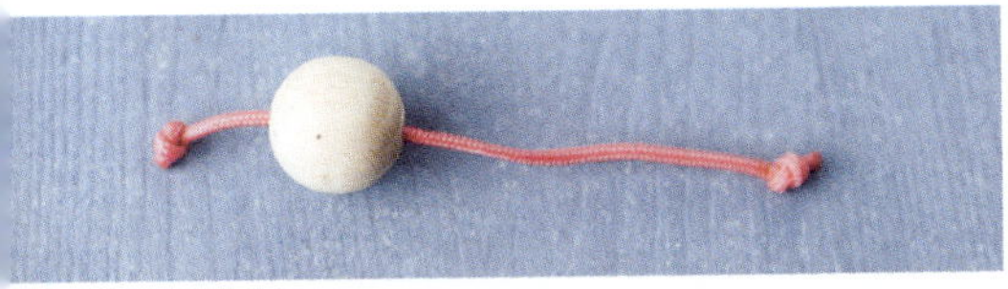

7 **Über den Knoten ziehst du einen Schlüsselring.**

8 **Fertig ist dein Schlüsselbord!**

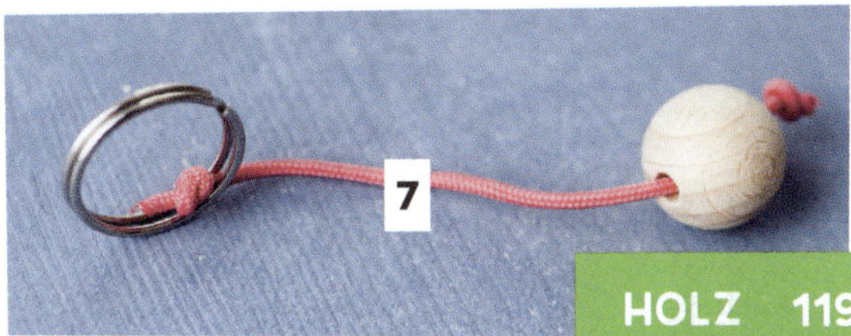

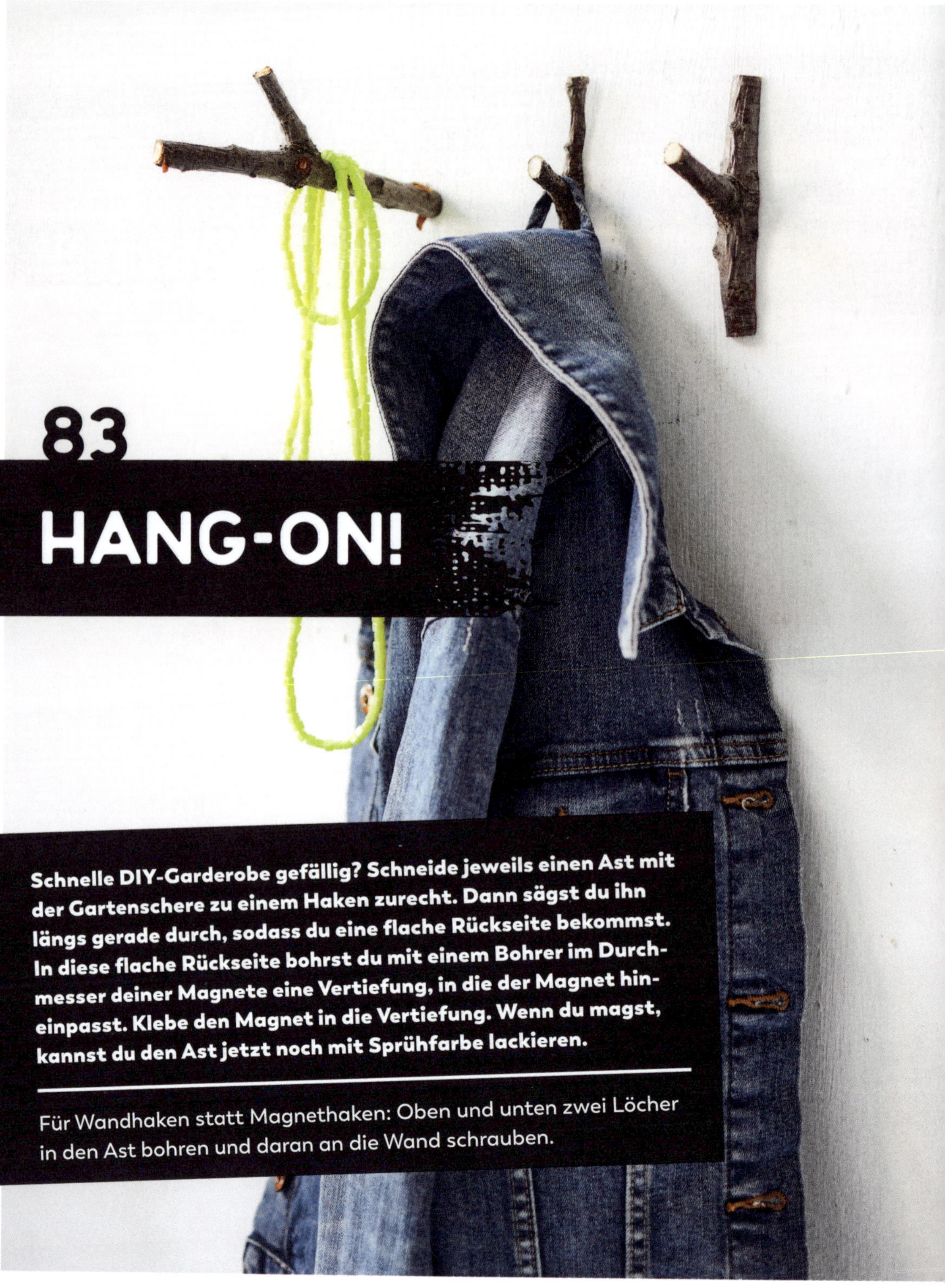

83

HANG-ON!

Schnelle DIY-Garderobe gefällig? Schneide jeweils einen Ast mit der Gartenschere zu einem Haken zurecht. Dann sägst du ihn längs gerade durch, sodass du eine flache Rückseite bekommst. In diese flache Rückseite bohrst du mit einem Bohrer im Durchmesser deiner Magnete eine Vertiefung, in die der Magnet hineinpasst. Klebe den Magnet in die Vertiefung. Wenn du magst, kannst du den Ast jetzt noch mit Sprühfarbe lackieren.

Für Wandhaken statt Magnethaken: Oben und unten zwei Löcher in den Ast bohren und daran an die Wand schrauben.

Basteln bis der Arzt kommt? Lieber nicht, aber seine Holzspatel nehmen wir trotzdem – und bauen damit ein angesagtes Waben-Regal. Lege mit den Holzspateln ein Sechseck – die Spatel liegen im Wechsel oben und unten – und klebe sie an den Ecken aufeinander. Arbeite so viele Runden, bis das Regal tief genug ist. Zum Trocknen mit einem dicken Buch beschweren. Danach kannst du das Regal in deiner Lieblingsfarbe streichen.

Schneide ein schönes Papier auf die passende Größe zu und klebe es als Rückwand auf.

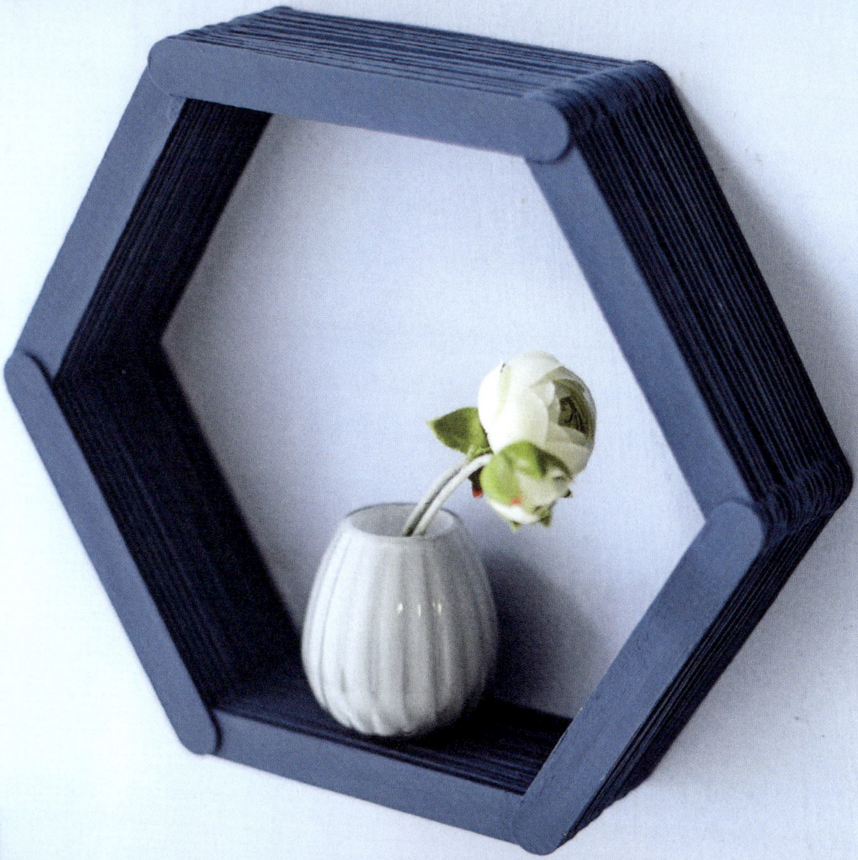

84 WABENREGAL

85

ROBOTER AUS DER RESTEKISTE

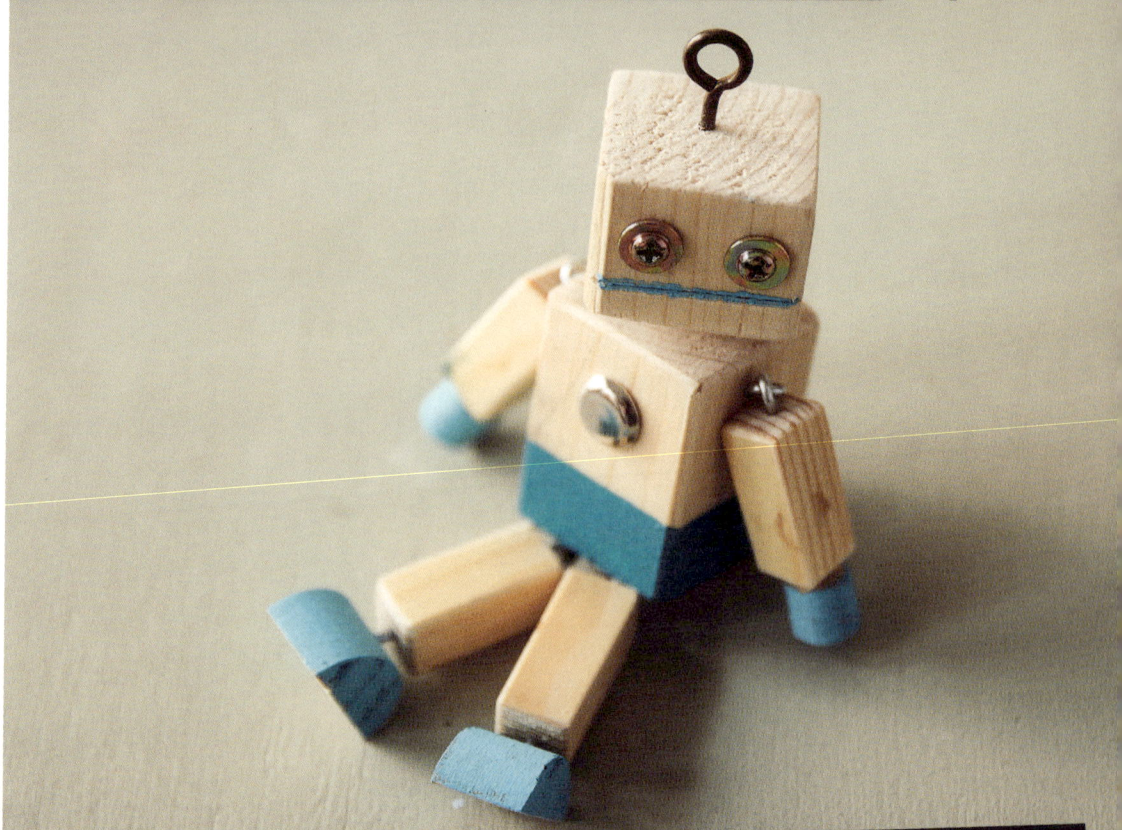

Diesen niedlichen Roboter gibt's zum Nulltarif! Erwecke deine Holzreste zu neuem Leben und verbinde sie mit Schrauben, Muttern und Ösen zu einem lustigen Roboter oder witzigen Tieren. Du wirst überrascht sein, welche Schätze in deiner Werkstatt lagern. Damit das Holz nicht reißt, unbedingt die Löcher vorbohren.

Für die Gelenke hängst du zwei Ösen ineinander. Dazu eine Öse mit zwei Zangen greifen, seitlich aufbiegen und anschließend wieder schließen.

86

SCHLEIFPAPIER "SUPER-STRONG"

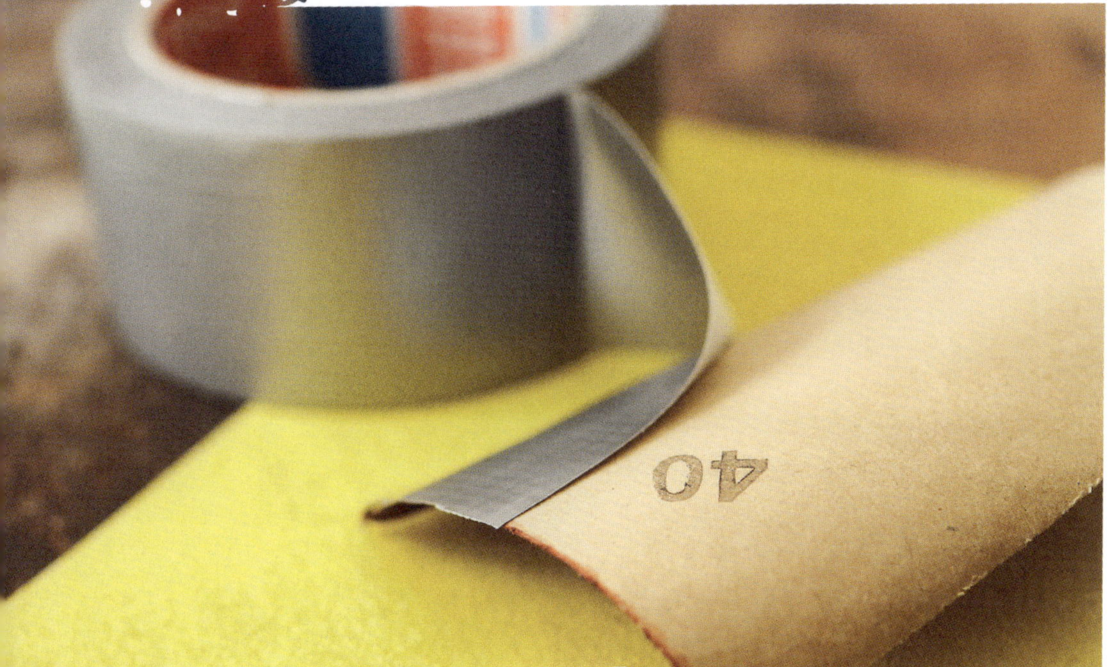

Enge Kurven, schmale Lücken, scharfe Kanten? Mit normalem Schleifpapier stößt du hier schnell an deine Grenzen … Verstärke es doch einfach mit einem Streifen Gewebeklebeband auf der Rückseite. Einfach aufkleben und schon ist dein Schleifpapier für alle Extremeinsätze gewappnet.

Für größere Flächen kannst du das Schleifpapier auf einen Holzklotz oder ähnliches kleben, dann ist es gleichmäßig flach und lässt sich besser festhalten.

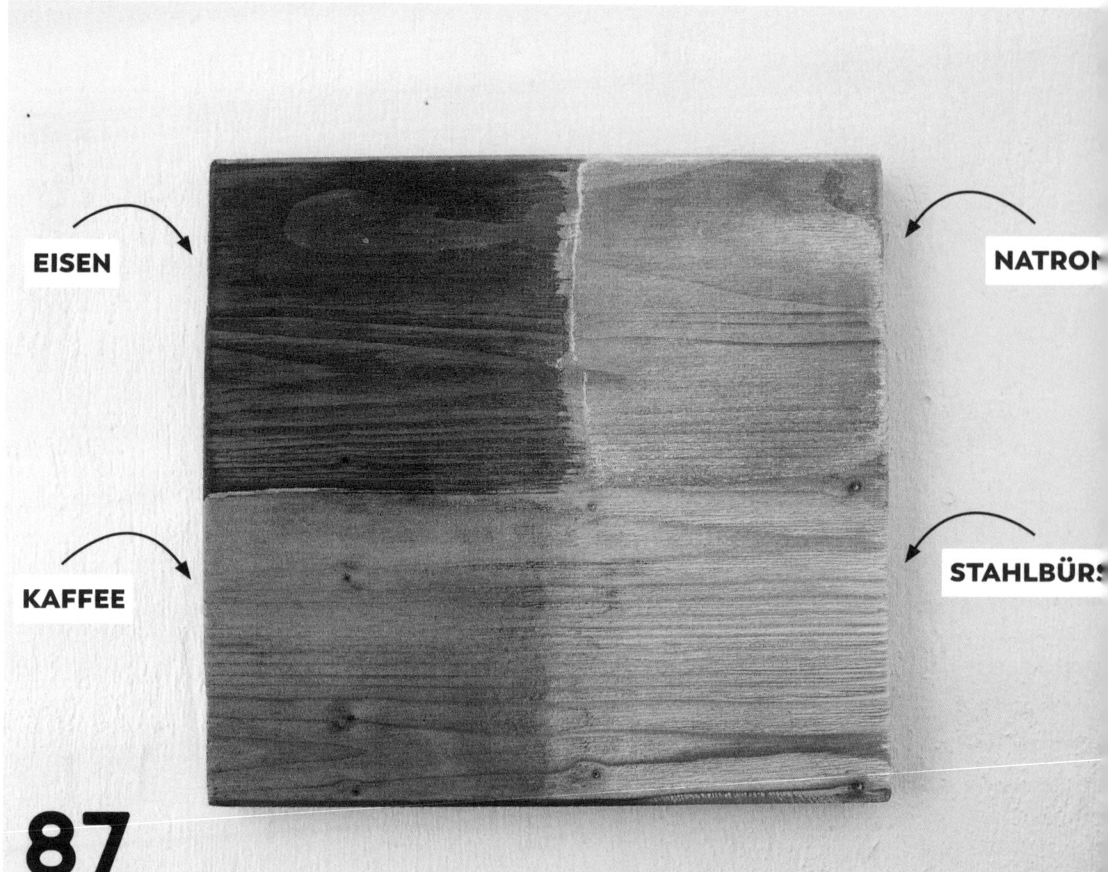

87 LÄSST HOLZ ALT AUSSEHEN

Ein verwitterter Look und kleine Gebrauchsspuren verleihen selbstgebaute Möbelstücke und Dekorationen aus Holz den perfekten Vintage-Look. Mit ein paar simplen Hausmitteln kannst du dem Alterungsprozess auf die Sprünge helfen.

---

1 **Dazu brauchst du: Pinsel, Schraubglas mit Eisenpulver und Essigessenz, Topf, Natron in Schüssel und Wasser, Tasse Kaffee, Stahlbürste**

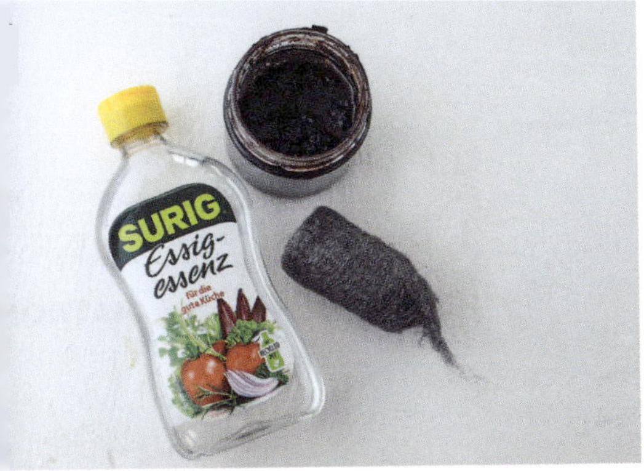

2 Eisen

Gib Essigessenz und feine Stahlwolle in ein Schraubglas und schraub den Deckel lose auf, damit Gase entweichen können. Zwei Tage stehen lassen und dabei gelegentlich schütteln. Nach zwei Tagen hat sich die klare Flüssigkeit dunkel verfärbt und du kannst dein Holz damit streichen.

Natron

ıre 1 Teil Natron mit 1 Teil Wasser zu er Paste und koche es kurz auf. Die heiße ung auf das Holz streichen und einwir- lassen, bis sie getrocknet ist. Danach in errichtung mit einer Draht- oder Stahl- ste abbürsten.

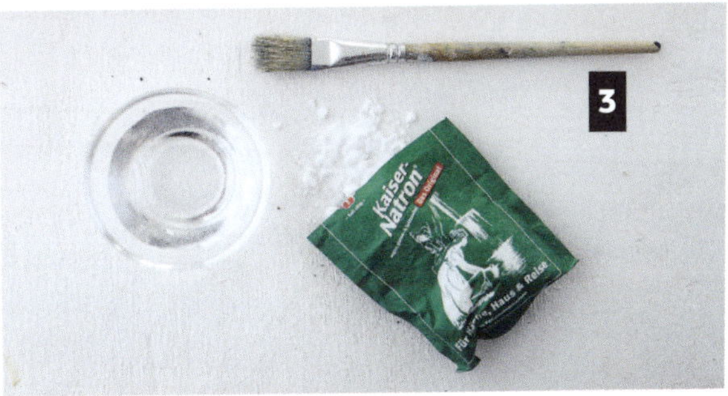

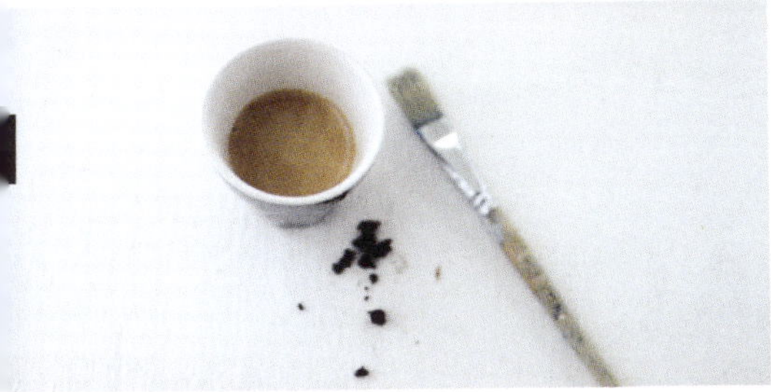

4 Kaffee

Koche starken Kaffee und streiche damit nach dem Abkühlen das Holz. Je nach gewünschter Intensität die Behandlung mehrmals wiederholen. Nach dem Trocknen die Oberfläche mit einem Besen abfegen, um Kaffeepulverreste zu entfernen.

Stahlbürste

leife mit einer harten Stahlbürste die cheren Bereiche zwischen den Jahresringen aus. Das lässt die Maserung deutlich vortreten. Schneller geht es mit einer Bohrschine mit Rundbürstenaufsatz. Immer in errichtung arbeiten.

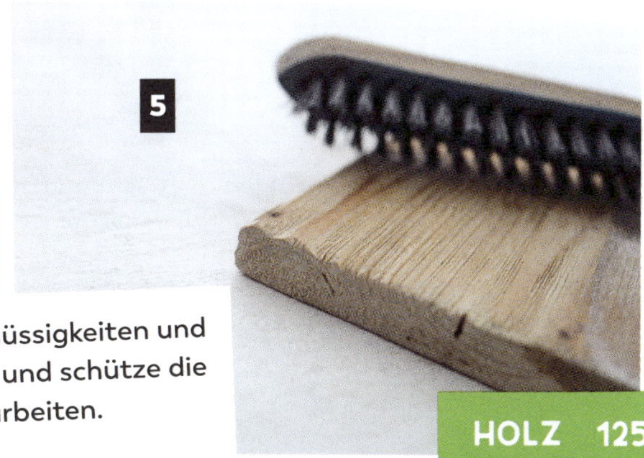

Trage beim Arbeiten mit den angerührten Flüssigkeiten und Pasten alte Kleider und Gummihandschuhe und schütze die Umgebung mit Folie. Am besten im Freien arbeiten.

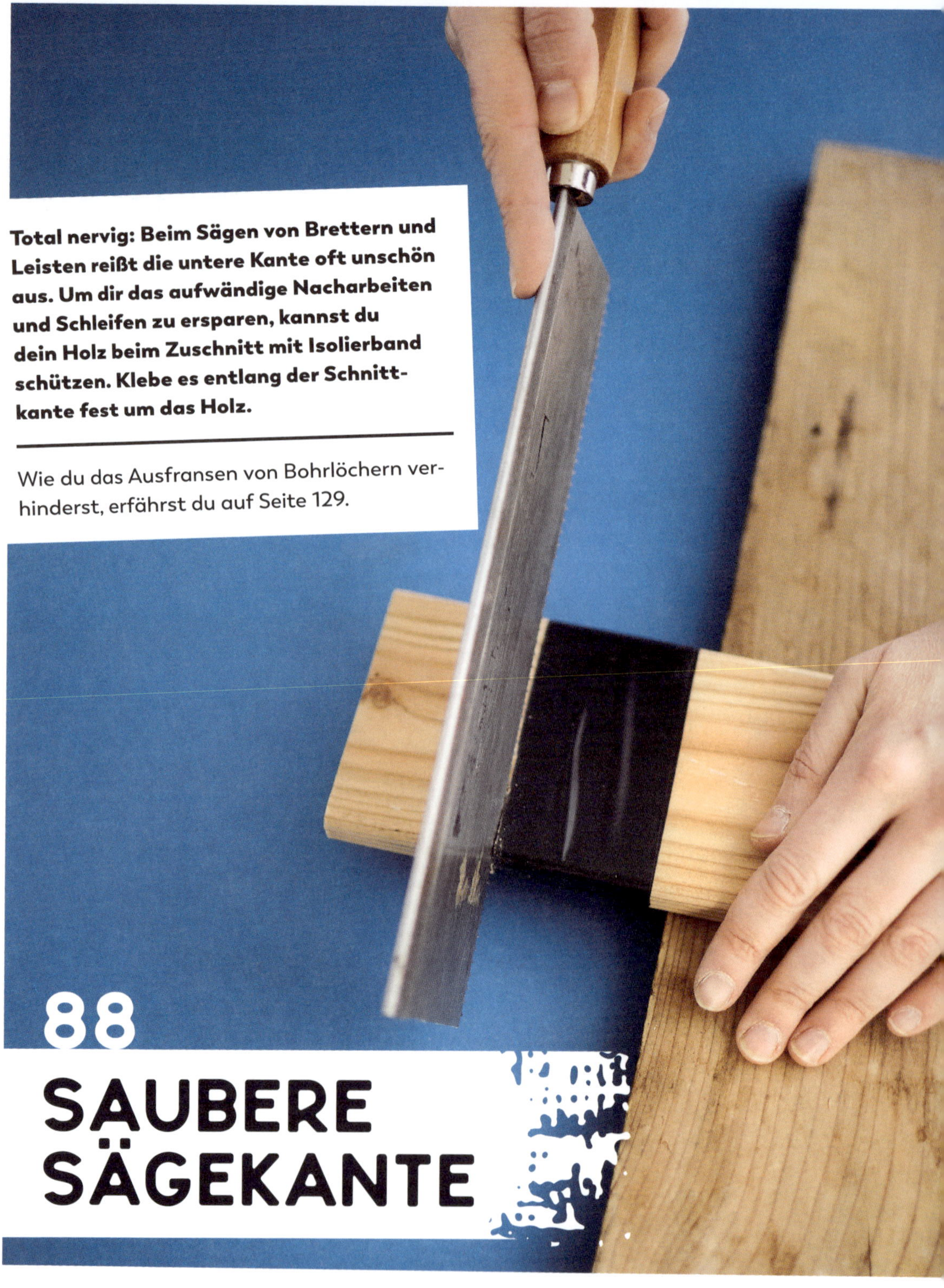

88

SAUBERE SÄGEKANTE

Total nervig: Beim Sägen von Brettern und Leisten reißt die untere Kante oft unschön aus. Um dir das aufwändige Nacharbeiten und Schleifen zu ersparen, kannst du dein Holz beim Zuschnitt mit Isolierband schützen. Klebe es entlang der Schnittkante fest um das Holz.

Wie du das Ausfransen von Bohrlöchern verhinderst, erfährst du auf Seite 129.

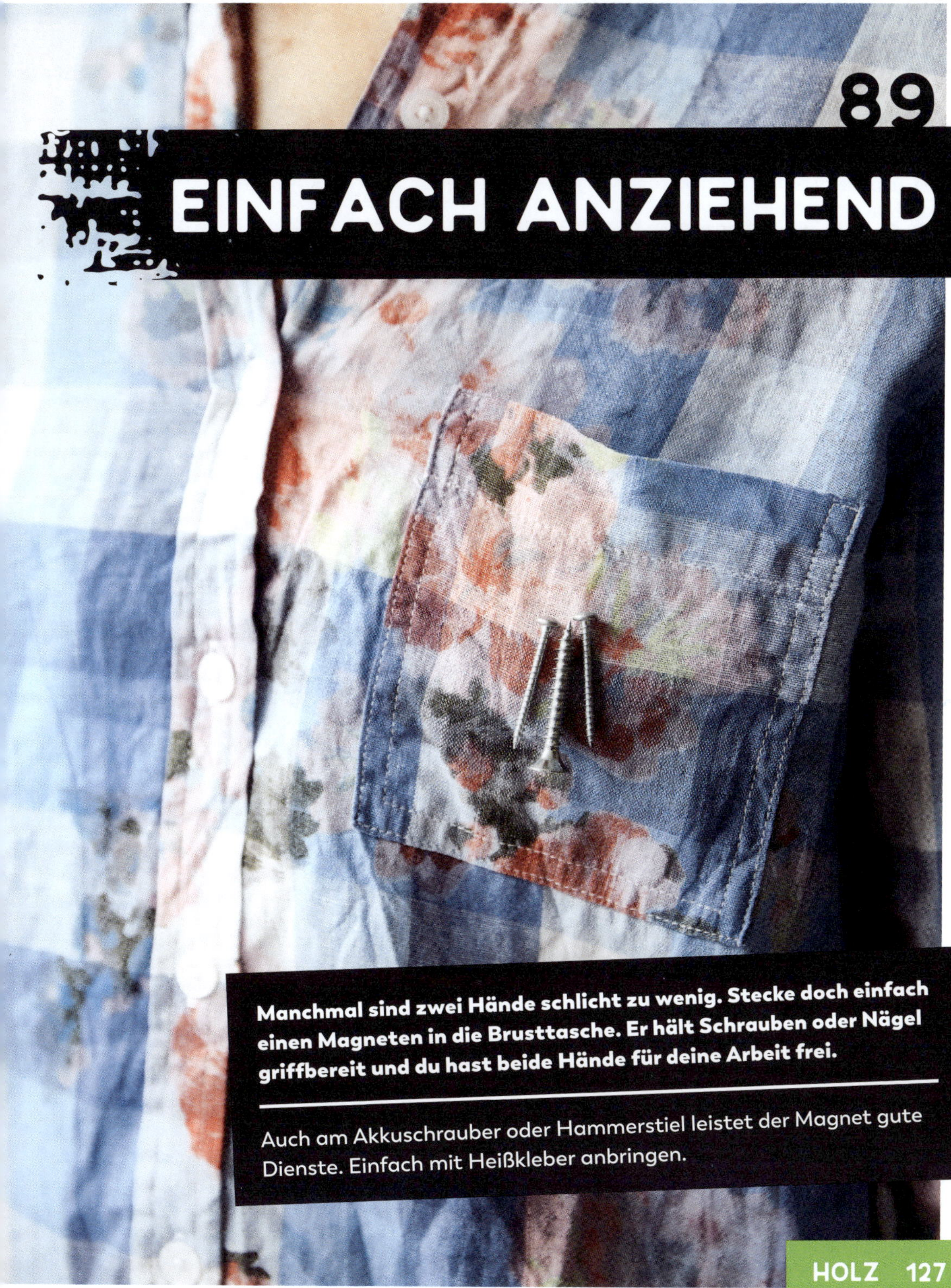

89

EINFACH ANZIEHEND

Manchmal sind zwei Hände schlicht zu wenig. Stecke doch einfach einen Magneten in die Brusttasche. Er hält Schrauben oder Nägel griffbereit und du hast beide Hände für deine Arbeit frei.

Auch am Akkuschrauber oder Hammerstiel leistet der Magnet gute Dienste. Einfach mit Heißkleber anbringen.

90

POWERTOOL AUS DER KOSMETIKTASCHE

Mit einer Sandblatt-Nagelfeile kannst du prima kleine Werkstücke bearbeiten, feine Ecken und Kanten erreichen oder Macken und Dellen nacharbeiten. Ein Tool, das du bestimmt nicht mehr in deiner Werkstatt missen möchtest!

Das Maniküre-Regal im Drogeriemarkt bietet noch einiges mehr an nützlichen Helfern: Nagelmodellage-Stäbchen zum Beispiel oder Manikürstäbchen mit feiner Sandblatt-Spitze.

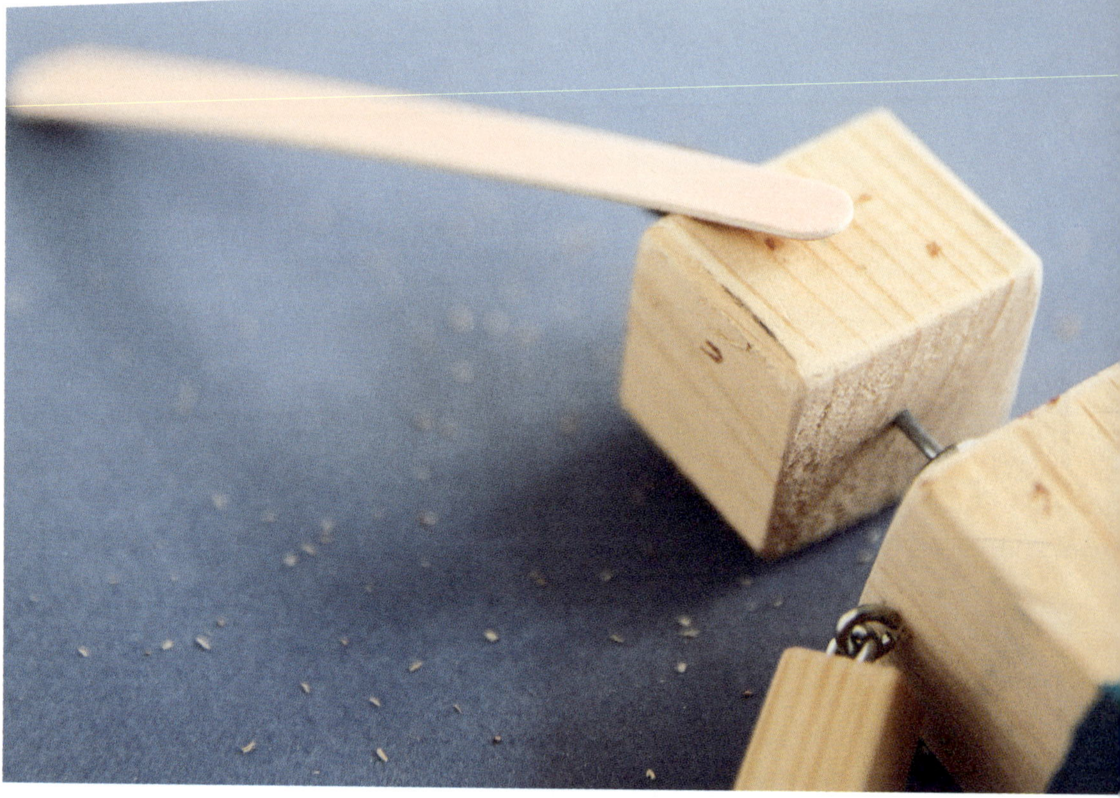

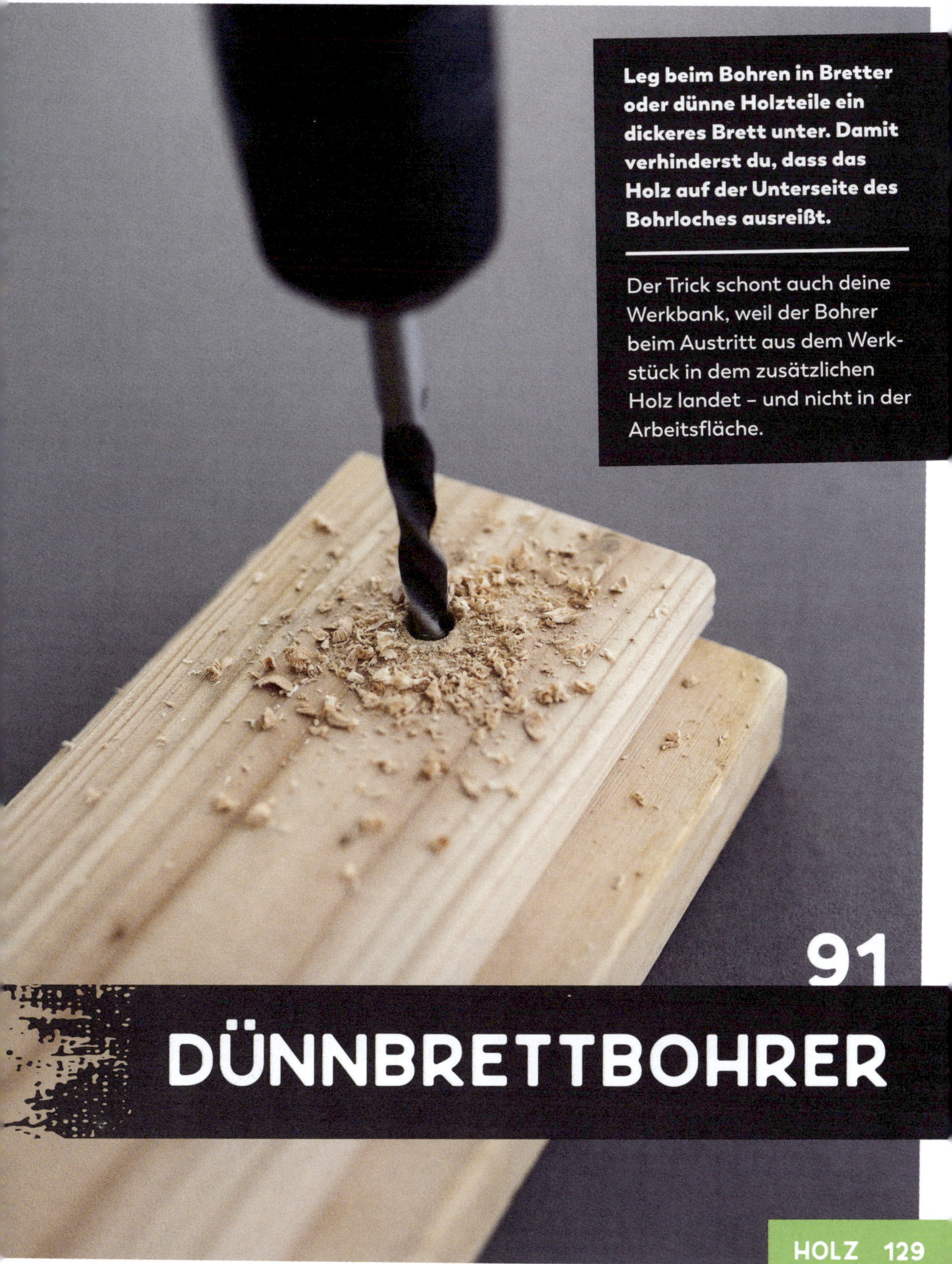

91 DÜNNBRETTBOHRER

Leg beim Bohren in Bretter oder dünne Holzteile ein dickeres Brett unter. Damit verhinderst du, dass das Holz auf der Unterseite des Bohrloches ausreißt.

Der Trick schont auch deine Werkbank, weil der Bohrer beim Austritt aus dem Werkstück in dem zusätzlichen Holz landet – und nicht in der Arbeitsfläche.

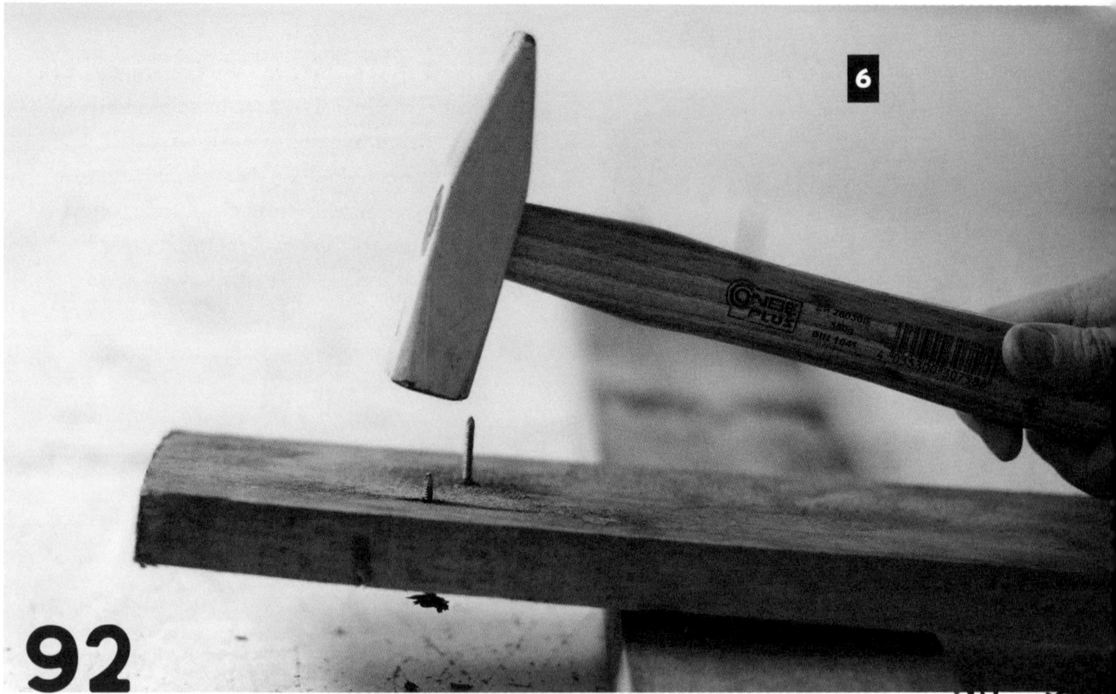

92 PALETTEN ZERLEGEN WIE DER PROFI

Paletten sind super Holzlieferanten – und oft kostenlos zu haben. Doch bevor sie zu coolen Möbelstücken werden, müssen sie zerlegt werden. Mit diesen Tricks gelingt dir das schnell und ohne unnötige Schäden am Holz.

---

1 **Schleife die Palette mit einem groben Sandpapier, bevor du sie zerlegst. Das vermindert die Gefahr, dass du dir Spreißel holst. Außerdem solltest du Handschuhe anziehen, um die Verletzungsgefahr zu verringern.**

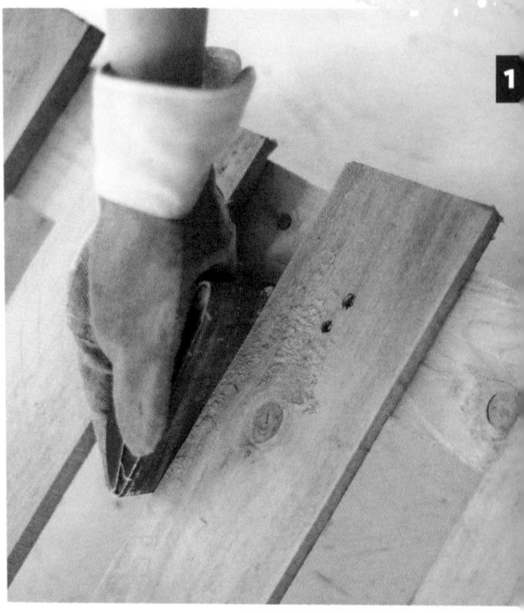

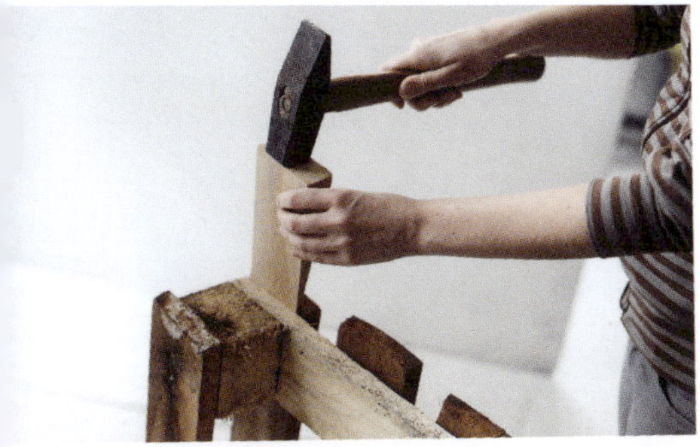

2 **Als nächstes löst du die Leisten. Setze einen Spaltkeil (oder einen Türkeil) in den Rillen an und schlage ihn mit dem Hammer zwischen das Holz. Der Keil hat den Vorteil, dass die Kraft relativ breit verteilt wird. Das verhindert, dass die Leisten gespaltet werden.**

Nun geht es mit dem Brecheisen weiter. Lege ein paar Brettchen zwischen die Leisten auf der Ober- und Unterseite, damit das Holz geschützt ist und die Kraft wieder gut verteilt wird. Stemme das Brecheisen dazwischen und heble die Bretter auseinander.

3

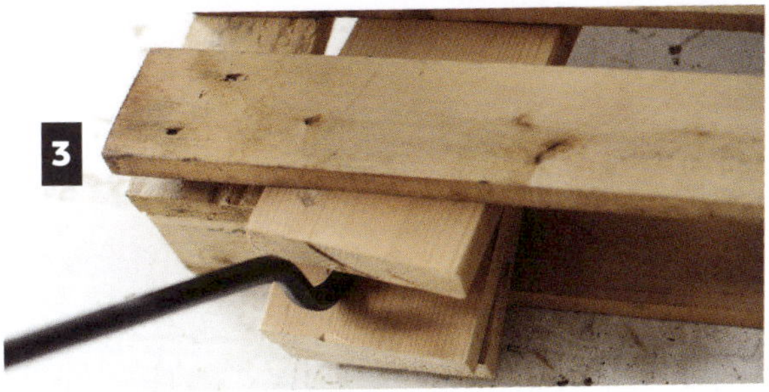

4 **Bei den übrigen Leisten stemmst du das Brecheisen direkt zwischen das mit dem Keil gelöste Holz und hebelst es vorsichtig auseinander.**

4

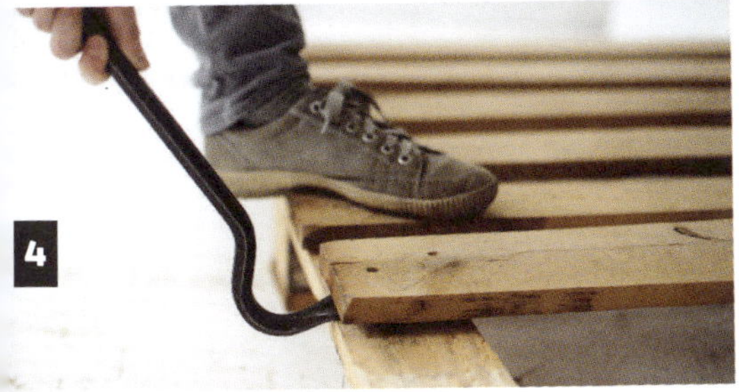

Auch die Klötze entfernst du auf diese Weise: Löse sie erst mit dem Keil leicht von den Brettern, stemme dann das Brecheisen in den Spalt und heble die Teile auseinander.

Zum Schluss müssen die Nägel rausgeholt werden. Klopfe sie mit dem Hammer von unten etwas aus dem Holz. Dann packst du sie auf der Oberseite mit dem gespaltenen Ende des Brecheisens und hebelst sie heraus.

5

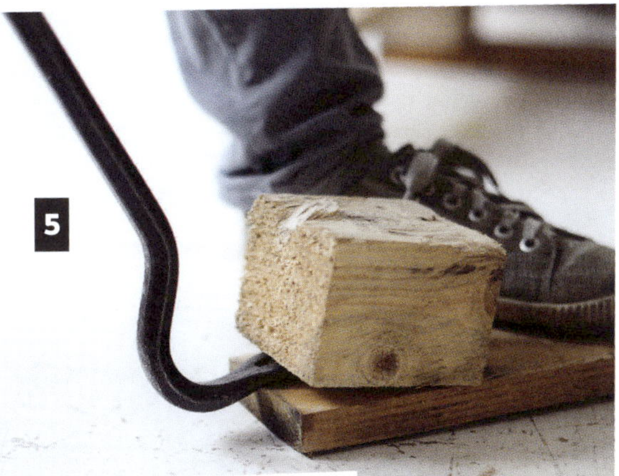

Pass auf, dass du nicht versehentlich in die Nägel trittst. Lege die Leisten immer mit den Nagelspitzen nach unten ab.

93 UNSICHTBARE VERBINDUNGEN

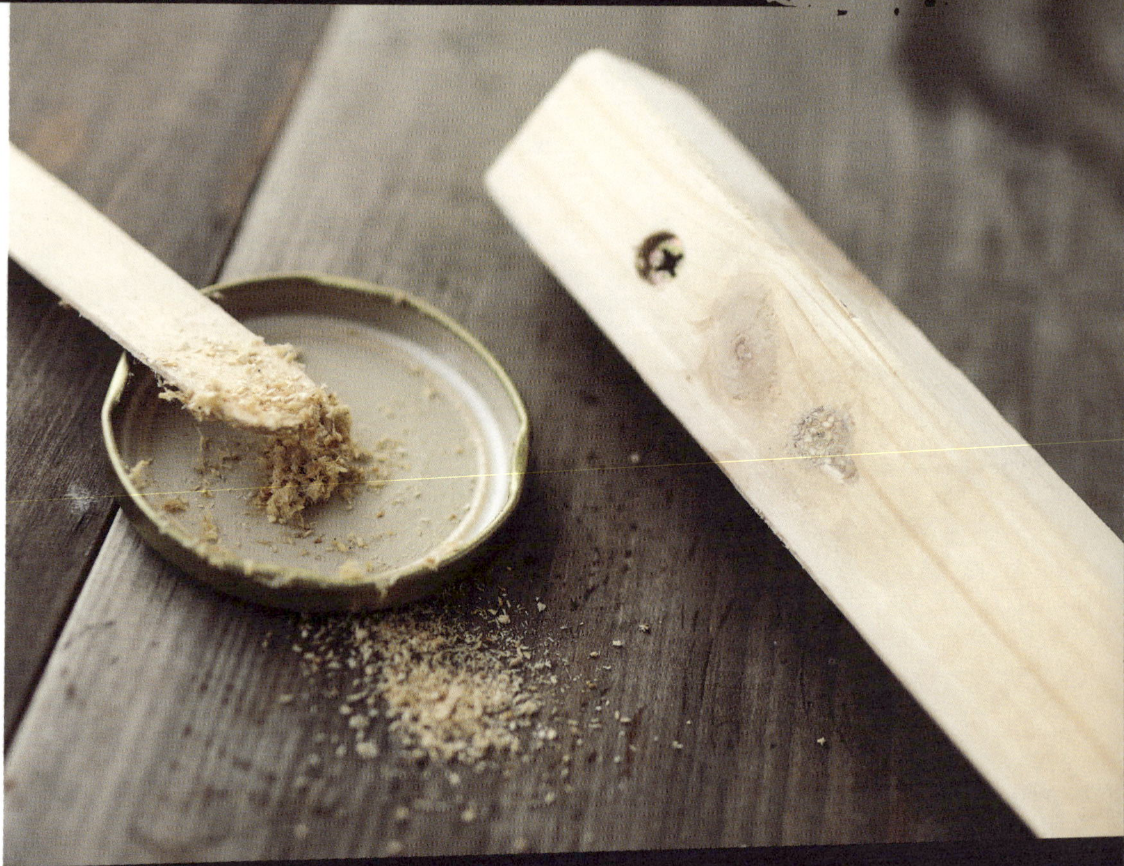

Treibe Schrauben oder Nägel etwas tiefer ins Holz, sodass sie in der Oberfläche versinken. Mische feine Sägespäne mit etwas Holzleim und spachtle die Vertiefung zu. Nach dem Trocknen mit Schleifpapier ebnen. Danach das gesamte Projekt mit Farbe überstreichen. Weg sind die unschönen Nagel- und Schraubenköpfe!

Nägel kannst du mit einem Nageltreiber tiefer ins Holz schlagen – oder du legst für den letzten Schlag einen zweiten Nagel quer mit dem Kopf auf den ersten und schlägst ihn mit diesem etwas tiefer ins Holz.

94

BOHRTIEFE VORHERBESTIMMEN

Miss die Länge der Schraube oder des Dübels und markiere die gewünschte Bohrtiefe am Bohrer mit einem Papierklebeband. Stoppe den Bohrer, wenn du bei der Klebeband-Markierung angekommen bist. So werden alle Löcher exakt gleich tief.

Fixiere mit Gummibändern eine Taschenlampe an der Bohrmaschine und du wirst nie wieder im Dunkeln stehen – zum Beispiel wenn du eine Lampe anbringst und die Sicherung dazu rausdrehen musst.

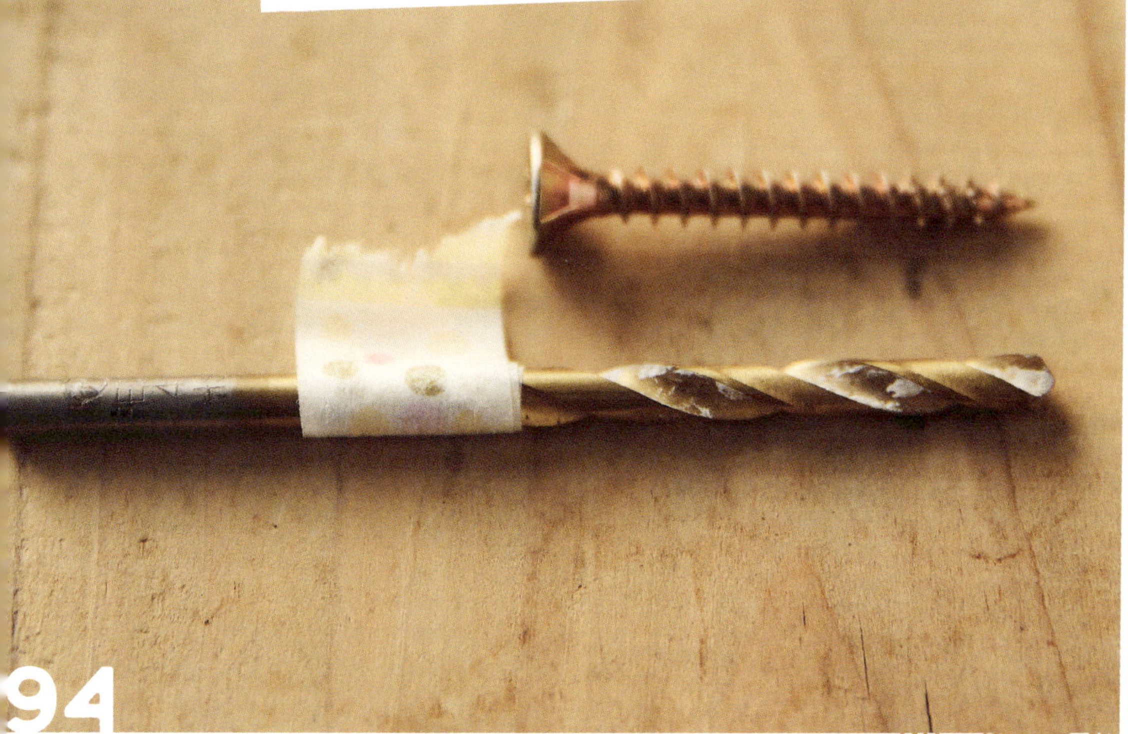

95

SCHWAMM DRUNTER

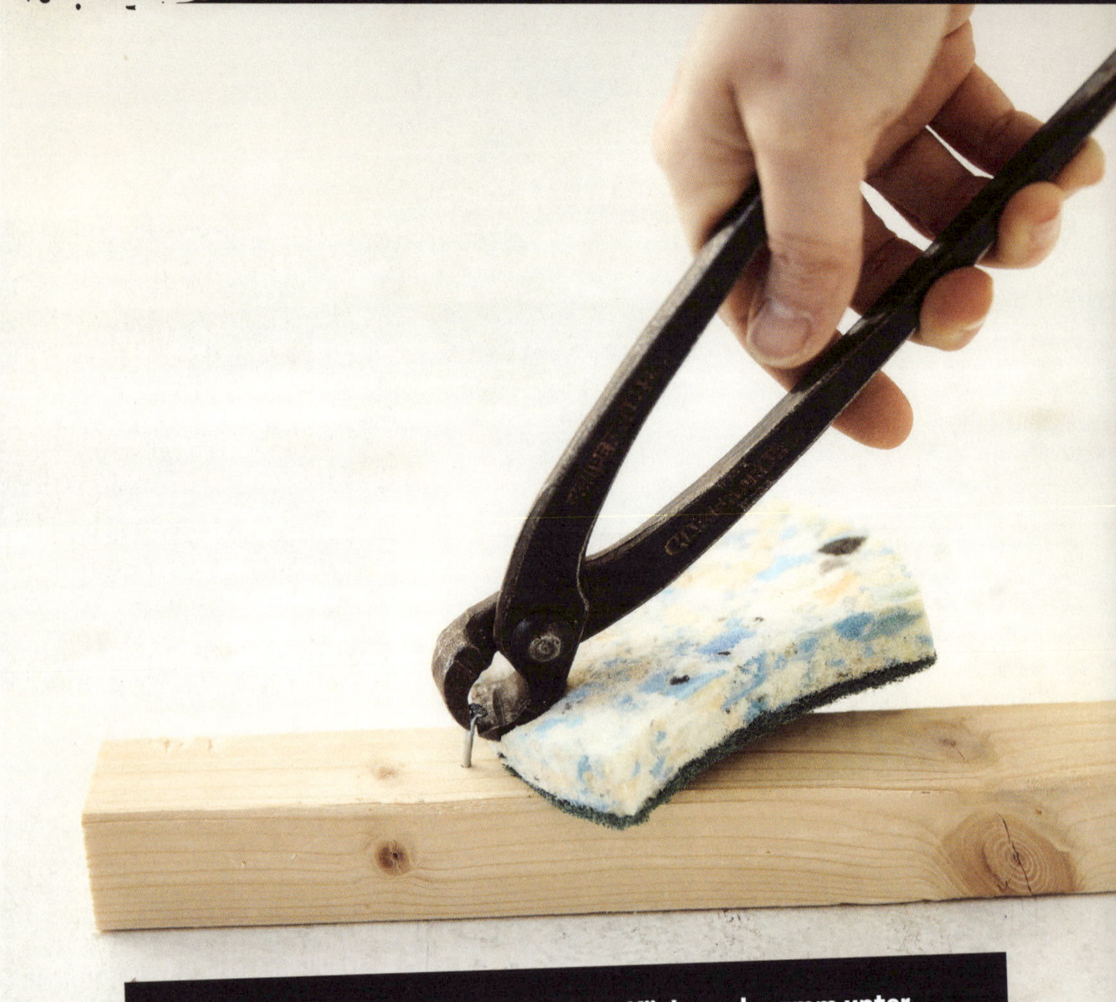

Leg beim Rausziehen von Nägeln einen Küchenschwamm unter. Dann kannst du den Nagel raushebeln, ohne die Oberfläche mit der Kneifzange zu beschädigen.

Einen Dübel bekommst du leicht aus der Wand, wenn du eine Schraube leicht eindrehst und dann die Schraube samt Dübel herausziehst.

96

SÄGEN-TUNING

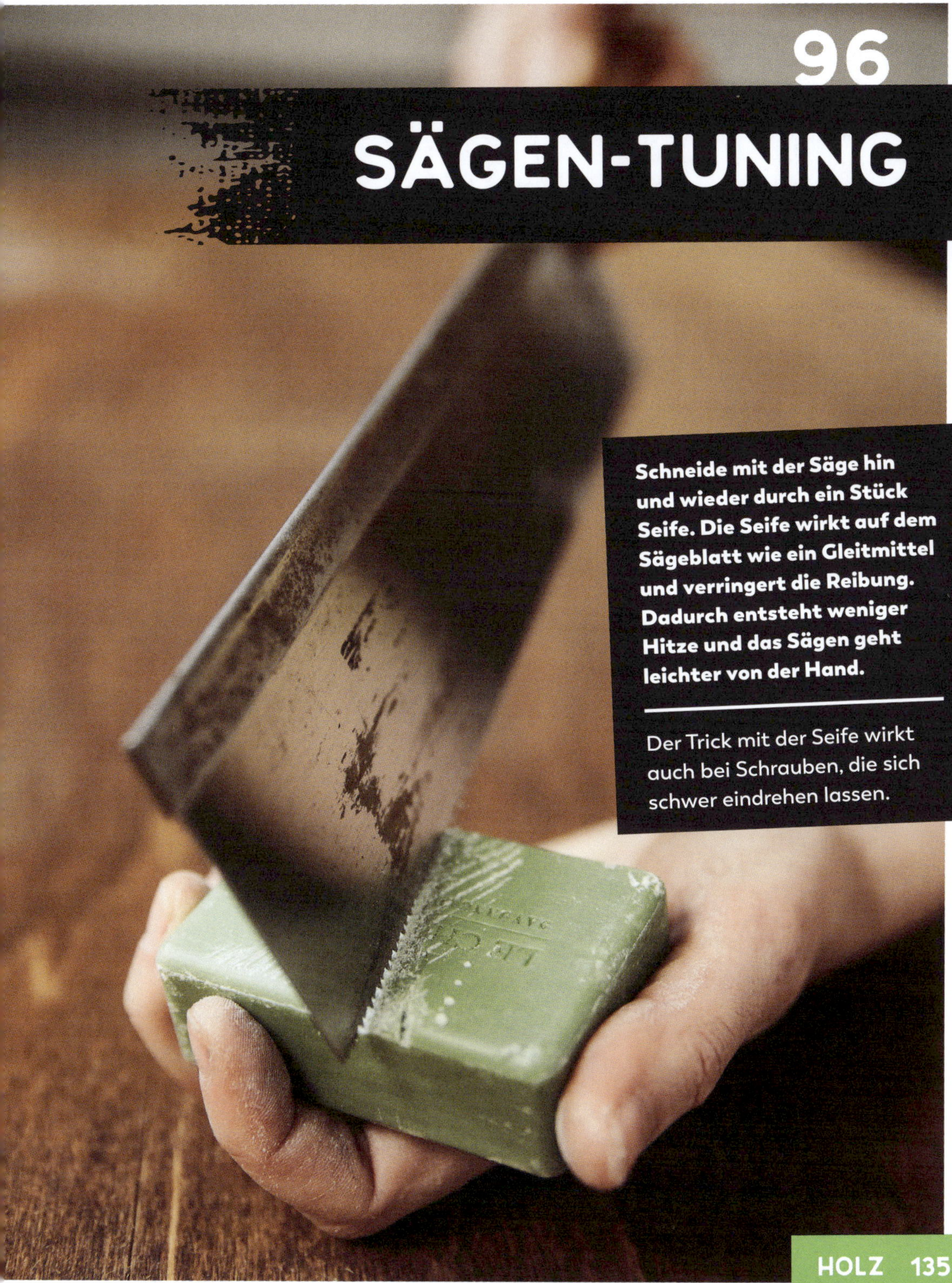

Schneide mit der Säge hin und wieder durch ein Stück Seife. Die Seife wirkt auf dem Sägeblatt wie ein Gleitmittel und verringert die Reibung. Dadurch entsteht weniger Hitze und das Sägen geht leichter von der Hand.

Der Trick mit der Seife wirkt auch bei Schrauben, die sich schwer eindrehen lassen.

NOTIZEN

AHA!

Holz muss beim Verarbeiten trocken sein. Die richtige Lagerung ist darum entscheidend. Es sollte an einem trockenen, gut belüfteten und nicht beheizten Ort aufbewahrt werden – am besten im Liegen, damit es sich nicht verzieht. Frisches Holz solltest du langsam trocknen und zwei Jahre lagern, bevor du es verarbeitest. Ansonsten riskierst du, dass es reißt.

Modellier Masse

Der Boden einer Flüssigwaschmittelflasche hat die perfekte Form, um sie mit Beton auszugießen – et voilà, hier ist die Seifenablage!

Halte im Alltag nach Plastikverpackungen mit besonderen Formen Ausschau!

97

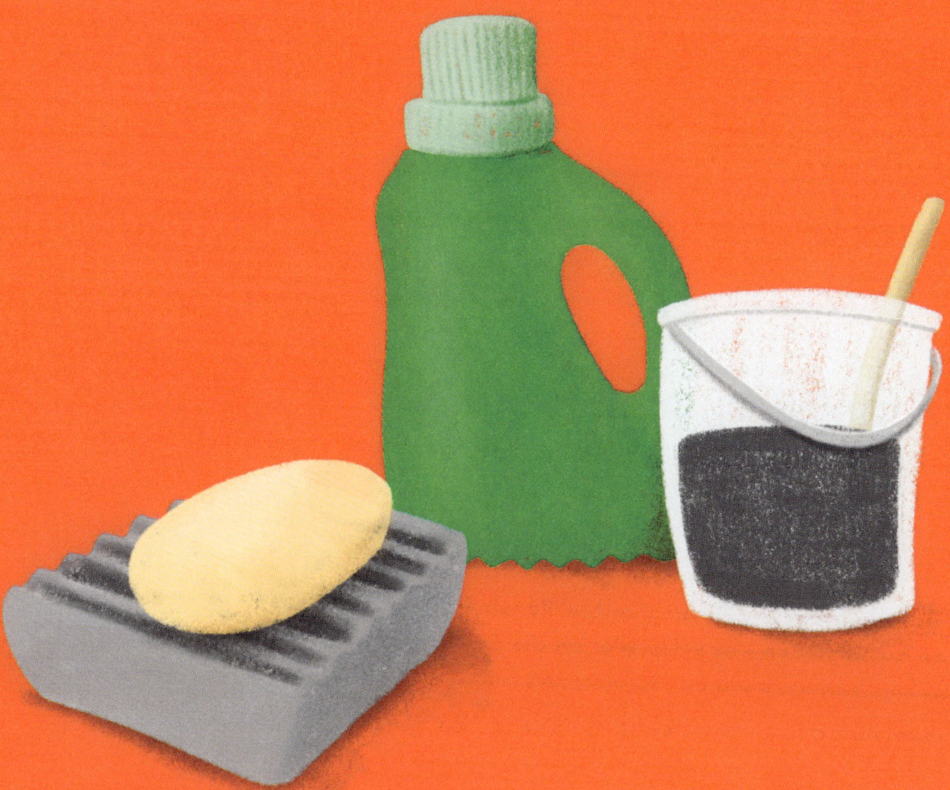

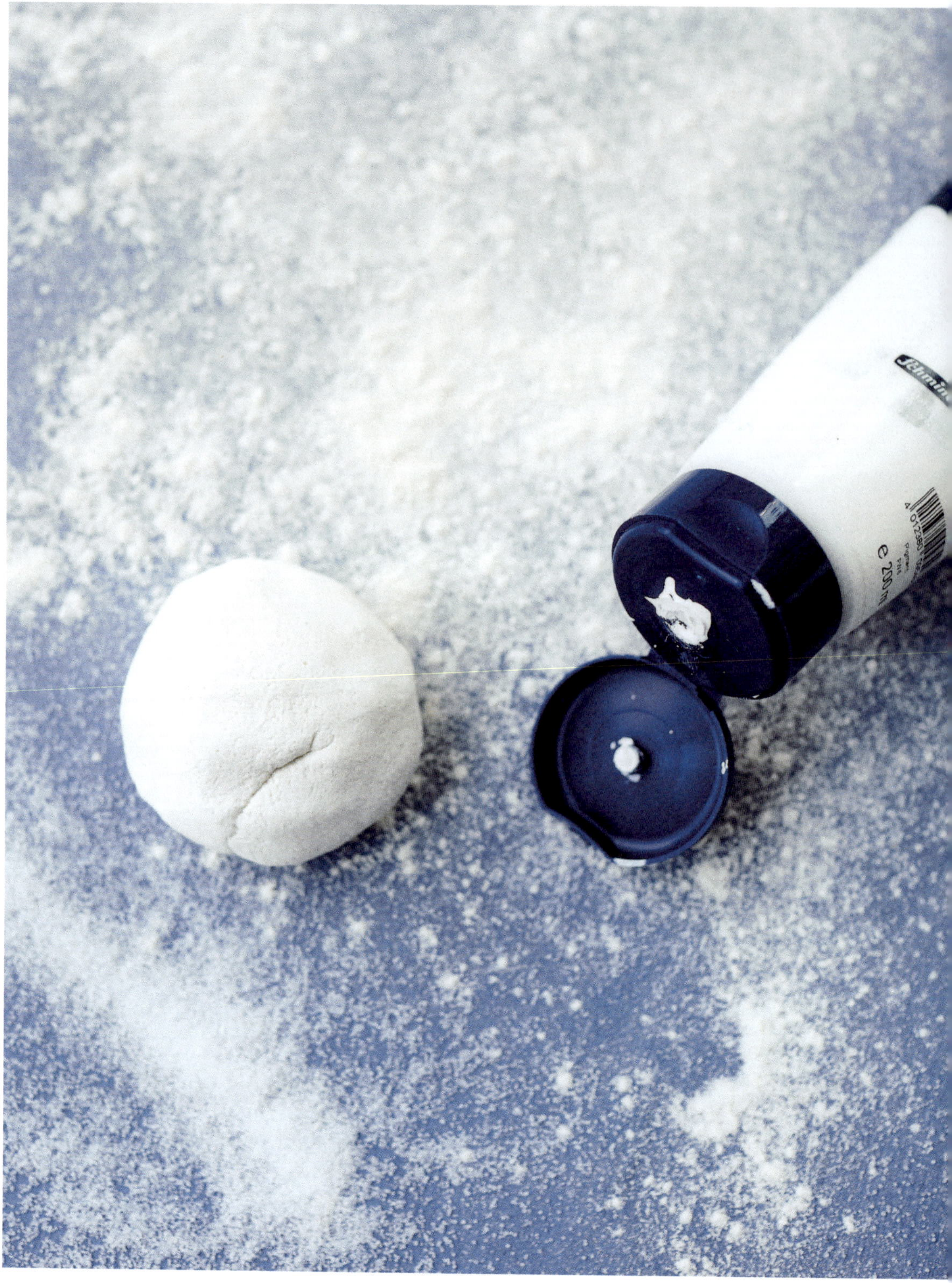

Forme dir die Welt widdewiddewie sie dir gefällt! Modelliermassen sind wahnsinnig vielseitig und passen sich deiner Vorstellung – im wahrsten Sinne des Wortes – perfekt an. Ob lufttrocknend oder ofenhärtend, selbstgemacht oder gekauft: Die besten Tipps und Tricks zum Verarbeiten, Formen oder Zusammenpanschen bekommst du in diesem Kapitel. Und obendrauf gibt's noch ein paar wunderschöne und überraschende Projekte zum Nachkneten.

98
PIMP YOUR BLUMENTOPF

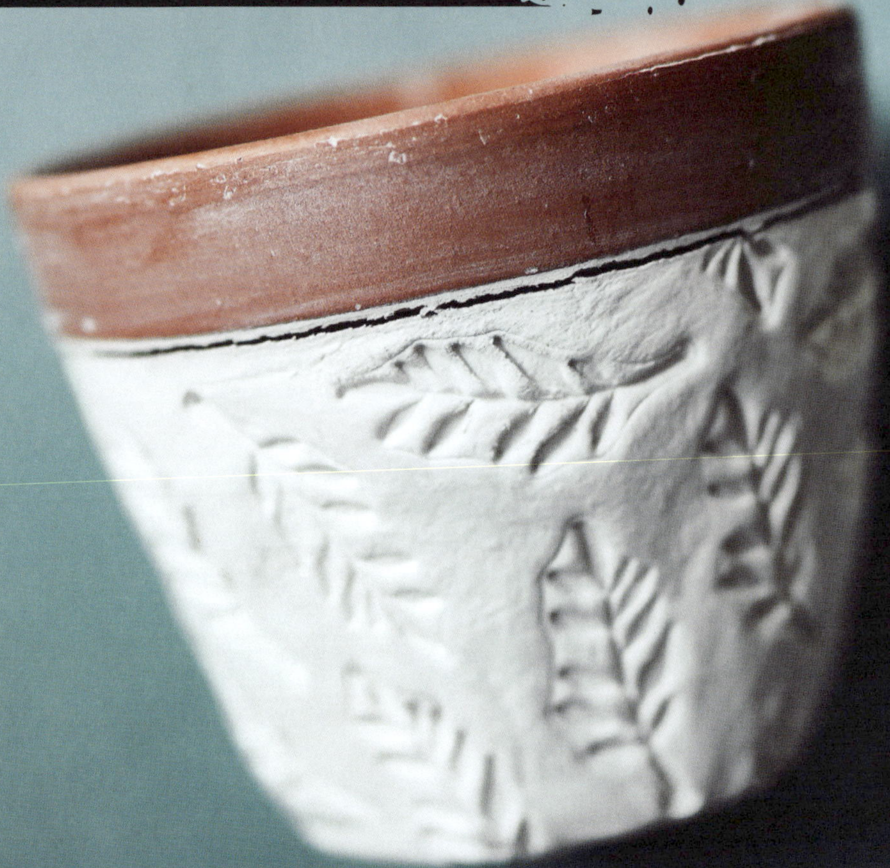

Rolle ein Stück lufttrocknende Modelliermasse auf die gewünschte Länge aus und lege sie um den Blumentopf. Anschließend kannst du die Masse mit allem, was dir zur Verfügung steht, bestempeln. Zum Schluss den Topf mit nassen Händen noch etwas glätten. Trocknen lassen. Danach nach Lust und Laune anmalen.

Statt Stempel einzudrücken, kannst du auch Formen aufmodellieren und dem Topf so beispielsweise ein Gesicht verpassen.

COPY & PASTE

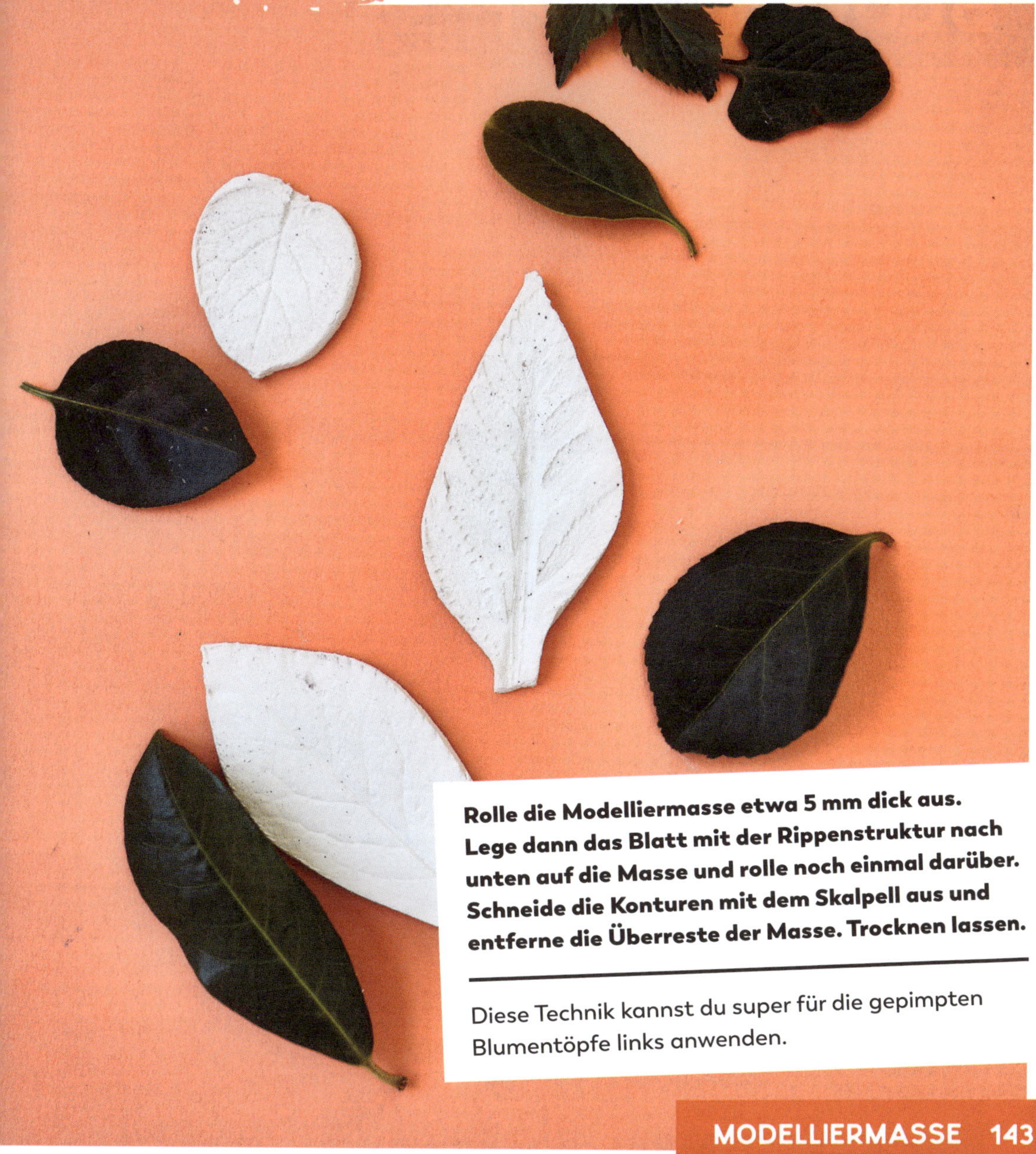

Rolle die Modelliermasse etwa 5 mm dick aus. Lege dann das Blatt mit der Rippenstruktur nach unten auf die Masse und rolle noch einmal darüber. Schneide die Konturen mit dem Skalpell aus und entferne die Überreste der Masse. Trocknen lassen.

Diese Technik kannst du super für die gepimpten Blumentöpfe links anwenden.

100 BLUMENVERTEILER

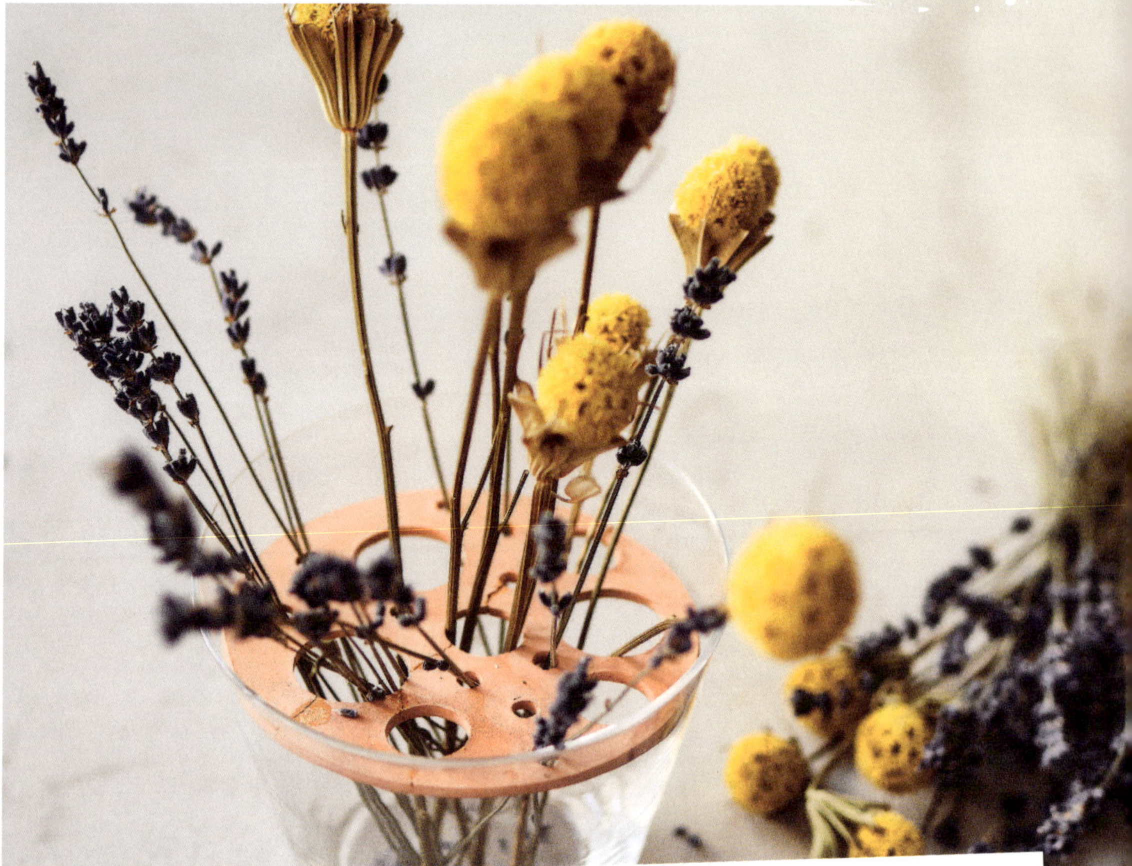

Keine passende Vase zur Hand? Mach dir einfach selbst einen Blumenverteiler! Rolle die Modelliermasse etwa 5 mm dick aus. Schneide mit dem Cutter entlang eines großen Joghurtdeckels aus Plastik einen Kreis aus, entferne die Ränder jedoch noch nicht. Stich mit Strohhalmen und Deckeln Löcher in die Modelliermasse. Entferne danach den Rand. Lass alles komplett durchtrocknen. Lege dabei ein Buch oder ähnliches auf den Verteiler, damit er sich nicht hochwölbt.

Wie du Modelliermasse exakt gleichmäßig auf eine bestimmte Dicke ausrollst, kannst du auf Seite 160 nachlesen.

Die ofenhärtende Polymer-Modelliermasse in Basisfarbe nicht zu dünn auf dem Backpapier ausrollen. Schneide von den anderen Blöcken mit dem Cutter kleine Schnipsel ab und verteile sie auf der ausgerollten Basisfarbe. Rolle dann alles zusammen etwa 4 mm dick aus.

Aus dem Terazzo-Fimo kannst du tolle Ohrringe, Schalen oder einen Duftstäbchen-Halter herstellen.

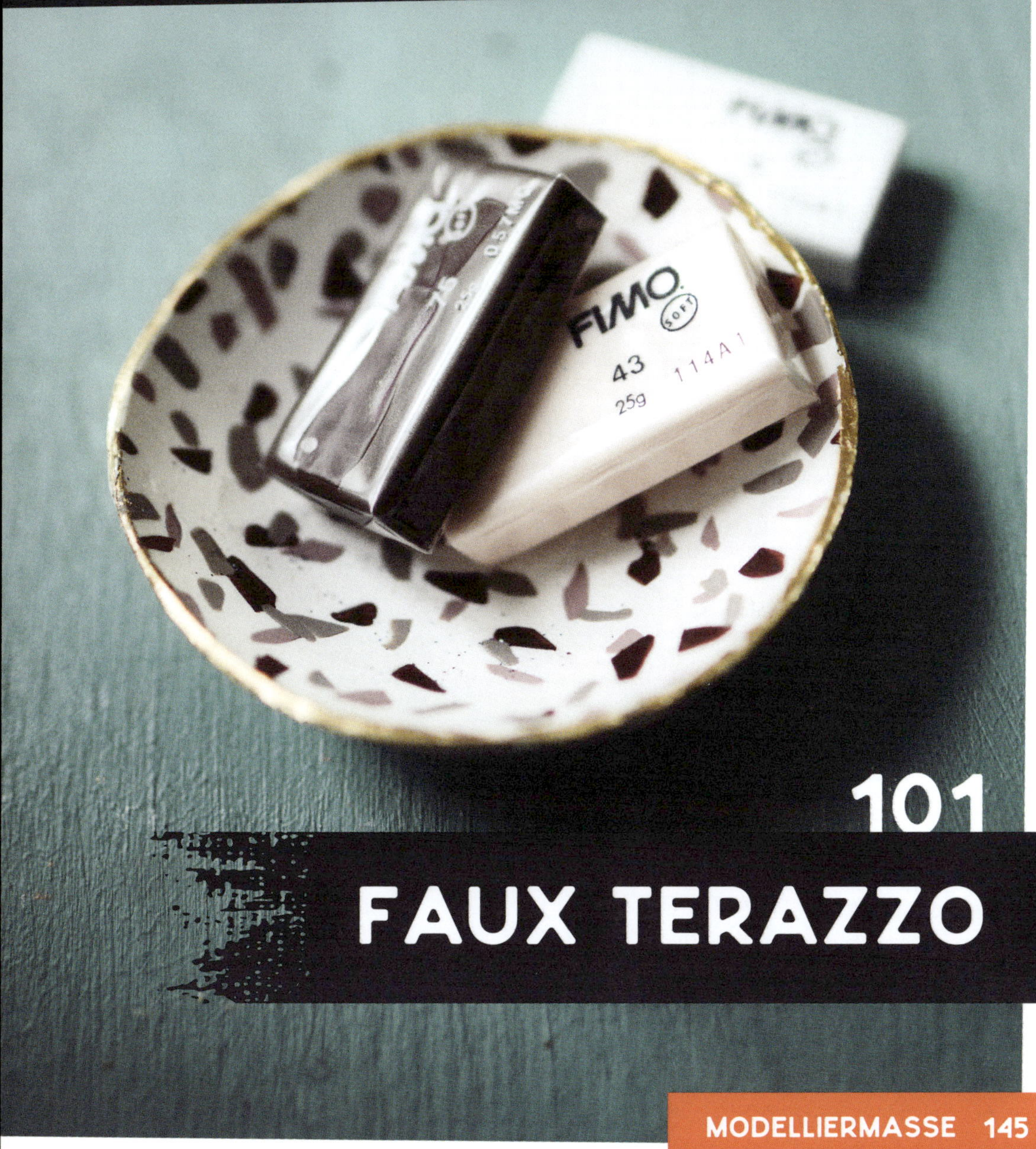

101 FAUX TERAZZO

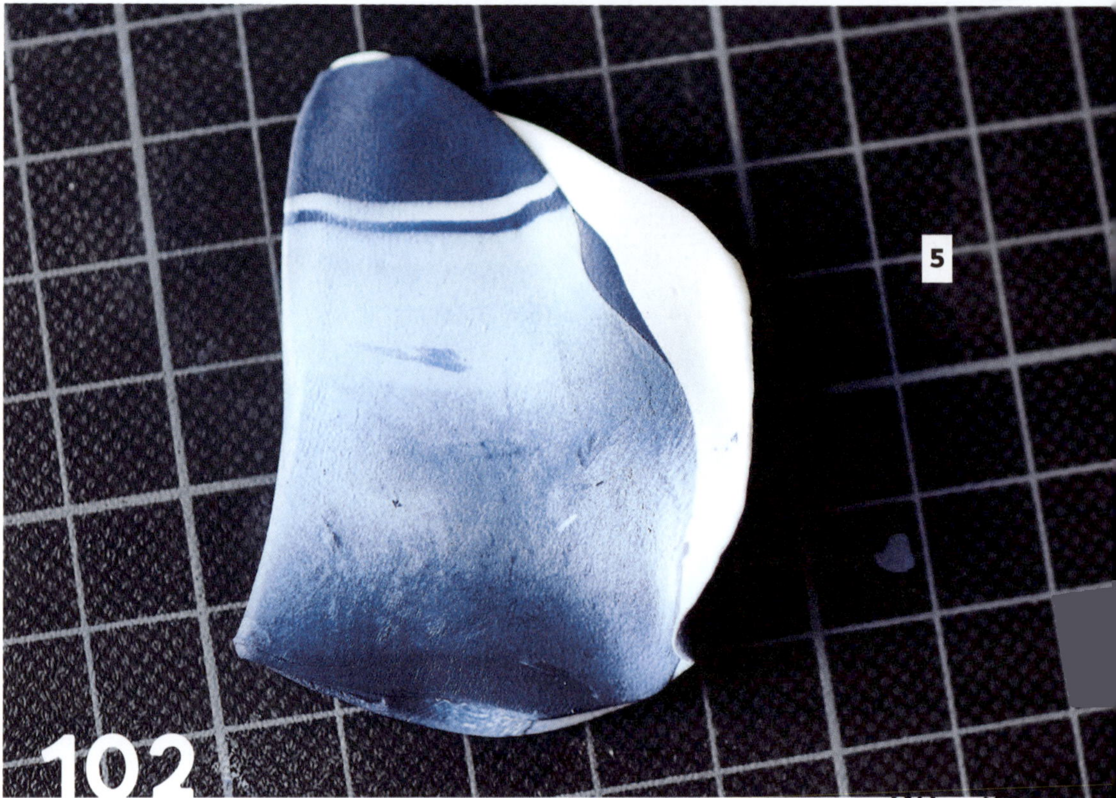

102

DURCHGEDREHTER FARBVERLAUF

Tolle Farbverläufe mit dem Nudelholz!

---

1 **Dazu brauchst du: 2 Päckchen ofenhärtende Polymer-Modelliermasse in unterschiedlichen Farben, Nudelholz, Cutter**

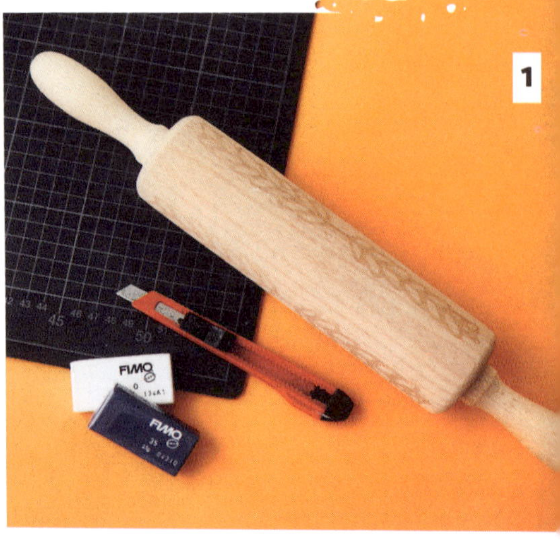

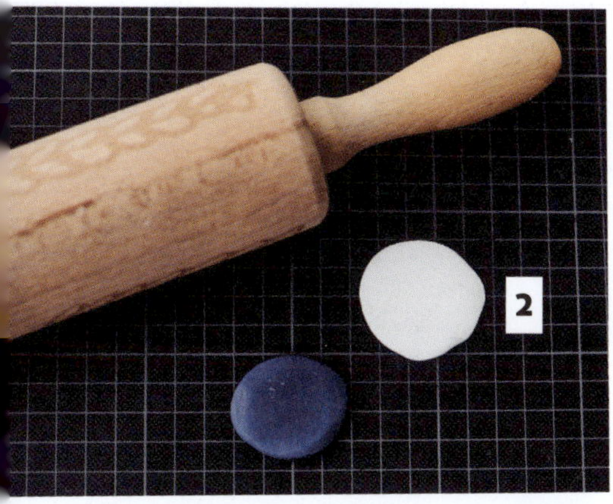

2 **Beide Farben nacheinander in der Hand zu einer Kugel rollen und dann mit dem Nudelholz ausrollen.**

3 **Beide Platten zu Rechtecken schneiden und jeweils diagonal durchschneiden.**

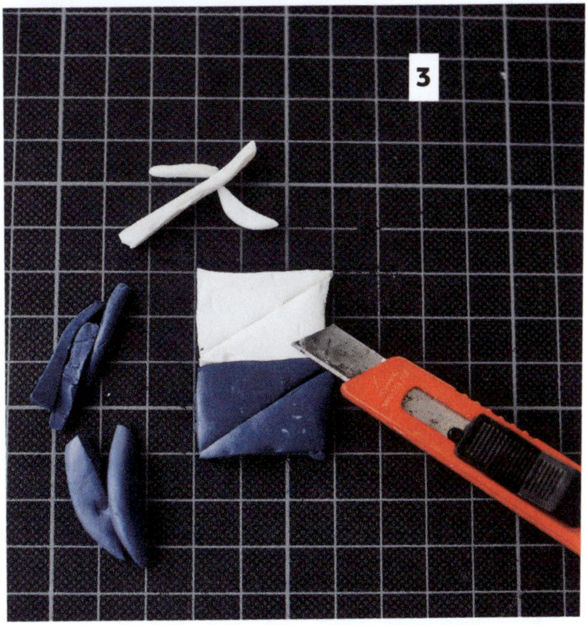

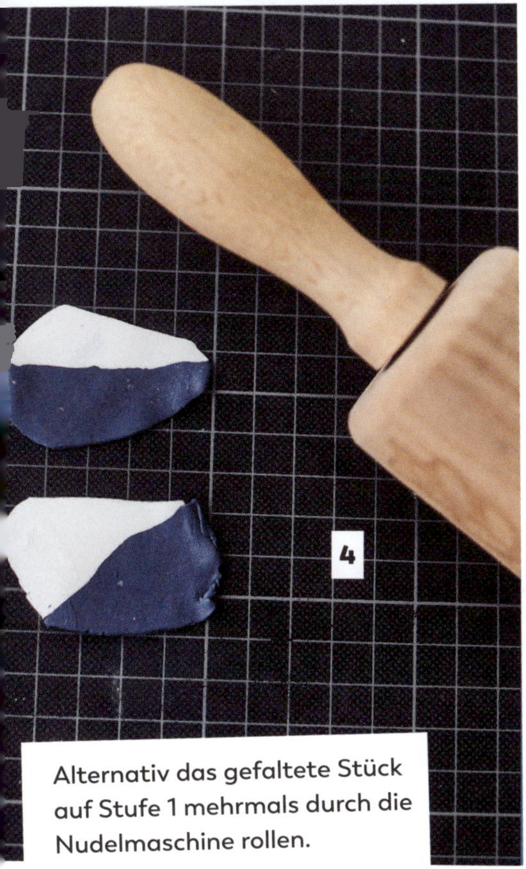

4 **Jeweils eine Hälfte der unterschiedlich farbigen Platten entlang der schrägen Kante aneinander legen und mit dem Nudelholz darüber rollen.**

5 **Das so entstandene Viereck in der Mitte zusammenfalten (gleiche Farbe auf gleiche Farbe). Mit dem Nudelholz mehrmals darüber rollen. Wiederhole das Falten und Durchdrehen so lange, bis der gewünscht Farbverlauf entstanden ist.**

Alternativ das gefaltete Stück auf Stufe 1 mehrmals durch die Nudelmaschine rollen.

Du willst lieber ein Schweinchen oder einen Elefant als Ausstechförmchen statt einem Herz? Schneide einfach Alu-Prägefolie in 3 cm breite Streifen und lege diese der Länge nach doppelt, damit sie stabiler werden. Lege die Mustervorlage auf ein Brett, schlage nach und nach an den Ecken und Wendungen Nägel ein und lege die Alustreifen um die Nägel herum in Form. Die Nägel entfernen, die Form abnehmen und Anfang und Ende ineinanderstecken.

Zum Ansetzen der Streifen jeweils eine Schmalseite umfalten, die Streifen ineinanderhaken und dann erst der Länge nach doppeltlegen.

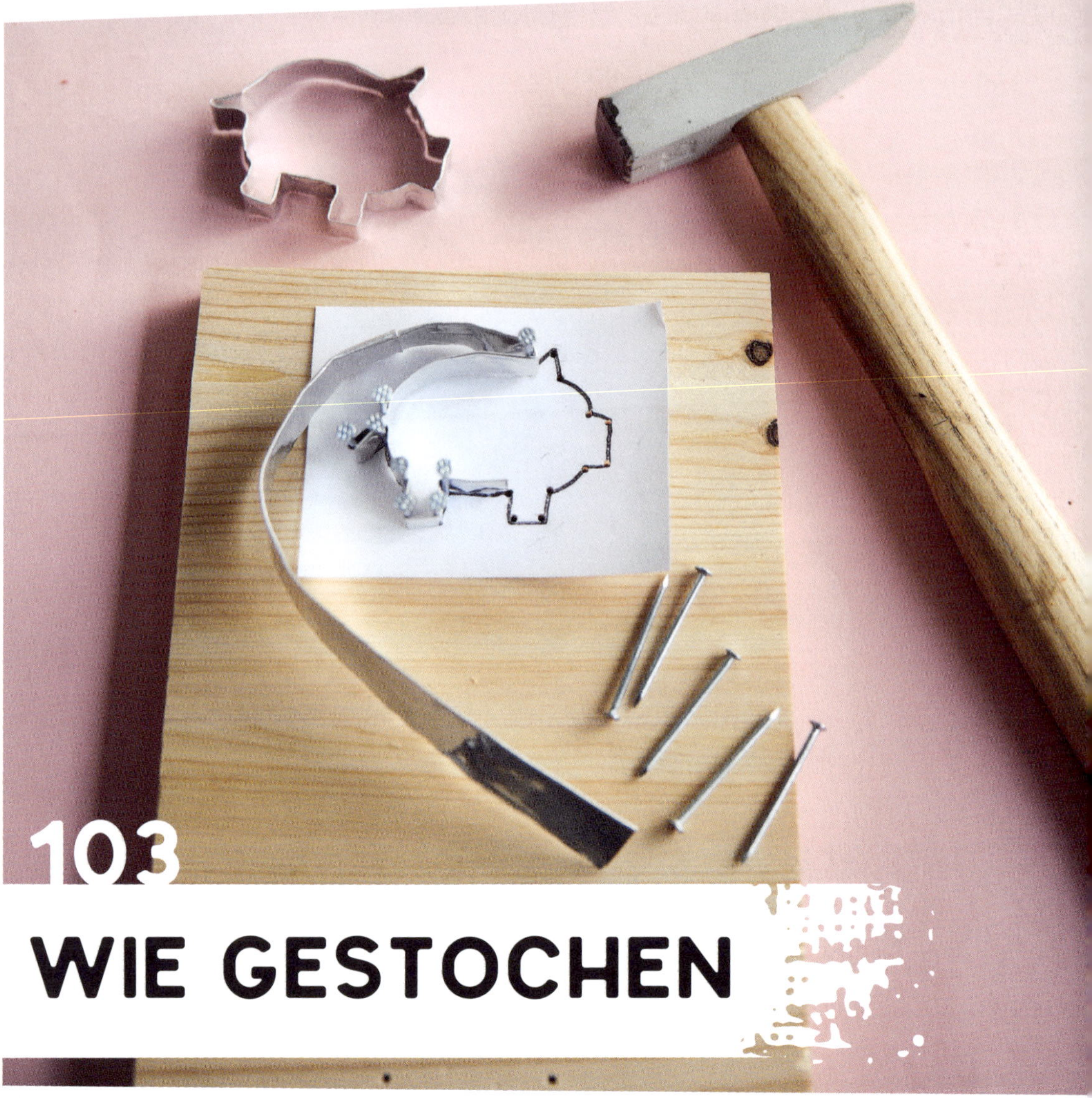

103 WIE GESTOCHEN

Du brauchst für deine Kerzen einen passenden Ständer? Streue einfach zwei Teile Modellgips in 1 Teil kaltes Wasser und verrühre beides. Gieße den Gips in einen leeren Mini-Joghurtbecher und stell eine Kerze hinein. Nach ca. 10 Minuten zieht der Gips an und härtet aus. Nach einer Stunde kannst du den Kerzenständer aus der Form lösen. Am nächsten Tag ist er durchgetrocknet. Schleif den Rand mit Sandpapier nach und bemale den Kerzenständer ganz nach deinem Geschmack.

Klopfe den Becher direkt nach dem Befüllen auf den Boden, damit die Luftblasen entweichen.

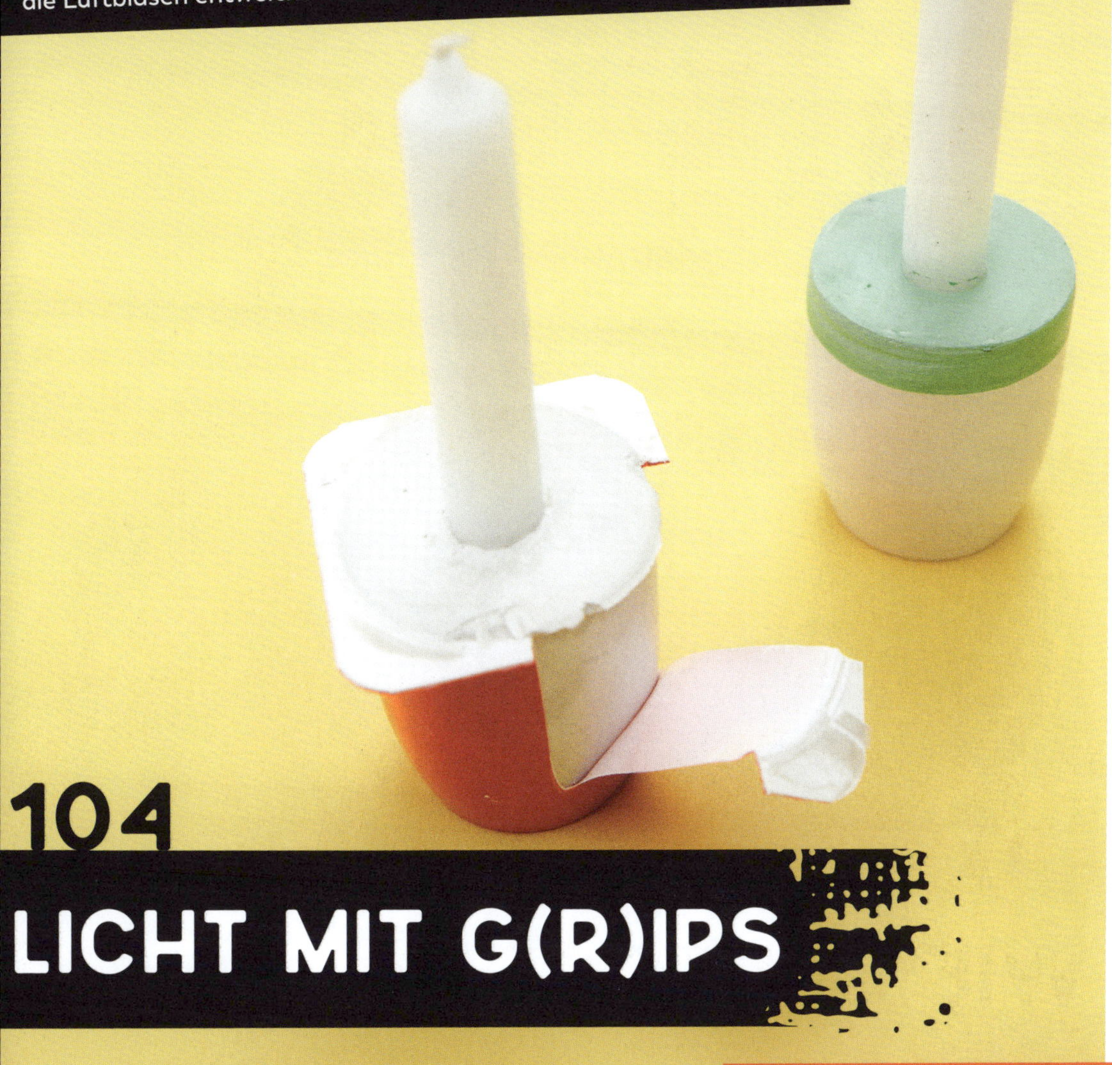

104 LICHT MIT G(R)IPS

Ups – du hast Unebenheiten, Kratzer oder Dellen an deinem fertigen Projekt entdeckt? Macht nichts! Mit etwas Schleifpapier, einer Raspel oder einer feinen Säge kannst du fast alles wieder richten – beispielsweise Kanten versäubern, Oberflächen glätten oder Arbeitsspuren beseitigen.

Dein Modell ist noch feucht, zeigt aber trotzdem schon Risse? Auf Seite 162 siehst du, was du dagegen tun kannst.

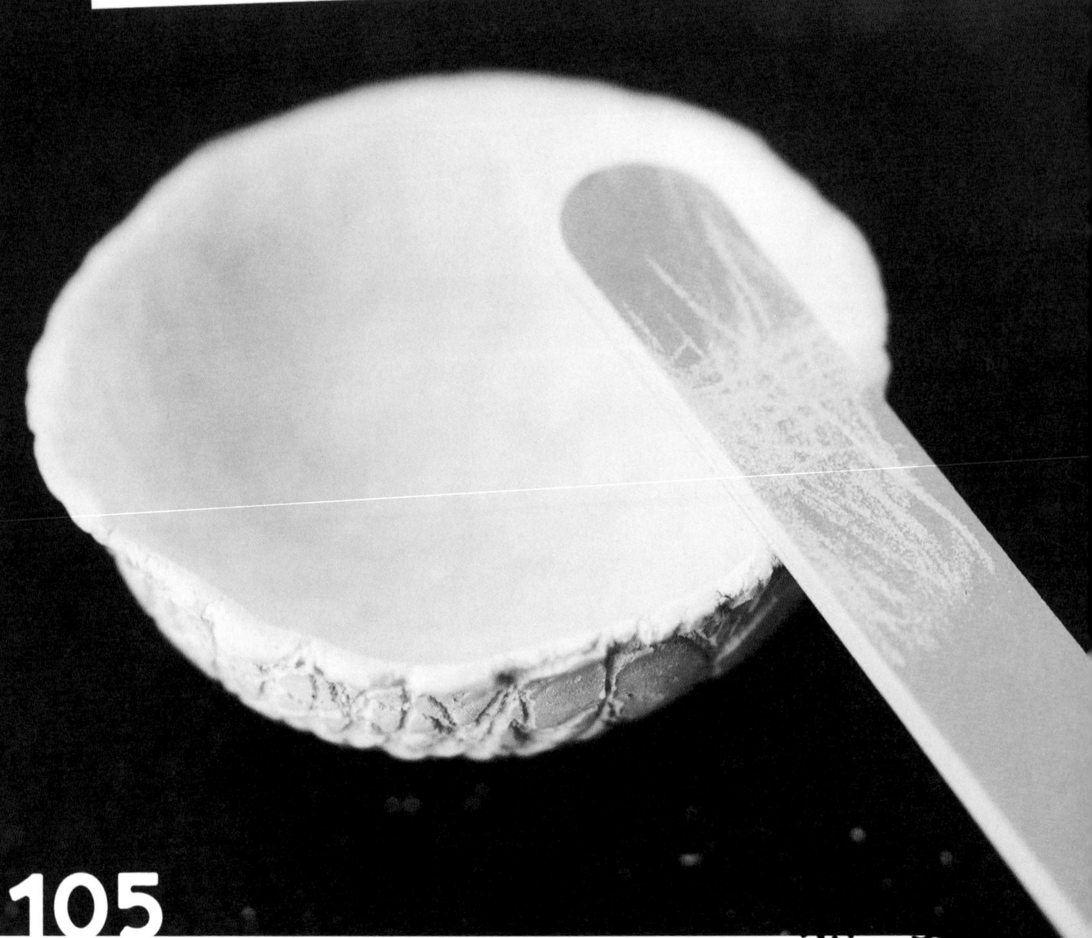

105 GUTE BESSERUNG

106

BUNT, BUNT, BUNT SIND ALLE MEINE FARBEN

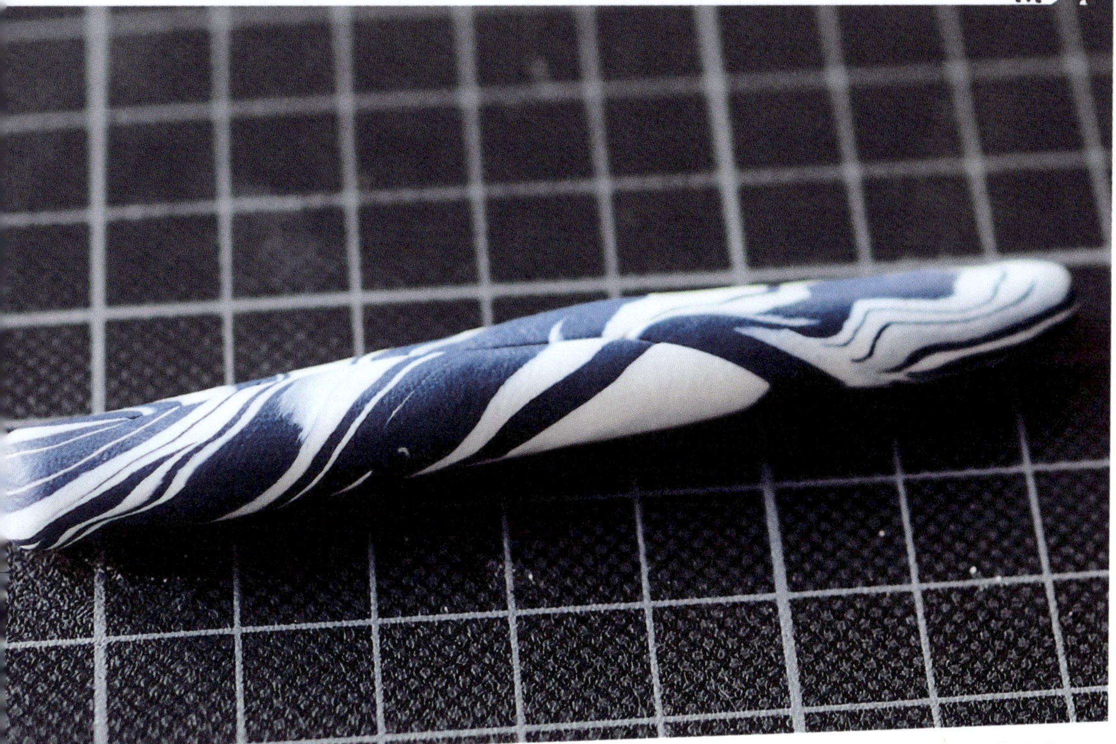

Mit nur fünf Grundfarben holst du dir den ganzen Regenbogen ins Bastelzimmer! Rolle aus jeweils zwei Farben eine „Wurst“ und verdrehe und verknete die beiden Farben miteinander, bis eine einheitliche Farbe entstanden ist. Der Anteil der helleren Farbe sollte höher sein als der der dunklen Farbe.

Wenn du nicht so lange knetest, bekommst du tolle Muster statt einer einheitlichen Farbe.

107 SCHNEEWEISSCHEN

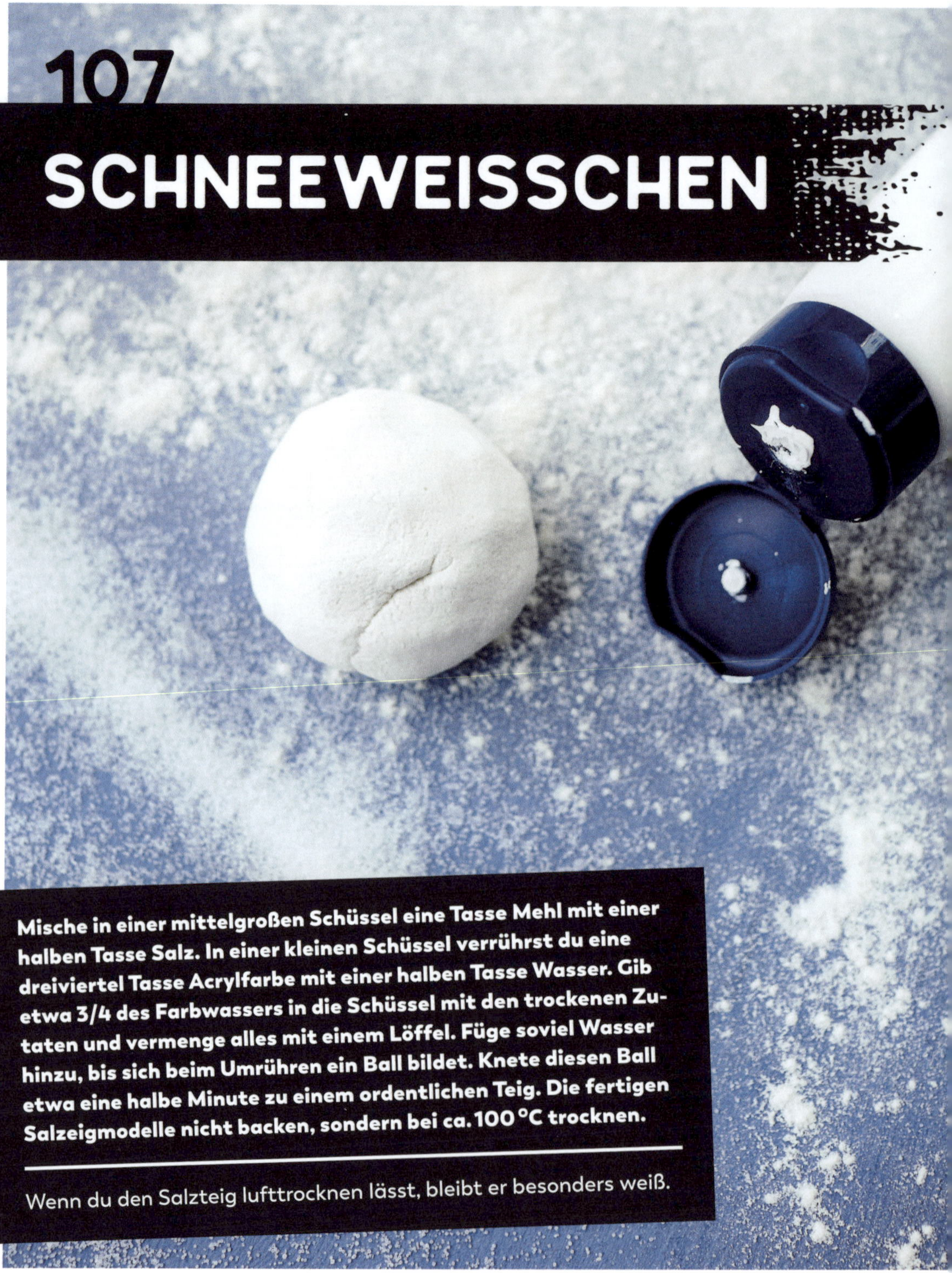

Mische in einer mittelgroßen Schüssel eine Tasse Mehl mit einer halben Tasse Salz. In einer kleinen Schüssel verrührst du eine dreiviertel Tasse Acrylfarbe mit einer halben Tasse Wasser. Gib etwa 3/4 des Farbwassers in die Schüssel mit den trockenen Zutaten und vermenge alles mit einem Löffel. Füge soviel Wasser hinzu, bis sich beim Umrühren ein Ball bildet. Knete diesen Ball etwa eine halbe Minute zu einem ordentlichen Teig. Die fertigen Salzeigmodelle nicht backen, sondern bei ca. 100 °C trocknen.

Wenn du den Salzteig lufttrocknen lässt, bleibt er besonders weiß.

108

FEUCHTIGKEITSKUR

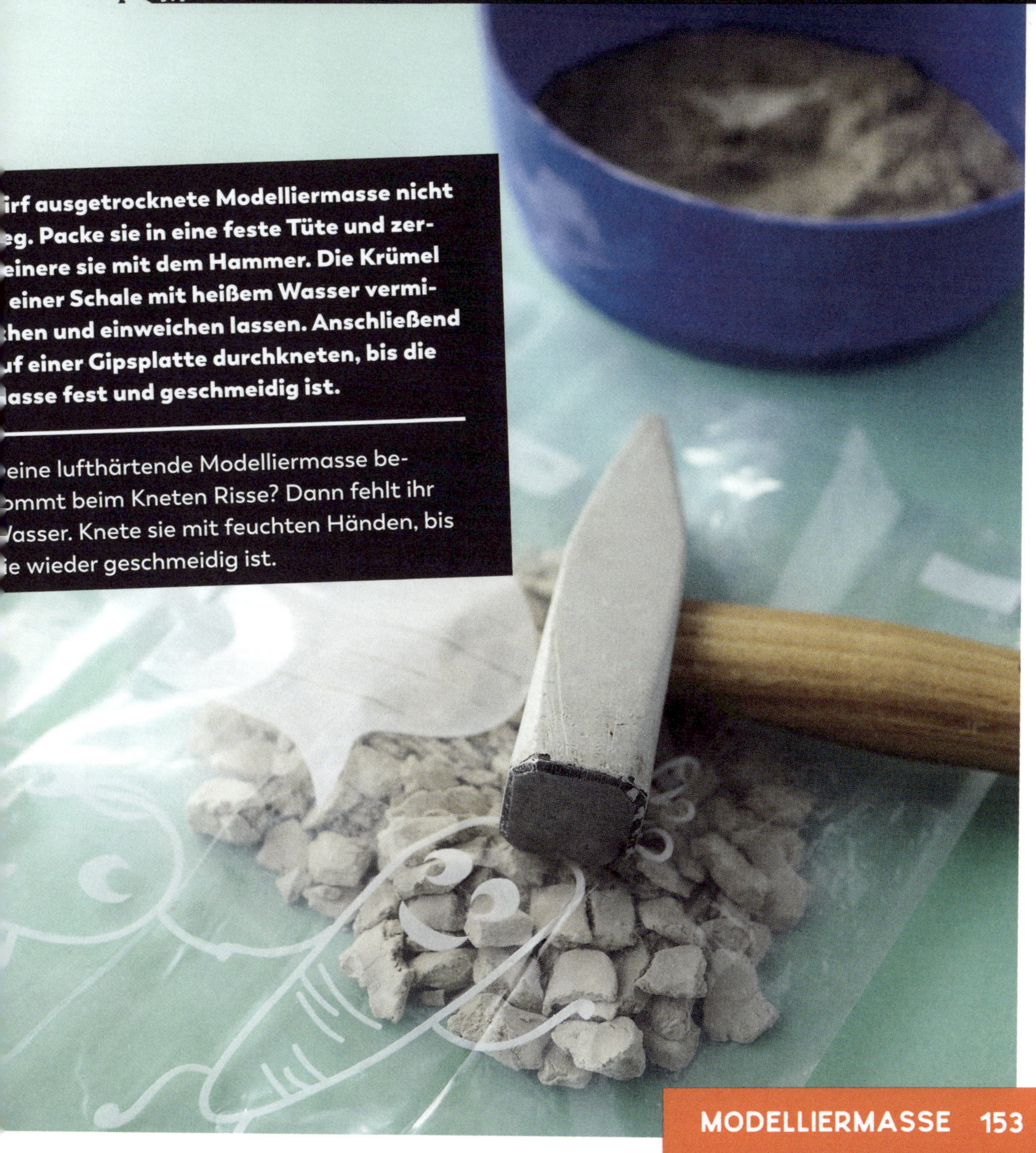

irf ausgetrocknete Modelliermasse nicht eg. Packe sie in eine feste Tüte und zer- einere sie mit dem Hammer. Die Krümel einer Schale mit heißem Wasser vermi- hen und einweichen lassen. Anschließend uf einer Gipsplatte durchkneten, bis die asse fest und geschmeidig ist.

---

eine lufthärtende Modelliermasse be- ommt beim Kneten Risse? Dann fehlt ihr Vasser. Knete sie mit feuchten Händen, bis ie wieder geschmeidig ist.

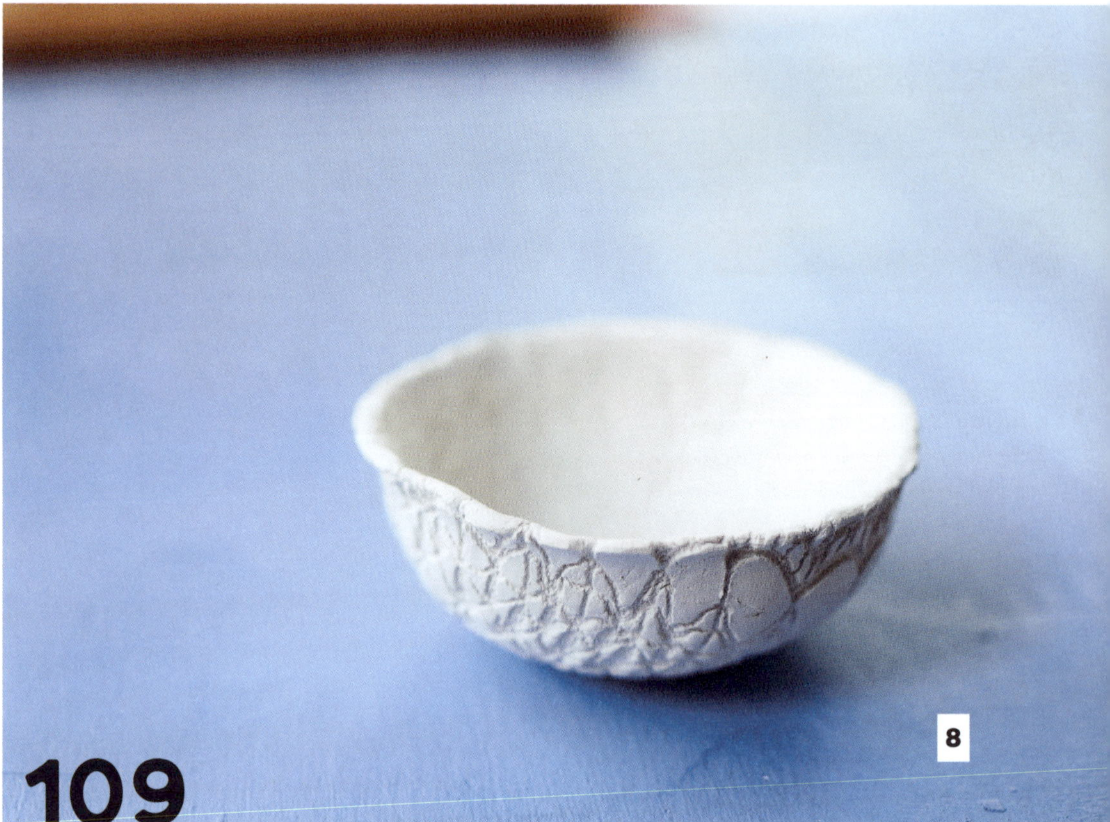

8

109

SPITZEN-MODELL

Hübsche Schälchen kann man doch nie genug haben, oder?

---

1 **Dazu brauchst du: Lufttrocknende Modelliermasse, 2 Spitzendeckchen zum Prägen, kleine Schüssel, Nudelholz, Unterlage zum Ausrollen, kleines Messer**

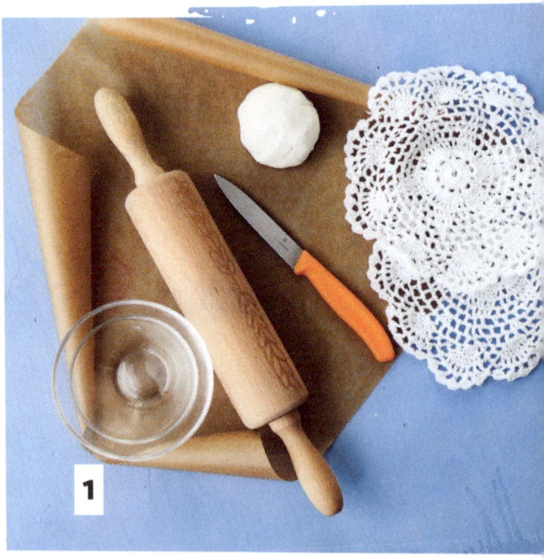

1

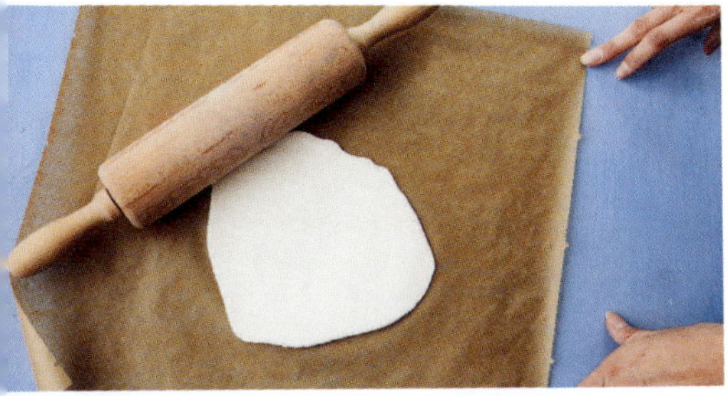

2 **Rolle die Modelliermasse etwa 5 mm dick aus.**

3 **Lege das Spitzendeckchen in die Schale und lege die ausgerollte Modelliermasse darauf.**

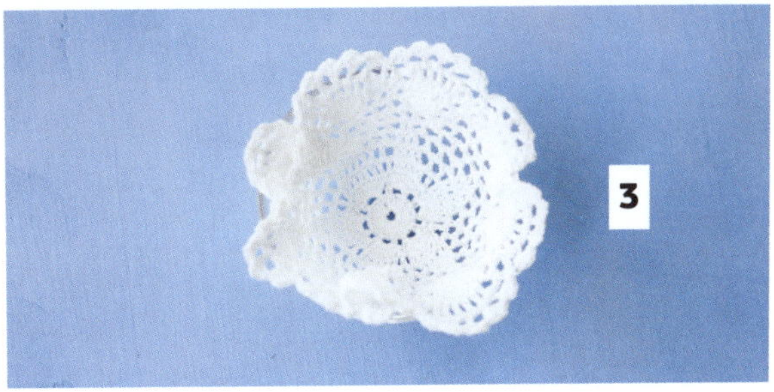

3

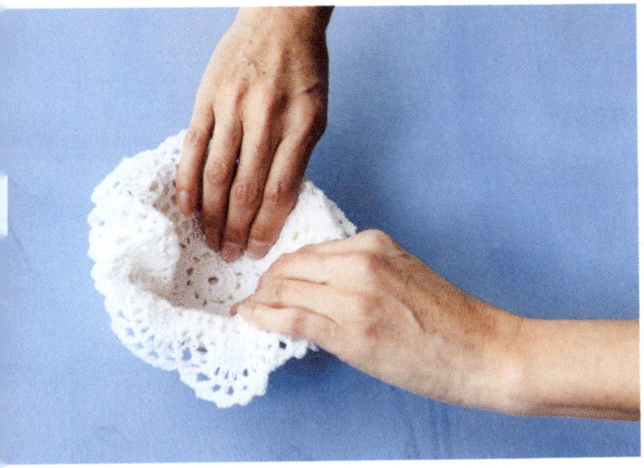

4 **Lege ein zweites Deckchen auf die Modelliermasse. Drücke die Masse vorsichtig in die Schale.**

5 **Ziehe das obere Deckchen ab und schneide den Schüsselrand gerade ab. Antrocknen lassen.**

6 **Nimm die Schale aus der Schüssel und entferne das andere Spitzendeckchen. Durchtrocknen lassen.**

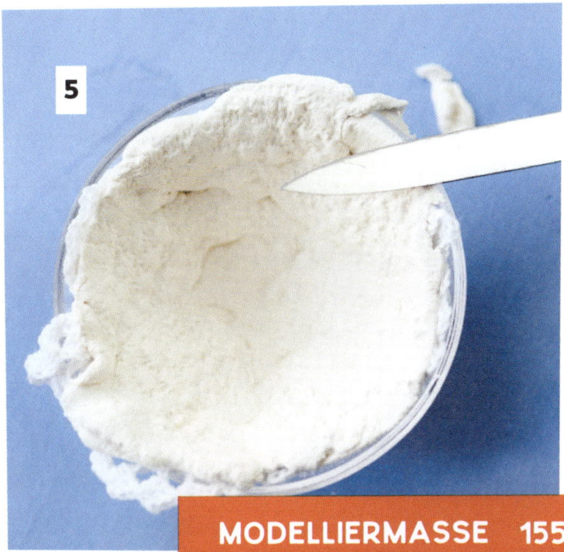

5

Du willst die Schale nach dem Trocknen noch nachbearbeiten? Dann schau dir den Hack auf Seite 150 an.

MACH MAL PAUSE

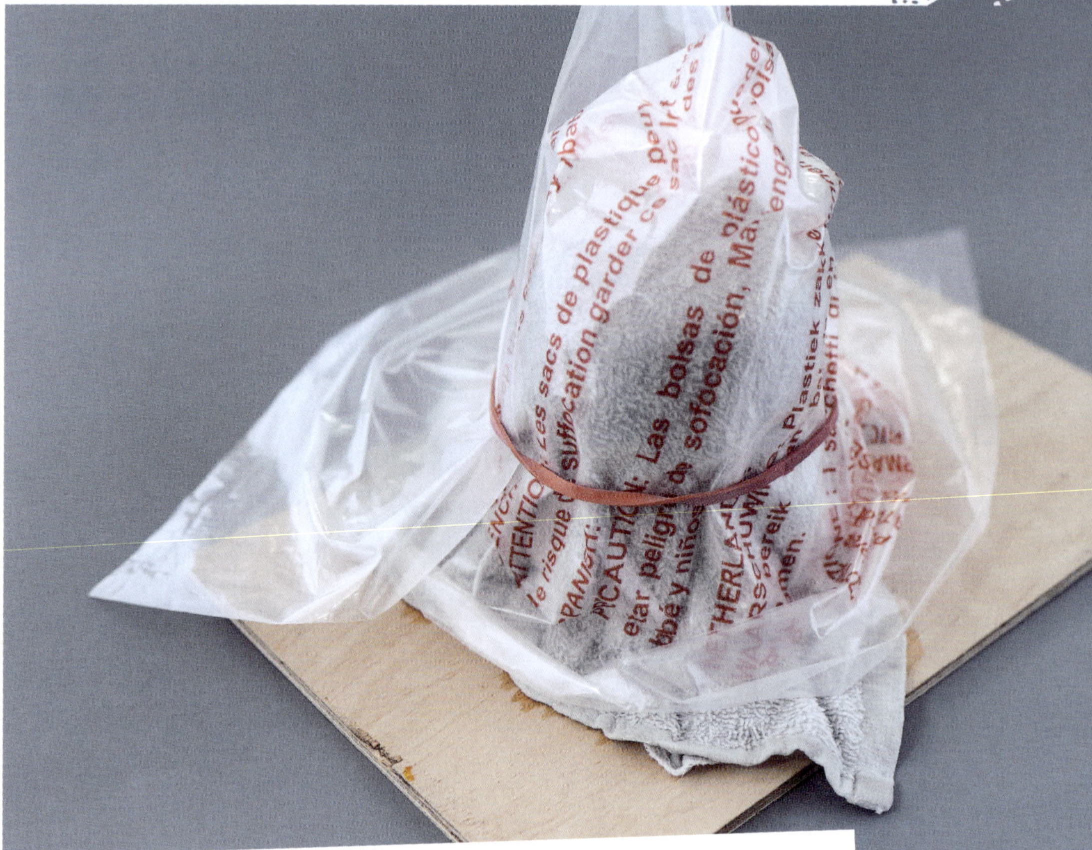

Du musst weg oder brauchst mal eine Pause? Kein Problem: Dein Kunstwerk wartet, bis du wieder Zeit hast. Wickle den Ton oder die lufttrocknende Modelliermasse einfach in feuchte Tücher und pack alles luftdicht in Plastikfolie ein. Warte aber nicht zu lange, nach ein paar Tagen schimmelt es sonst.

Kleine Sachen kannst du auch in einer Kunststoffdose mit dicht verschließbarem Deckel aufbewahren.

111

ALL IN ONE

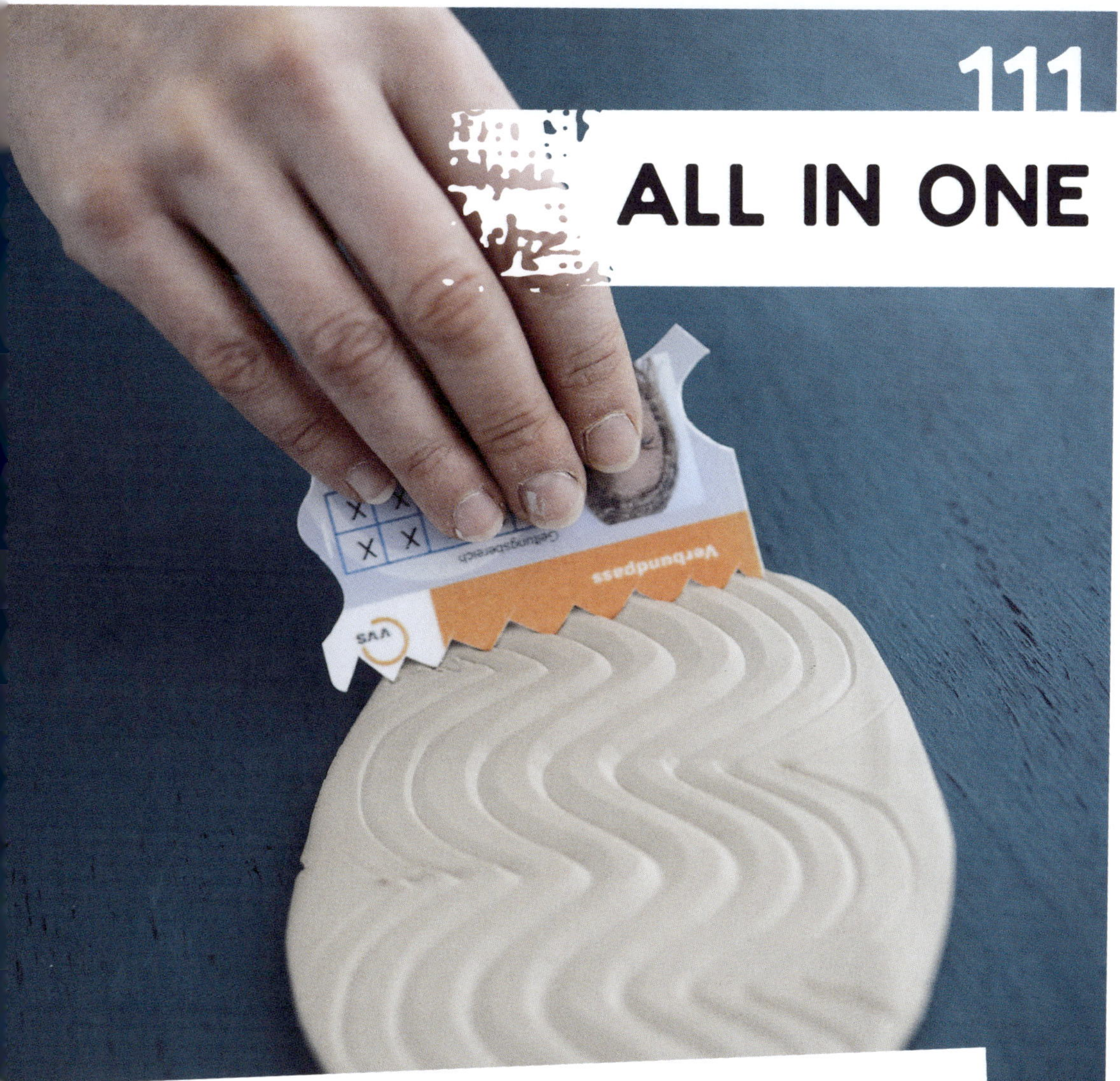

astikkarten sind ein echtes Multitool. Das flexible und zugleich robuste astik lässt sich leicht mit der Schere schneiden, sodass du es in jede erdenk- he Form bringen kannst. Verwende die Karten als Spachtel oder Schaber, zum :hneiden von Knet- und Modelliermassen, zum Glätten von Oberflächen, zum ıfrauen oder zum Strukturieren. Alles ist möglich.

---

a steckt noch mehr drin: z. B. eine Mini-Schneideunterlage für dein Bastelmesser der eine XS-Malerpalette.

112 WEICHMACHER

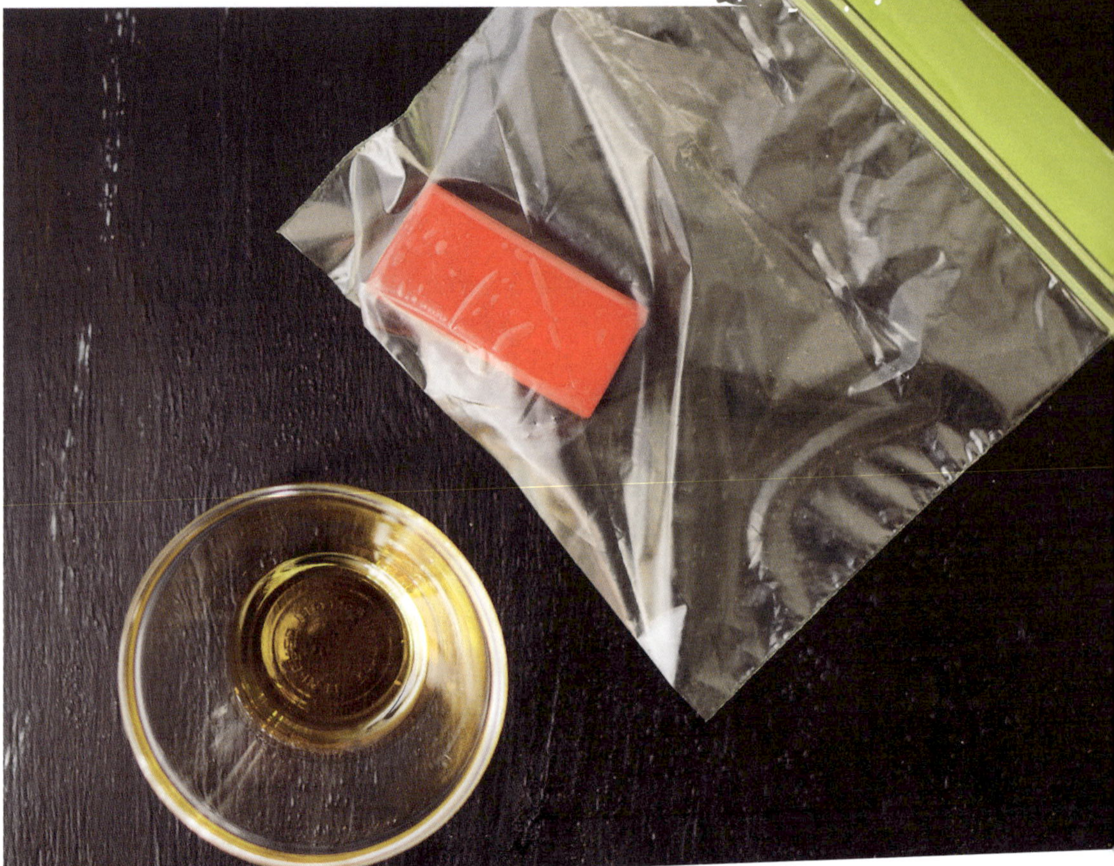

Gib ein bisschen Öl oder Vaseline auf den ofenhärtenden oder Polymer-Modelliermasse-Block und knete ihn ordentlich durch. Wenn die Masse sehr hart ist, packe sie zusammen mit etwas Öl oder Vaseline in einen luftdicht verschließbaren Beutel und lass alles über Nacht durchziehen.

Wie du deine Projekte aus ofenhärtender Polymer-Modelliermasse profimäßig im Ofen backst, steht auf Seite 161.

Für selbst gemachtes Kaltporzellan vermischst du 2 Teile Natron, 1 Teil Stärke und 1 Teil Wasser miteinander und kochst alles unter ständigem Rühren mit einem Schneebesen auf. Sobald die Masse fester wird, schalte die Temperatur runter. Ist sie fest genug, nimm sie vom Herd und lasse sie abkühlen. Knete sie gründlich durch. Du kannst das Kaltporzellan auf einer mit Stärke bestäubten Unterlage dünn ausrollen.

Kaltporzellan ist nicht wasserfest! Überziehe die Teile deshalb nach dem Trocknen mit einer Schicht Klarlack.

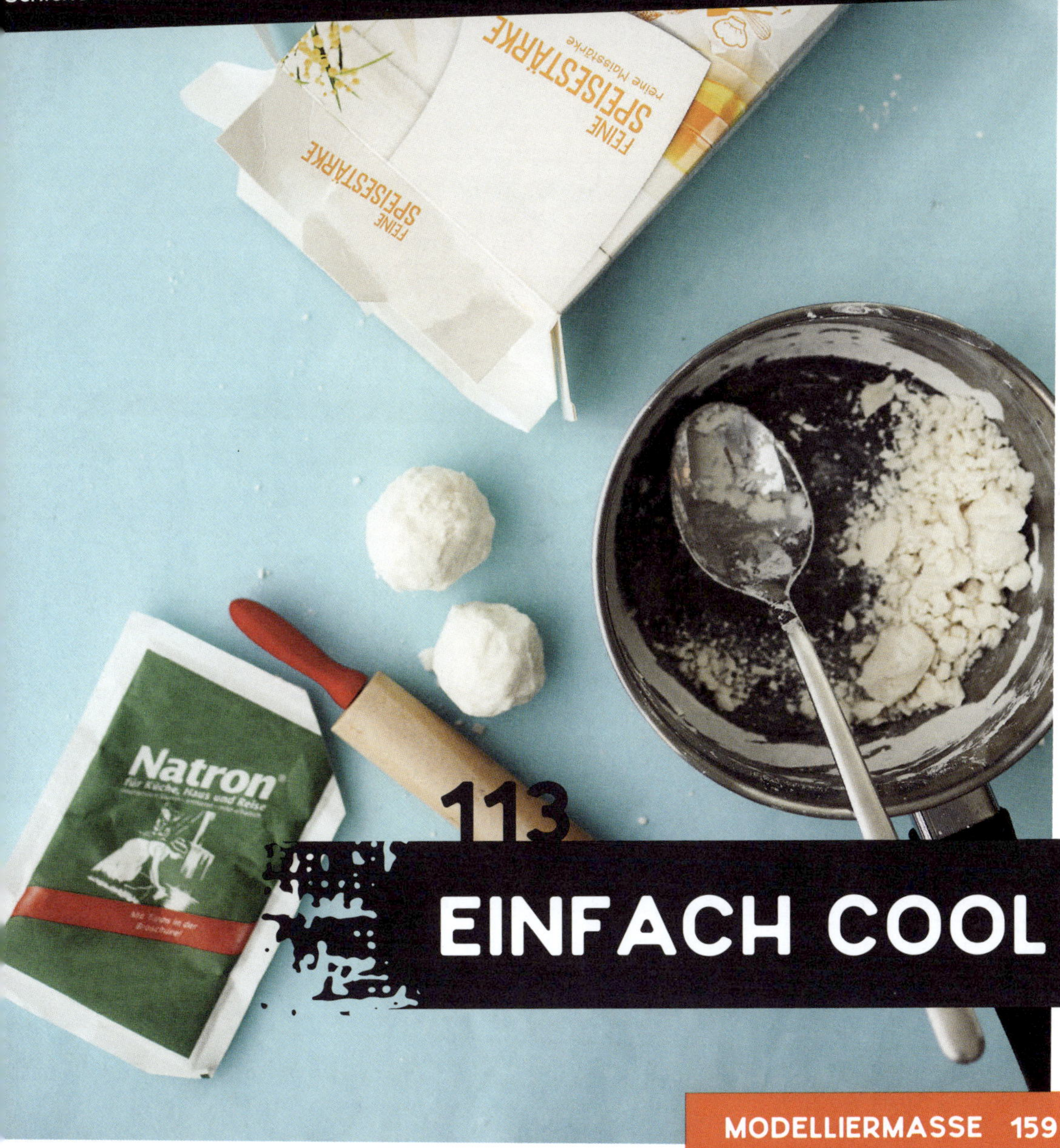

113

EINFACH COOL

114

ROLLENSPIEL

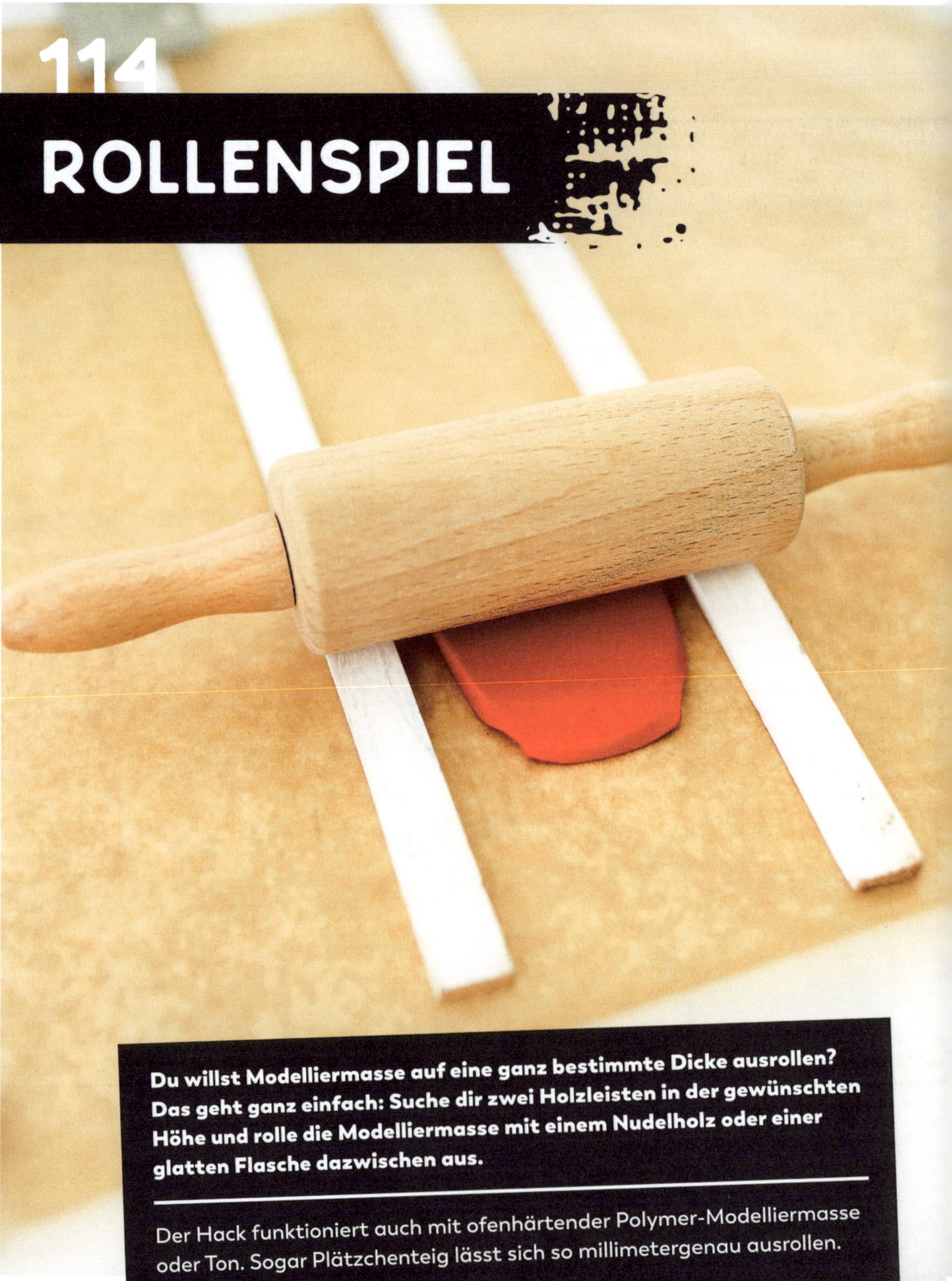

Du willst Modelliermasse auf eine ganz bestimmte Dicke ausrollen? Das geht ganz einfach: Suche dir zwei Holzleisten in der gewünschten Höhe und rolle die Modelliermasse mit einem Nudelholz oder einer glatten Flasche dazwischen aus.

Der Hack funktioniert auch mit ofenhärtender Polymer-Modelliermasse oder Ton. Sogar Plätzchenteig lässt sich so millimetergenau ausrollen.

Lege eine Kachel in eine Alu-Grillschale. Leg darauf ein Stück Papier und darauf dein Modell. Setze eine zweite Alu-Grillschale als Deckel auf die untere und verbinde die beiden mit ein paar Foldback-Klammern. Heize den Ofen auf die vom Hersteller angegebene Temperatur vor. Stell die Schale auf ein Backblech auf der mittleren Schiene. Backe das Modell so lange, wie der Hersteller es empfiehlt.

Die Kachel hält die Temperatur konstant.

115

THE HEAT IS ON

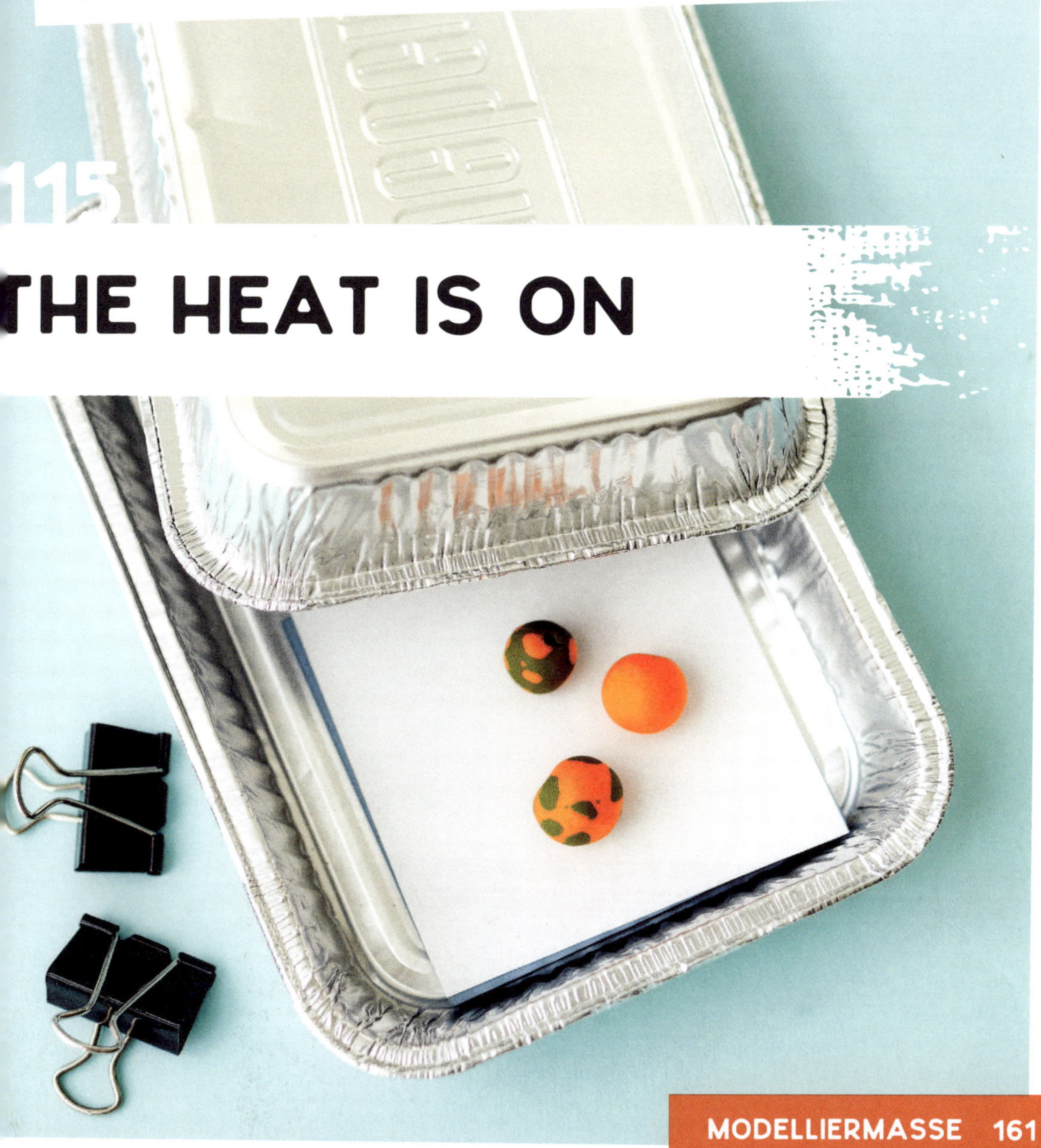

Wirf deine Projekte nicht weg, nur weil sie beim Trocknen Risse bekommen haben. Bei lufthärtenden Modelliermassen (z. B. Ton, Salzteig, Keramiplast etc.) kannst du mit „Schlicker“ Abhilfe schaffen. Vermenge etwas Modelliermasse mit Wasser zu einem glitschigen, festen Brei und füll damit den Riss auf. Nach dem Trocknen ggf. noch einmal wiederholen.

Der Schlicker ist auch ein super Kleber, um beim Modellieren Teile miteinander zu verbinden.

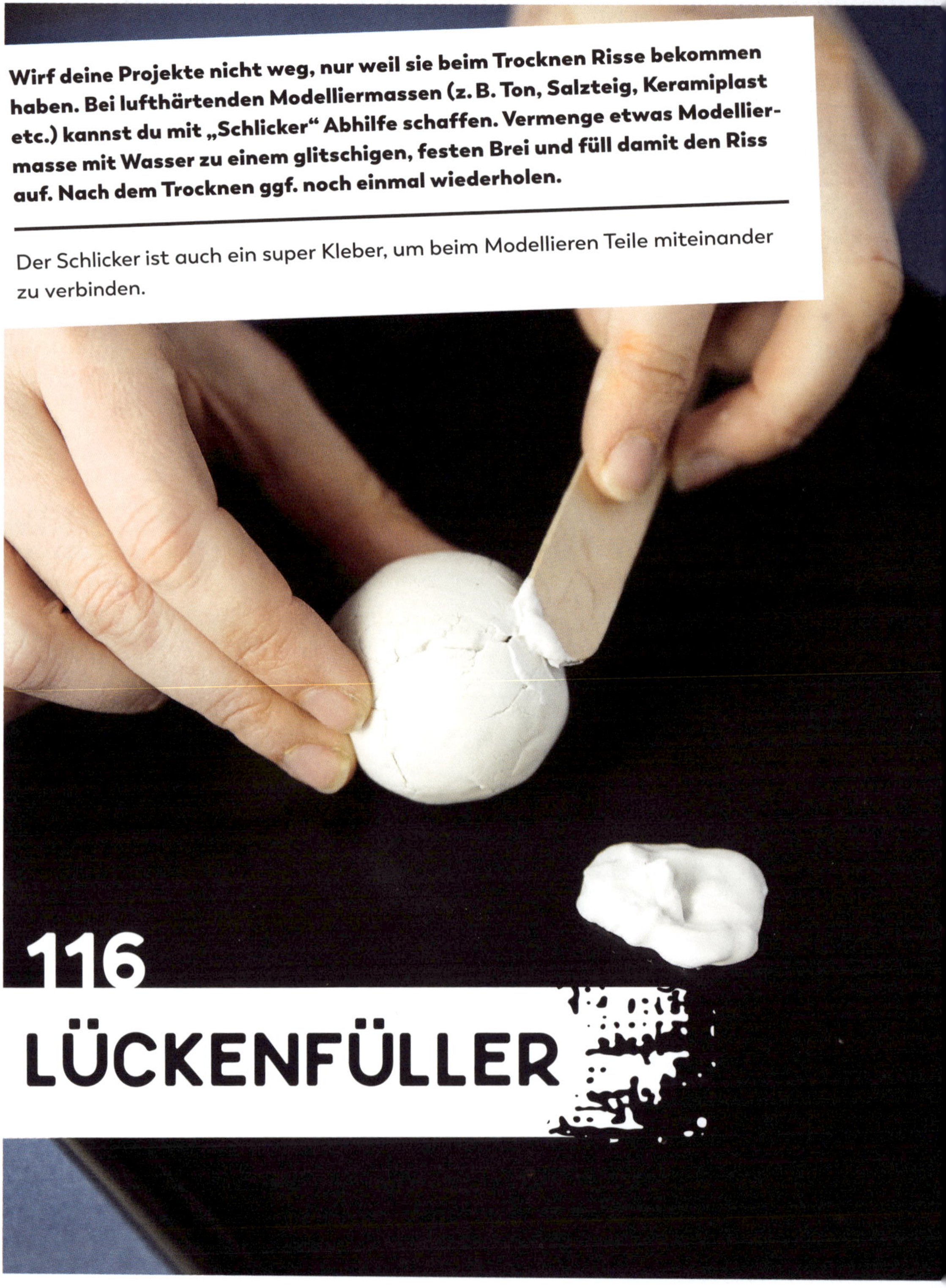

116 LÜCKENFÜLLER

Verziere Vasen, Blumentöpfe, Teelichter oder Schalen mit einem feinen Strickmuster. Roll die Modelliermasse in 5 mm dicke Stränge und verdrehe je zwei Stränge miteinander. Achte drarauf, dass du dabei die Richtung wechselst. Du braucht rechts- und linksdrehende Stränge. Die fertigen Stränge befeuchten und im Wechsel zu einer Fläche zusammenfügen.

Auf Seite 142 erfährst du, wie du Gefäße aus Modelliermasse verzieren kannst.

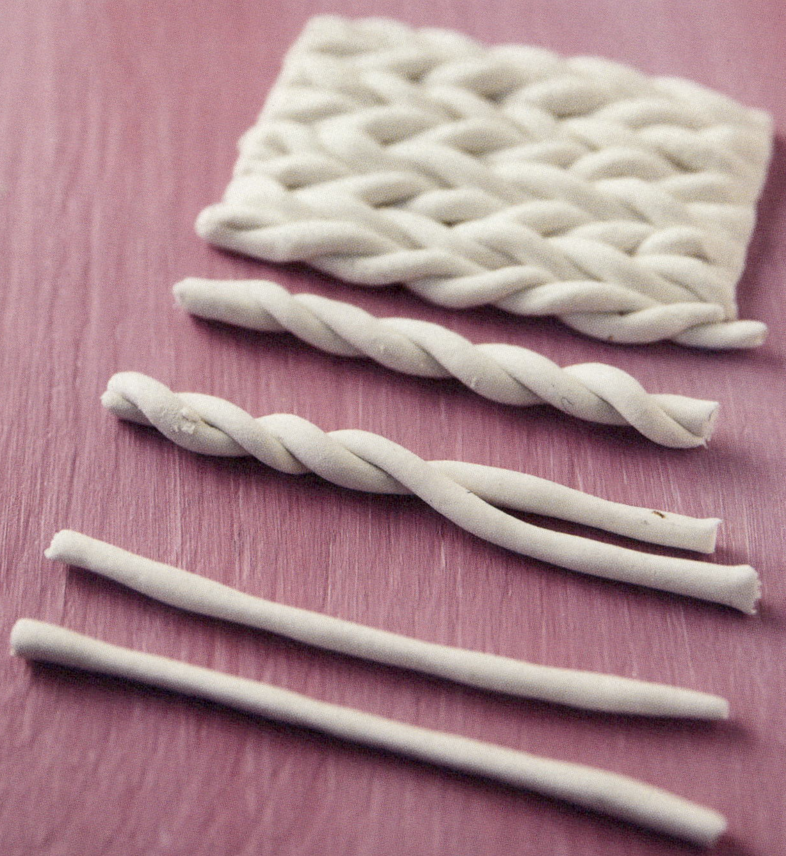

117

FEINE MASCHENWARE

Drücke deine Modelliermasse durch die Knoblauchpresse und du bekommst perfekte Schnüre für Haare, Mähnen oder andere feine Details. Funktioniert mit allen weichen Modelliermassen wie Ton, Salzteig, Kaltporzellan, Kinderknete, Marzipan, etc.

Die Presse sofort mit einer kleinen Bürste und einem Zahnstocher reinigen, bevor die Modelliermasse fest wird.

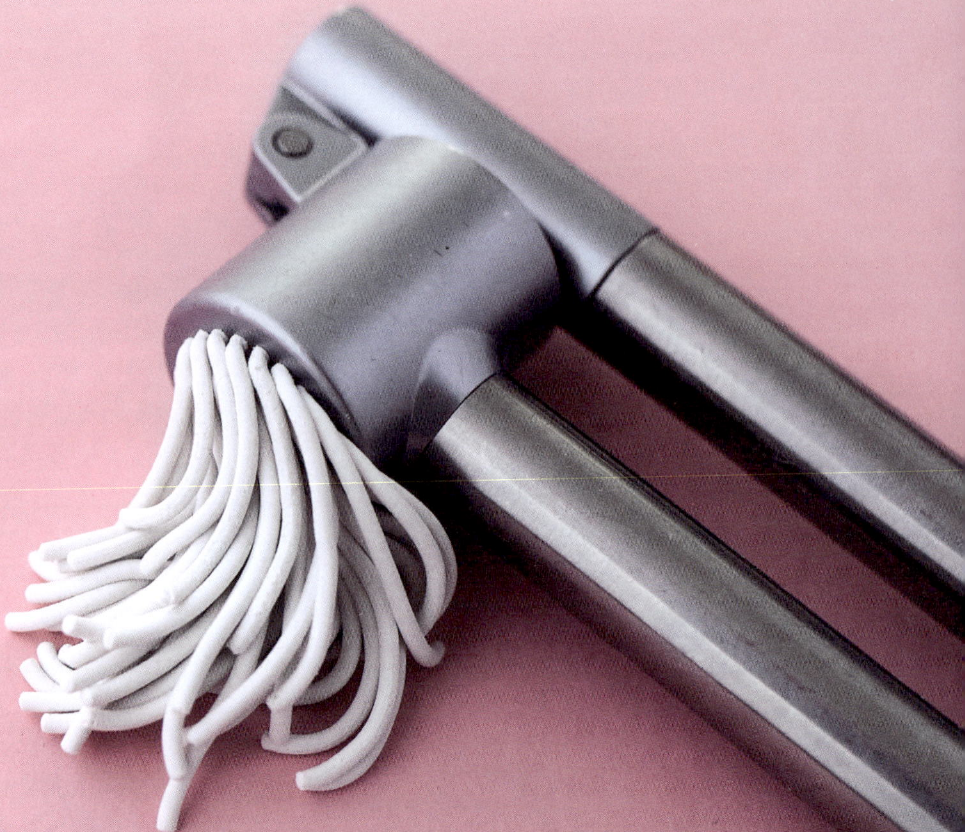

118

WIE AM SCHNÜRCHEN

119

ANTIHAFT-BESCHICHTUNG

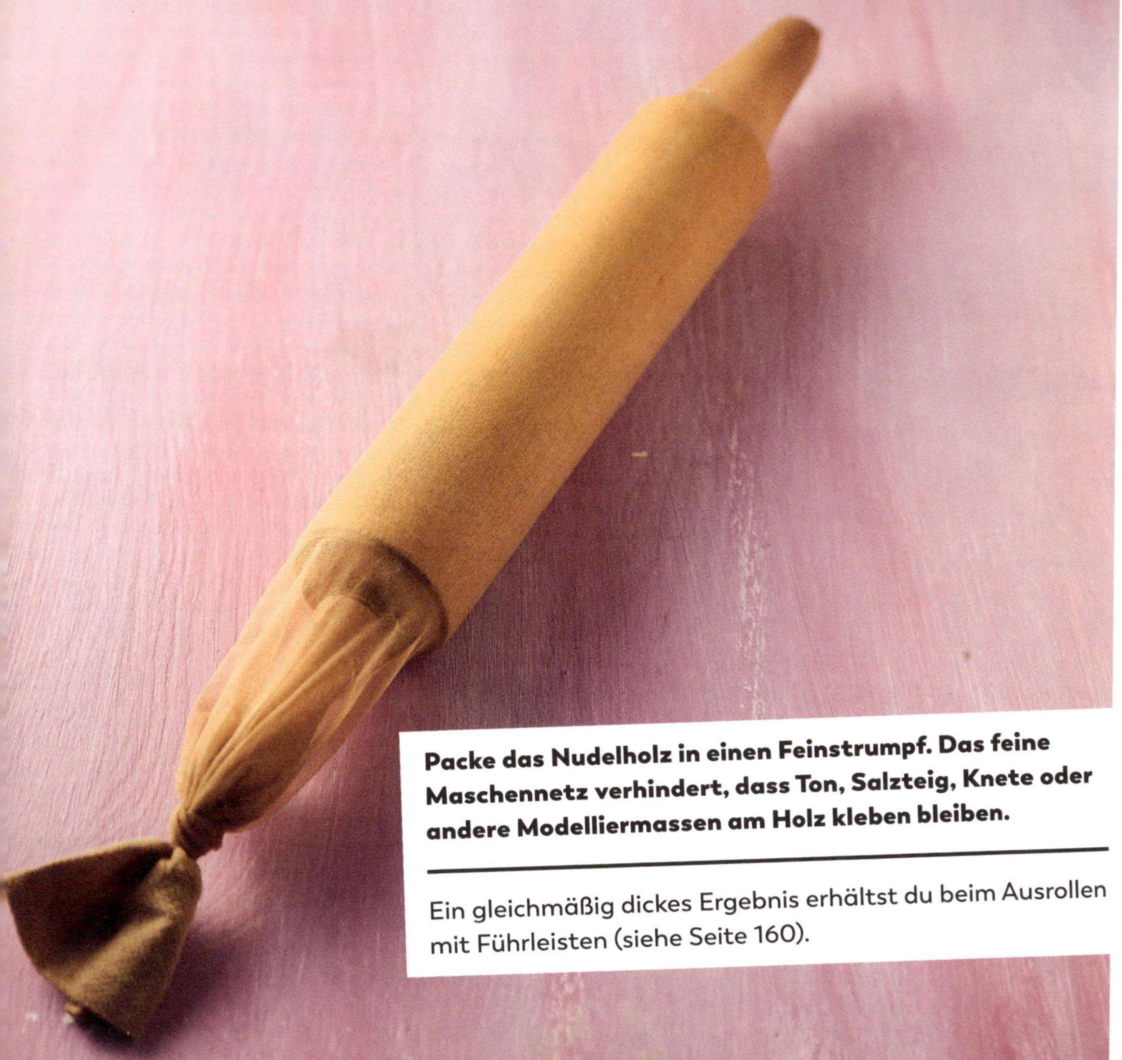

Packe das Nudelholz in einen Feinstrumpf. Das feine Maschennetz verhindert, dass Ton, Salzteig, Knete oder andere Modelliermassen am Holz kleben bleiben.

Ein gleichmäßig dickes Ergebnis erhältst du beim Ausrollen mit Führleisten (siehe Seite 160).

NOTIZEN

AHA!

Bevor du mit dem Modellieren beginnst, musst du die Modelliermasse vorbereiten – egal welche du verwendest. Lehm knetest du mit nassen Händen gut durch, bis er geschmeidig wird. Auch lufttrocknende Modellier- oder Knetmassen knetest du mit feuchten Händen auf. Modellier- und Knetmassen, die im Ofen aushärten, benötigen keine zusätzliche Feuchtigkeit. Knete sie aber ebenfalls gut durch, bis sie geschmeidig sind.

Perlen & Schmuck

Zum „Grundieren" gibst du eine Portion Nudeln zusammen mit einem ordentlichen Klecks Acrylfarbe in den Ziplock-Beutel und bearbeitest ihn solange mit den Händen, bis die Nudeln vollständig mit Farbe bedeckt sind. Schütte die Nudeln auf ein Backpapier und lasse sie trocknen. Male die Nudeln nun nach Lust und Laune weiter an (z. B. mit Acrylmarkern). Zum Schluss fädelst du die Nudelperlen auf eine Kordel und bindest diese zu einer Kette zusammen.

Kombiniere die Nudelperlen mit den Papierperlen (siehe Seite 173) für einen noch bunteren Look.

120

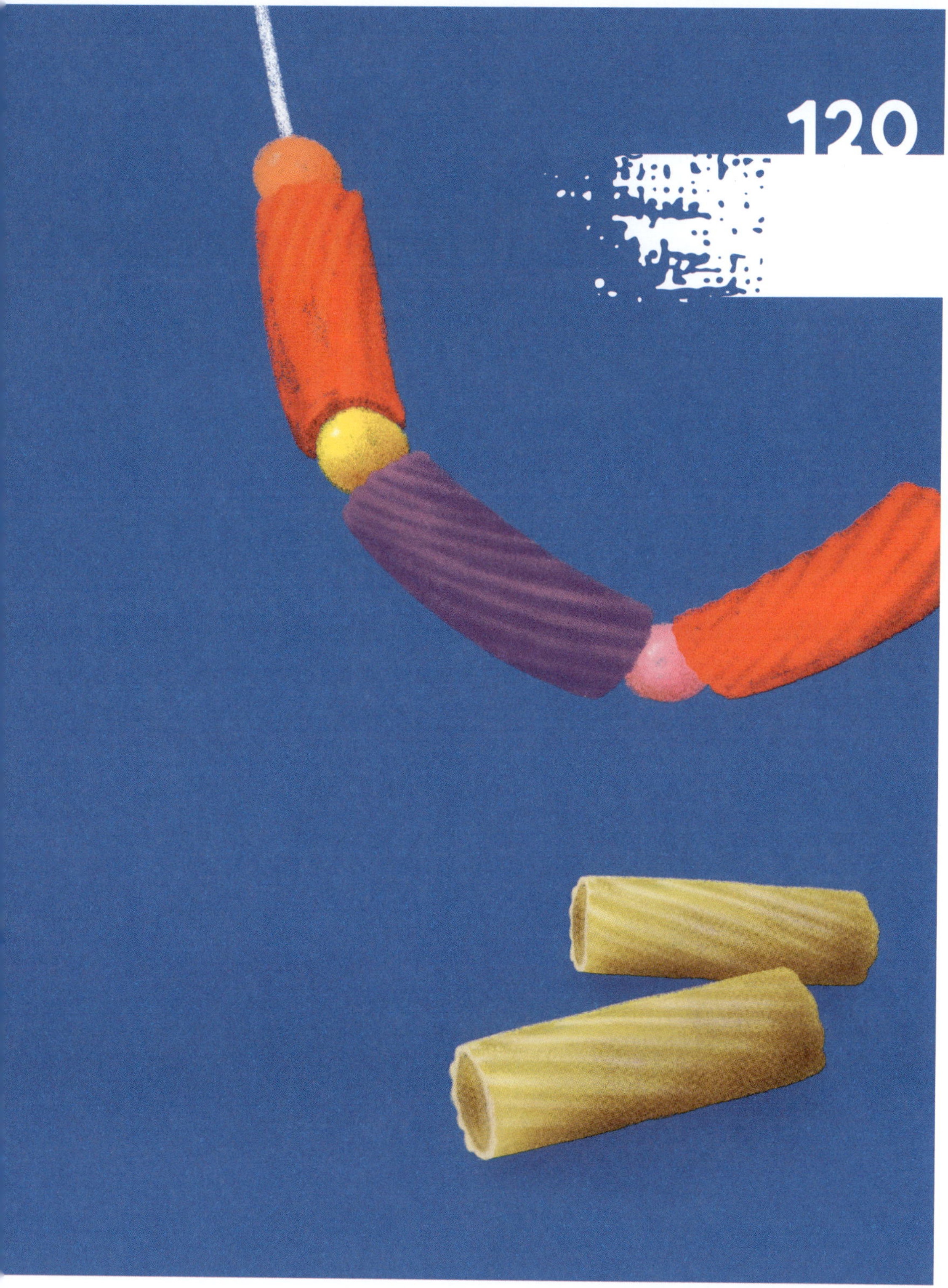

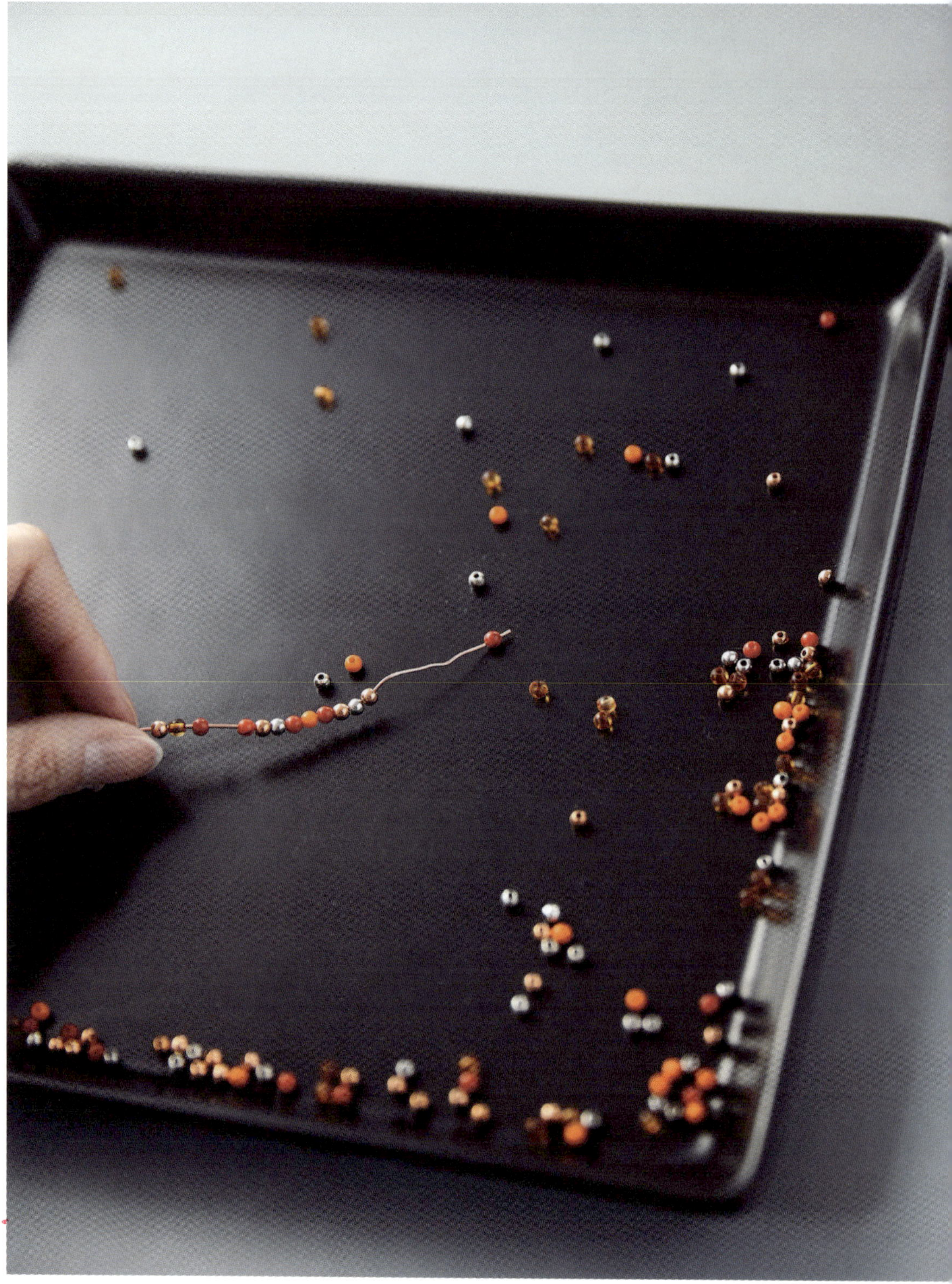

Entzückend schmückend! Mit den Hacks & Tricks aus diesem Kapitel wirst du im Handumdrehen selbst zum Schmuck-Designer. Wir zeigen dir die besten Techniken, stellen dir ungewöhnliche Materialien vor und haben eine kleine, aber feine Auswahl an hübschen Schmuckprojekten zum Nachbasteln für dich zusammengestellt. Los geht's.

121

GUT IN FORM

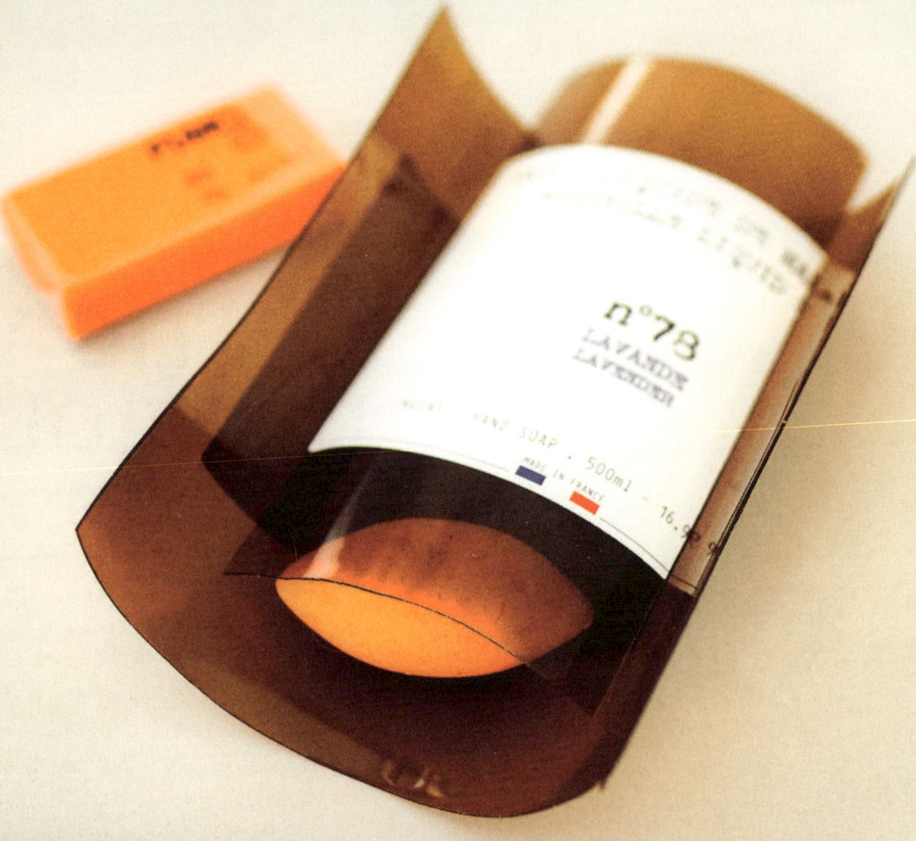

Schneide von einer Plastikflasche mit geraden Seitenwänden den Boden und den Deckel ab. Danach schneidest du sie längs in zwei Hälften. Von der einen Hälfte schneidest du längs ein Drittel ab, sodass sie in die andere Hälfte hineinpasst. Zwischen den beiden Rundungen kannst du jetzt prima Modelliermasse zu konischen Perlen rollen.

Wie du Perlen im Backofen härtest, ohne dass sie herumkullern, liest du auf Seite 174.

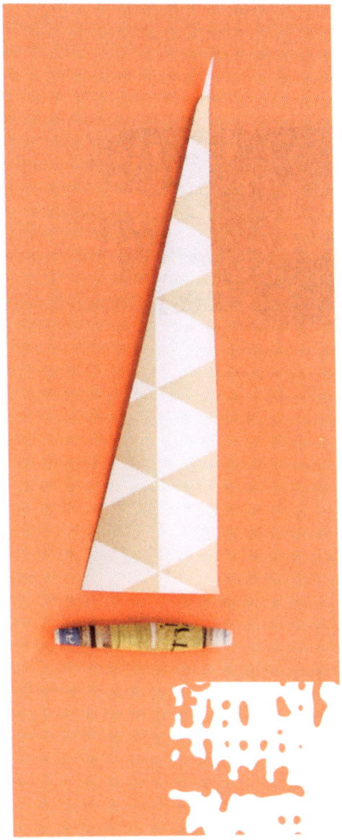

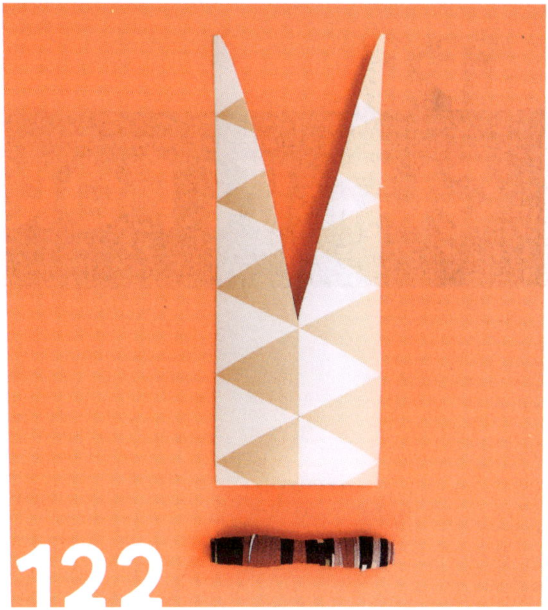

122 VÖLLIG VON DER ROLLE

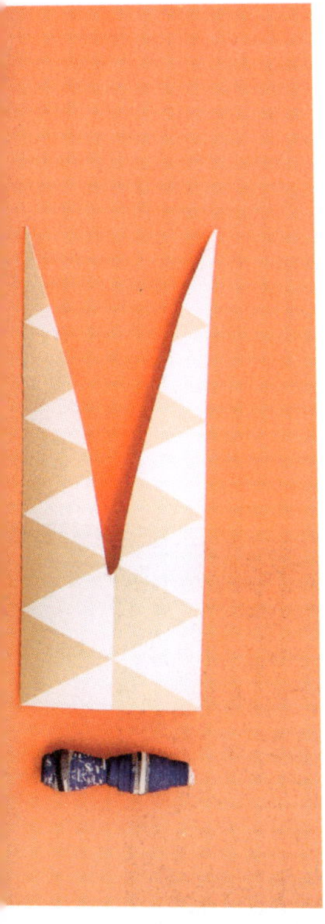

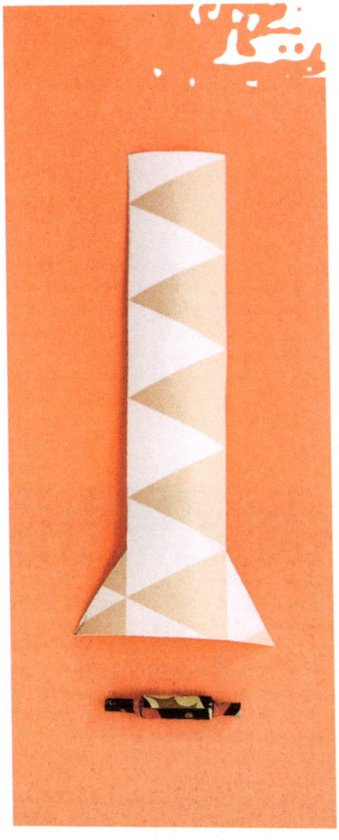

Mache die Zeitung von gestern zum Hingucker von morgen: Rolle die schönsten Perlen aus bunten Zeitschriftenblättern!
Schneide aus einer alten Zeitschrift, Zeitung oder buntem Geschenkpapier lange, konische Streifen aus. Streiche eine Seite des Streifen leicht mit Klebestift ein und rolle den Streifen dann von der breiten Seite aus über einen Zahnstocher oder Schaschlikspieß auf.

Für eine Kette brauchst du mindestens 15, für lange Ketten sogar bis zu 30 Papierperlen.

123 BACKE, BACKE PERLEN

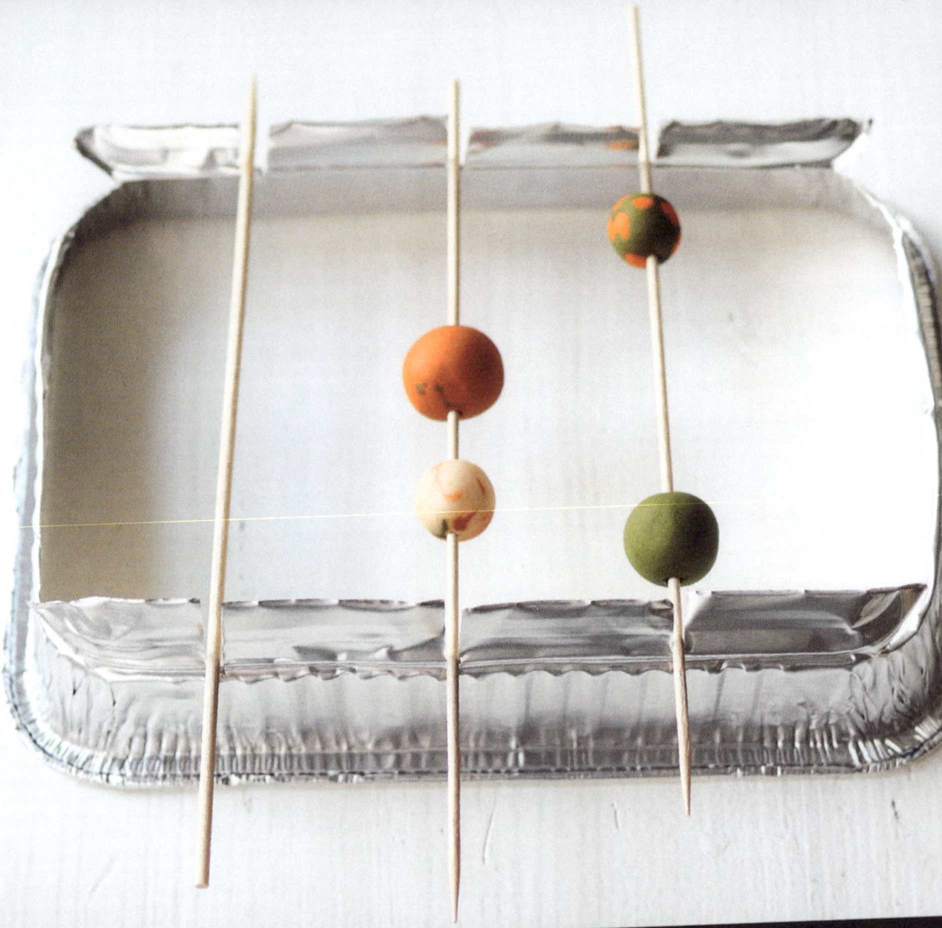

Um runde Perlen aus Polymer-Modelliermasse im Ofen backen zu können, kannst du ihnen ganz einfach ein Gestell aus einer Alu-Grillschale basteln. Schneide dafür den Boden aus der Schale und lasse dabei an den langen Seiten 1 cm stehen. Klappe den Rand hoch und schneide genau gegenüber Schlitze hinein. Lege hier die Perlen auf Schaschklik-Spießen ein.

Wie du ganz leicht konische Perlen aus Modelliermasse formst, liest du auf Seite 172.

Biegeringe sind das A und O der Schmuckherstellung. Mal halten sie zwei Dinge zusammen, mal stehen sie selbst im Mittelpunkt. Du kannst sie ganz leicht selber herstellen: Wickle einen Draht um einen runden Stift, zieh die Spirale ab und schneide sie mit dem Seitenschneider in einzelne Ringe.

Biegeringe werden immer zur Seite hin geöffnet und geschlossen, sodass der Radius des Rings unverändert bleibt. Den Ring dazu am besten mit zwei Zangen greifen.

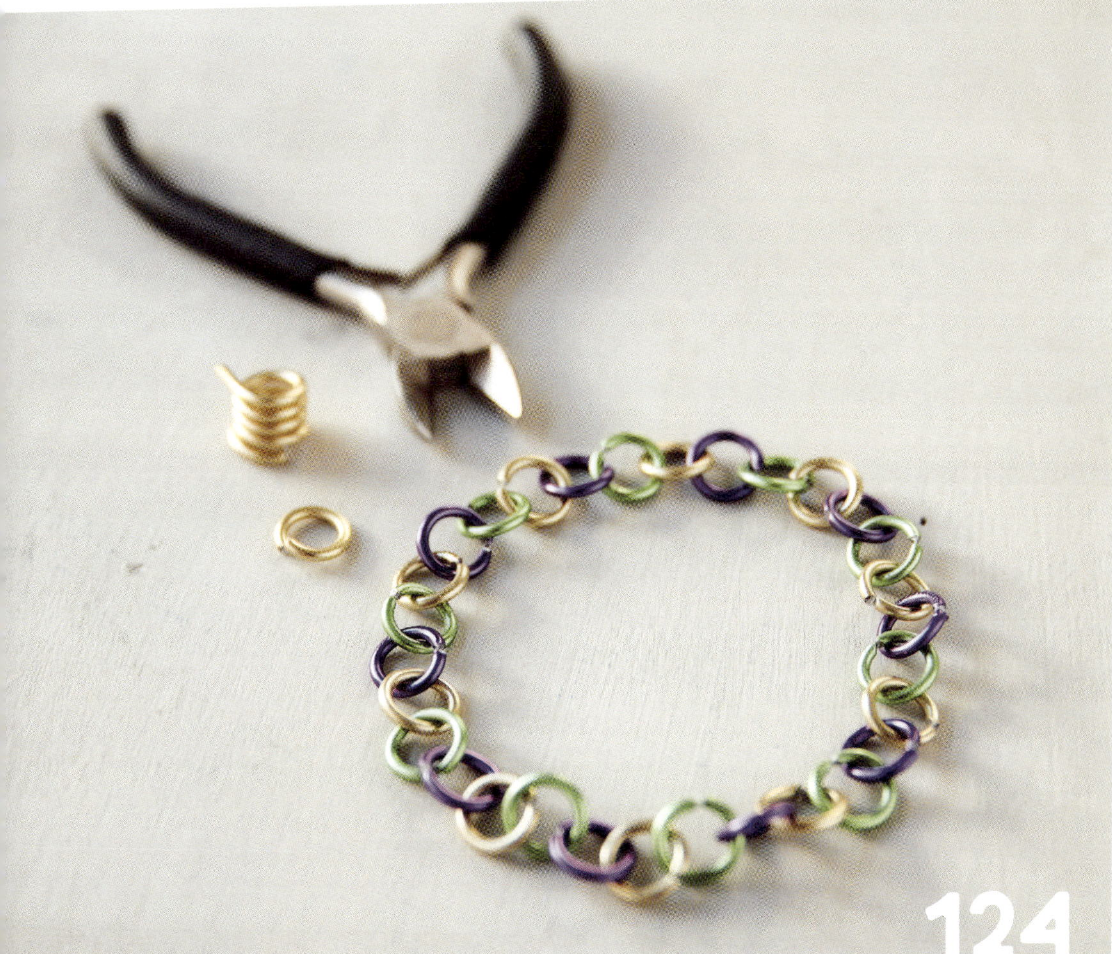

124

HERR DER RINGE

Aus Holzperlen kannst du schnell und einfach lustige Figuren bauen. Male ein Gesicht auf eine große Perle und lass die Farbe gut trocknen. Zwei kleine Perlen als Haare und/oder Körper bemalen. Alles mit Klarlack überziehen und nach dem Trocknen auffädeln. Fertig!

Mit den richtigen Tricks ist das Aufmalen von Gesichtern gar nicht so schwer. Lies auf Seite 30/31, wie es leichter geht.

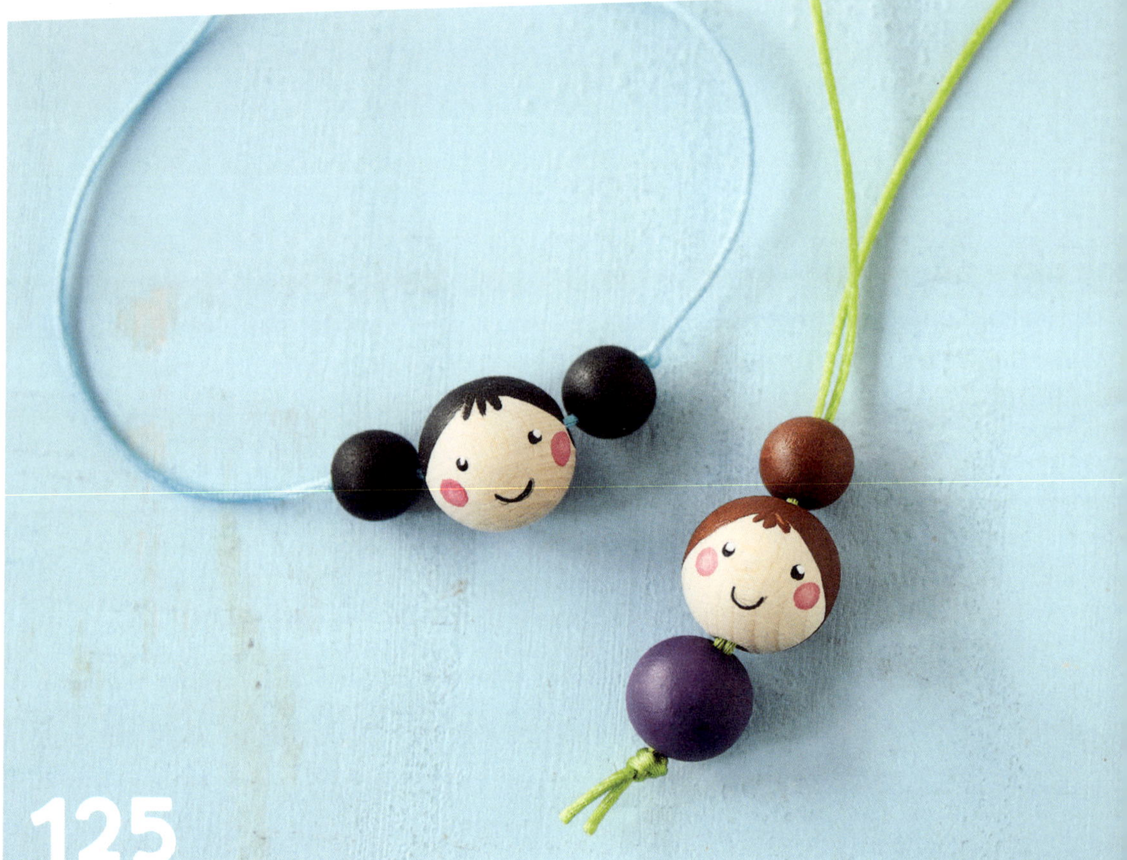

125

LUSTIGE PERLENFIGUREN

Nutze konische Gegenstände wie einen Becher, einen Blumentopf oder einen Zuckerkegel, um Draht perfekt um Kurven zu biegen und Kreise mit dem gewünschten Durchmesser zu formen. Kleine Kreise oder Rundungen gelingen perfekt mit der Rundzange. Je nachdem, ob du den Draht weiter vorn oder weiter hinten greifst, kannst du den Radius bestimmen.

Ziehe verbogenen Draht mehrmals über den Griff eines Hammers, damit Knicke verschwinden. Oder spanne ihn an einem Ende in die Werkbank und strecke ihn mit einem starken Ruck.

126

DIE KURVE KRIEGEN

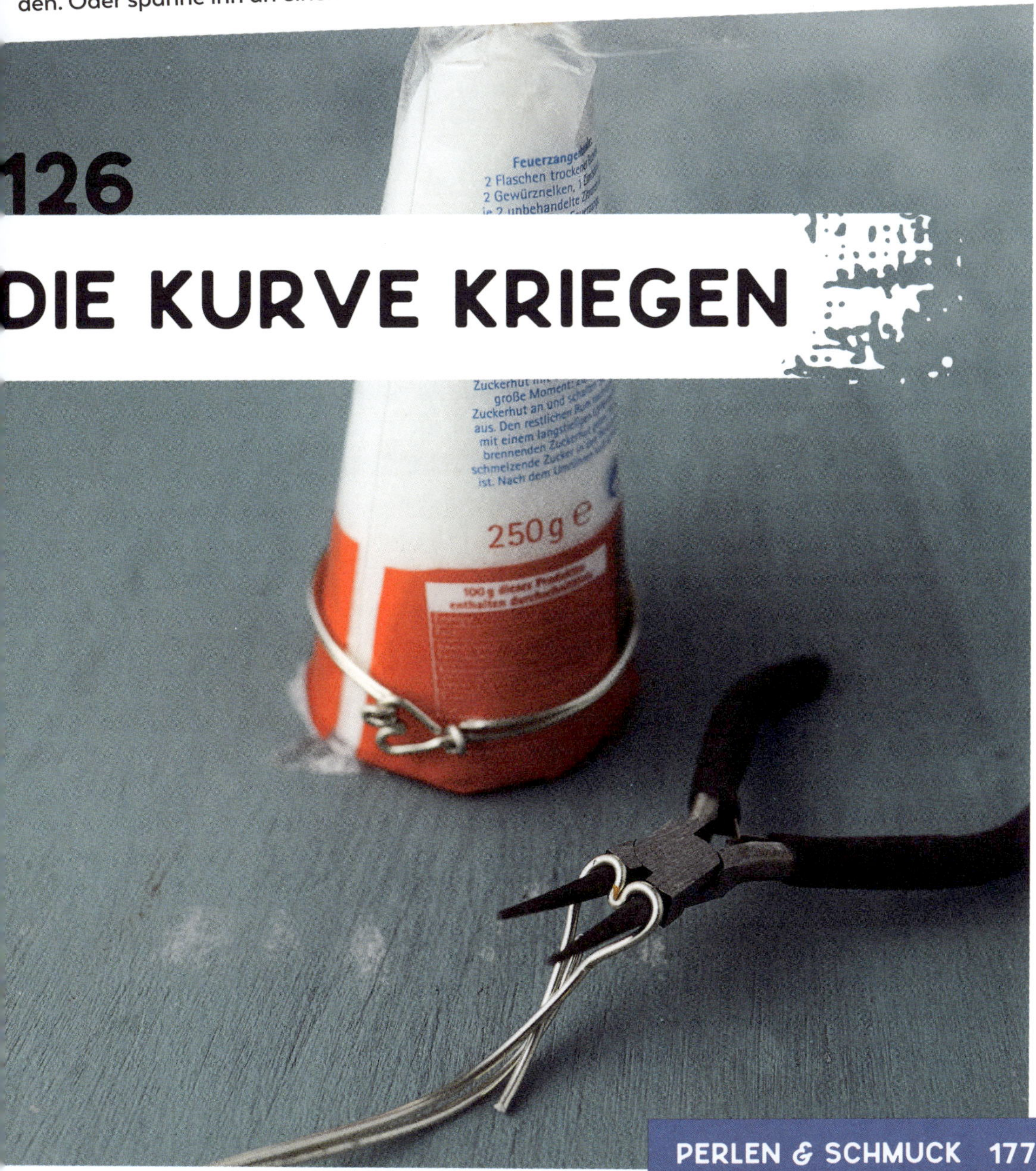

127 ZAUBERKNOTEN

Lege die Enden der beiden Kordeln parallel zueinander. Wickle das freie Ende der einen Kordel zweimal um die andere Kordel und führe es durch die Innenseite der Schlaufen zurück. Wiederhole dies mit der zweiten Kordel in die entgegengesetzte Richtung. Ziehe die Knoten fest. Ziehe die Knoten an den „inneren“ Kordeln zueinander.

Dieser Knoten ist perfekt für Armbänder und Ketten deren Größe verstellbar bleiben soll.

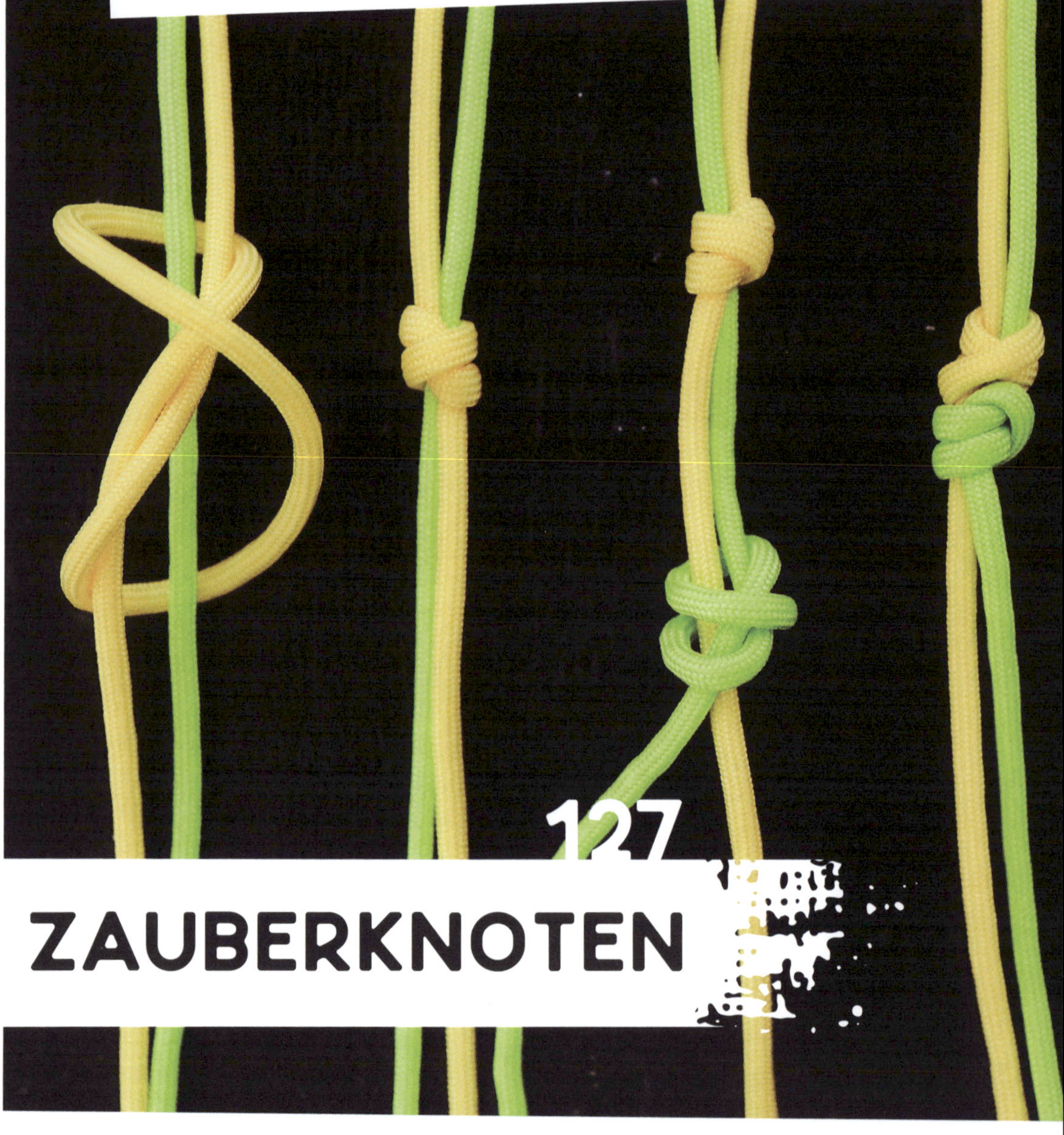

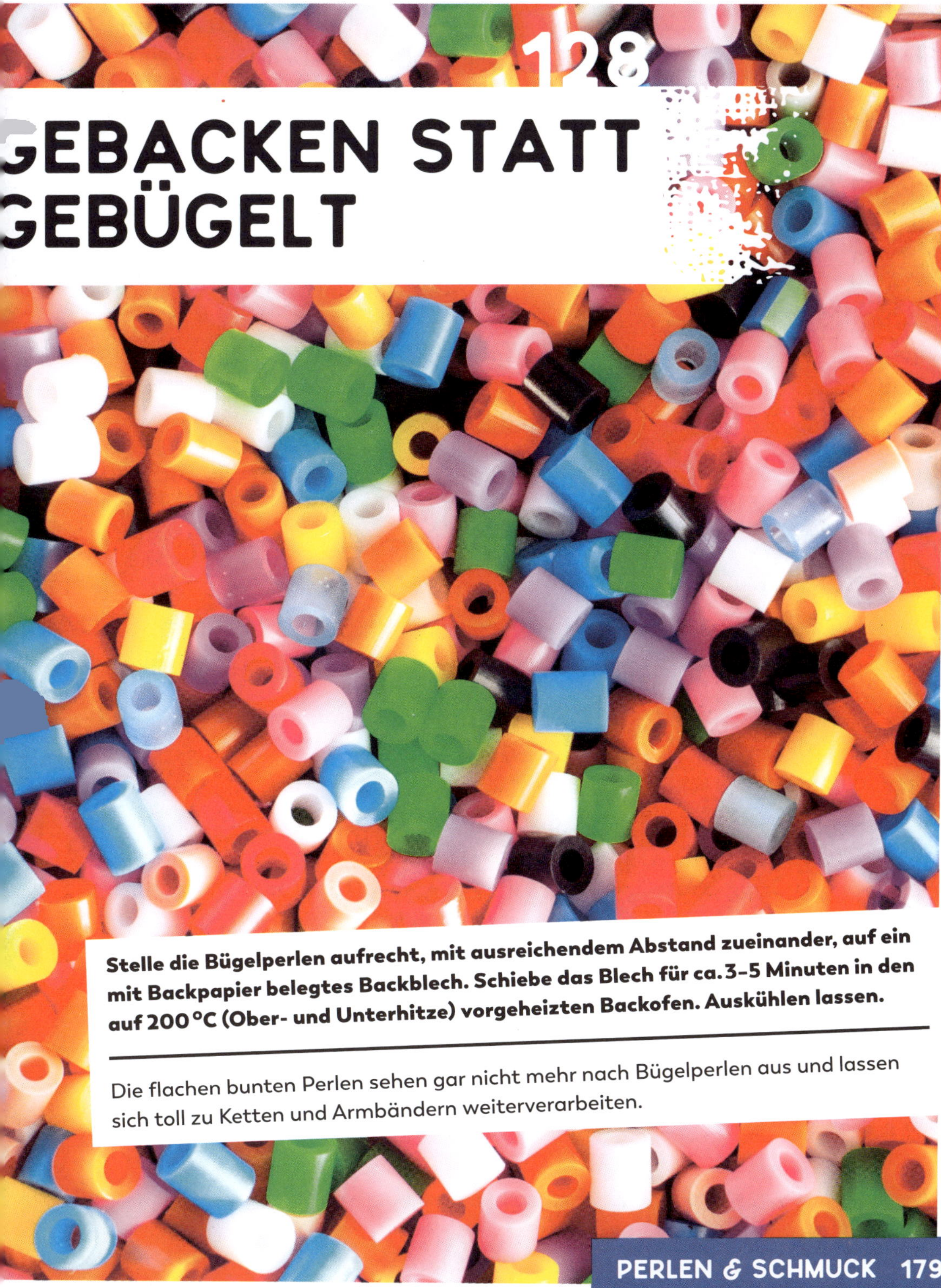

128

GEBACKEN STATT GEBÜGELT

Stelle die Bügelperlen aufrecht, mit ausreichendem Abstand zueinander, auf ein mit Backpapier belegtes Backblech. Schiebe das Blech für ca. 3–5 Minuten in den auf 200 °C (Ober- und Unterhitze) vorgeheizten Backofen. Auskühlen lassen.

Die flachen bunten Perlen sehen gar nicht mehr nach Bügelperlen aus und lassen sich toll zu Ketten und Armbändern weiterverarbeiten.

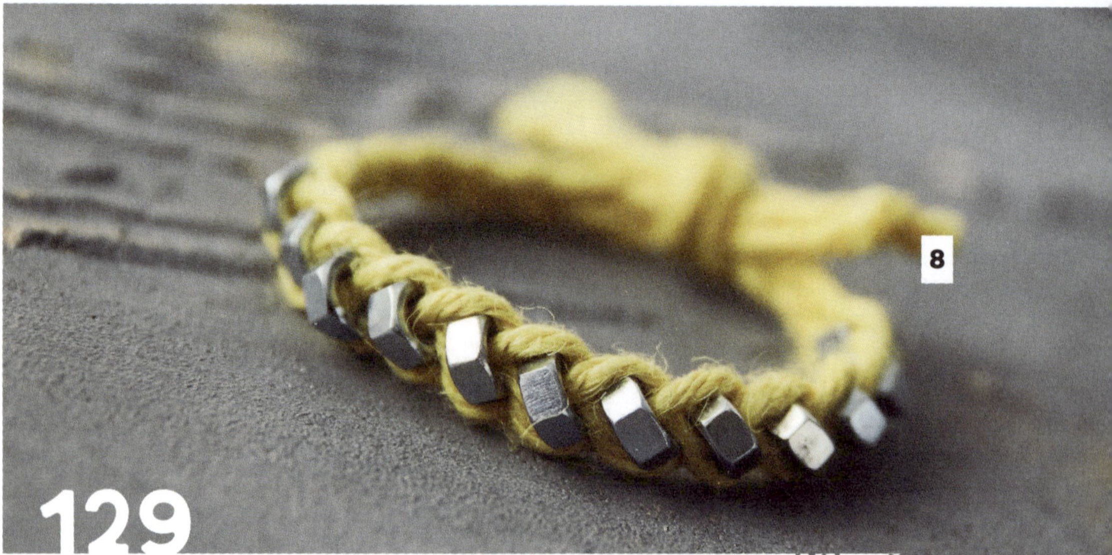

129 KEINE SCHRAUBE LOCKER

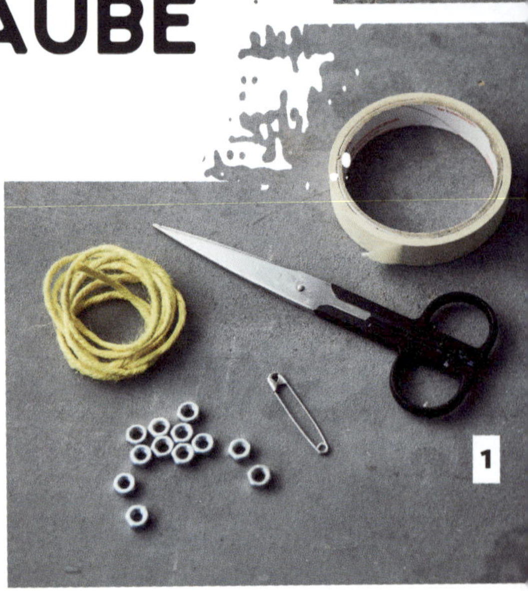

Keine Perlen zur Hand? Schau mal in die Werkzeugkiste. Mit Schraubmuttern lassen sich tolle Schmuckstücke kreieren.

---

1 **Dazu brauchst du: Kordel, 12 Schraubmuttern, Schere, Sicherheitsnadel**

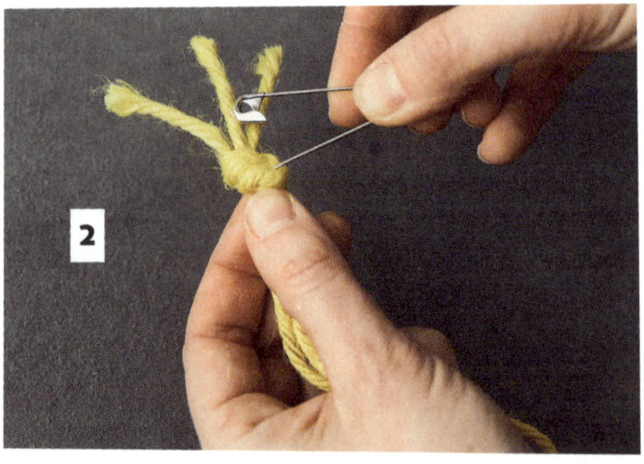

2 **Knote drei ca. 60 cm lange Kordelstücke an einem Ende zusammen und fixiere sie mit einem Stück Klebeband am Tisch.**

3 **Ziehe nun auf jede Kordel sechs Schraubmuttern und sichere sie am Ende mit einem Knoten.**

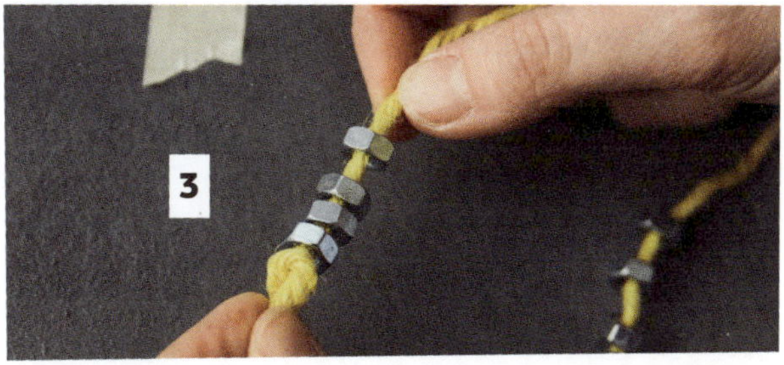

4 **Flechte mit den Kordeln einen ca. 4 cm langen Zopf. Lege dazu im Wechsel die linke und die rechte Kordel zur Mitte.**

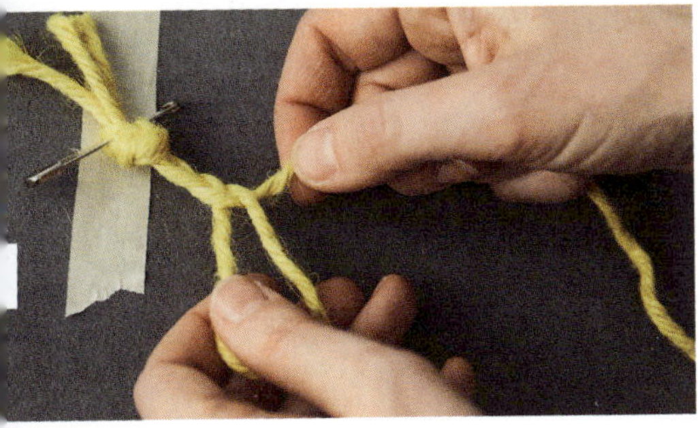

Nun arbeitest du die Muttern ein. Jedes Mal, wenn du die linke Kordel zur Mitte gelegt hast, schiebst du eine Schraubmutter nach oben bis an den Zopf. Dann legst du die rechte Kordel um die Schraubmutter zur Mitte. Mit der nächsten linken Kordel wiederholen usw.

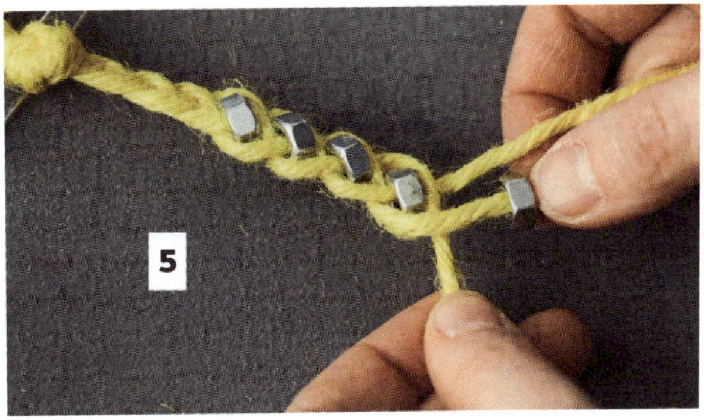

6 **Nach der letzten Schraubmutter wieder einen etwa 4 cm langen Zopf flechten.**

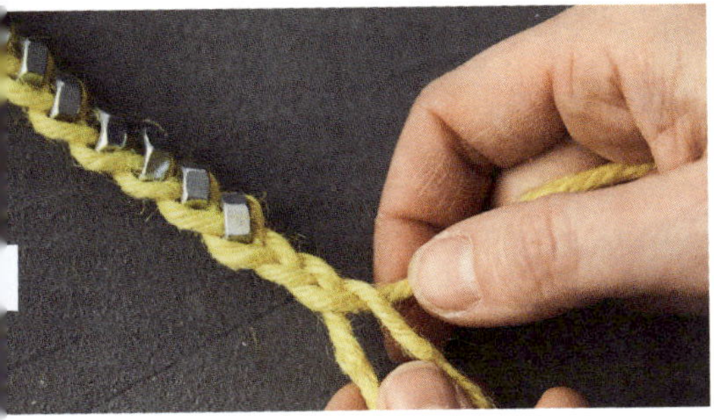

7 **Das fertige Armband um das Handgelenk knoten und die Enden mit der Schere kürzen.**

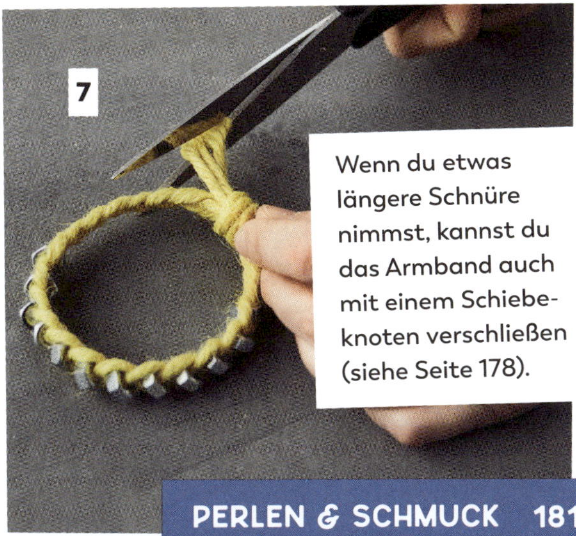

Wenn du etwas längere Schnüre nimmst, kannst du das Armband auch mit einem Schiebeknoten verschließen (siehe Seite 178).

8 **Fertig ist dein individuelles Schmuckstück!**

130

SCHMUCKE SCHEIBEN

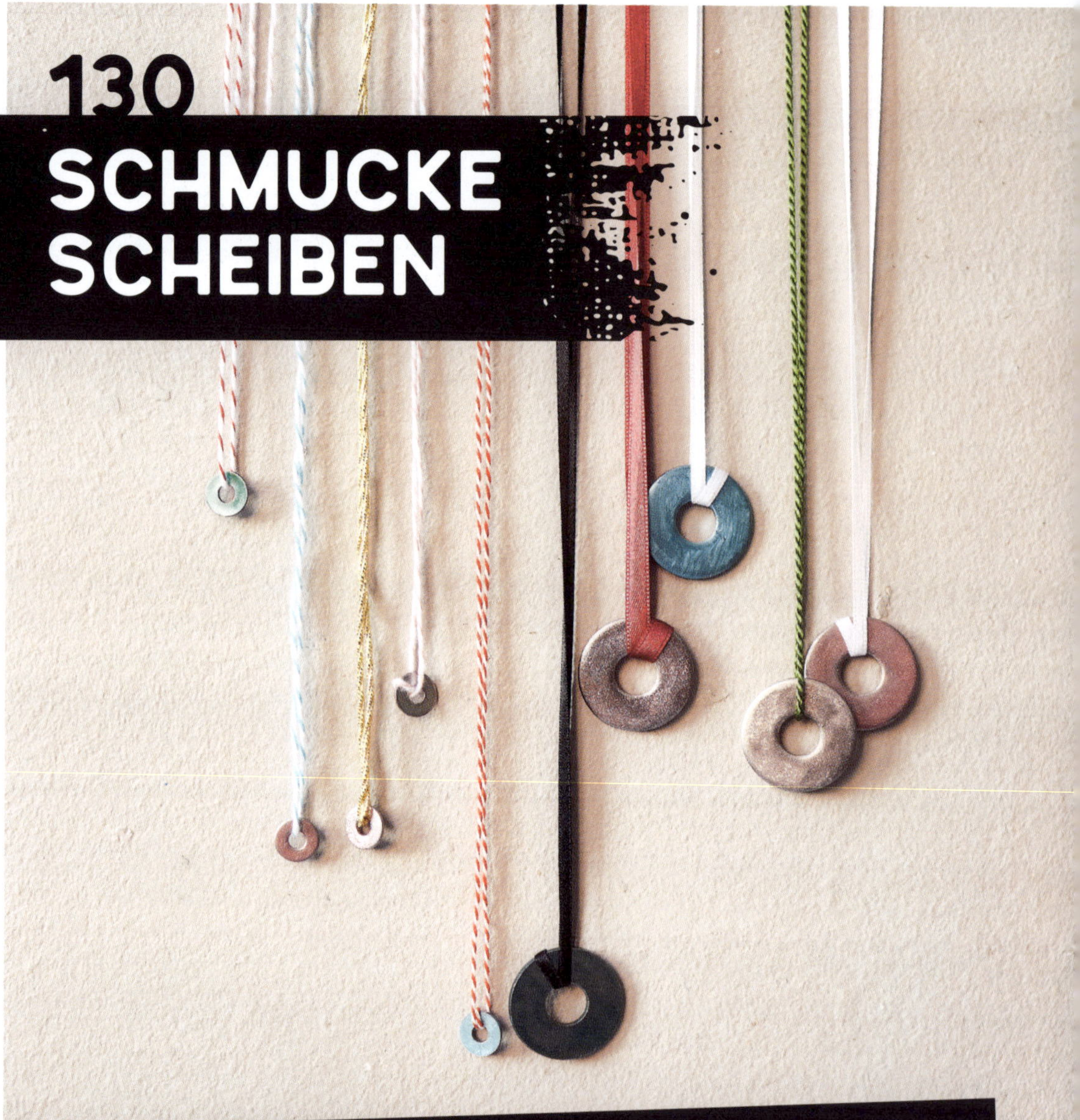

Du hast noch ein paar Unterlegscheiben herumliegen? Dann male sie von allen Seiten mit Nagellack an. Schneide ein langes Stück Kordel ab und knote es durch das Loch in der Unterlegscheibe. Ziehe ein paar Perlen auf die Kordel und verknote die Enden. Du kannst deiner Fantasie bei der Gestaltung freien Lauf lassen.

Keine Perlen im Haus? Dann mach doch schnell selber welche. Auf Seite 173 findest du z. B. eine Anleitung für Papierperlen.

DRAHT MIT "KNOTEN"

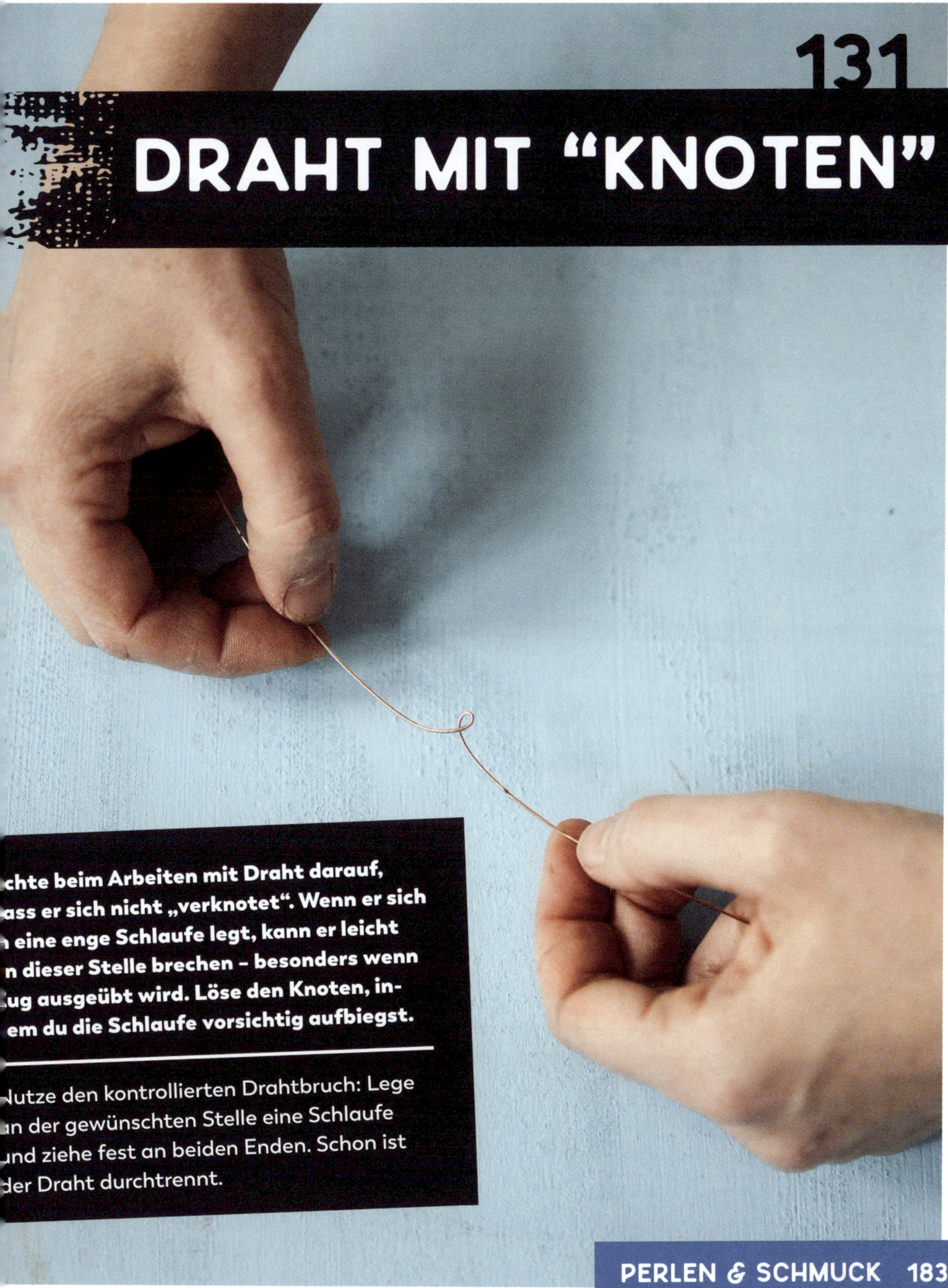

chte beim Arbeiten mit Draht darauf, ass er sich nicht „verknotet". Wenn er sich eine enge Schlaufe legt, kann er leicht n dieser Stelle brechen – besonders wenn ug ausgeübt wird. Löse den Knoten, in-em du die Schlaufe vorsichtig aufbiegst.

---

lutze den kontrollierten Drahtbruch: Lege ın der gewünschten Stelle eine Schlaufe und ziehe fest an beiden Enden. Schon ist der Draht durchtrennt.

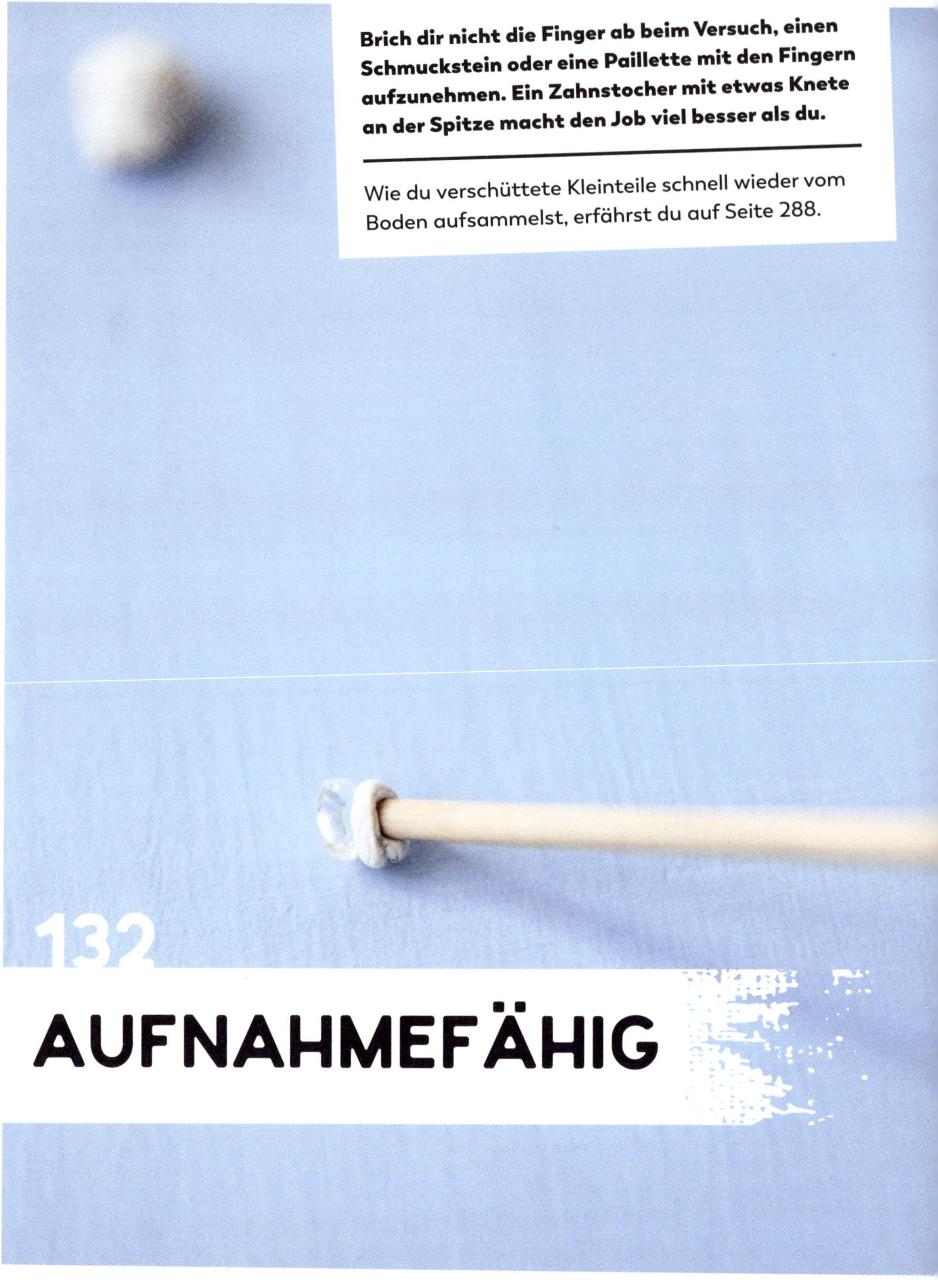

Brich dir nicht die Finger ab beim Versuch, einen Schmuckstein oder eine Paillette mit den Fingern aufzunehmen. Ein Zahnstocher mit etwas Knete an der Spitze macht den Job viel besser als du.

Wie du verschüttete Kleinteile schnell wieder vom Boden aufsammelst, erfährst du auf Seite 288.

132

AUFNAHMEFÄHIG

133

PERLEN-FÄNGER

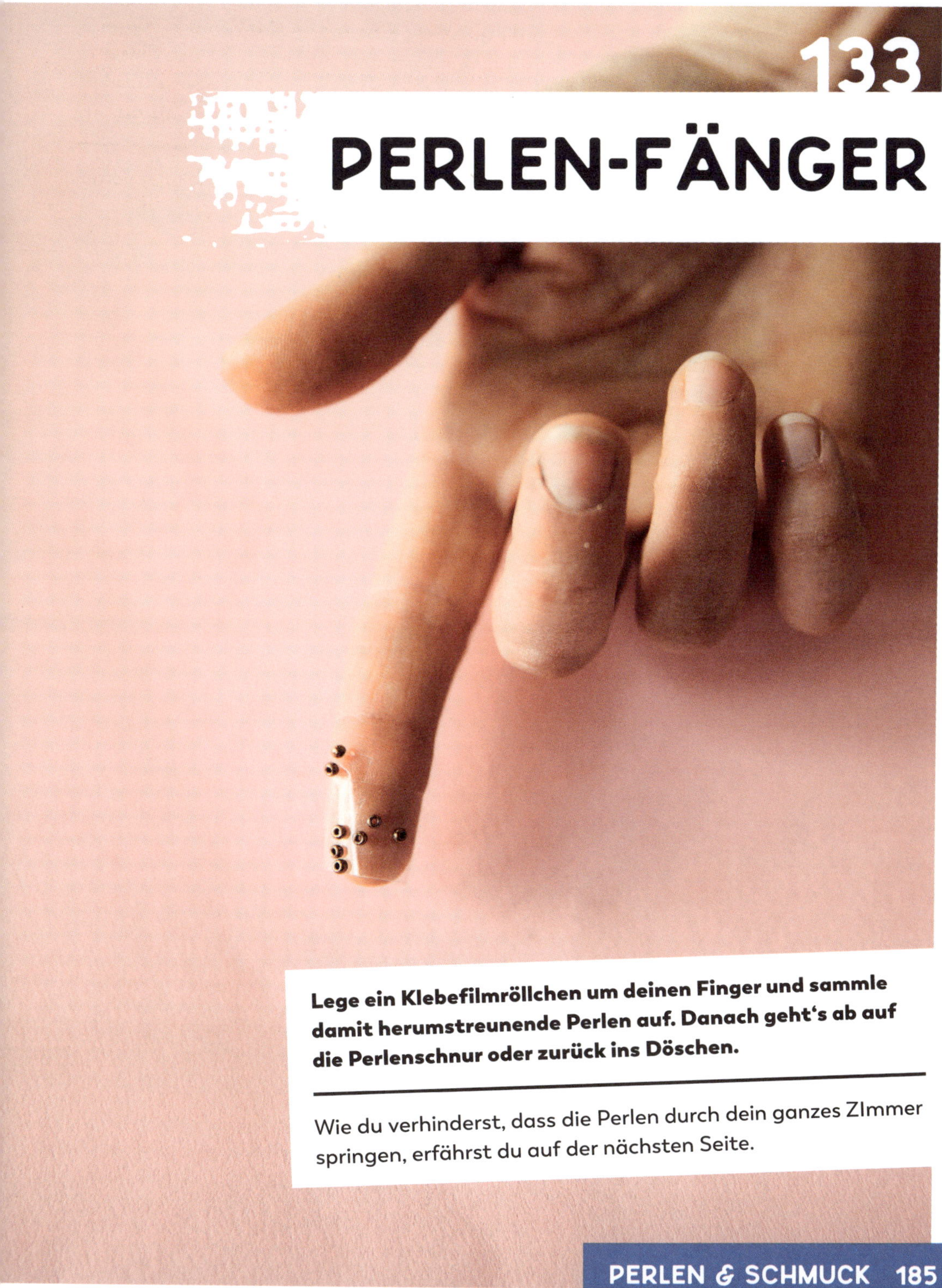

Lege ein Klebefilmröllchen um deinen Finger und sammle damit herumstreunende Perlen auf. Danach geht's ab auf die Perlenschnur oder zurück ins Döschen.

Wie du verhinderst, dass die Perlen durch dein ganzes ZImmer springen, erfährst du auf der nächsten Seite.

134

ENDE GELÄNDE

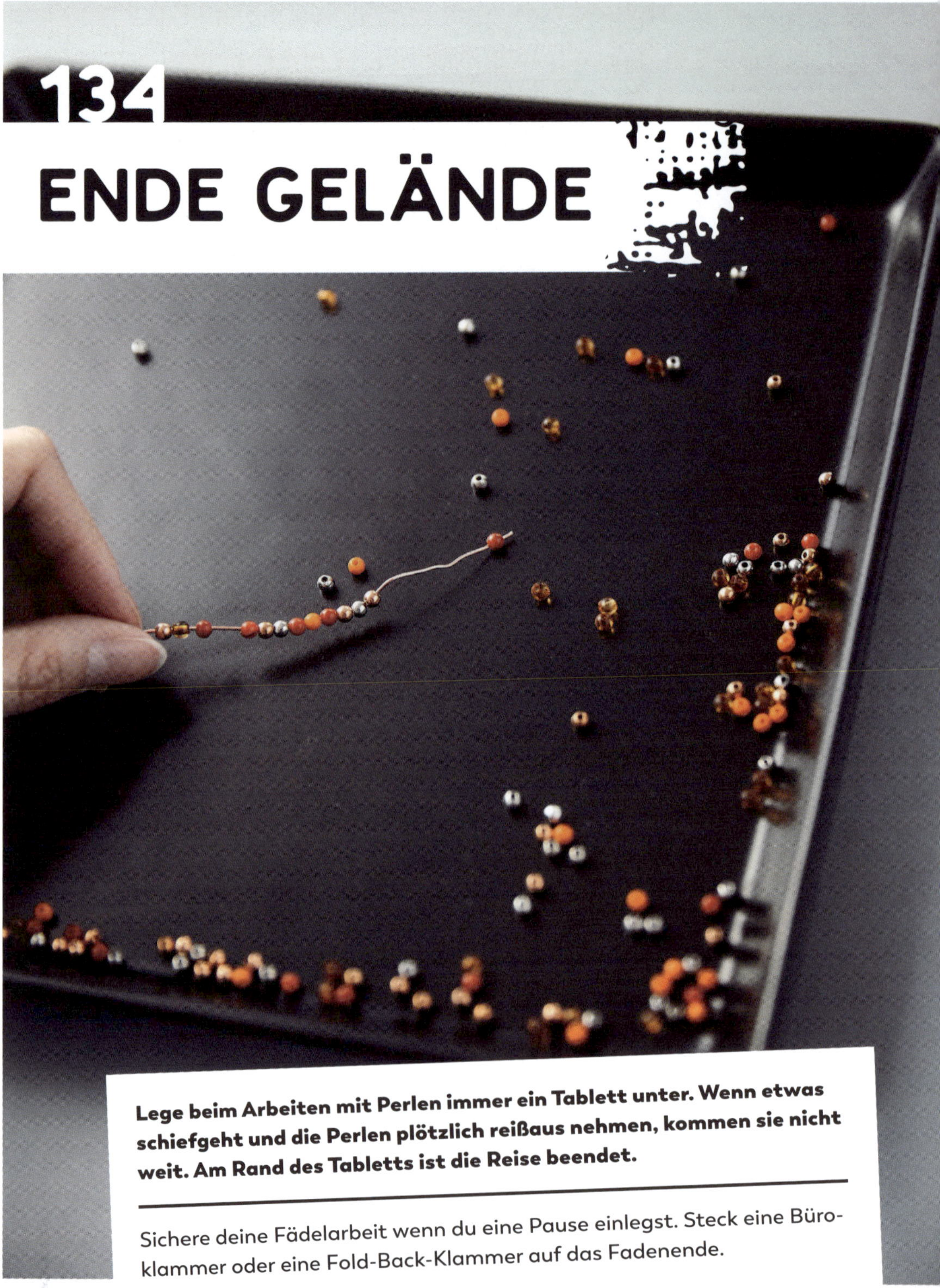

Lege beim Arbeiten mit Perlen immer ein Tablett unter. Wenn etwas schiefgeht und die Perlen plötzlich reißaus nehmen, kommen sie nicht weit. Am Rand des Tabletts ist die Reise beendet.

Sichere deine Fädelarbeit wenn du eine Pause einlegst. Steck eine Büroklammer oder eine Fold-Back-Klammer auf das Fadenende.

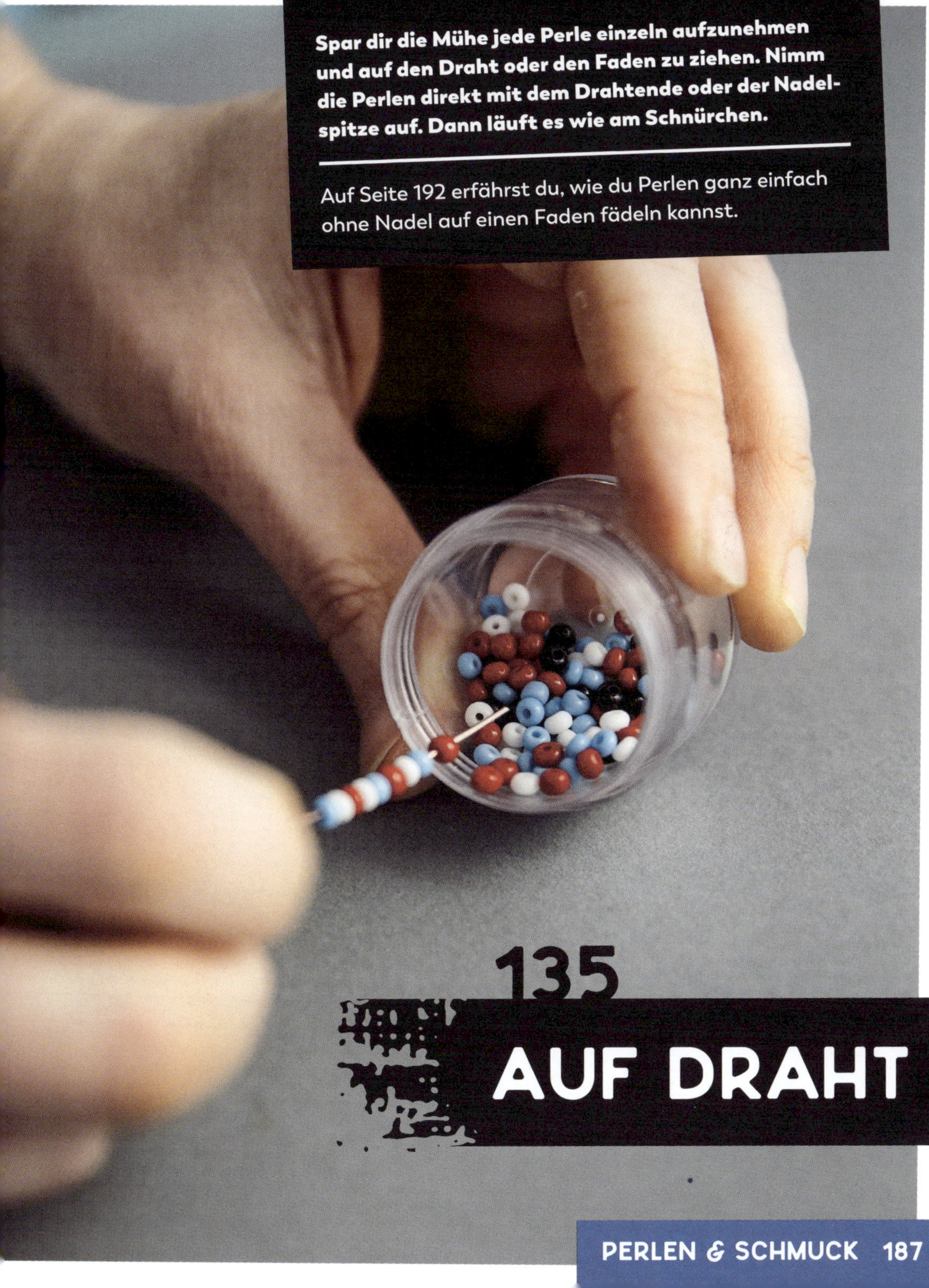

Spar dir die Mühe jede Perle einzeln aufzunehmen und auf den Draht oder den Faden zu ziehen. Nimm die Perlen direkt mit dem Drahtende oder der Nadelspitze auf. Dann läuft es wie am Schnürchen.

Auf Seite 192 erfährst du, wie du Perlen ganz einfach ohne Nadel auf einen Faden fädeln kannst.

135 AUF DRAHT

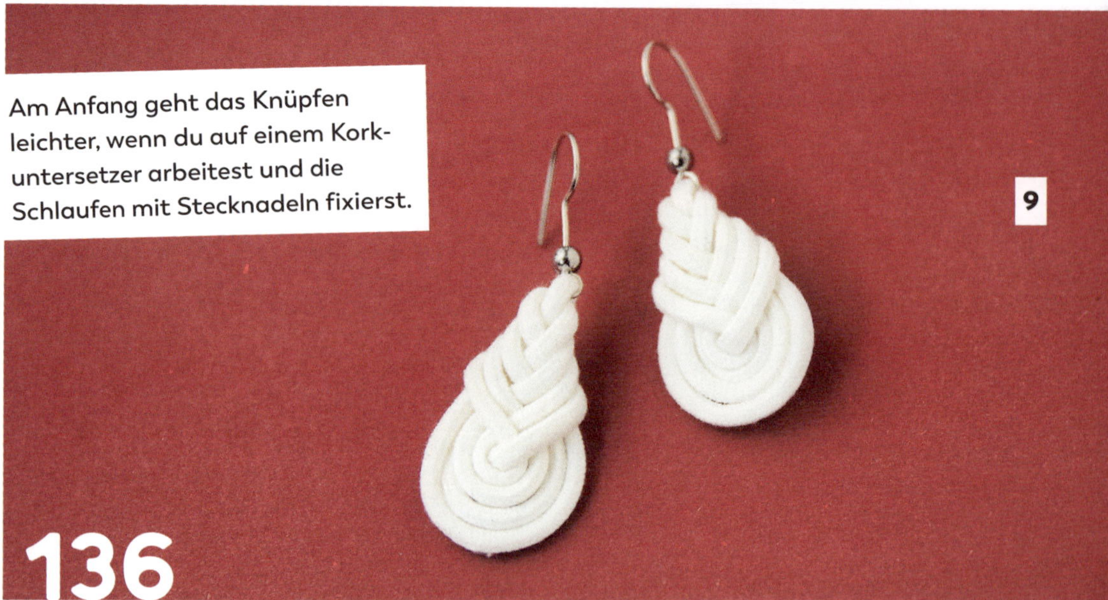

Am Anfang geht das Knüpfen leichter, wenn du auf einem Korkuntersetzer arbeitest und die Schlaufen mit Stecknadeln fixierst.

9

136

VOM FUSS ZUM KOPF

Schnürsenkel führen oft ein Schattendasein. Aber wenn sie so raffiniert geknotet werden wie hier, sind sie ganz schön sexy.

---

1 **Dazu brauchst du: Runde Schnürsenkel, 2 Ohrhaken, Heißkleber, Schere, Korkuntersetzer, Stecknadeln**

1

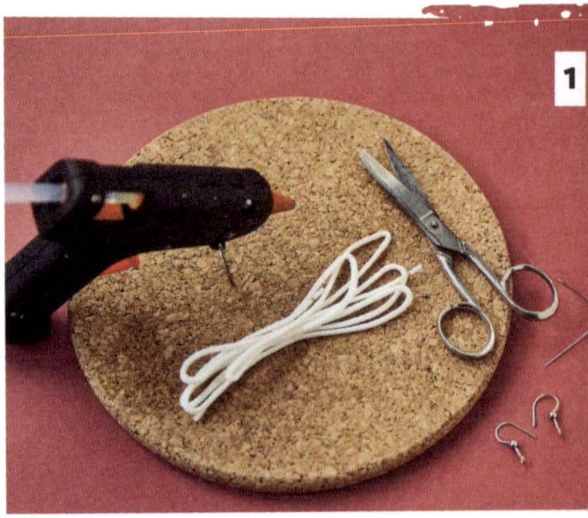

2

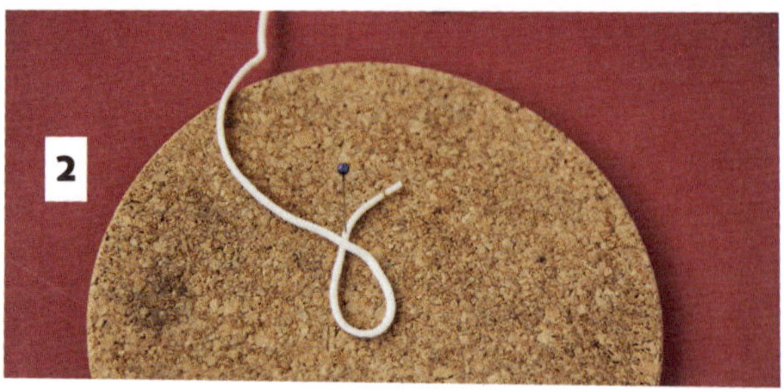

2 **Fixiere den Anfang. Lege mit dem Arbeitsende gegen den Uhrzeigers eine Schlaufe und kreuze über den Anfang.**

3 **Lege das Arbeitsende hinter dem Anfang nach rechts. Damit ist die erste Runde fertig.**

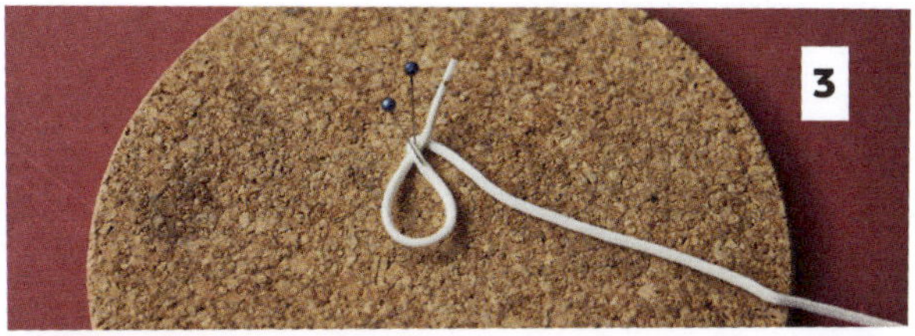

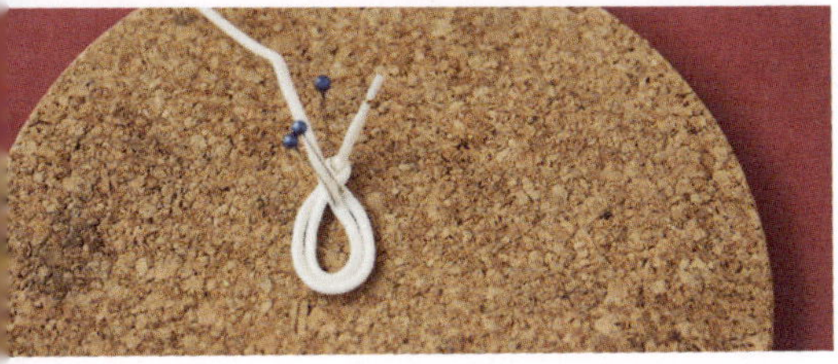

4 **Verdopple die erste Runde und lege innerhalb der ersten Schlaufe eine zweite.**

5 **Dann legst du das Arbeitsende unterhalb der ersten Runde hinter dem Anfang nach rechts.**

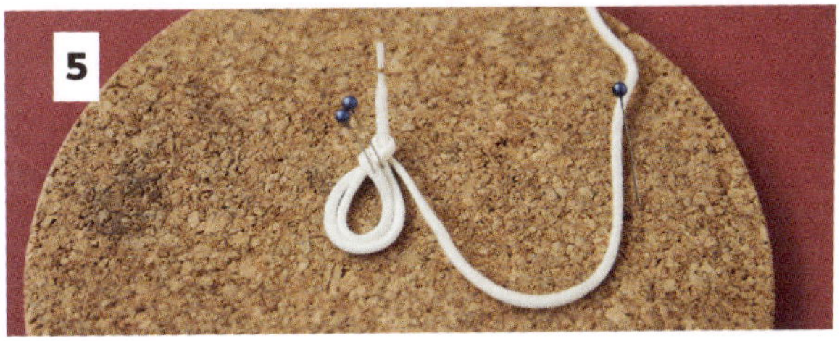

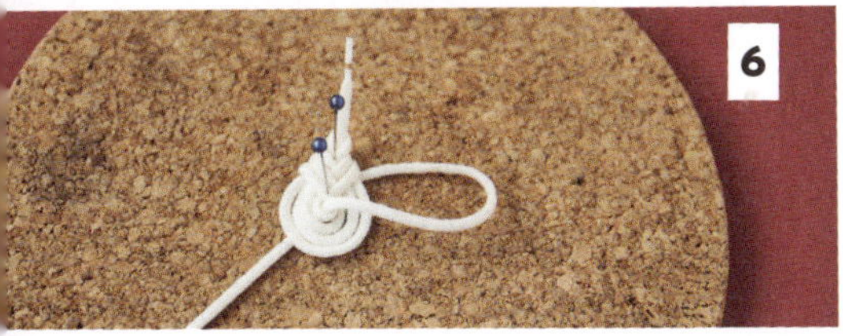

6 **So fortfahren, bis die Mitte der Schlaufe geschlossen ist. Zieh das Arbeitsende durch die MItte nach hinten.**

Die Knüpfarbeit lösen. Die Schlaufen ausrichten. Das Arbeitsende kürzen und festkleben.

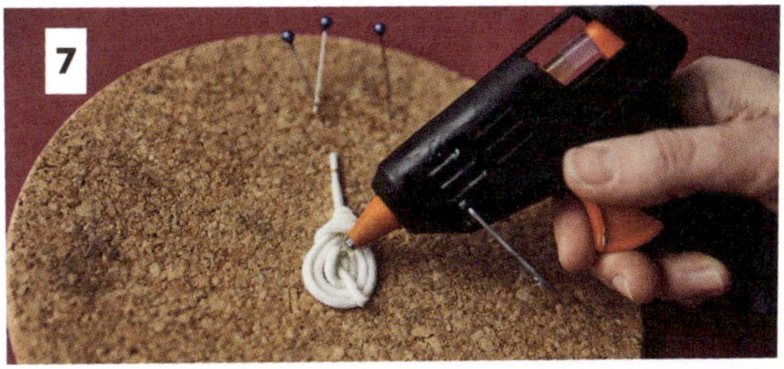

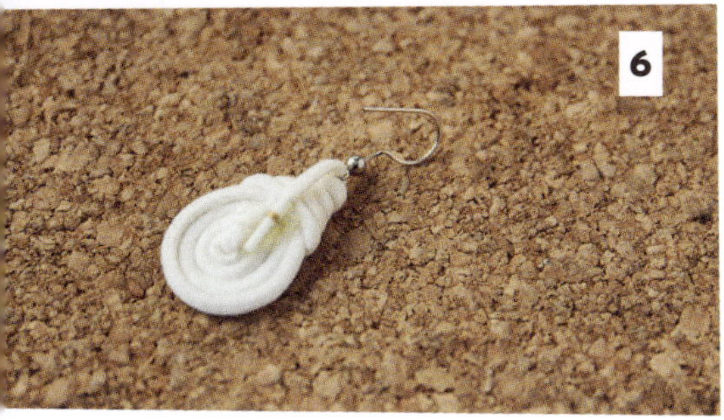

8 **Zieh den Ohrhaken auf. Kürze den Anfang bei Bedarf und klebe ihn auf der Rückseite fest.**

9 **Von Schnürsenkeln keine Spur mehr!**

137

OHNE JEDE SPUR

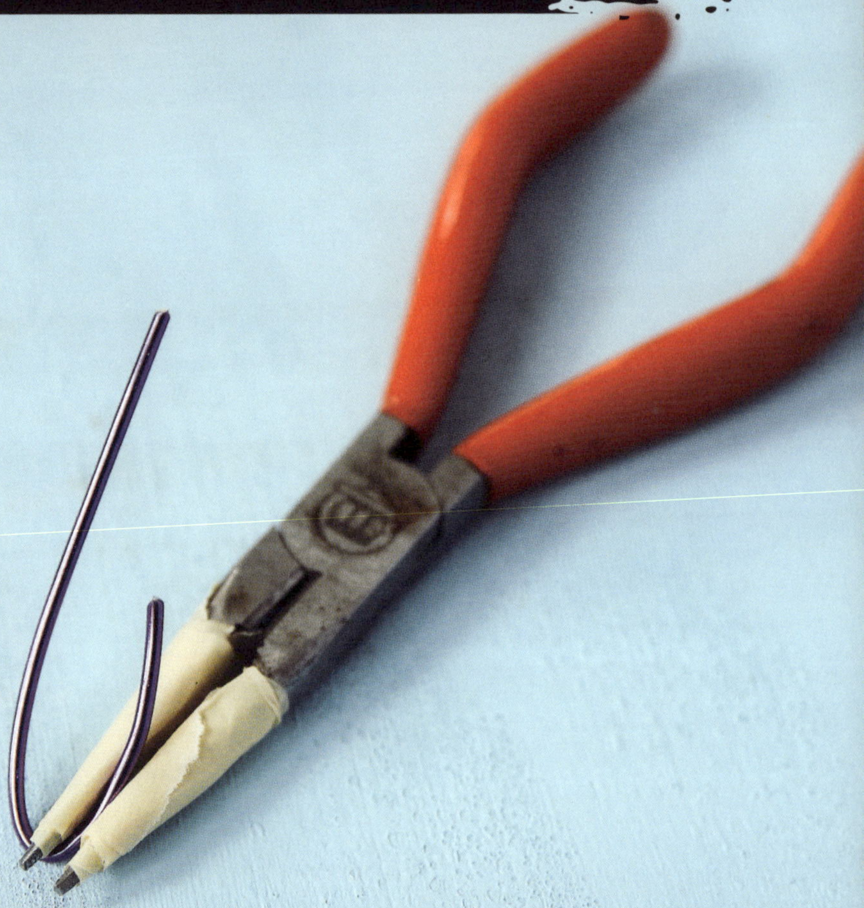

Harte Eisenzangen hinterlassen schnell ihre Spuren auf weichem Schmuckdraht. Fass ihn deshalb lieber mit Samthandschuhen an. Etwas Papierklebeband, das du um die Greiferbacken klebst, tut es aber auch.

Unschöne Abdrücke kannst du auch an der Werkbank vermeiden. Lege beim Einspannen etwas Karton zwischen die Backen und dein Werkstück.

An dieser Perle kommt keiner vorbei. Fädle eine Perle auf einen Faden und ziehe den Faden noch ein weiteres Mal oder sogar weitere zwei Mal durch die Perle. Die Perle sitzt dadurch fest auf dem Faden, ohne zu verrutschen. Zum Verschieben einfach die Fäden lockern, die Perle greifen und an die gewünschte Position ziehen.

Wenn du mehrere Bastelarbeiten an einem Faden aufhängen willst, kannst du sie mit Stopperperlen exakt positionieren und an ihrem Platz halten.

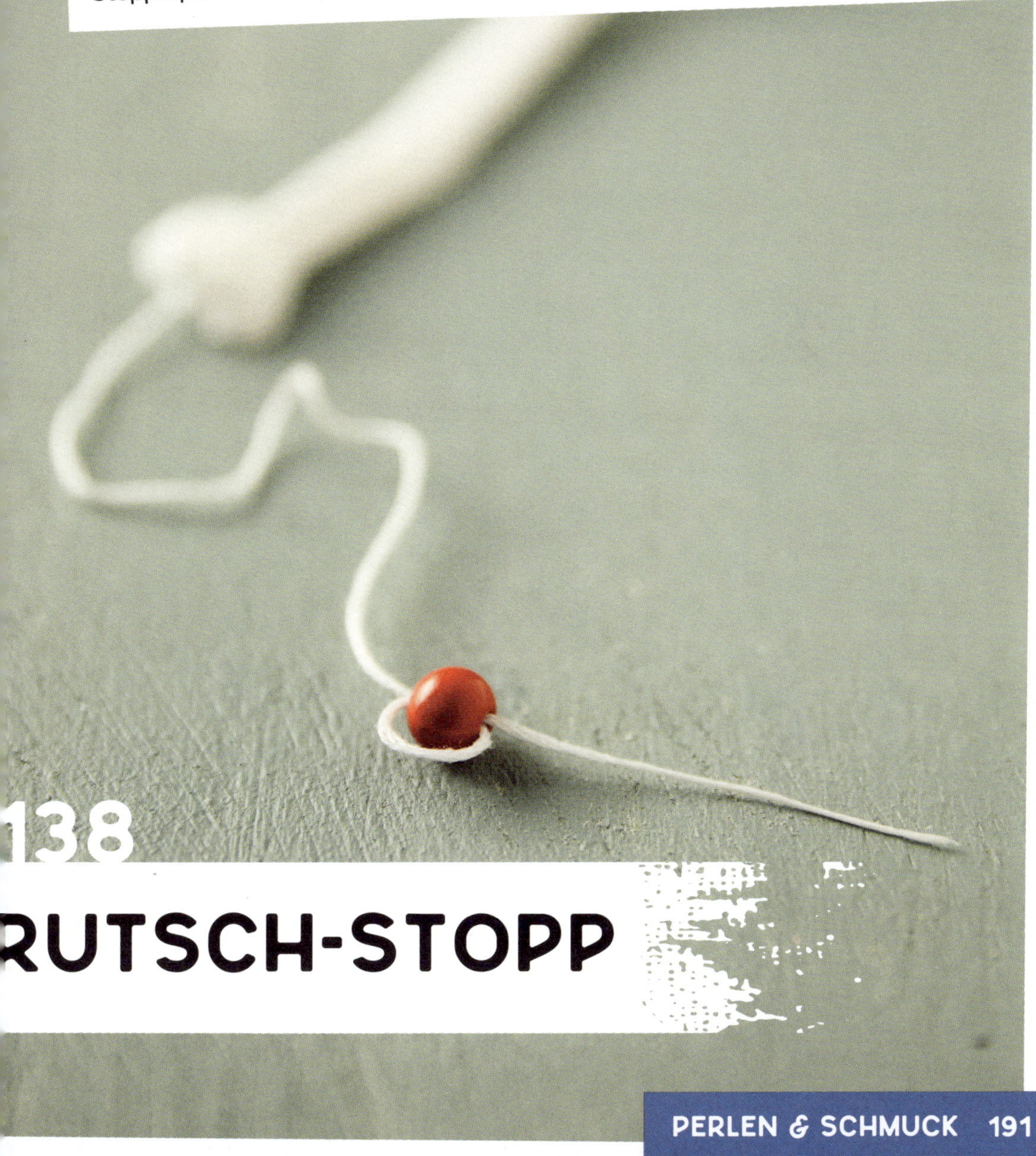

138

RUTSCH-STOPP

Oft ist das Loch der Perlen zu klein, um mit der Nadel den Faden durchzuziehen. Wenn du das Fadenende mit Bastelkleber versteifst, kannst du auf die Nadel verzichten. Massiere den Klebstoff etwas in den Faden oder die Kordel ein und warte, bis er fest geworden ist.

Rolle bei dickeren Kordeln die Spitze zwischen den Fingern, damit sie schön dünn wird, und schneide sie nach dem Trocknen schräg ab.

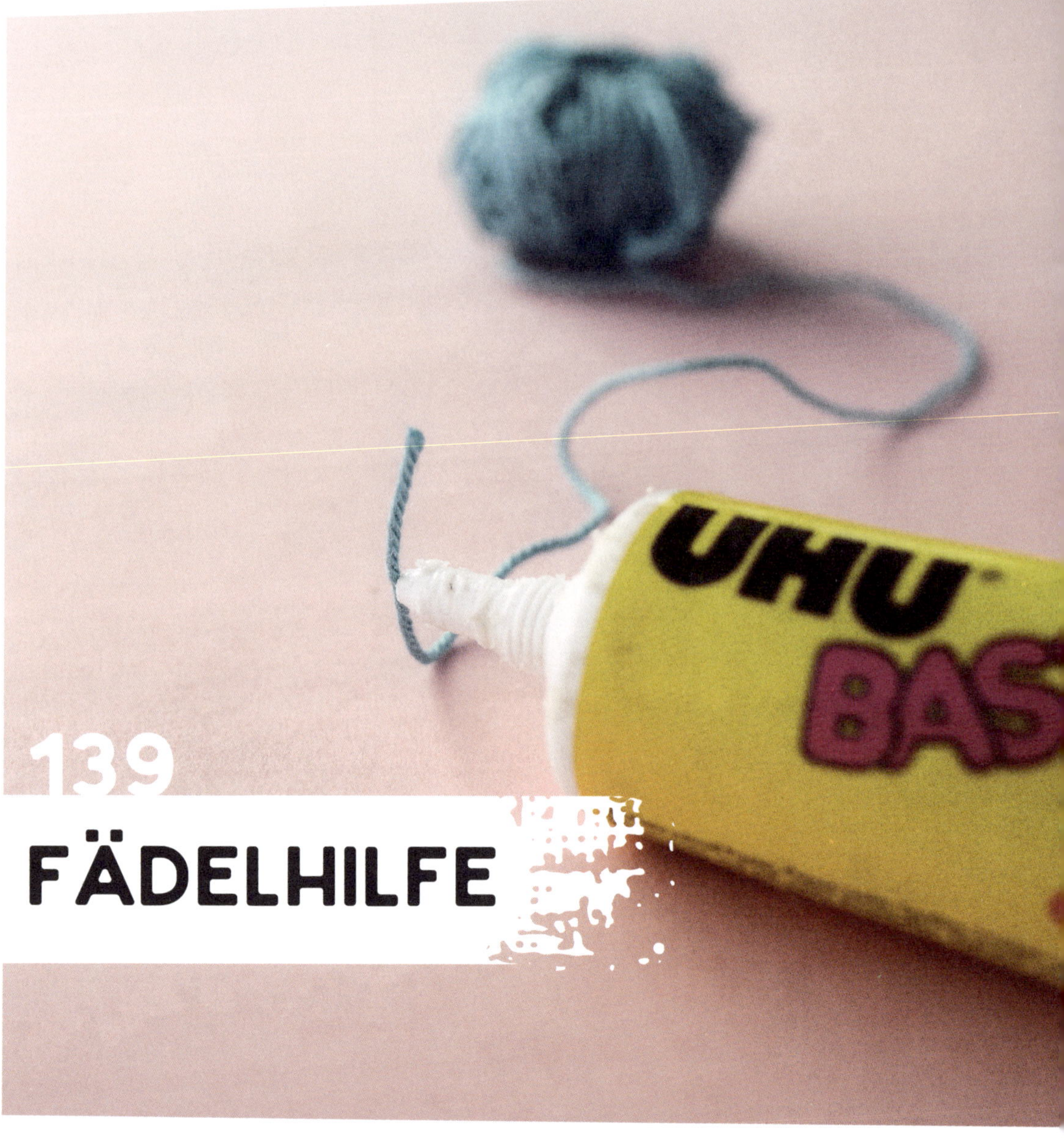

139

FÄDELHILFE

NOTIZEN

AHA!

Die wichtigste Sache bei einer Perle ist das Loch! Denn hier muss der Faden – beziehungsweise der Draht – durch, damit aus der Perle ein Schmuckstück wird. Achte beim Kauf oder beim Selbermachen von Perlen unbedingt darauf, dass die Lochgröße zu deinem Fädelmaterial passt. Löcher, die zu klein oder unsauber sind, lassen sich nur schwer weiten – zum Beispiel mit einem Perlenbohrer oder einer speziellen Rundfeile.

Wolle und Fäden

140

Biege aus dem Draht die Form einer Frucht, beispielsweise einen Apfel oder eine Zitrone. Lasse die Enden der Drahtform offen. Arbeite mit der Strickliesel oder -mühle einen passend langen Strickschlauch und ziehe ihn über den Draht. Schließe die Drahtform und nähe die Schlauchenden zusammen. Für ein Blatt oder einen Stiel umhüllst du ein weiteres Stück Draht mit Strickschlauch und wickelst ihn an der entsprechenden Stelle um die Fruchtform.

Du hast keine Strickliesel? Auf Seite 199 ist die Anleitung für eine DIY-Version.

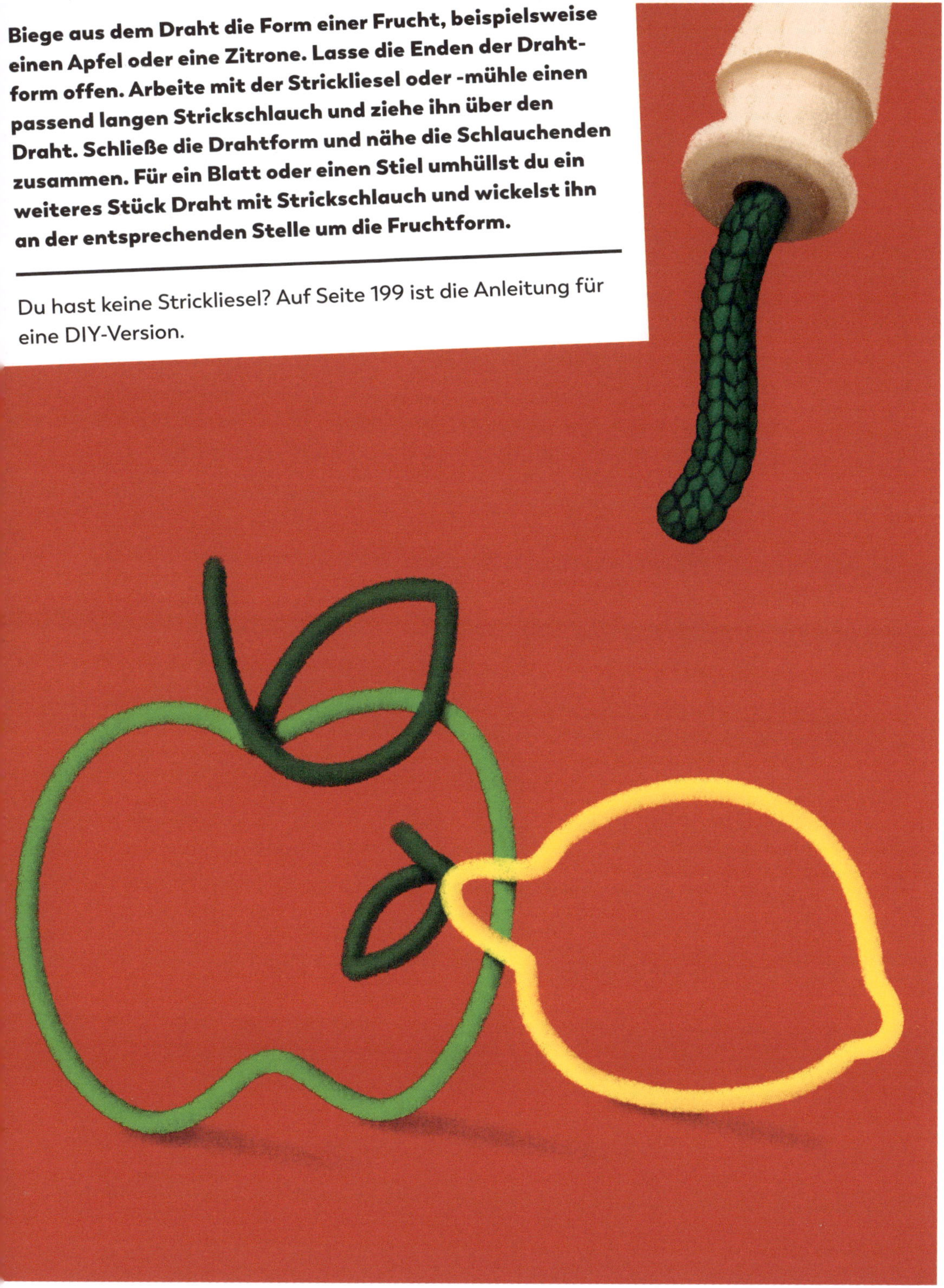

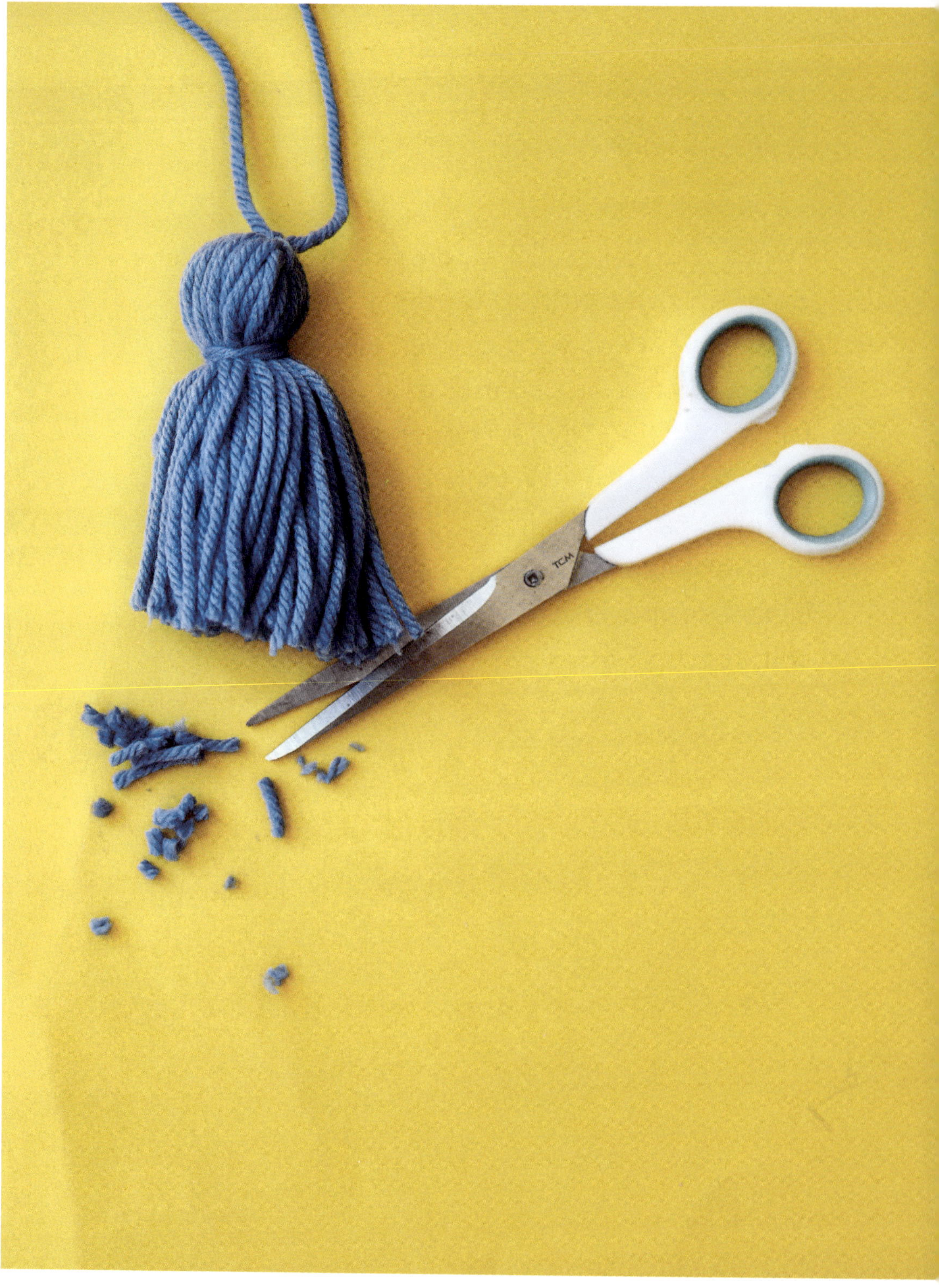
TCM

Wenn du beim Titel dieses Kapitels an Stricken oder Nähen denkst, bist du schief gewickelt. Hier wird geknotet, zusammengezwirbelt und manchmal sogar abgefackelt. Die Projektauswahl reicht von Makramee über Weben bis hin zur selbstgemachten Strickliesel. Lass dich von magischen Knotentricks, Zaubernähten und Blitz-Pompons verzaubern und werde selbst zum Fadenkünstler. Viel Spaß!

Verknote die beiden Enden einer 180 cm langen Jutekordel miteinander und lege die Kordel mit dem Knoten nach oben vor dich. Ziehe den unteren Teil bis etwa zu Hälfte hoch und verdrehe ihn einmal. Stelle den Blumentopf oder das Glas auf das „Drehkreuz". Nimm den oberen Teil mit dem Knoten und lege ihn über die Schlaufe, die unter dem Glas herausschaut. Lege das untere Band über das Knotenband und wickle es einmal herum – ziehe den Knoten wieder an seine Ausgangsposition. Dabei ziehen sich die seitlichen Kordeln in Richtung Glas. Ziehe die Schlaufe mit dem Knoten einmal komplett über das Glas auf die andere Seite. Nimm die beiden seitlichen Kordelschlaufen, lege sie über die große Schlaufe mit dem Knoten und ziehe diese durch. Alles festziehen, bis das Glas sicher in den Seilen hängt.

Am besten verwendest du ein Glas oder einen Blumentopf mit einem kleinen Rand, so halten die Kordeln besser.

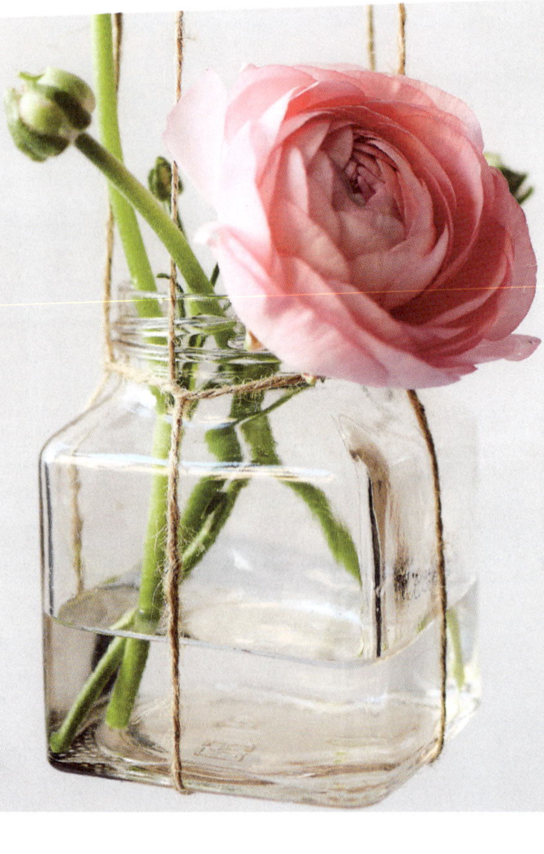

141

VERKNOTETE AMPEL

142

DIY-STRICKLIESEL

Schon in der Grundschule hat sie uns gute Dienste geleistet – jetzt basteln wir sie uns einfach selbst! Klebe vier Büroklammern mit dem geraden Teil nach oben in gleichmäßigem Abstand zueinander von außen an eine Papprolle. Darüber noch eine Runde Klebeband – das gibt den Klammern mehr halt. Verziere die Strickliesel nach Lust und Laune mit Maskingtape und Markern.

Statt Büroklammern kannst du auch Haarnadeln verwenden.

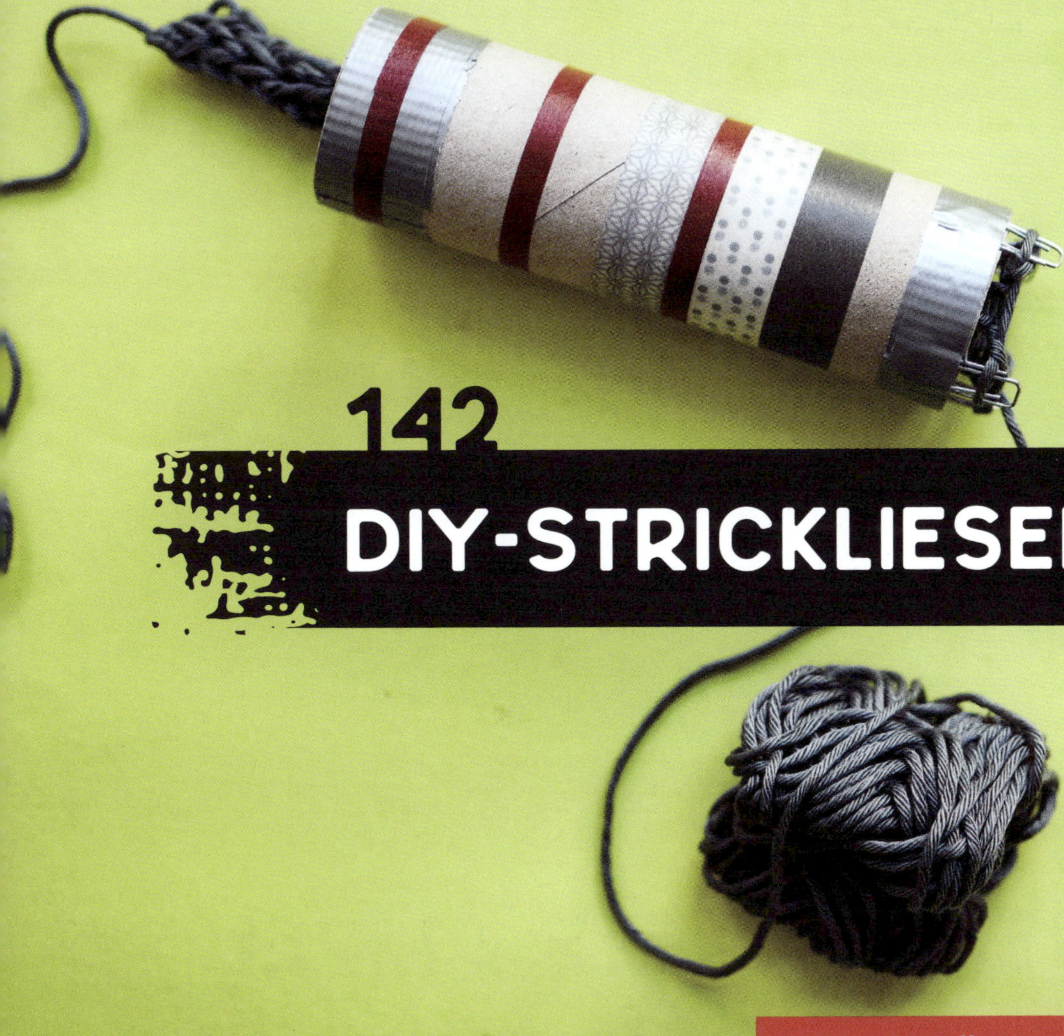

Schneide mit dem Cutter oben und unten einen ca. 5 mm breiten Schlitz in den Holzspatel. Wickle die Wolle über den Spatel in die Spalten und schon kann es losgehen.

Ein tolles Webprojekt findest du auf Seite 214.

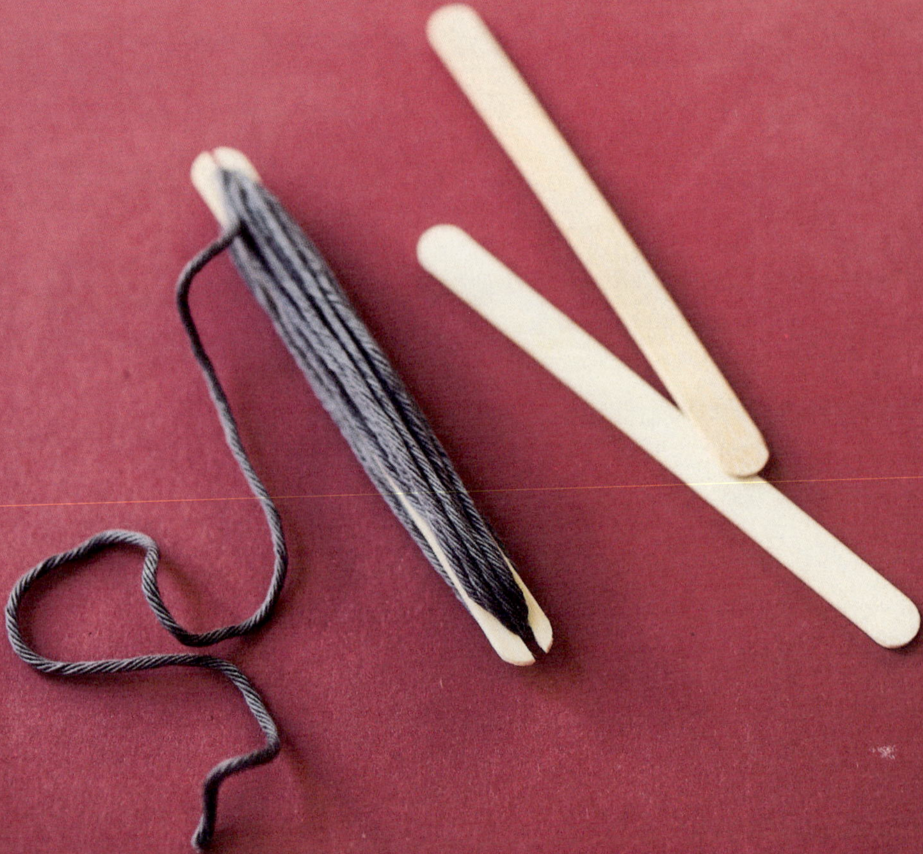

143 SCHNELLES SCHIFFCHEN

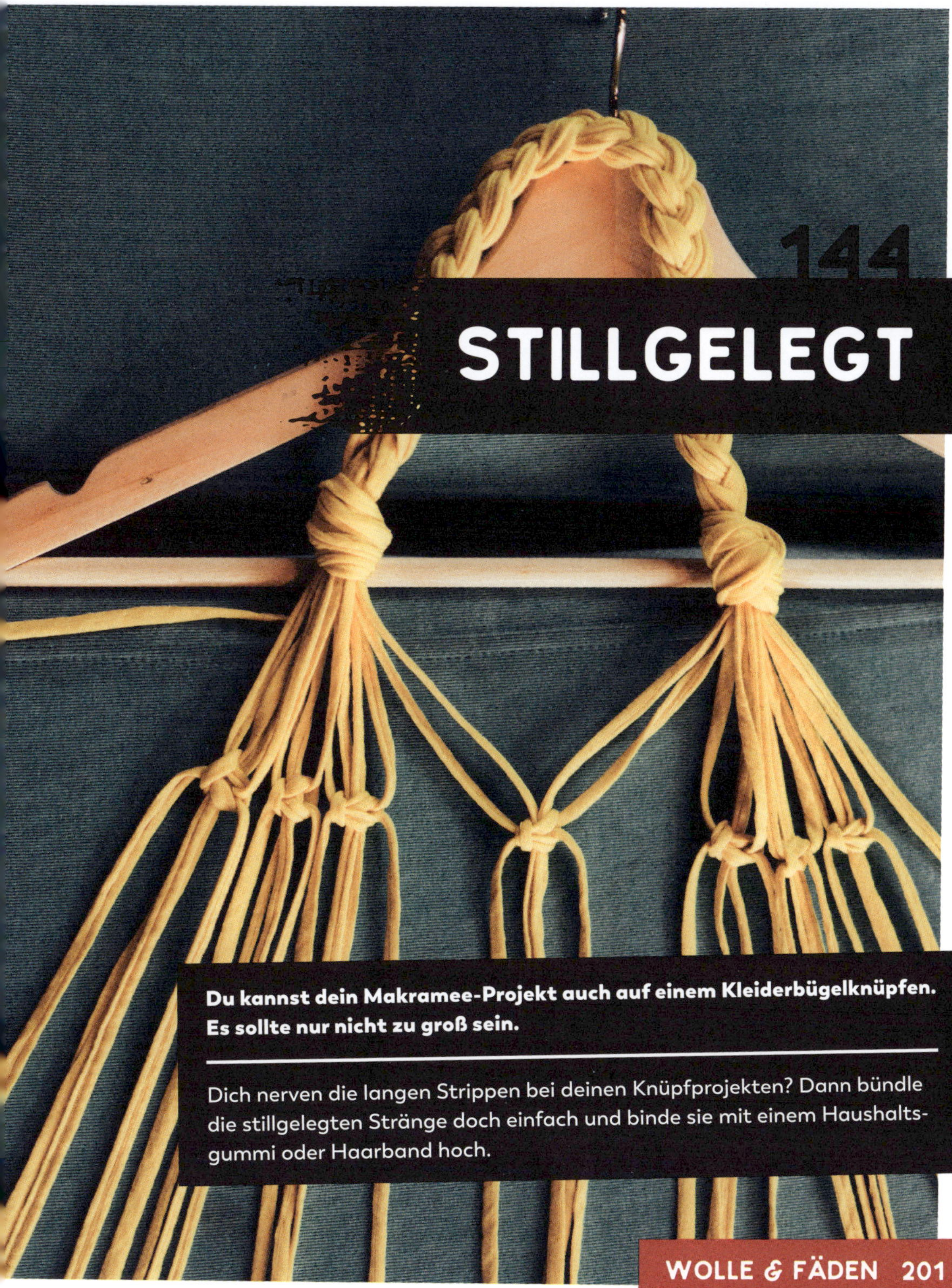

144

STILLGELEGT

Du kannst dein Makramee-Projekt auch auf einem Kleiderbügelknüpfen. Es sollte nur nicht zu groß sein.

Dich nerven die langen Strippen bei deinen Knüpfprojekten? Dann bündle die stillgelegten Stränge doch einfach und binde sie mit einem Haushaltsgummi oder Haarband hoch.

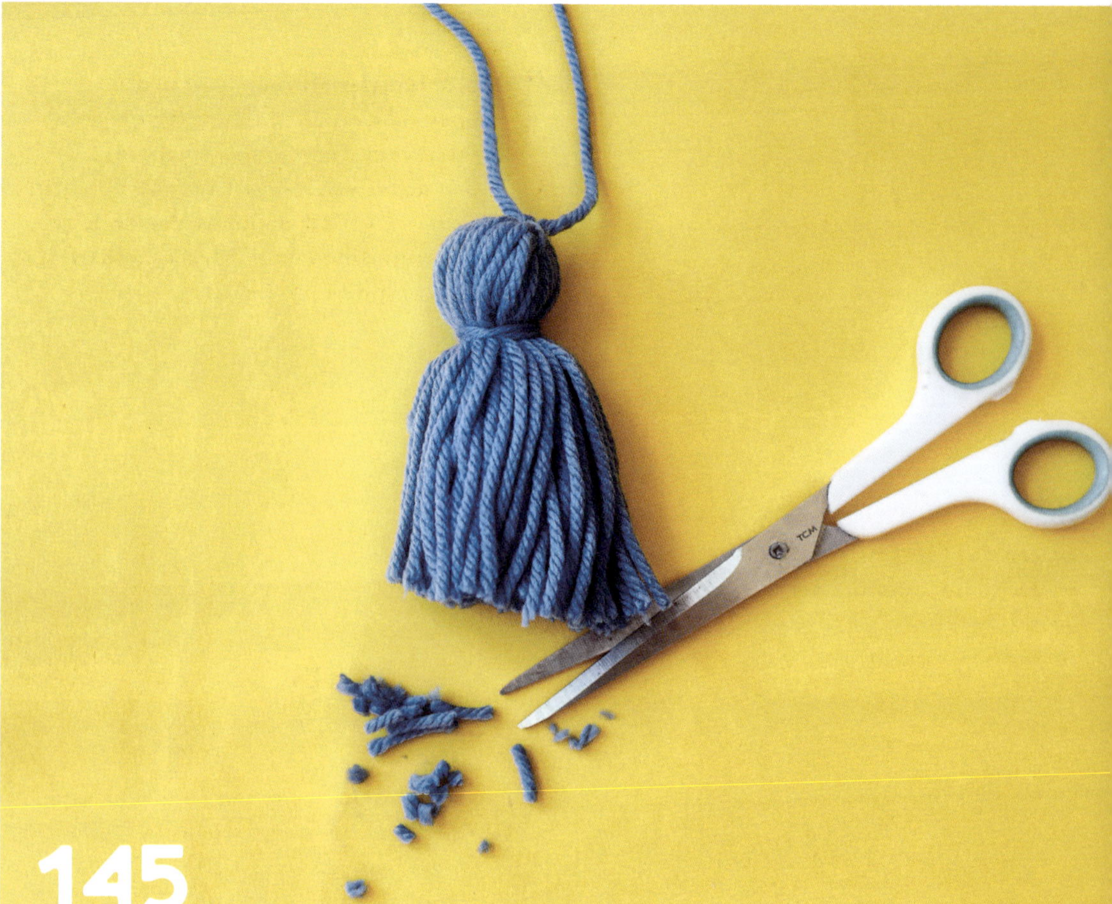

145

SCHNELLE TASSEL

1 **Dazu brauchst du: Rechteck aus Wellpappe (so lang, wie deine Tassel werden soll), 1 Knäuel Wolle, Schere**

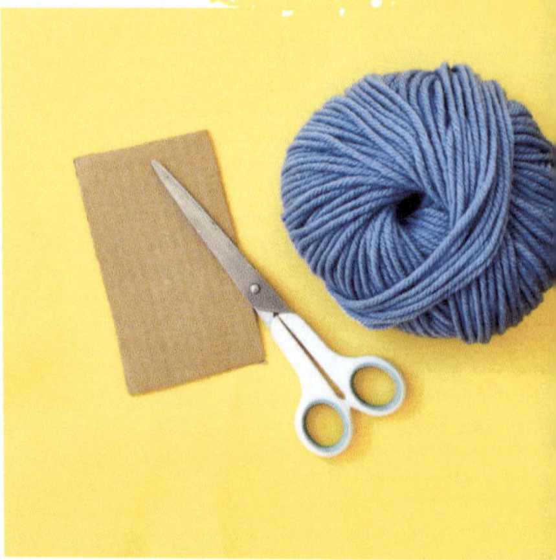

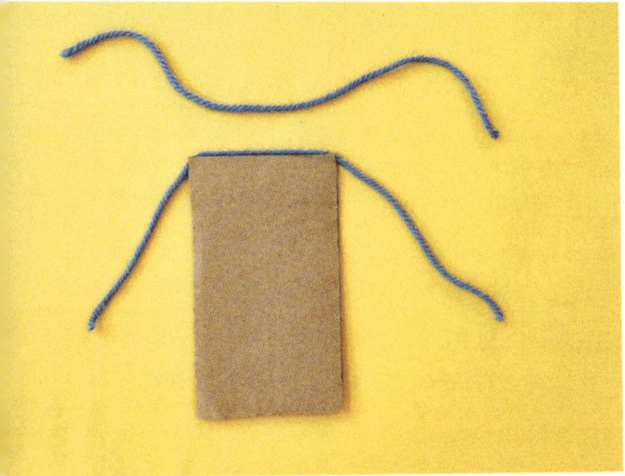

2 **Spalte mit der offenen Schere die Pappschichten der beiden oberen Kartonecken auf, sodass du einen Faden dazwischenlegen kannst. Schneide zwei 20 cm lange Wollfäden ab. Spanne einen der Fäden zwischen die aufgespaltenen Ecken.**

3 **Wickle die Wolle um die langen Seiten des Pappstücks. Je öfter, desto voluminöser wird deine Quaste.**

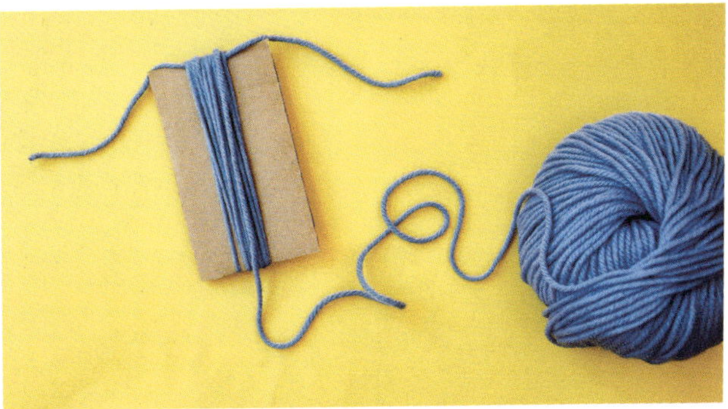

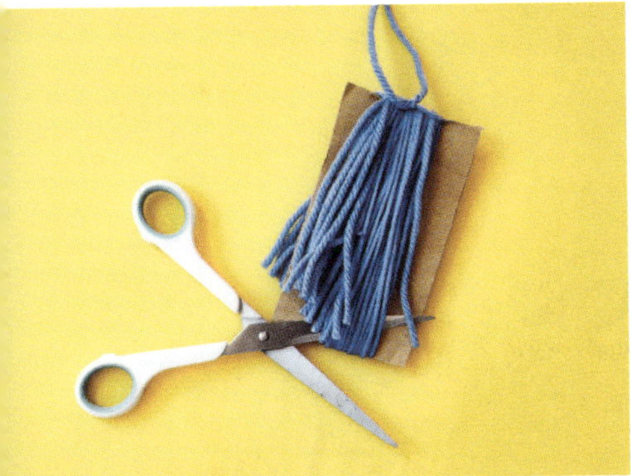

4 **Löse den oben eingespannten Faden und verknote ihn über der gewickelte Wolle mit einem Doppelknoten. Schneide die gewickelten Fäden unten auf.**

Kleine Tassels kannst du auch über einer Gabel wickeln. Dafür spannst du den Bindefaden einfach durch die Zinken.

Nimm das zweite Fadenstück und binde damit die Quaste etwa im oberen Drittel ab. Mehrfach fest umwickeln und die Enden fest verknoten.

Schneide die offenen Wollenden in der gleichen Länge ab.

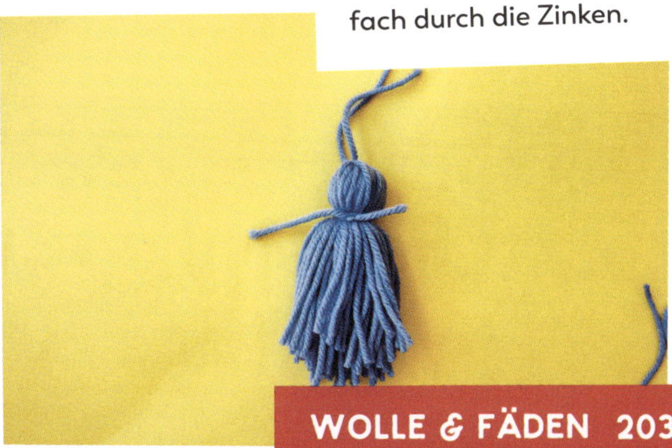

Mache einen dicken Knoten ins Fadenende. Stich dicht an der schon vorhandenen Naht ein und ziehe den Faden bis zum Knoten durch. Stich auf der gegenüberliegenden Seite auf gleicher Höhe ein und dann etwa 2 mm daneben wieder ein (je enger der Abstand, desto schöner die Naht). Am Faden ziehen, aber nicht fest anziehen. Nun wiederholst du das Ganze auf der anderen Seite. Arbeite etwa 2 cm auf diese Weise, ziehe dann am Faden und schließe so die Naht. Wiederhole diese 2 cm Abschnitte, bis die gesamte Öffnung verschlossen ist. Fadenende vernähen und sichern.

Ein Faden in Stofffarbe ist natürlich besonders „unsichtbar".

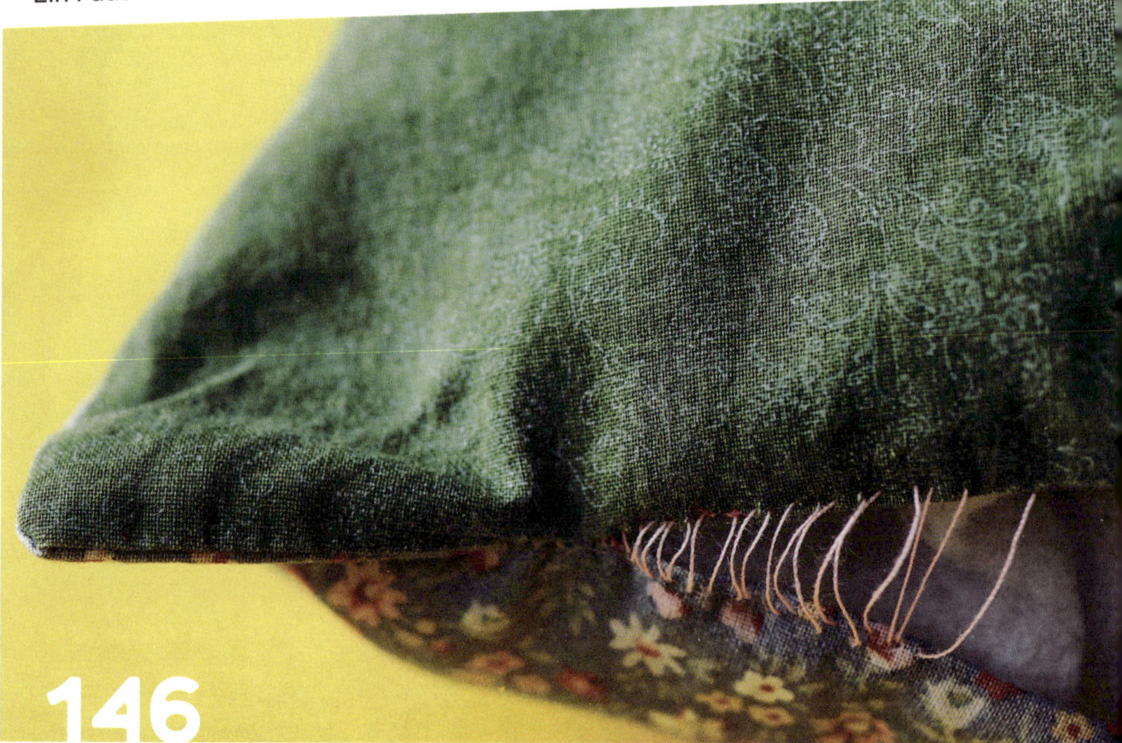

146 UNSICHTBARE ZAUBERNAHT

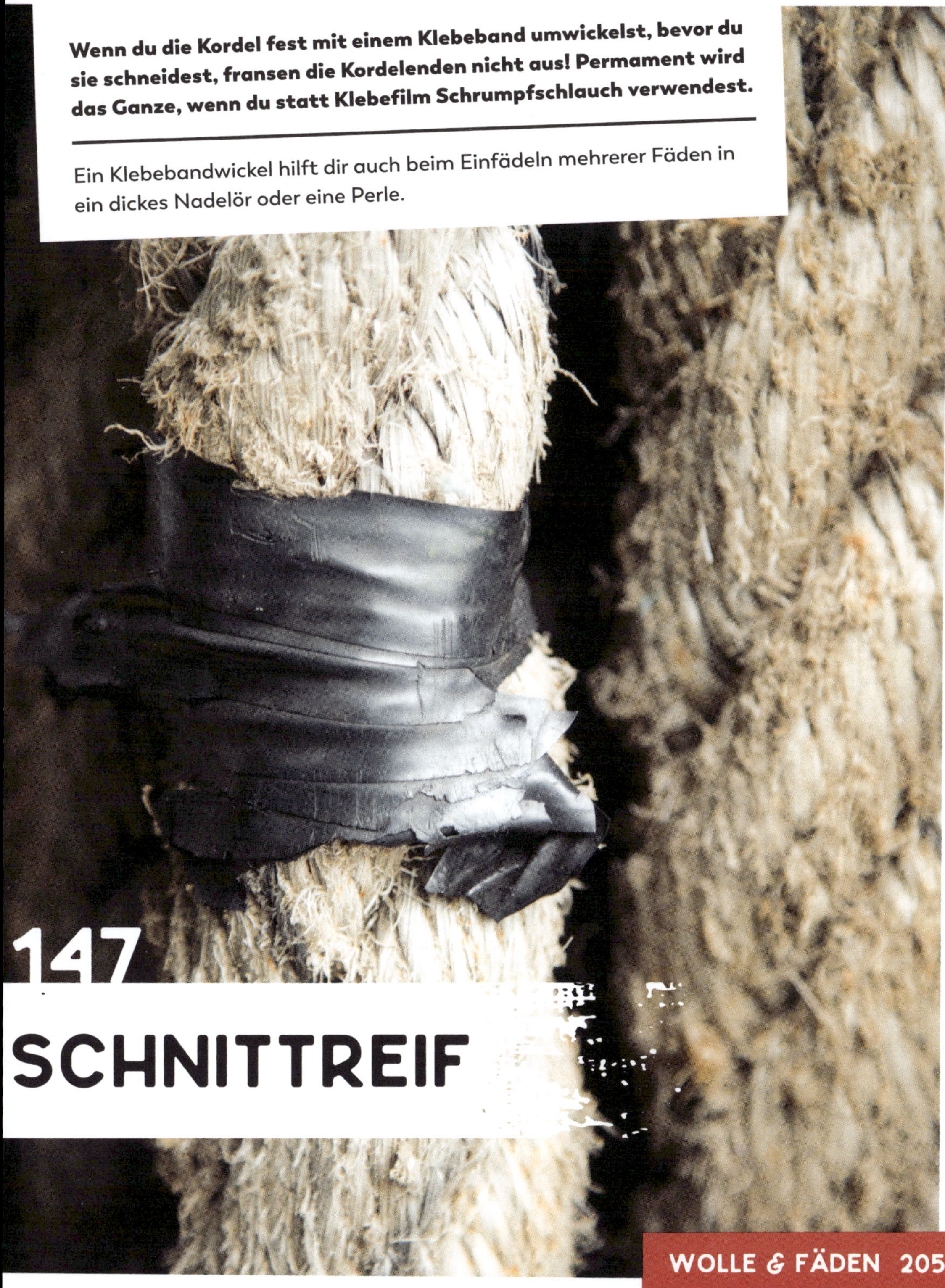

147 SCHNITTREIF

Wenn du die Kordel fest mit einem Klebeband umwickelst, bevor du sie schneidest, fransen die Kordelenden nicht aus! Permament wird das Ganze, wenn du statt Klebefilm Schrumpfschlauch verwendest.

Ein Klebebandwickel hilft dir auch beim Einfädeln mehrerer Fäden in ein dickes Nadelör oder eine Perle.

148

KNOTEN, KNOTEN, DU SOLLST WANDERN

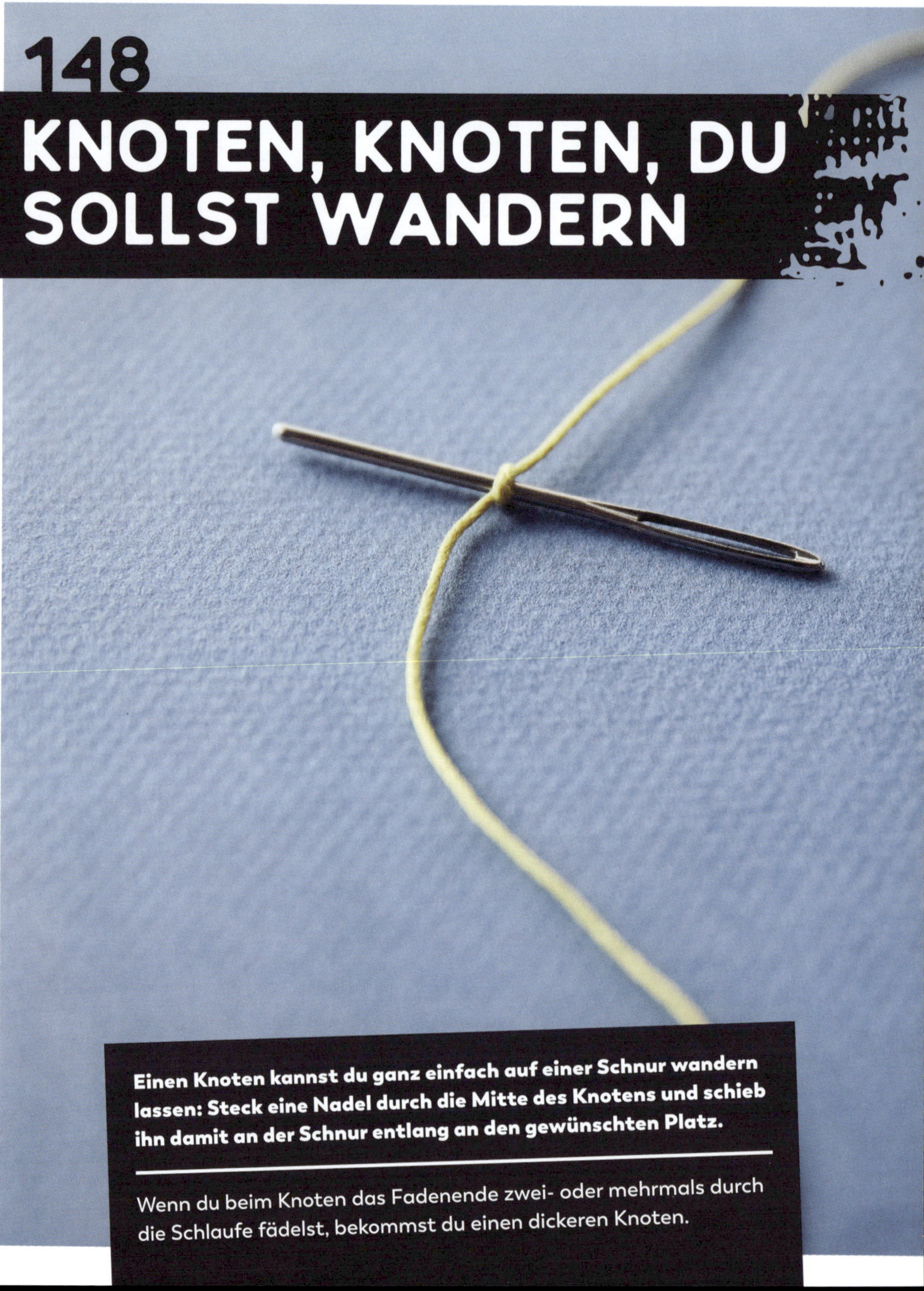

Einen Knoten kannst du ganz einfach auf einer Schnur wandern lassen: Steck eine Nadel durch die Mitte des Knotens und schieb ihn damit an der Schnur entlang an den gewünschten Platz.

Wenn du beim Knoten das Fadenende zwei- oder mehrmals durch die Schlaufe fädelst, bekommst du einen dickeren Knoten.

149

BERECHENBAR

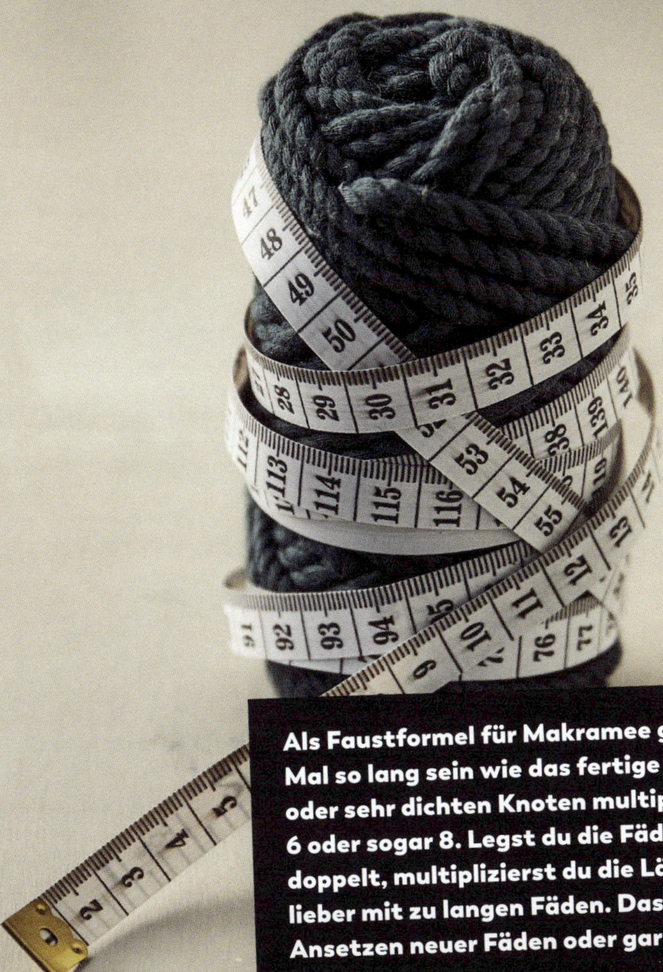

Als Faustformel für Makramee gilt: Die Knüpffäden sollten vier Mal so lang sein wie das fertige Projekt. Bei sehr dickem Garn oder sehr dichten Knoten multiplizierst du die Länge besser mit 6 oder sogar 8. Legst du die Fäden beim Einhängen am Anfang doppelt, multiplizierst du die Länge noch einmal mit 2. Arbeite lieber mit zu langen Fäden. Das erspart dir später zeitraubendes Ansetzen neuer Fäden oder gar einen Neuanfang.

Knüpfe ein kleines Musterstück, um den Verbrauch auszurechnen. Bedenke außerdem, dass die Leitfäden oft deutlich kürzer sein können als die Arbeitsfäden.

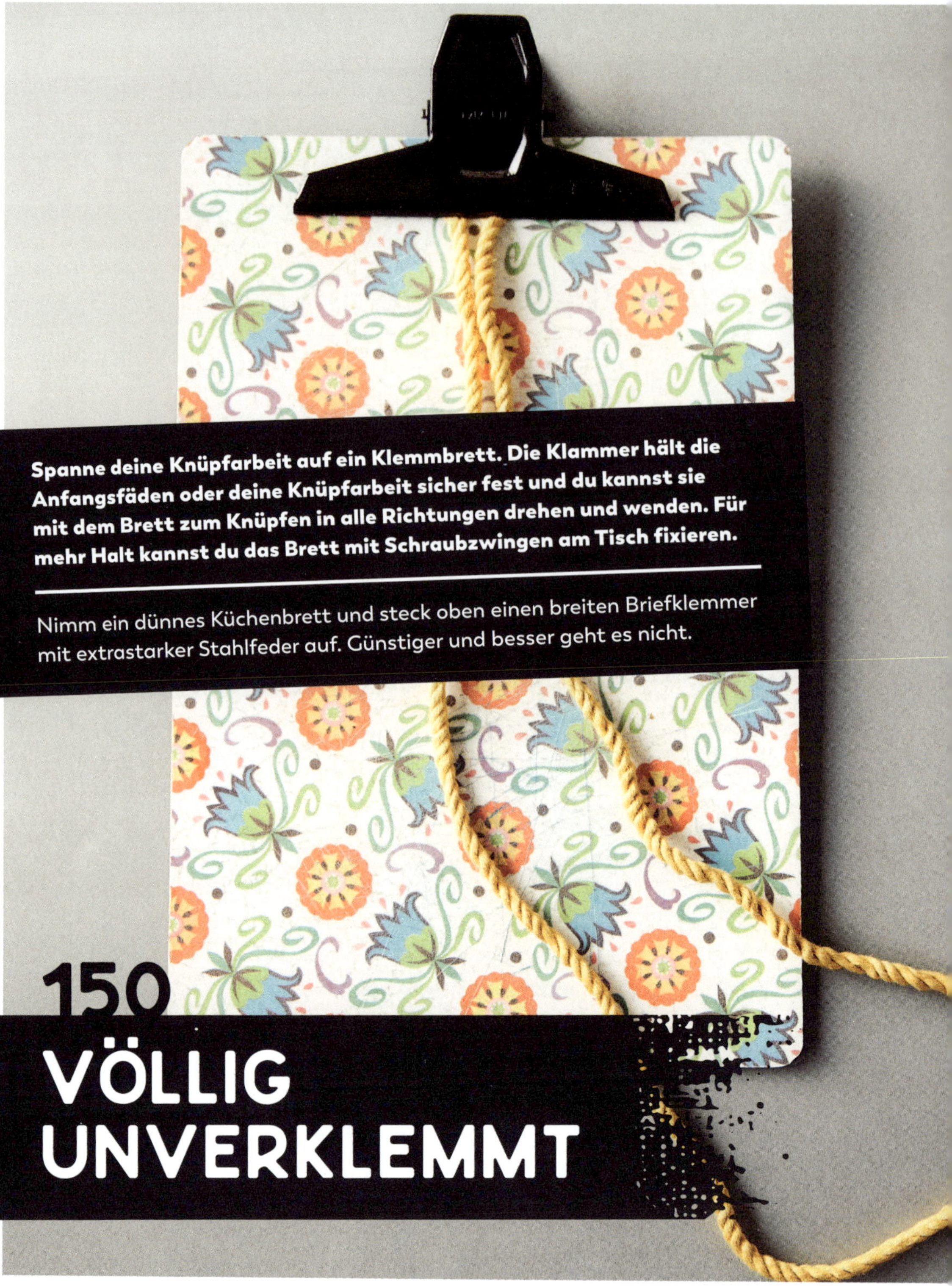

Spanne deine Knüpfarbeit auf ein Klemmbrett. Die Klammer hält die Anfangsfäden oder deine Knüpfarbeit sicher fest und du kannst sie mit dem Brett zum Knüpfen in alle Richtungen drehen und wenden. Für mehr Halt kannst du das Brett mit Schraubzwingen am Tisch fixieren.

Nimm ein dünnes Küchenbrett und steck oben einen breiten Briefklemmer mit extrastarker Stahlfeder auf. Günstiger und besser geht es nicht.

150 VÖLLIG UNVERKLEMMT

Peppe deine Makramee-Arbeiten mit Farbe auf. Nimm flüssige Textilfarbe und tauche die Enden deiner Knüpfarbeit darin ein, sodass ein Dip-Dye-Effekt entsteht, oder sprühe die Farbe partiell mit der Sprühflasche auf das fertige Projekt. Folge zum Anrühren der Farbe den Herstellerangaben.

Färbe dein Knüpfgarn komplett in deiner Wunschfarbe ein. Verwende dazu weißes oder sehr helles naturfarbenes Garn, damit das Farbergebnis nicht verfälscht wird.

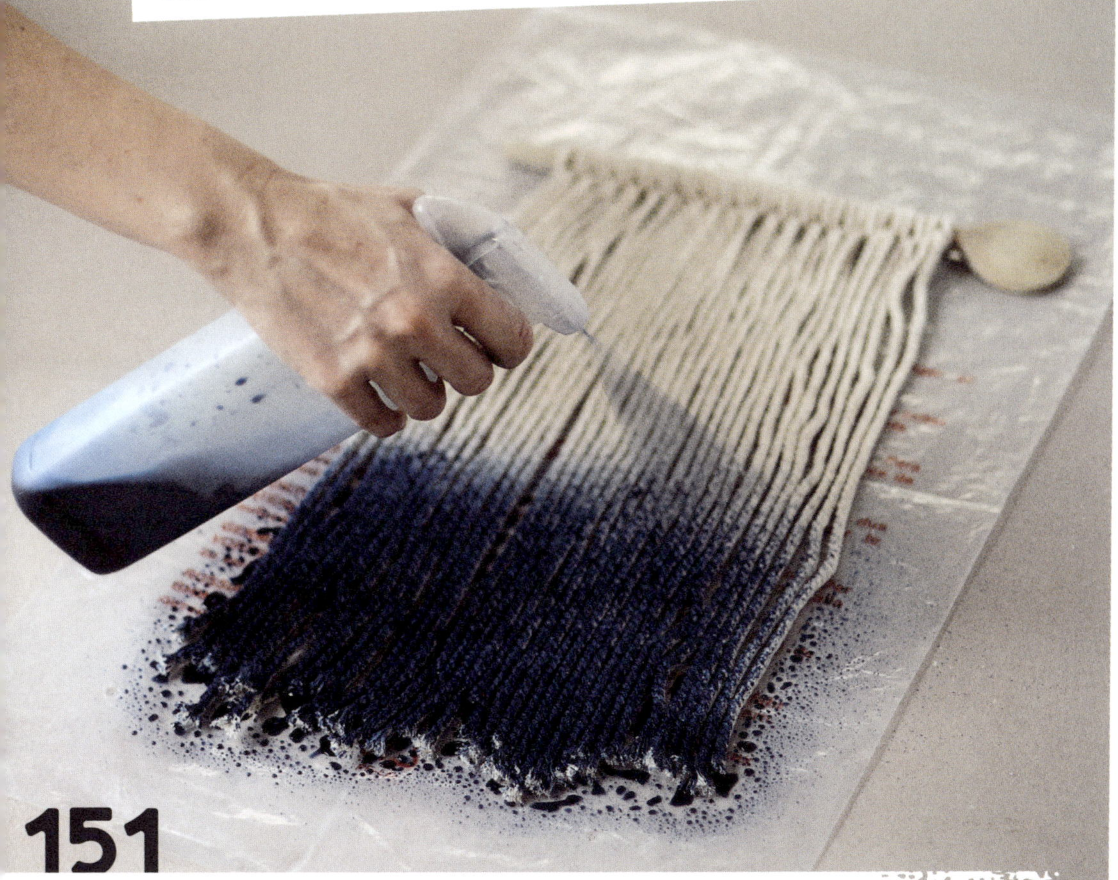

151 IM FARBENRAUSCH

Makramee-Garn ist ziemlich teuer. Sammle Reste und abgeschnittene Enden in einer Kiste. Du kannst sie für kleine Projekte wie diese Feder verwenden oder als Fransen einarbeiten.

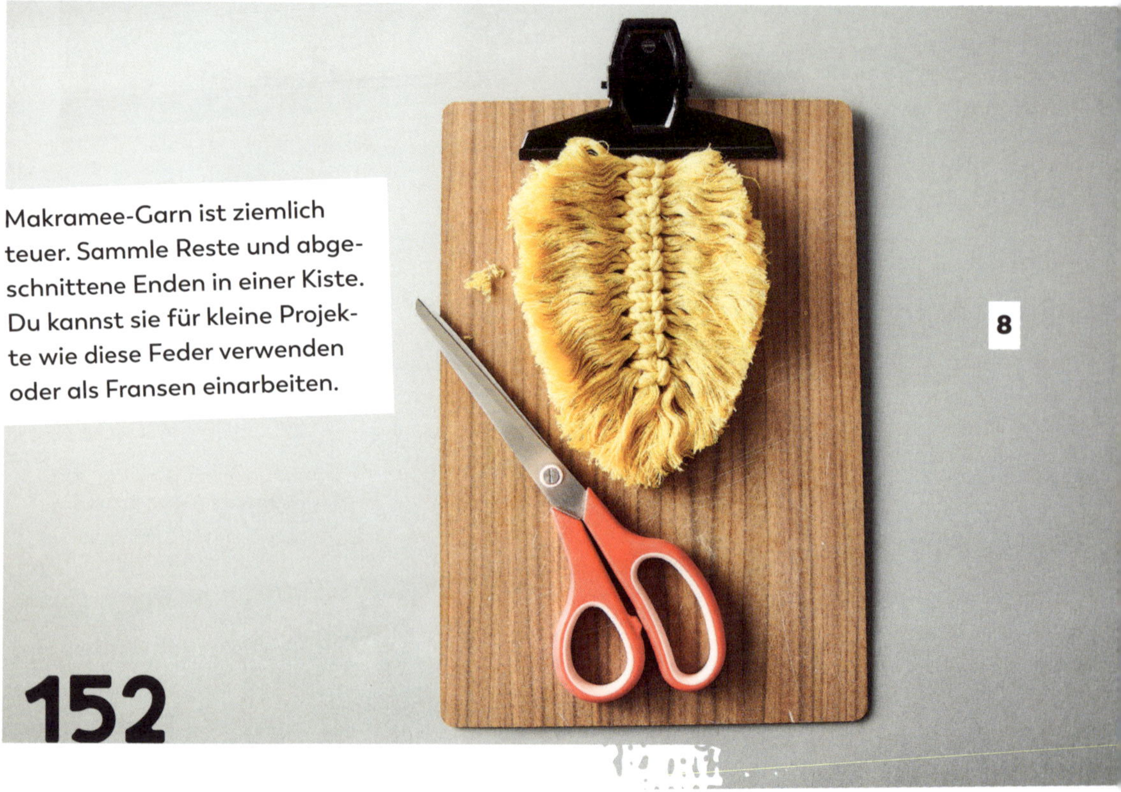

8

152 FEDERLEICHT

1 **Dazu brauchst du: Makramee-Garn, Schere, Klemmbrett, Kamm**

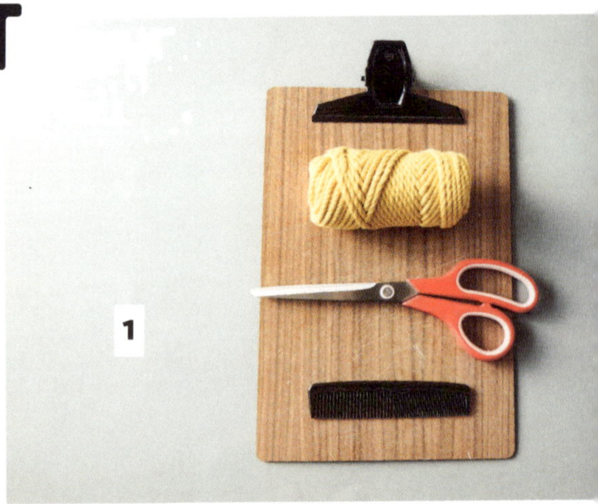

1

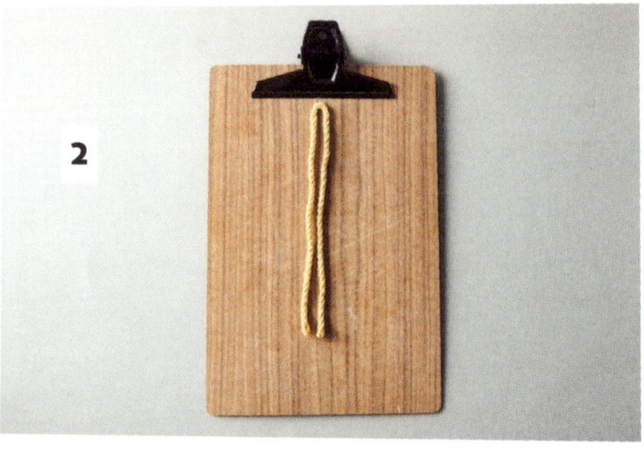

2

2 **Nimm ein 30 cm langes Stück Kordel, leg doppelt und klemm es an das Klemmbret Dies sind nun deine beiden Leitfäden.**

Nimm ein 20 cm langes Kordelstück, leg es doppelt und schiebe es mit der Schlaufe von links nach rechts unter den beiden Leitfäden durch.

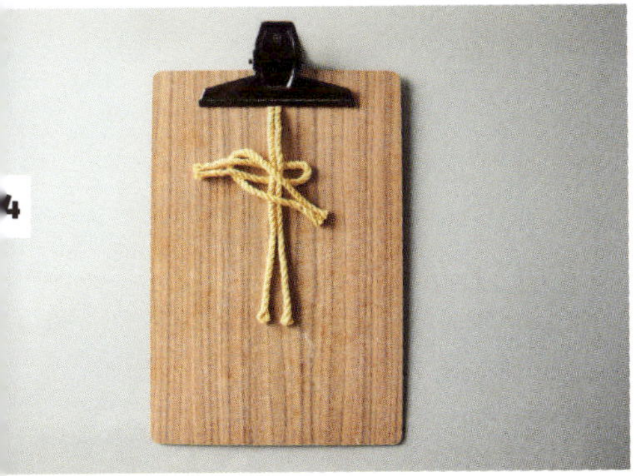

Fädle dann auf der rechten Seite der Leitfäden die losen Enden des zweiten Stücks durch die Schlaufe des ersten Stücks.

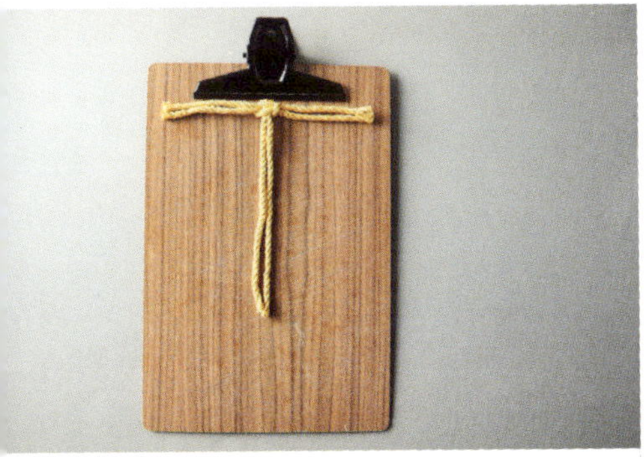

Die Kordeln aufdröseln und mit dem Kamm auskämmen. Wenn du magst, kannst du die Fransen zusätzlich mit dem Bügeleisen glätten.

Am Ende die Fäden mit der Schere in Form schneiden.

3

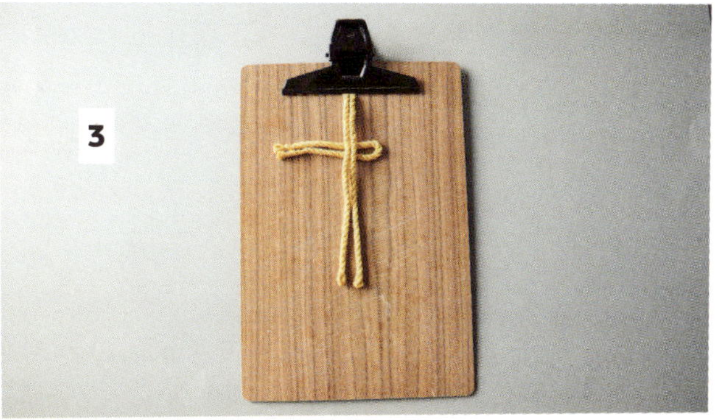

4 Nimm ein weiteres 20 cm langes Kordelstück und leg es doppelt. Schieb es auf der linken Seite der Leitfäden mit der Schlaufe unter die losen Enden des ersten Stücks.

5

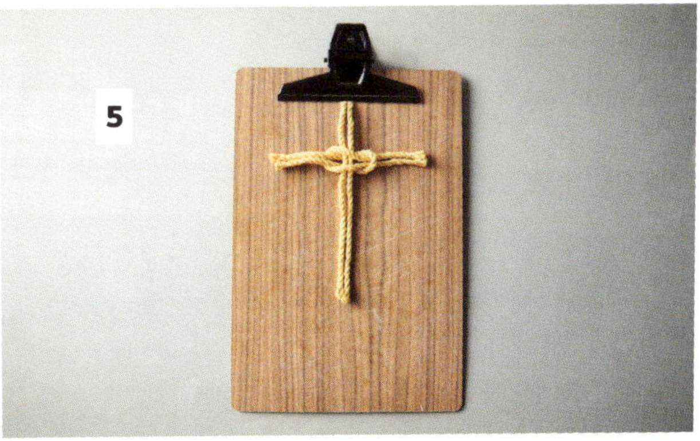

6 Ziehe den Kreuzknoten fest um die Leitfäden und schiebe ihn ganz nach oben. Auf diese Weise zehn weitere Kreuzknoten knüpfen.

7

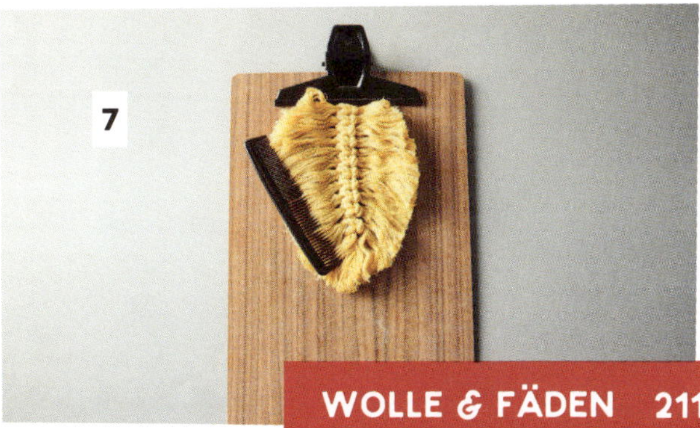

Ein unordentliches Wollknäuel, bei dem sich die Wolle beim Abwickeln verheddert, sollte man auch nicht nehmen, sonst wickelt sich alles wirr um die Maschine.

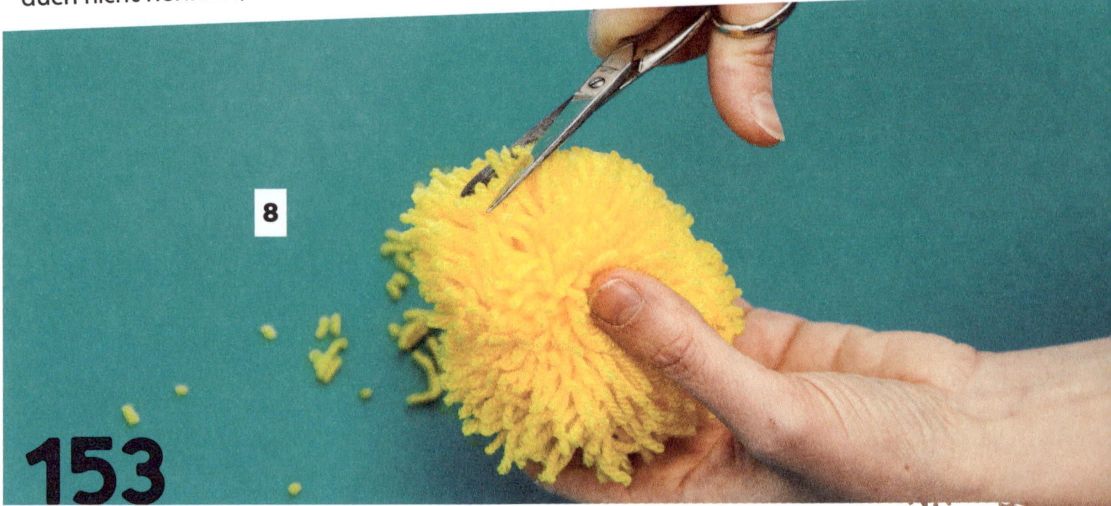

153

POMPON-MASCHINE

Pompons wickeln wie im Schlaf? Mit dem Handrührer kein Problem. In weniger als fünf Minuten ist dein Pompon fertig!

1 **Dazu brauchst du: Handrührer mit Schneebesen, leere Klopapierrolle, Wolle, Schere, Klebestreifen**

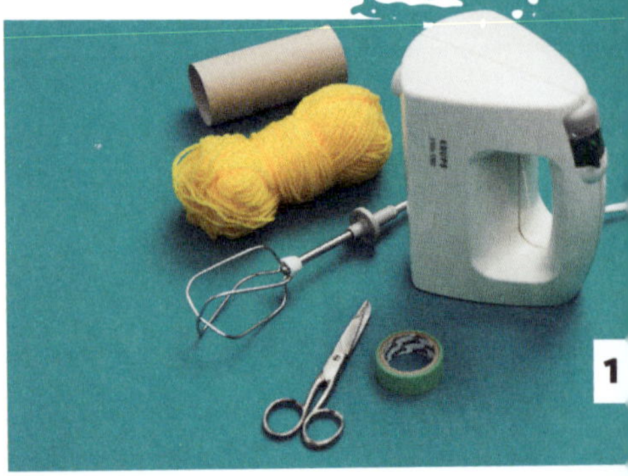

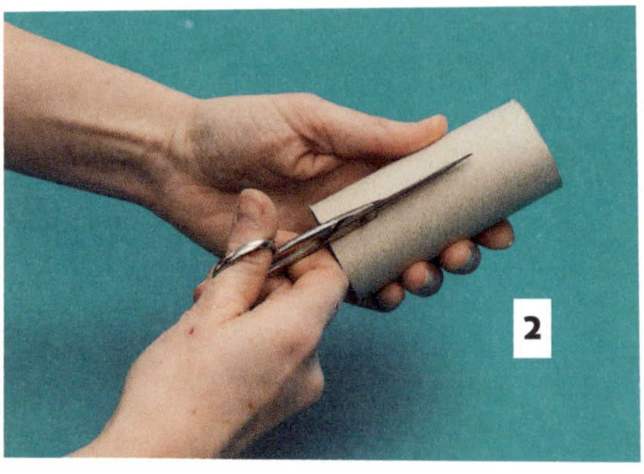

2 **Schneide zwei lange Schlitz in die Klopapie- rolle, die sich gegenüberliegen.**

3 **Ziehe einen ca. 20 cm langen Wollfaden du- die Schlitze bis nach hinten und stecke die Klopapierrolle auf den Schneebesen. Fixie- die Fadenenden mit einem Klebestreifen, damit sie sich nicht verheddern.**

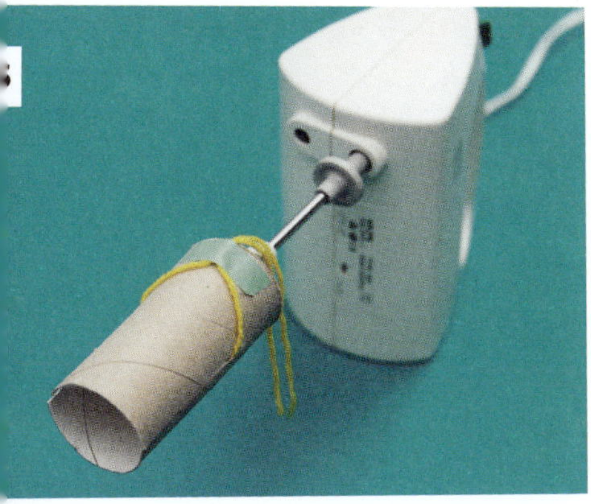

Wenn das neu aufgewickelte Wollknäuel schön dick ist, den Handrührer ausschalten und die Klopapierrolle abziehen. Den Klebestreifen entfernen und die restliche Wolle abschneiden.

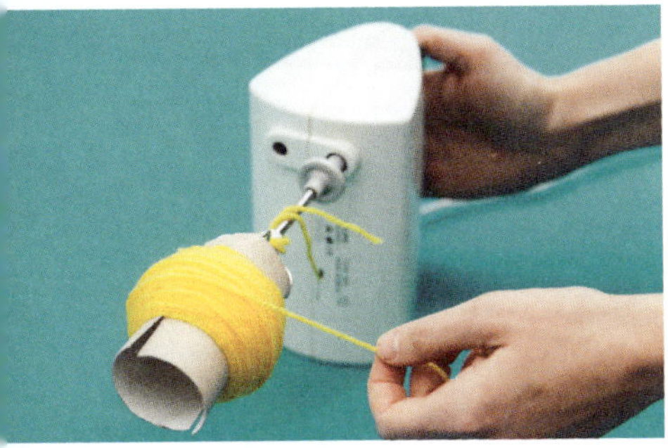

Die Klopapierrolle ganz herausziehen und dann rundum die Schlaufen aufschneiden.

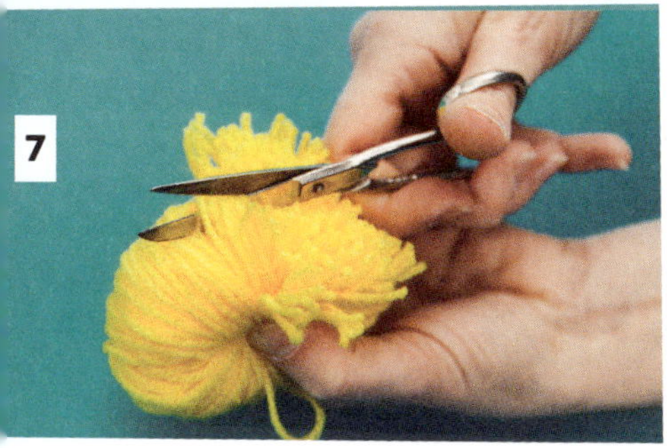

4 Klemm den Anfang der Wolle in die Schlitze. Eine Hand ist am Schalter, die andere führt den Faden. Das Knäuel liegt am Boden und kann sich frei bewegen. Bereit? Dann schalte vorsichtig den Handrührer ein.

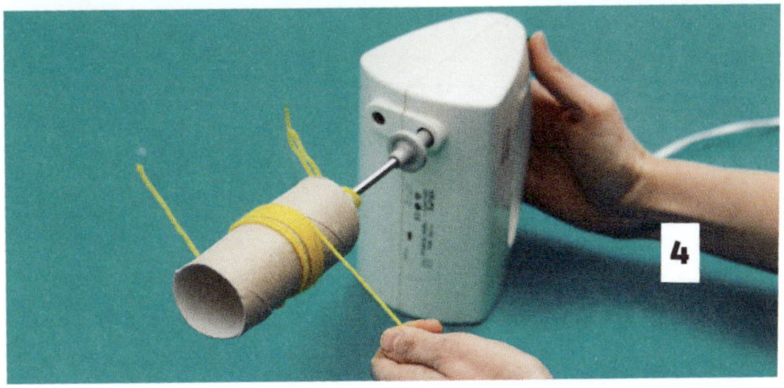

6 Binde das Wollknäuel mit dem eingelegten Faden fest ab. Lege den Faden dazu mehrmals mittig um das Knäuel und mach einen festen Knoten.

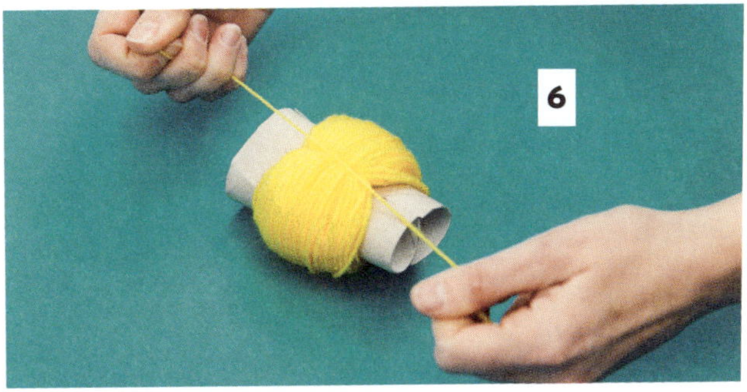

8 Zum Schluss den Pompon noch etwas mit der Schere in Form schneiden, sodass er kugelrund wird.

Achte darauf, dass das Wollknäuel ordentlich ist und sich die Wolle sauber abwickeln lässt.

WEBRAHMEN XXL

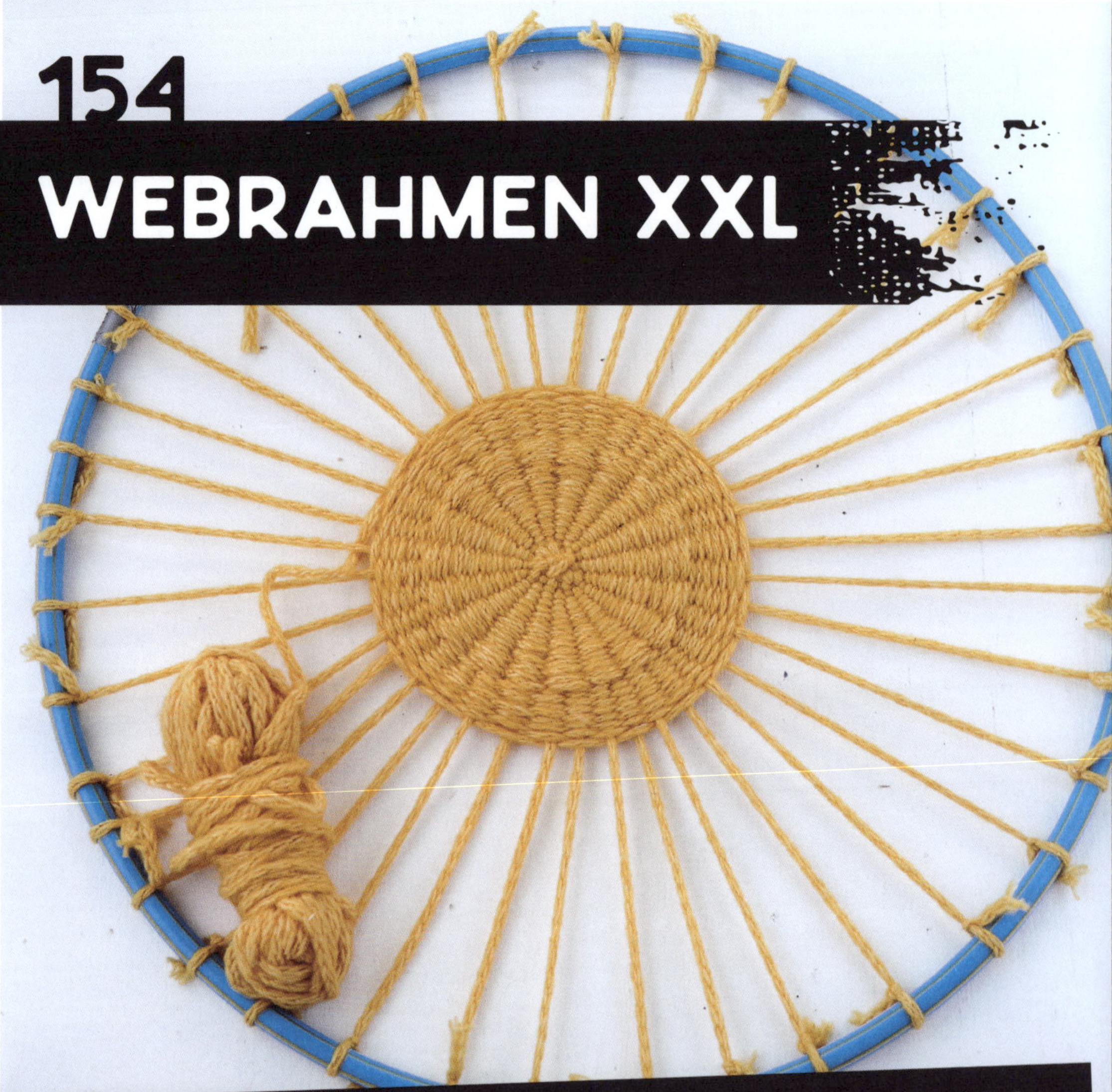

Bespanne einen Hula-Hoop-Reifen mit einer geraden Zahl an „Fadenspeichen“. Jede Speiche besteht aus zwei Fäden. Der Abstand zwischen den Speichen beträgt am Ring etwa 10 cm. Knote einen weiteren Faden in der Mitte an, spann ihn nach außen und knote ihn am Ring fest. Jetzt hast du eine ungerade Zahl an Speichen und kannst mit dem Weben beginnen. Wenn die Abstände zwischen den Speichen zu groß werden, teilst du die Fäden der Speichen, sodass sich deren Zahl verdoppelt. Dann geht es wie gewohnt weiter in Runden, bis der Teppich fertig ist. Die Fäden am Reifen lösen und immer zwei miteinander verknoten.

Zum Weben auf dem XXL-Webrahmen eignet sich richtig dickes Garn, wie z. B. Textilgarn. Auf Seite 238 erfährst du, wie du es selbst herstellen kannst.

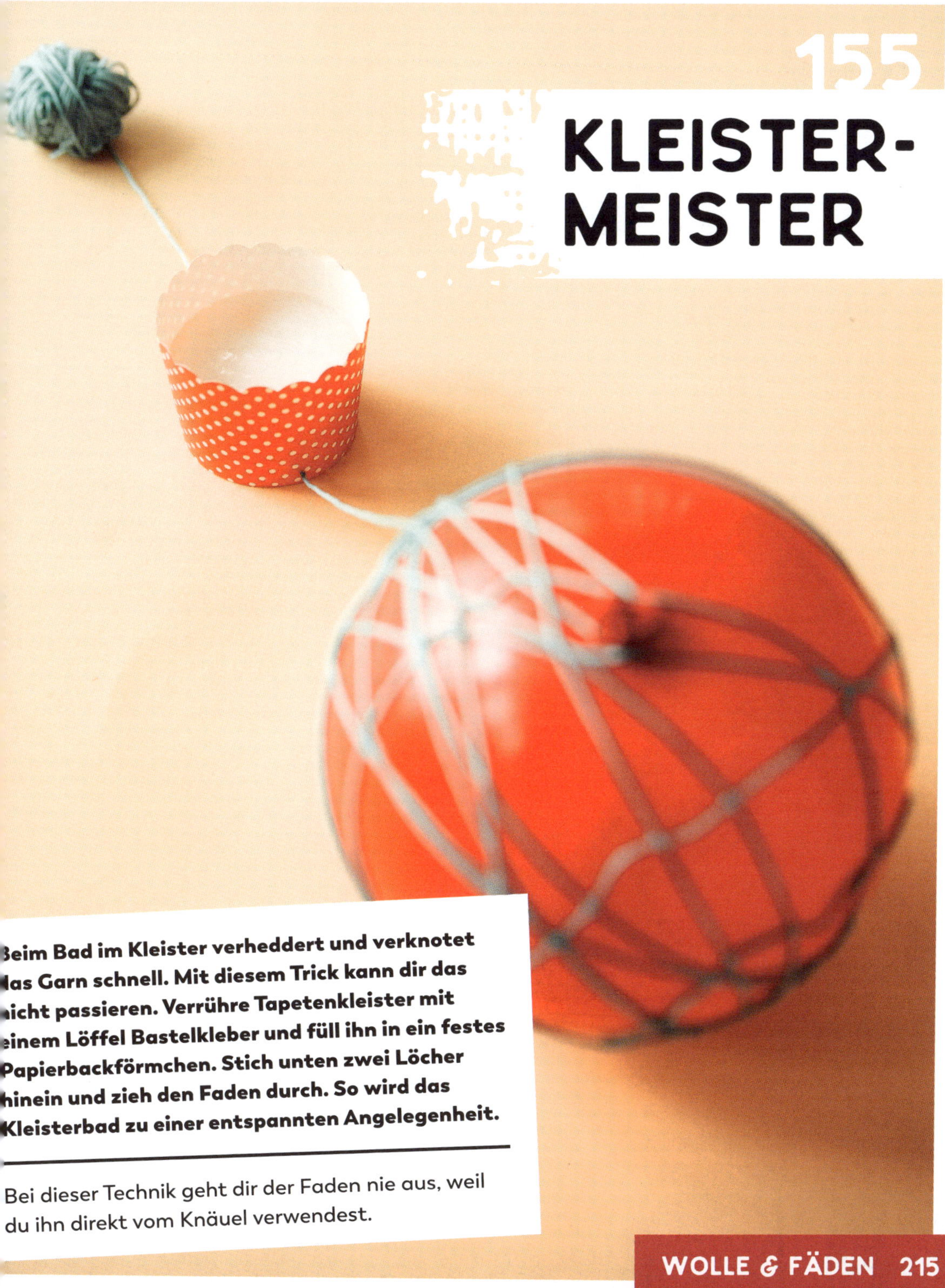

155

KLEISTER-MEISTER

Beim Bad im Kleister verheddert und verknotet das Garn schnell. Mit diesem Trick kann dir das nicht passieren. Verrühre Tapetenkleister mit einem Löffel Bastelkleber und füll ihn in ein festes Papierbackförmchen. Stich unten zwei Löcher hinein und zieh den Faden durch. So wird das Kleisterbad zu einer entspannten Angelegenheit.

Bei dieser Technik geht dir der Faden nie aus, weil du ihn direkt vom Knäuel verwendest.

156

SEIL-SCHALE

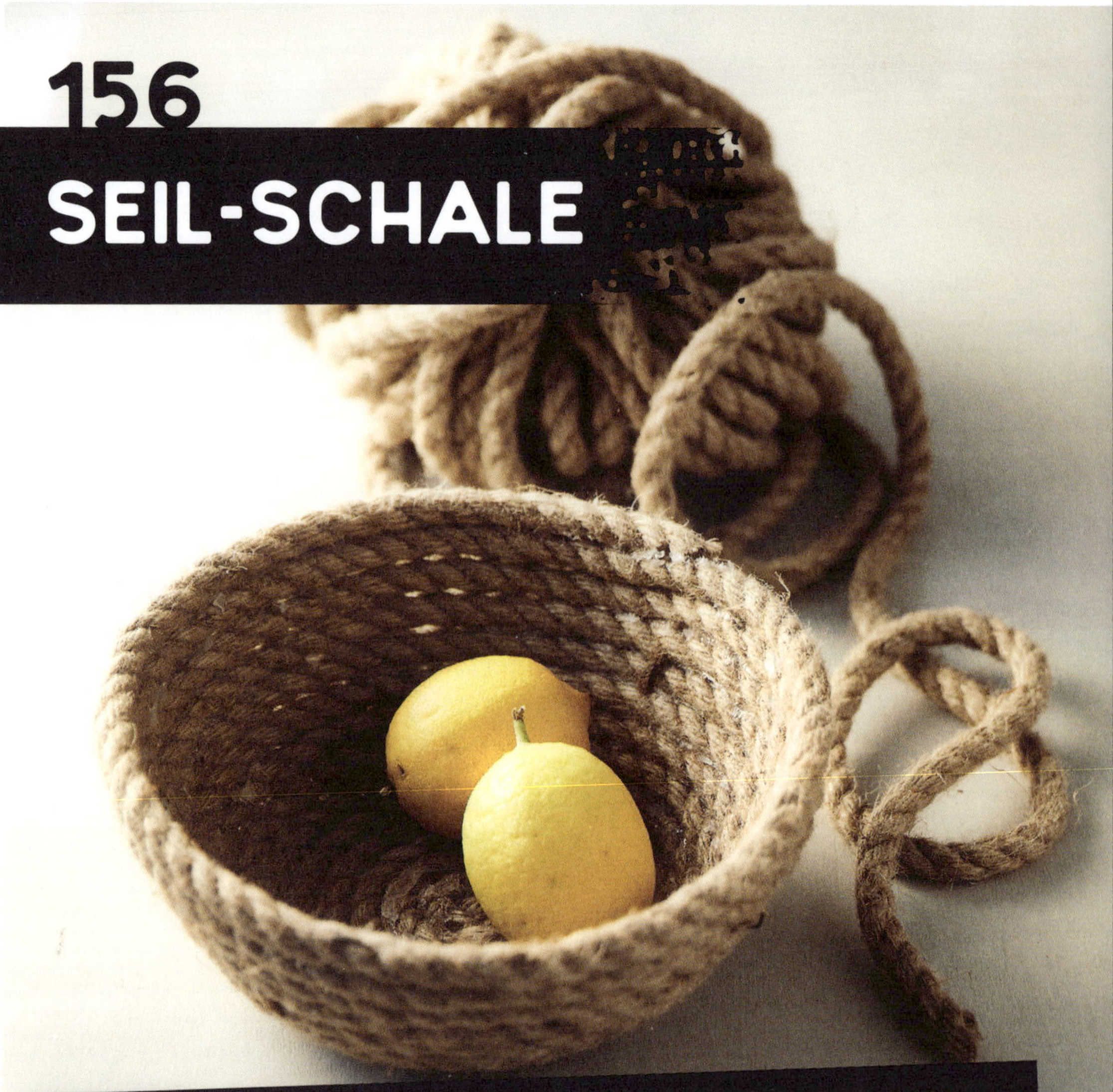

Obst oder Wolle, Osternest oder Geschenkkorb? Diese Schale ist dekorativ, praktisch und super schnell gemacht! Pack eine Schale in Backpapier und stelle sie mit der Öffnung nach unten hin. Lege das Seil probehalber um die Schale, um die benötigte Länge zu bestimmen. Mit etwas Zugabe abschneiden. Schneide den Anfang schräg ab. Lege die erste Runde und schließe sie mit dem Heißkleber. Klebe das Seil in Runden um die Schale. Trage dabei nicht zu viel Kleber auf, damit er nicht herausquillt, und drücke die Runden gut an. Wenn du am Ende angekommen bist, das übrige Seil abschneiden und die fertige Schale vom Formgeber abnehmen.

Wie du lästige Heißkleberfäden ganz einfach los wirst, erfährst du auf Seite 29.

157

WIE AM SCHNÜRCHEN

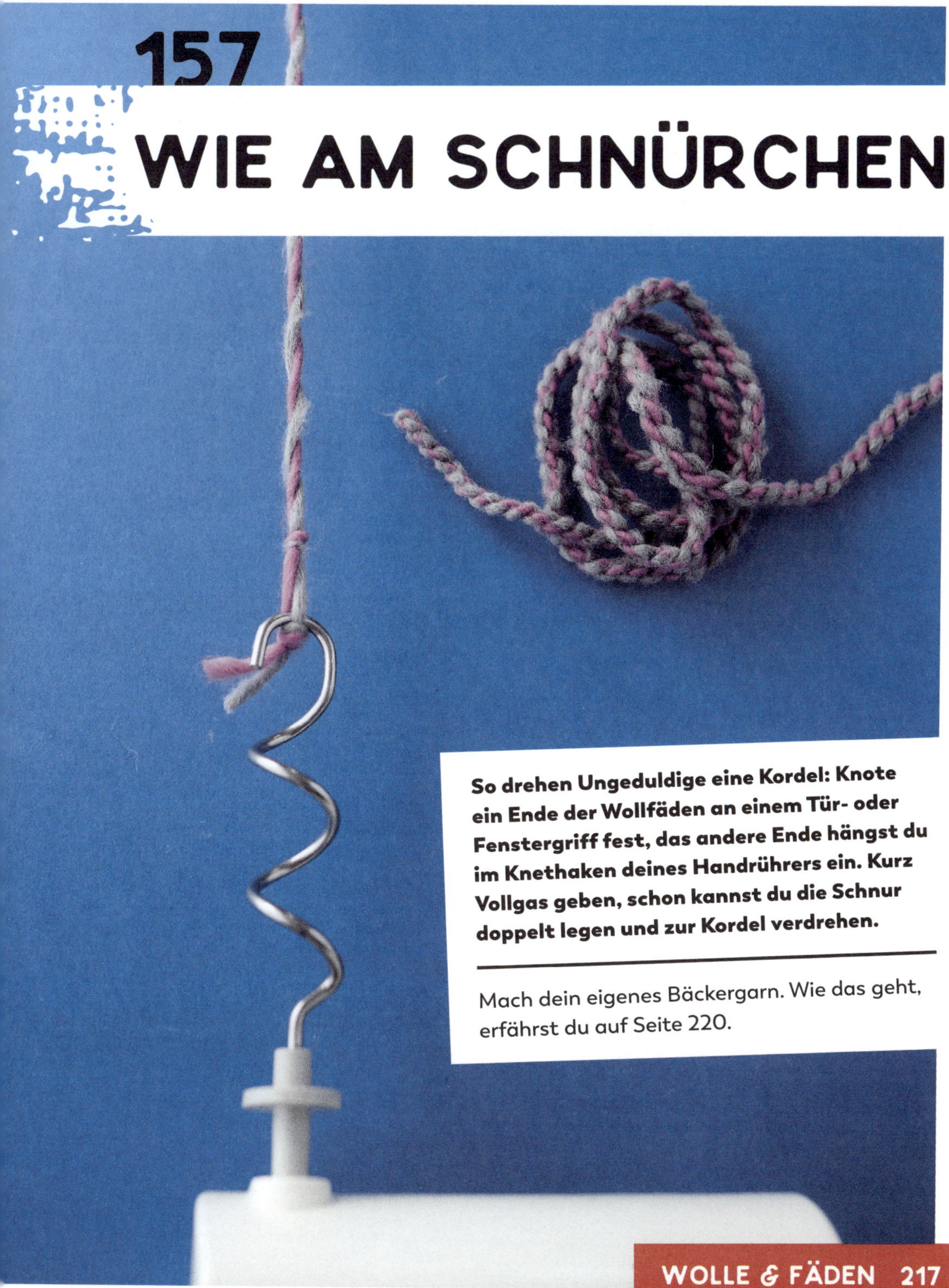

So drehen Ungeduldige eine Kordel: Knote ein Ende der Wollfäden an einem Tür- oder Fenstergriff fest, das andere Ende hängst du im Knethaken deines Handrührers ein. Kurz Vollgas geben, schon kannst du die Schnur doppelt legen und zur Kordel verdrehen.

Mach dein eigenes Bäckergarn. Wie das geht, erfährst du auf Seite 220.

Auf Seite 201 erfährst du, wie du beim Knüpfen mit sehr langen Fäden einen Fadensalat vermeiden kannst.

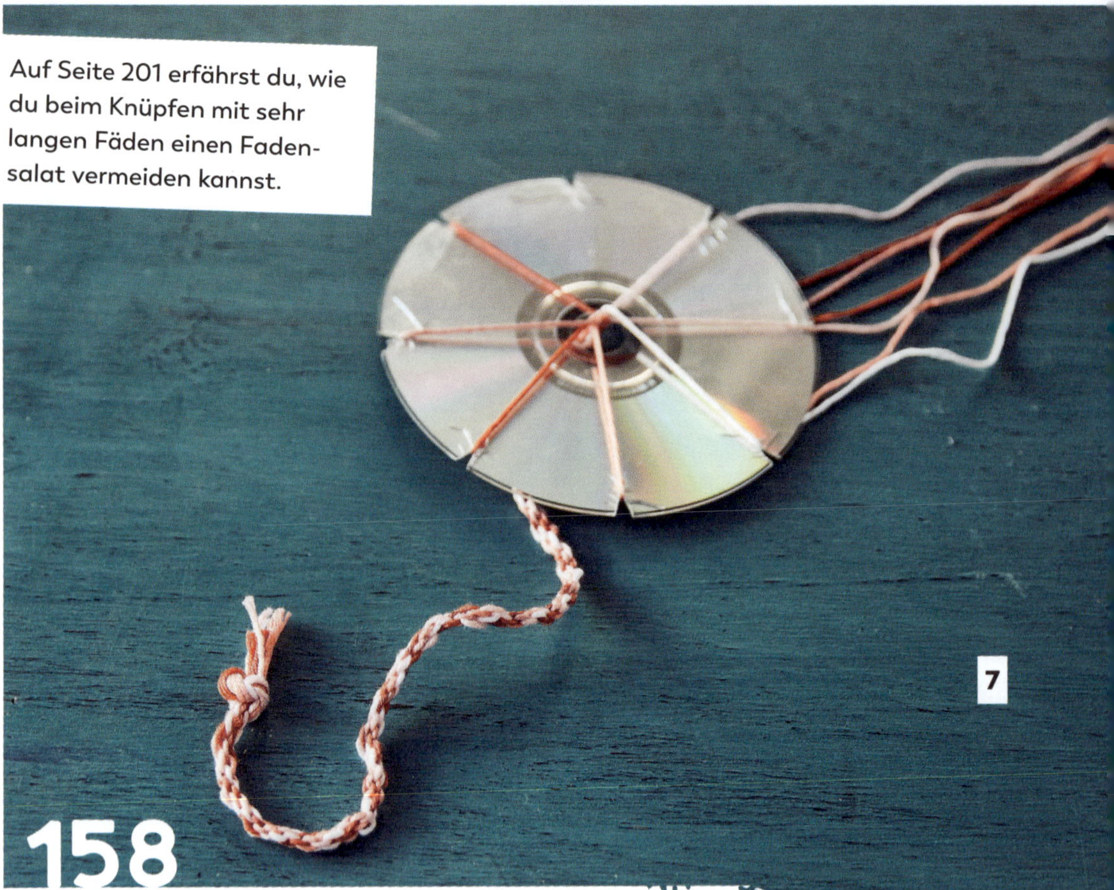

158 KNÜPFEN AUF DER SCHEIBE

Verwandle eine ausgediente CD in eine praktische Knüpfhilfe!

---

1 **Dazu brauchst du: CD, Schere, Baumwoll- oder Knüpfgarn in 7 Farben**

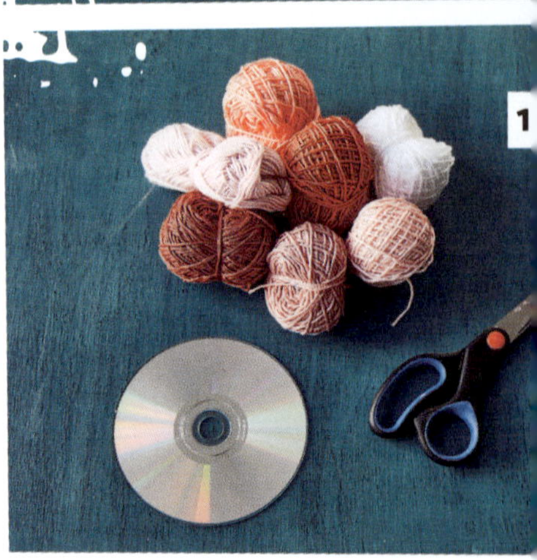

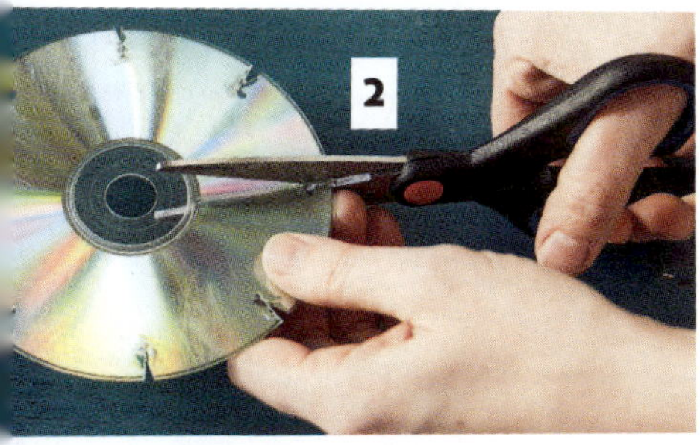

2 Schneide mit der Schere im gleichmäßigen Abstand acht kleine Zacken aus dem Rand der CD. Fertig ist die Knüpfscheibe.

Schneide von jedem Garn je einen Faden in der selben Länge ab und verbinde sie an einem Ende mit einem dicken Knoten.

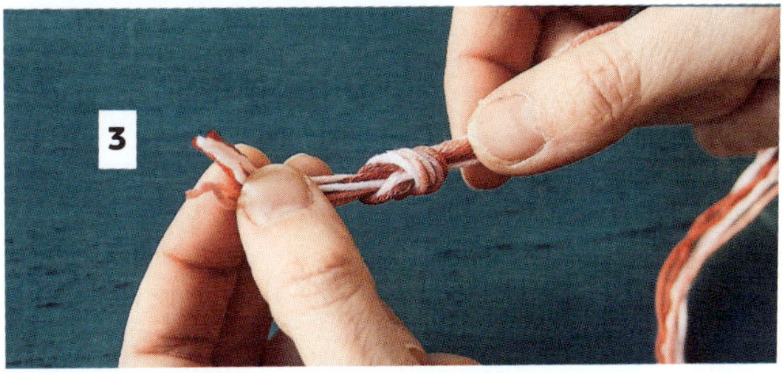

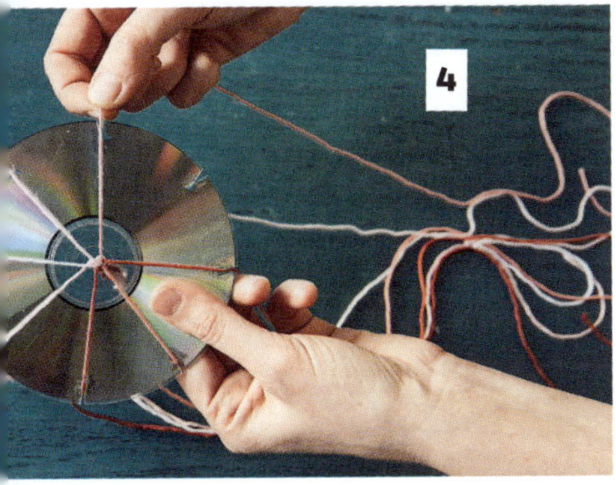

4 Ziehe den Knoten durch das Loch und spanne die Fäden reihum in die Schlitze der CD. Der achte Schlitz bleibt frei.

Nun von der fadenlosen Lücke gegen den Uhrzeigersinn drei Fäden abzählen und den dritten Faden über die anderen in die fadenlose Lücke spannen. Ziehe ihn dabei bis zum Ende durch deine Hand, damit unten kein Fadensalat entsteht.

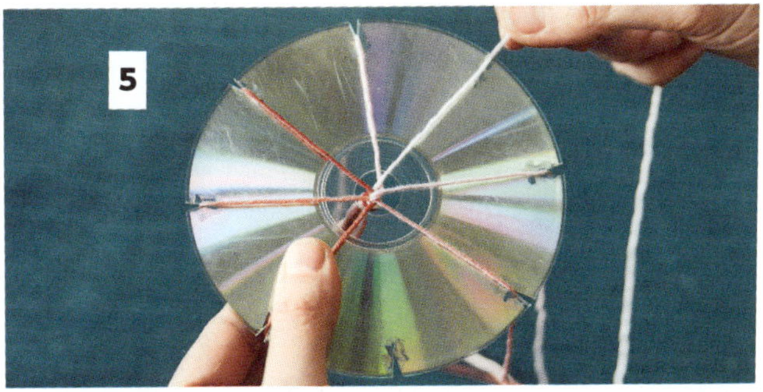

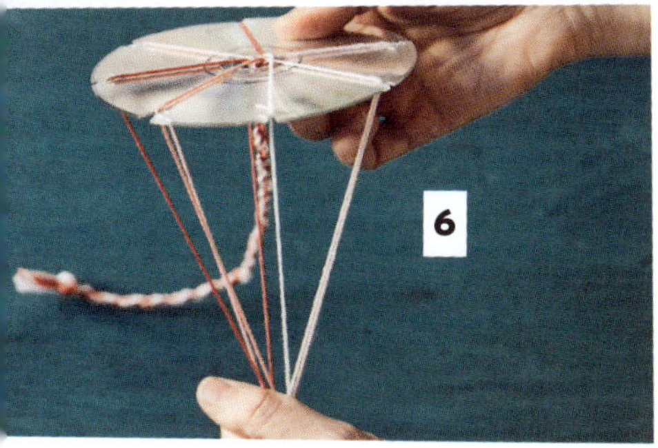

6 Die Scheibe weiterdrehen, bis die Lücke wieder zu dir zeigt, und Step 5 wiederholen. So geht es immer weiter und weiter, bis die Flechtkordel die gewünschte Länge hat. Eine gleichmäßige Fadenspannung ist für ein schönes Ergebnis entscheidend. Greife ab und zu die Fadenenden unter der Scheibe und ziehe sie nach unten.

7 Fertig ist dein Knüpfband!

Kreiere eine Bäckergarn-Kollektion in deinen Lieblingsfarben! Wickle dafür ca. 2 m weiße Baumwollschnur ab und male sie rundum mit deinem Lieblingsfilzstift an. Trocknen lassen. Nimm ein ebensolanges Stück weiße Schnur dazu und verdrehe die beiden zu einer Kordel: Beide Schnüre zu einem großen Ring knoten. Den Ring so doppelt legen, dass die Knoten aufeinanderliegen - eine Hälfte des Strangs ist also farbig, die andere weiß. Dann wie gewohnt zur Kordel drehen.

Je dicker der Stift, desto schneller geht es.

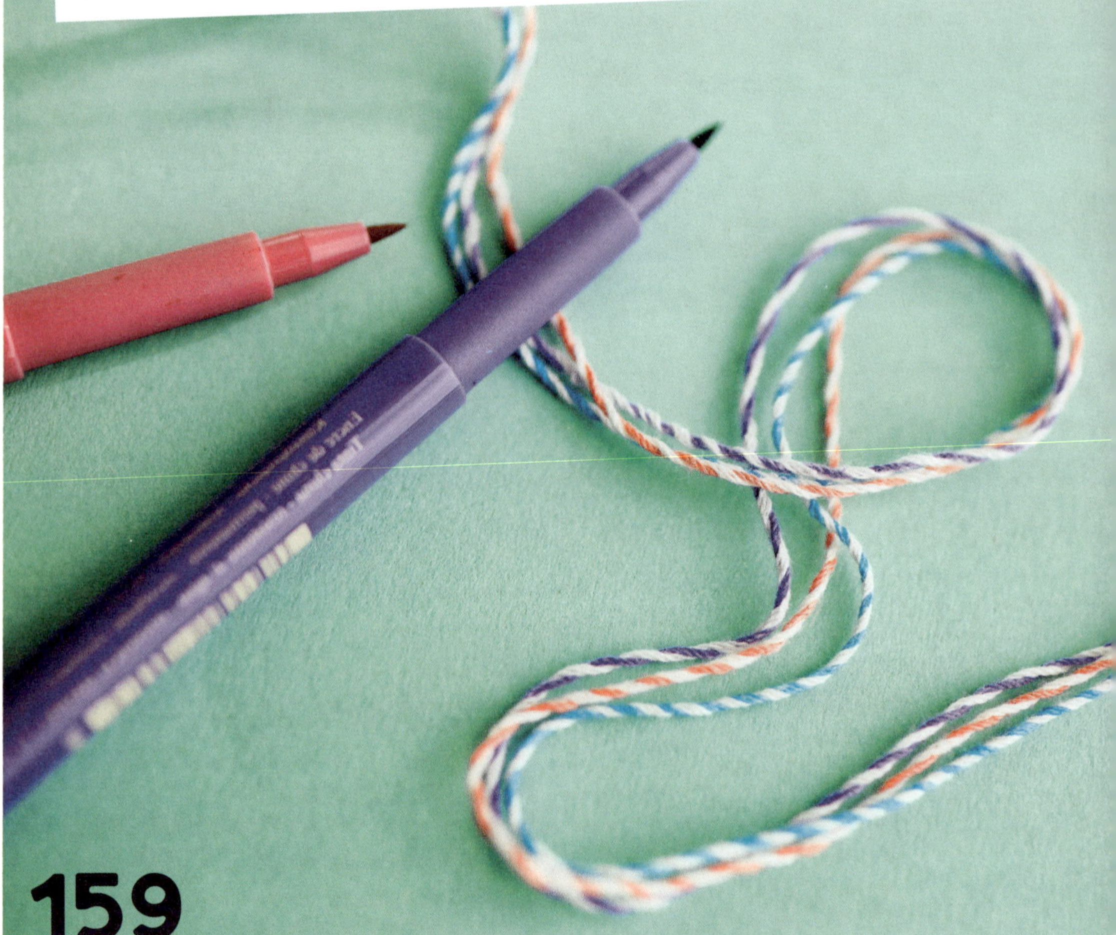

159

BUNTES BÄCKERGARN

160

MOBILES MAKRAMEE

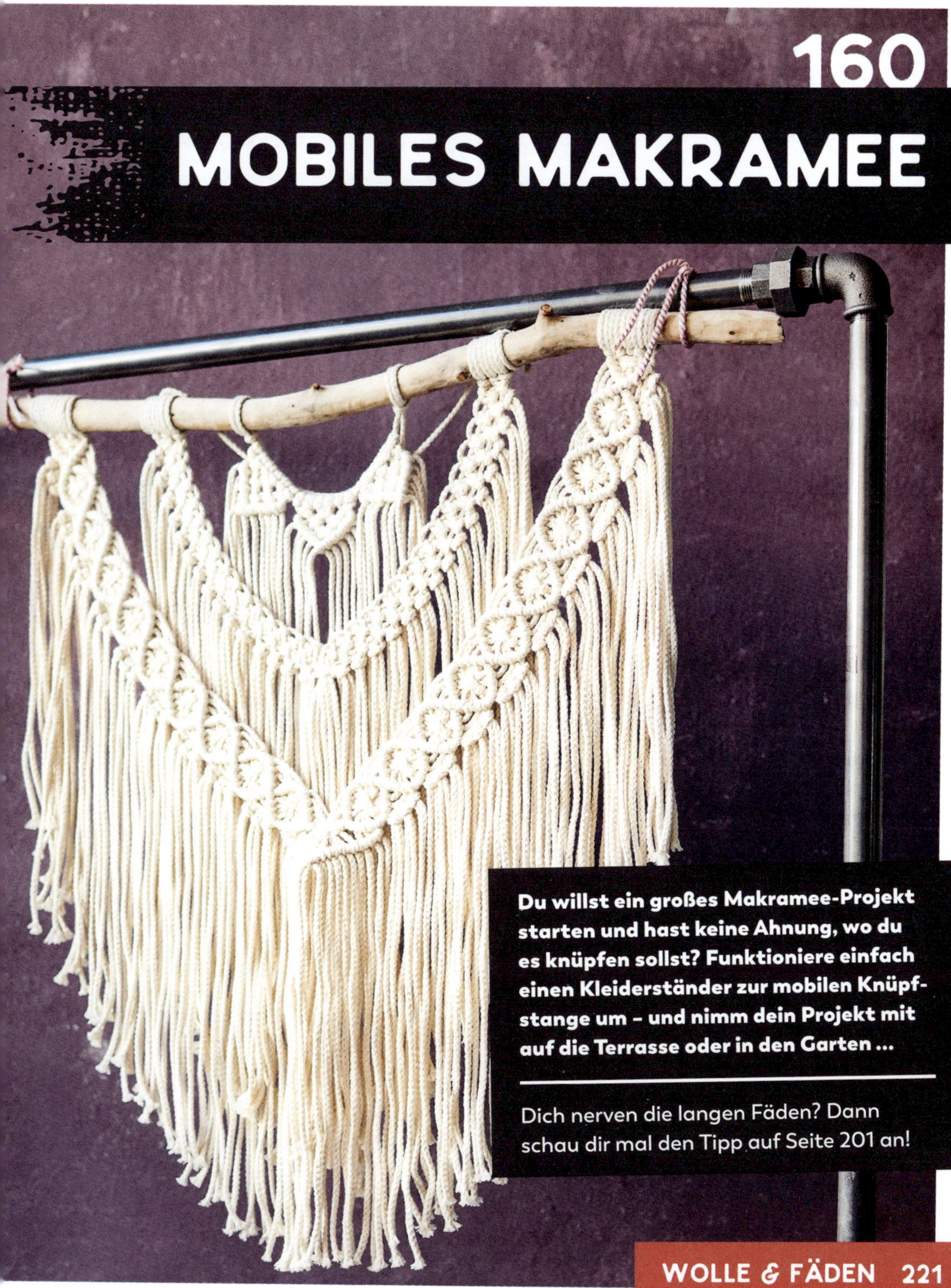

Du willst ein großes Makramee-Projekt starten und hast keine Ahnung, wo du es knüpfen sollst? Funktioniere einfach einen Kleiderständer zur mobilen Knüpfstange um – und nimm dein Projekt mit auf die Terrasse oder in den Garten …

Dich nerven die langen Fäden? Dann schau dir mal den Tipp auf Seite 201 an!

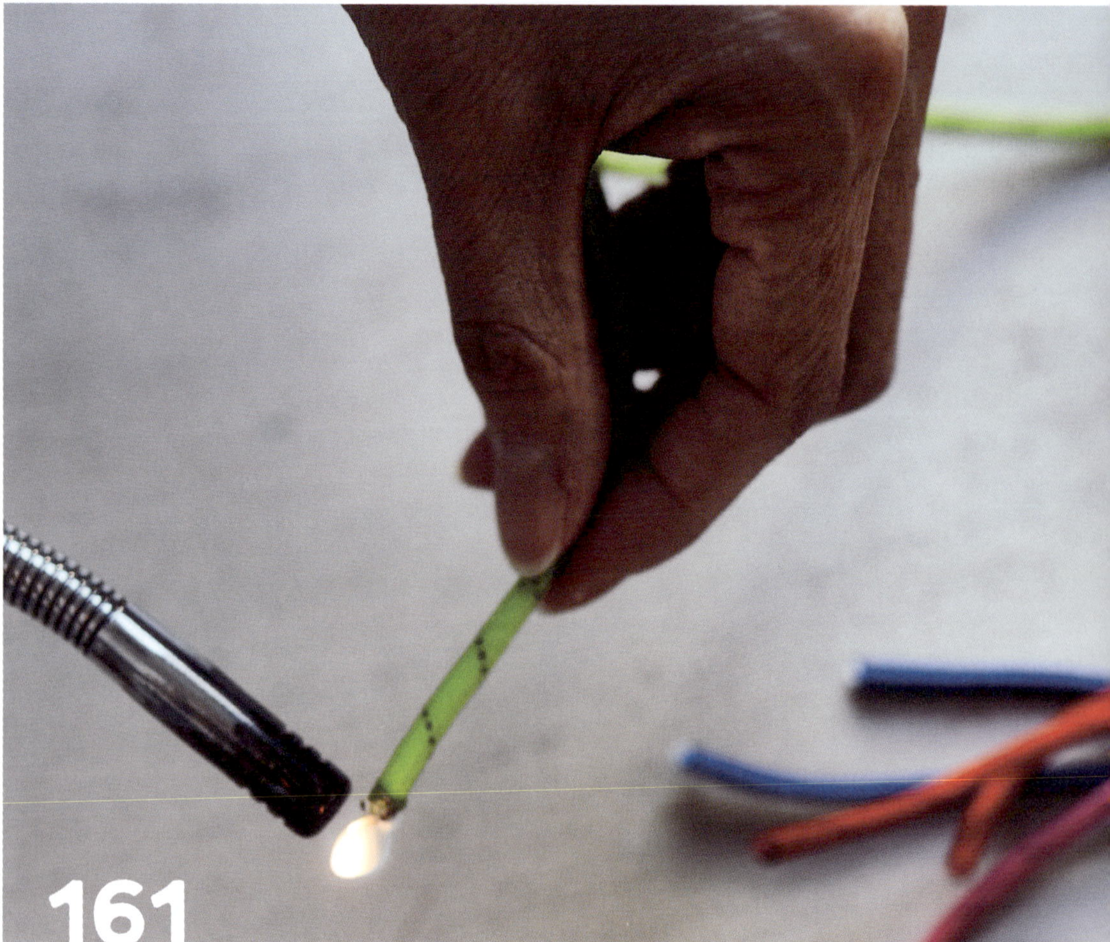

161

ABGEFACKELT

Adé ihr ausgefransten Kordelenden! Du kannst die Enden von Synthetik-Kordeln nach dem Schneiden einfach mit der Flamme eines Feuerzeuges „versiegeln“. Danach vorsichtig mit den Fingern zusammendrücken – fertig!

Wie du Kordeln schon beim Abschneiden vor dem Ausfransen bewahrst, kanst du auf Seite 205 nachlesen.

NOTIZEN

AHA!

Schon mal probiert, Wolle oder Garn von innen abzuwickeln? Wenn du mit dem inneren Fadenende beginnst, kann sich das Knäuel nicht von allein weiter abrollen und außerdem springt es beim Abwickeln nicht so wild herum. Bei Stickgarn vermeidest du Knoten, wenn du die Banderolen dran lässt und den Faden an einem Ende aus dem flachen Bündel herausziehst.

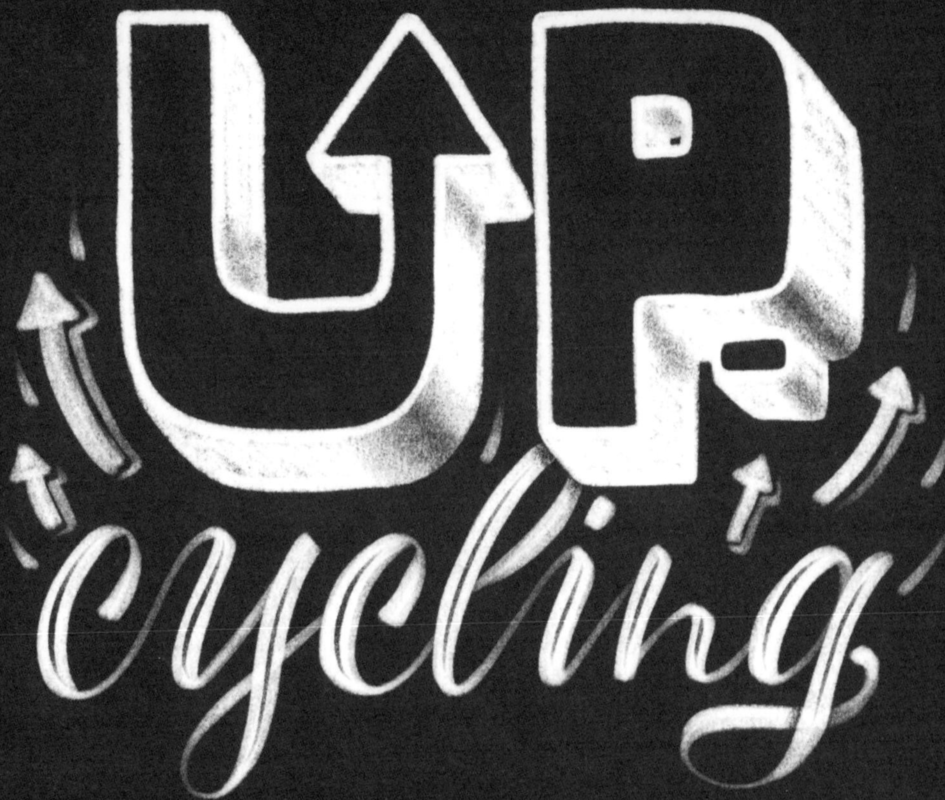

So kannst du ganz easy „Stoff" aus Kaffeepackungen bügeln! Wasche die Kaffee-Verpackungen aus und trockne sie ab. Dann schneidest du sie oben und unten gerade ab. Lege zuerst eine Lage Backpapier auf die Bügelunterlage, dann die zwei Tüten aufeinander und wieder eine Lage Backpapier darauf. Heize das Bügeleisen auf höchster Stufe an und bügle die Tüten solange, bis sie zusammengeschweißt sind. Abkühlen lassen.

162

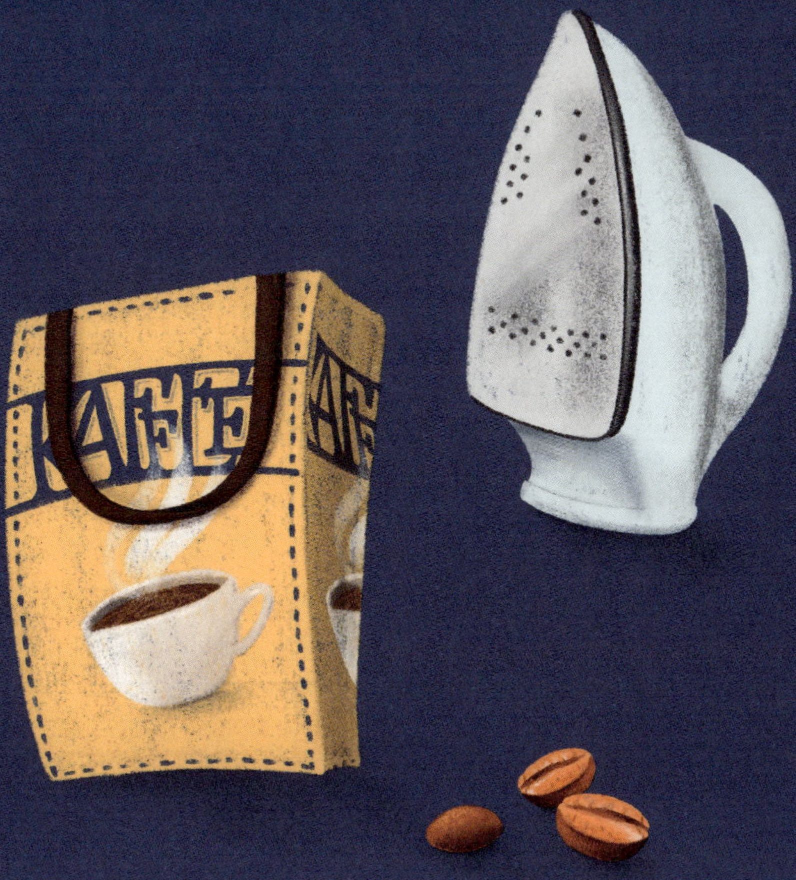

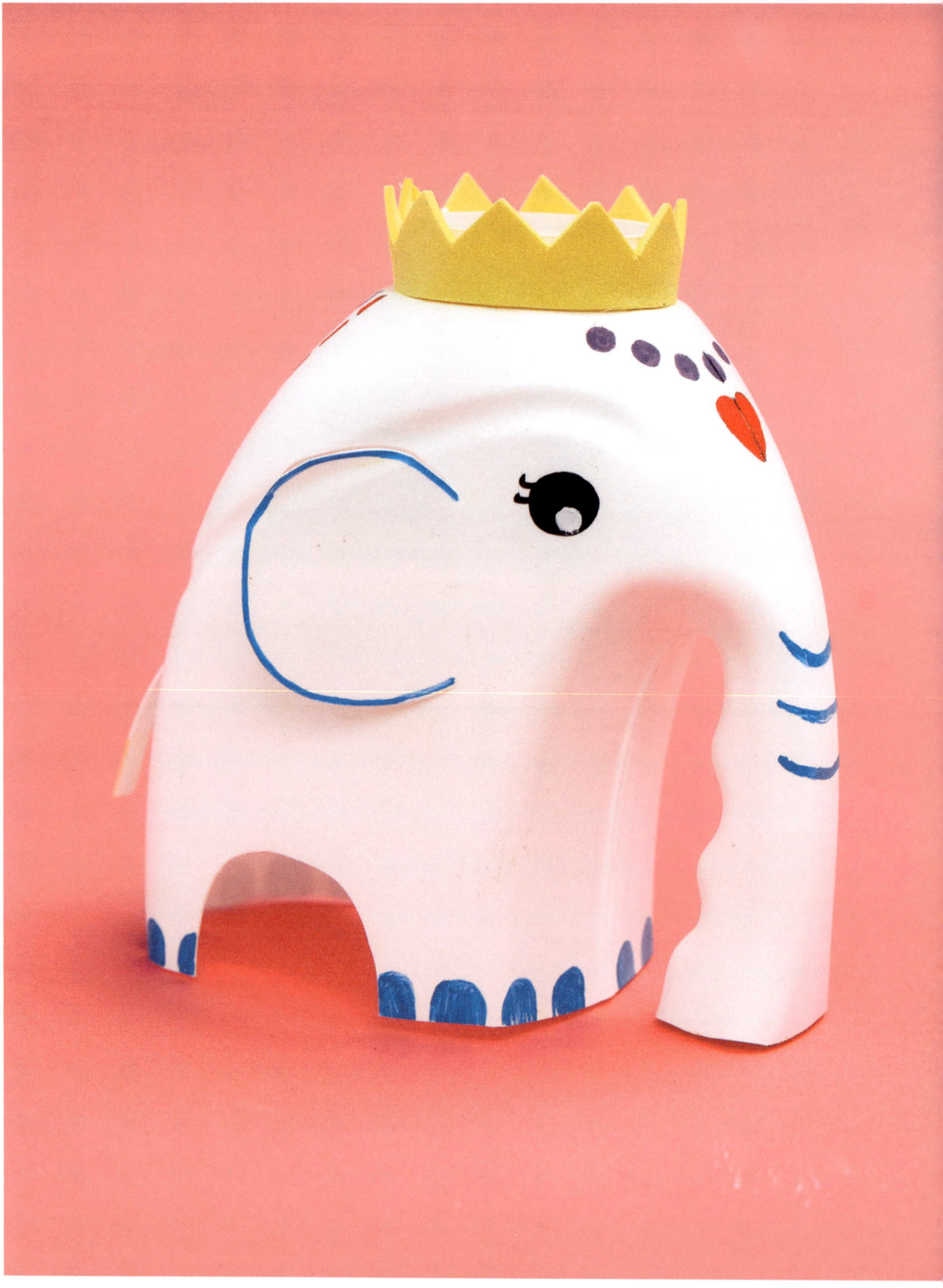

Die besten Bastelmaterialien sind oft kostenlos. Leere PET-Flaschen, Konservendosen, Kronkorken oder Shampooflaschen – was andere als Müll bezeichnen, verwandeln wir in diesem Kapitel in die tollsten DIY-Projekte! Außerdem zeigen wir dir, wie du lästige Klebeetiketten loswirst, Löcher in Porzellan bohrst oder Garn aus alten T-Shirts herstellst. Bevor du also das nächste Mal etwas wegwirfst, schau es dir lieber noch einmal genauer an – vielleicht lässt sich da noch was draus machen!

163

GRIFFIG

Der Schraubenzieher findet keinen Griff in der ausgeschlagenen Schraube? Lege ein flaches Gummiband über den Schraubenkopf, drücke den Schraubenzieher fest hinein und versuche dein Glück aufs Neue.

Im Tipp auf Seite 243 erfährst du, was du bei eingerosteten Schrauben machen kannst.

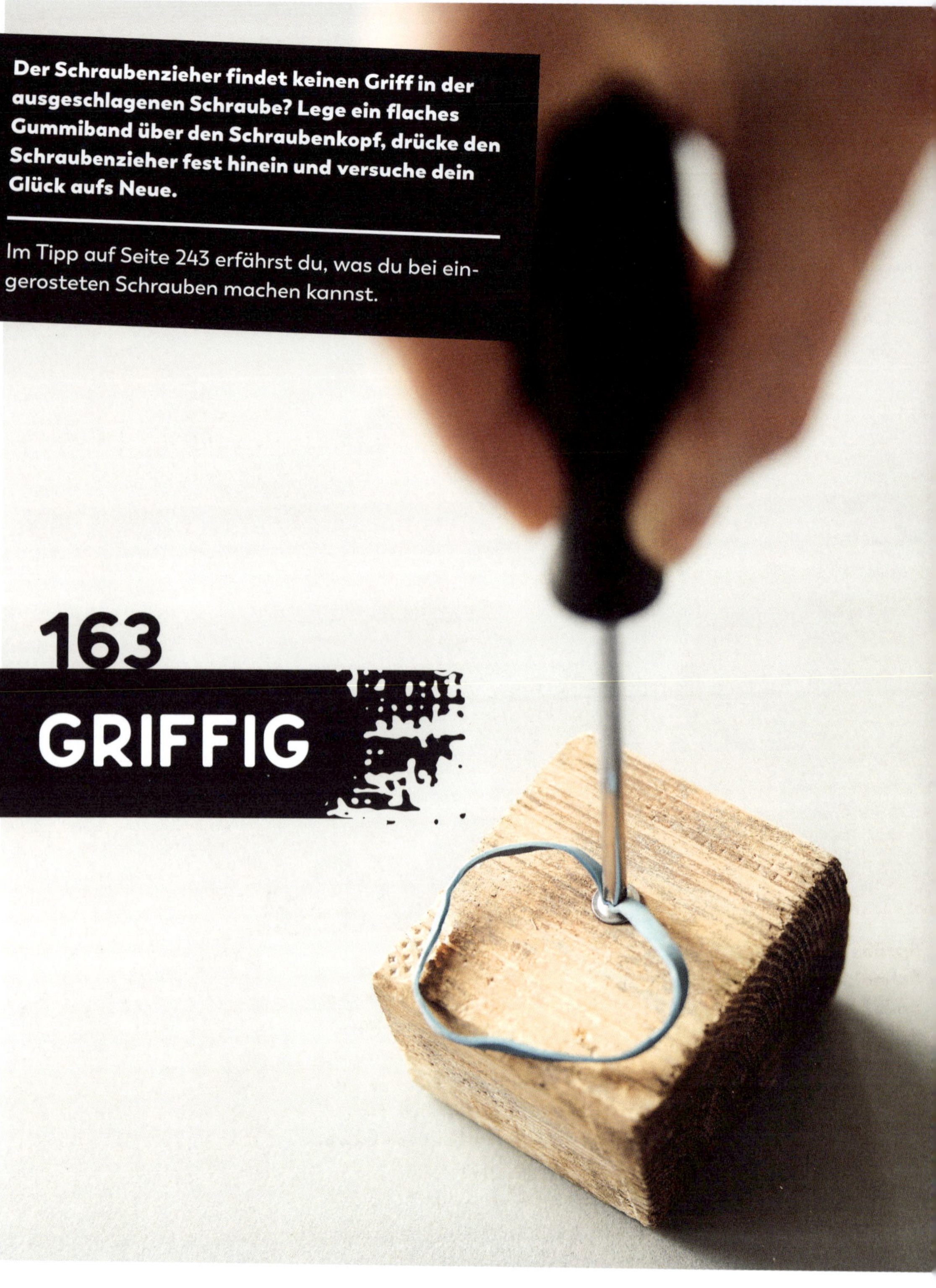

164

MACA-KRONS

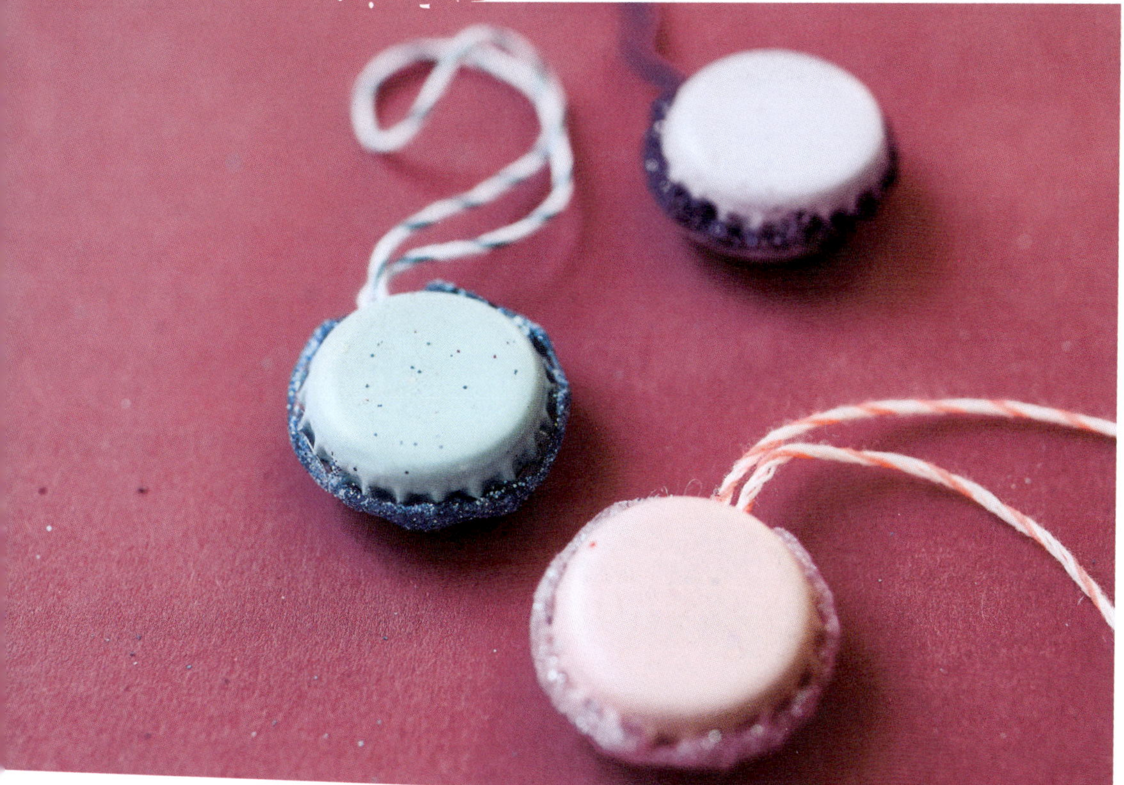

Sprühe jeweils zwei Kronkorken in der gleichen Farbe an. Schneide ein 15 cm langes Stück Kordel ab und mache in die Enden einen Knoten. Klebe mit Heißkleber zuerst den Kordel-Knoten innen in einen Kronkorken. Dann streichst du den gewellten Rand eines Kronkorkens dünn mir Heißkleber ein und setzt den zweiten darauf. Ziehe dann zügig eine „Heißkleber-Wurst“ rund um die Mitte der beiden gewellten Ränder der Kronkorken. Wälze diesen Wulst sofort im Glitter.

Hebe mit einem Öffner den Korken von 3 Seiten gleichmäßig an. So bekommst du den Kronkorken ohne Knick von der Flasche.

165

INSEKTENHOTEL

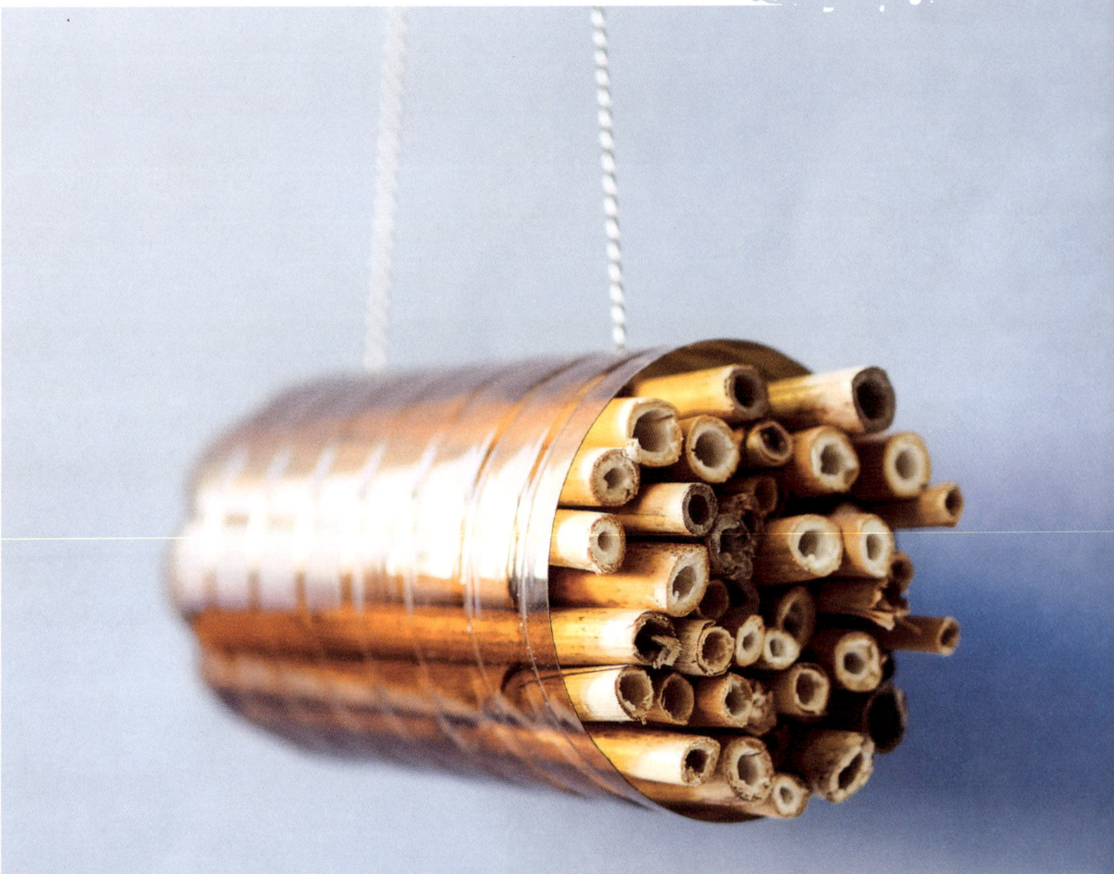

Schneide eine dunkle Palstikflasche mit dem Cutter in zwei Teile. Pikse mit einer dicken Nadel ein Loch nahe am Flaschenboden und ein zweites auf gleicher Linie nahe dem Rand hinein. Ziehe ein etwa 40 cm langes Stück Kordel durch die Löcher und verknote die Enden. Kürze nun Schilf- und Bambusröhrchen auf die Länge deiner halben Flasche und fülle die Flasche so dicht wie möglich damit.

Hänge das Insektenhotel im Garten an einer sonnigen, windgeschützten Stelle auf und richte es nach Süden aus.

Augen auf! Bevor du leere Plastik-Verpackungsflaschen – zum Beispiel von Shampoo oder Waschmittel – in die Mülltonne wirfst, schau sie dir lieber noch einmal genau an! Mit etwas Sprühfarbe lassen sich daraus nämlich tolle Vasen gestalten.

Auf Seite 247 kannst du nachlesen, wie du hartnäckige Klebeetiketten von den Flaschen kriegst.

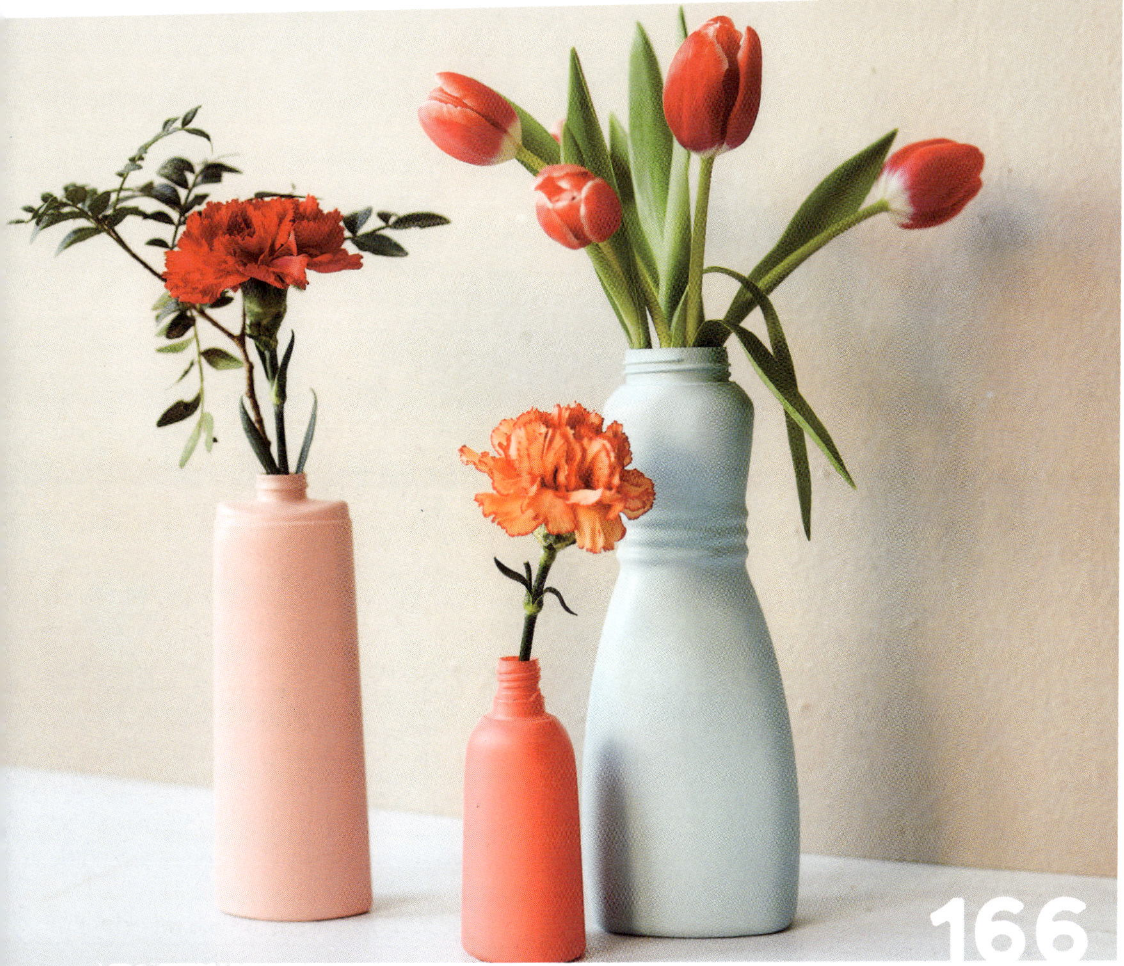

166

VASENSAMMLUNG

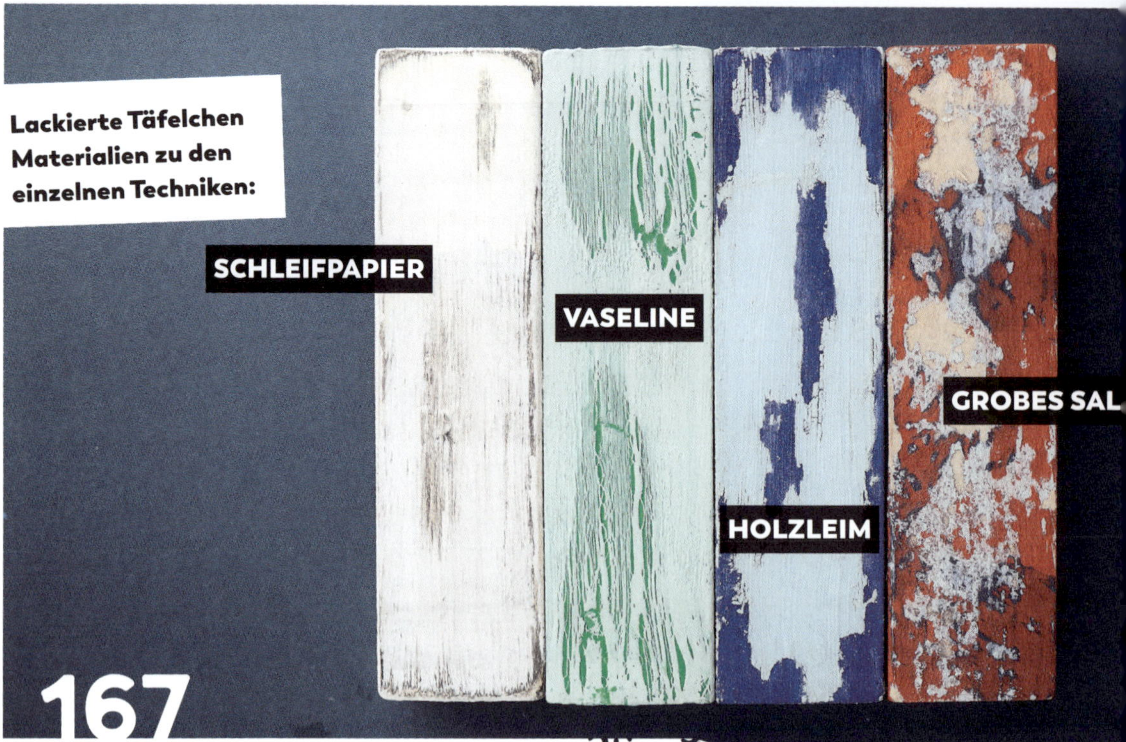

167 ABGELACKT

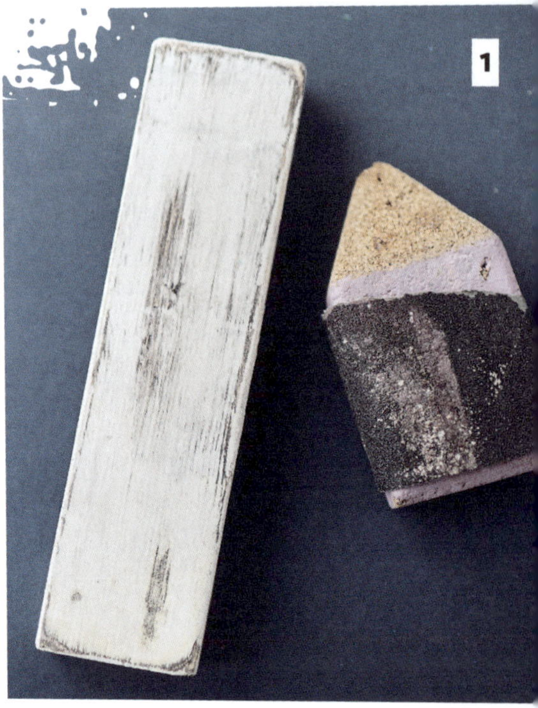

1 Schleifpapier

Grundiere das Holz mit dunkler Farbe und trage nach dem Trocknen die gewünschte Endfarbe auf. Nach dem Trocknen die Kanten, Ecken und Flächen mit Schleifpapier nacharbeiten, sodass die darunterliegende Farbe partiell wieder zum Vorschein kommt. Schafft dezente Effekte.

2 Vaseline

Grundiere das Holz mit dunkler Farbe und rage nach dem Trocknen an einzelnen Stellen Vaseline mit dem Finger auf. Danach erfolgt der Endanstrich. Mit einem Tuch über die getrocknete Farbe reiben. An den mit Vaseline behandelten Stellen löst sich die Farbe und bekommt zum Teil eine rissige Optik.

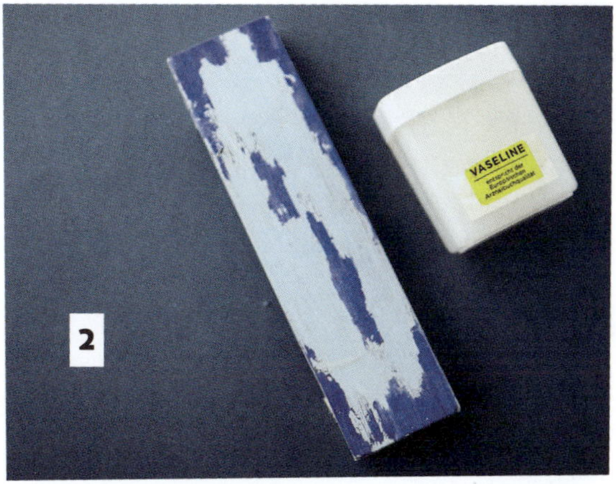

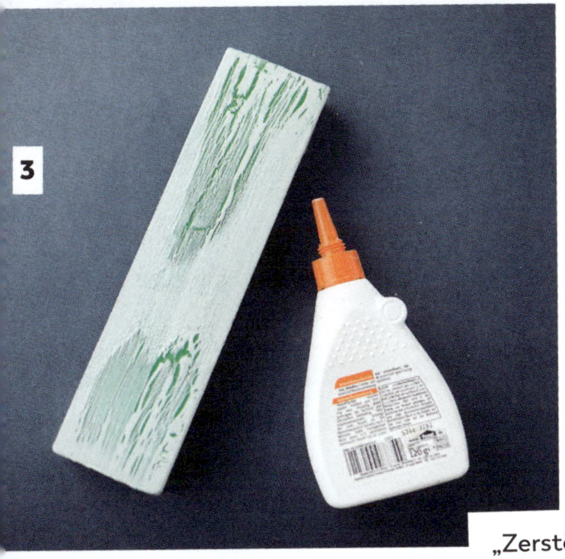

3 Holzleim

Trage nach dem Grundanstrich flächig oder partiell Holzleim entlang der Faserrichtung auf. Sobald die Oberfläche eine dünne Haut bildet, streichst du mit einem weichen Pinsel leicht mit Wasser verdünnte Farbe auf. Dabei darf die Haut auf dem Holzleim nicht verletzt werden. Beim Trocknen reißt der Lack auf und bildet einen Krakelee-Effekt.

„Zerstöre" die Oberfläche vor dem Anstrich zusätzlich mit einer Drahtbürste (siehe Seite 125), um noch plastischere Gebrauchsspuren zu schaffen.

Grobes Salz

ähle mehrere kontrastierende Farben und ıge sie in Schichten auf. Streue jeweils grobrniges Salz in die frische Farbe und benetze es t Wasser (Sprühflasche). Zwischen jeder Lage t trocknen lassen. Du kannst einzelne Farben ch mit einem Schwamm nur partiell auftupn, dadurch wird das Ergebnis noch fleckiger. ıch der letzten Schicht gut trocknen lassen d das Salz mit dem Spachtel abtragen. Kreiert ıen ausdrucksstarken Chippy-Look .

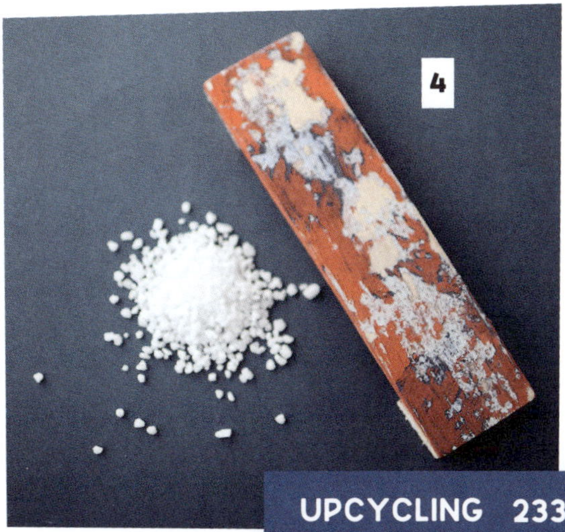

Fülle die Dose bis zwei Finger unter dem Rand mit Wasser und stelle sie einen Tag lang ins Gefrierfach. Schlage die Löcher ein, solange das Wasser gefroren ist. Das Eis verhindert, dass die Dose dabei Dellen bekommt.

Achtung, die Löcher sind innen sehr scharfkantig. Darum am besten nicht mit der Hand in die Dose greifen, nachdem das Eis geschmolzen ist.

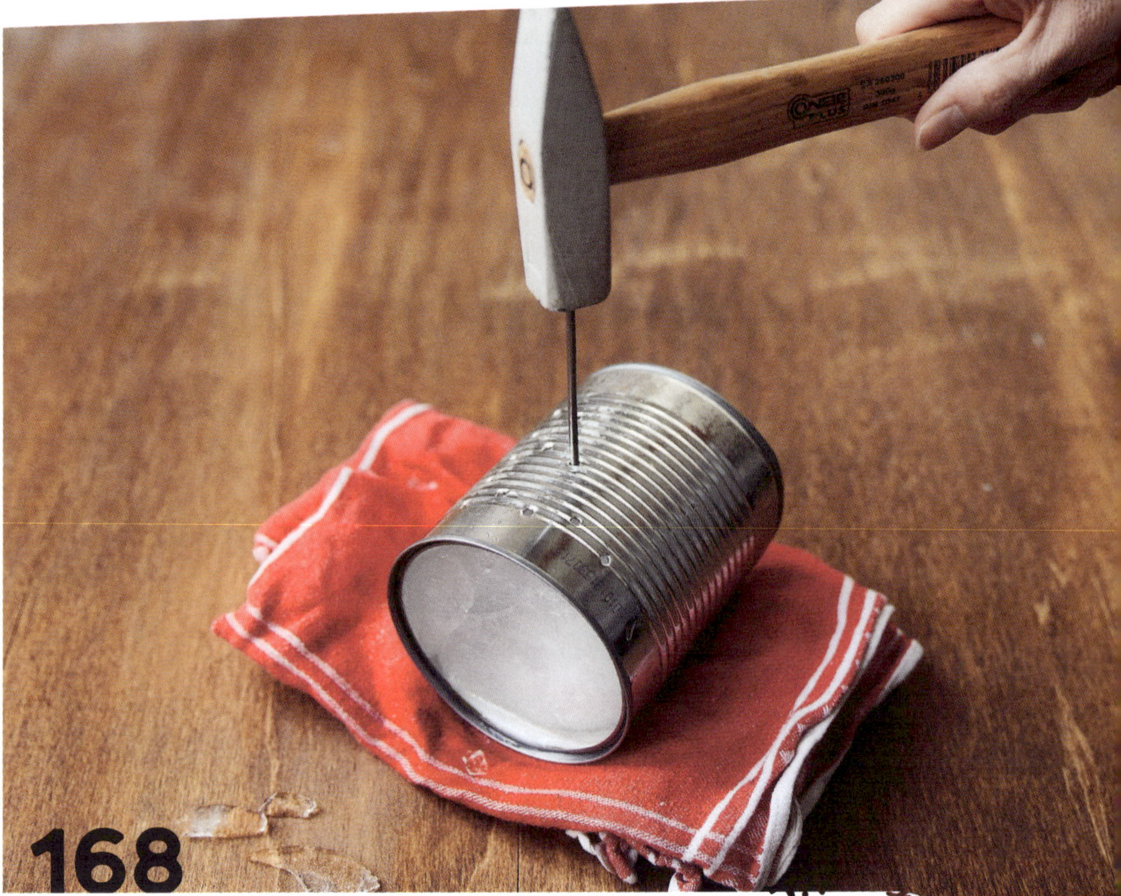

168

DOSEN-PIERCING

Bei dir fliegen ausrangierte Puzzleteile herum? Schneide aus Pappe einen Kreis, etwa so groß wie die Puzzleteile. Sprühe den Pappkreis und die Puzzleteile von beiden Seiten mit Farbe ein und lasse sie trocknen. Klebe sie sternförmig auf den Kreis. Dabei bei einem Teil das zur Schlaufe gelegte Band als Aufhänger dazwischenkleben.

Die Puzzle-Schneeflocken geben tolle Christbaum- oder Geschenkanhänger ab.

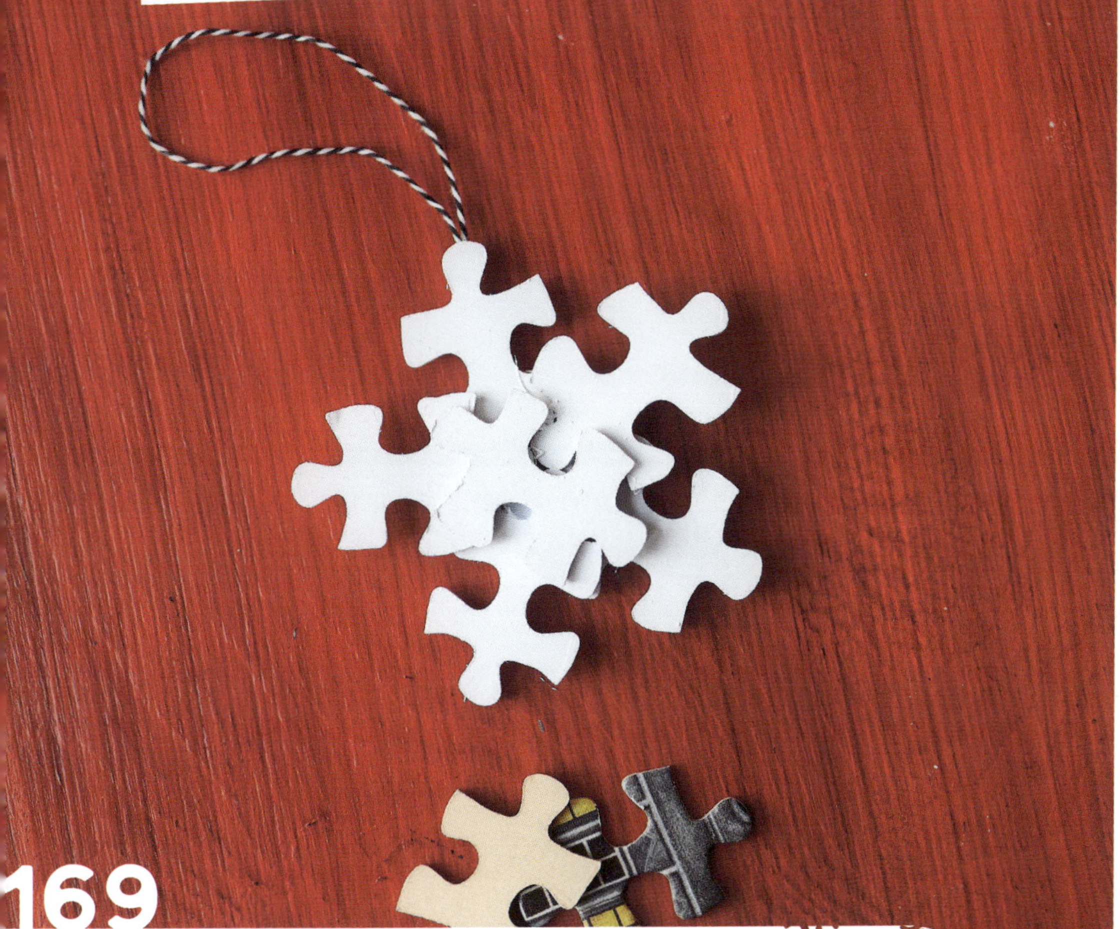

169

PUZZLE-FLOCKEN

Verwandle schlichte Büroklammern in schicke Seitenmarkierer für dein Bulletjournal. Bring eine Mini-Tassel (siehe Seite 202) aus Stickgarn an, verziere die Klammern mit einer kleinen Schleife (siehe Seite 270) oder fertige aus Washitape ein Fähnchen. Auch Perlen sehen super aus.

Du kannst die Metallklammern mit Nagellack in deiner Wunschfarbe lackieren. Sieht übrigens auch bei Reißnägeln cool aus.

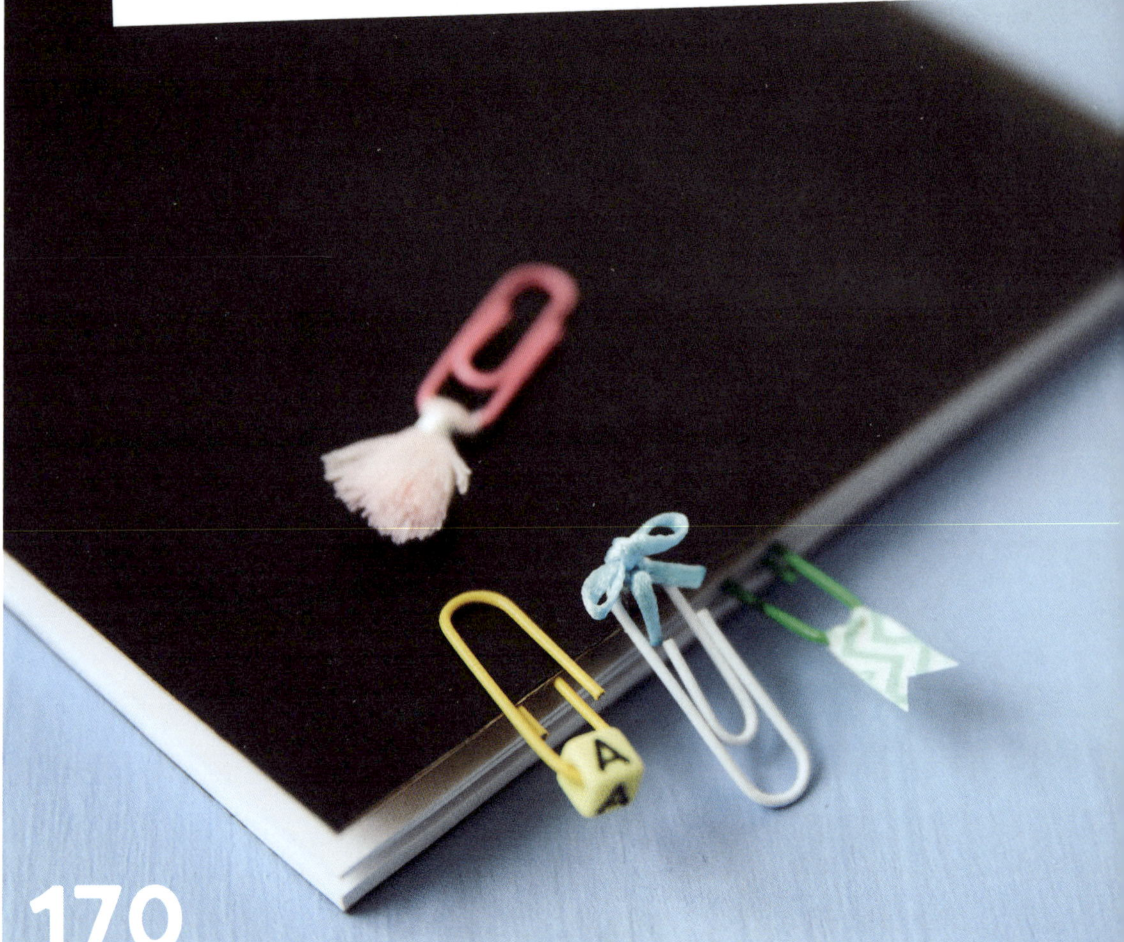

170

KLAMMERN MIT STIL

Gib etwas Kleber in den Becher und verdünne ihn mit ganz wenig Wasser (Verhältnis ca. 7:1). Gib ein paar Tropfen Lebensmittelfarbe dazu – je mehr, desto intensiver die Glasfarbe. Achtung: Im nassen Zustand wirkt die Farbe viel dunkler als getrocknet! Alles mit einem Holzstab mischen und die Farbe dann in das Glas geben. Befestige einen Plastikbeutel mit einem Gummiband über dem Glasrand und schwenke das Glas vorsichtig, bis es komplett mit der Farbe benetzt ist. Stell es für ca. 10 Minuten kopfüber. Wiederhole diesen Vorgang 1–3 Mal. Entferne dann das Plastik und eventuelle Reste am Rand mit einem Tuch. Trocknen lassen.

Die Farbe in den Gläsern ist nicht wasserfest. Sie eignet sich aber zum Beispiel prima für orientalische Windlichter – stell einfach eine Kerze hinein!

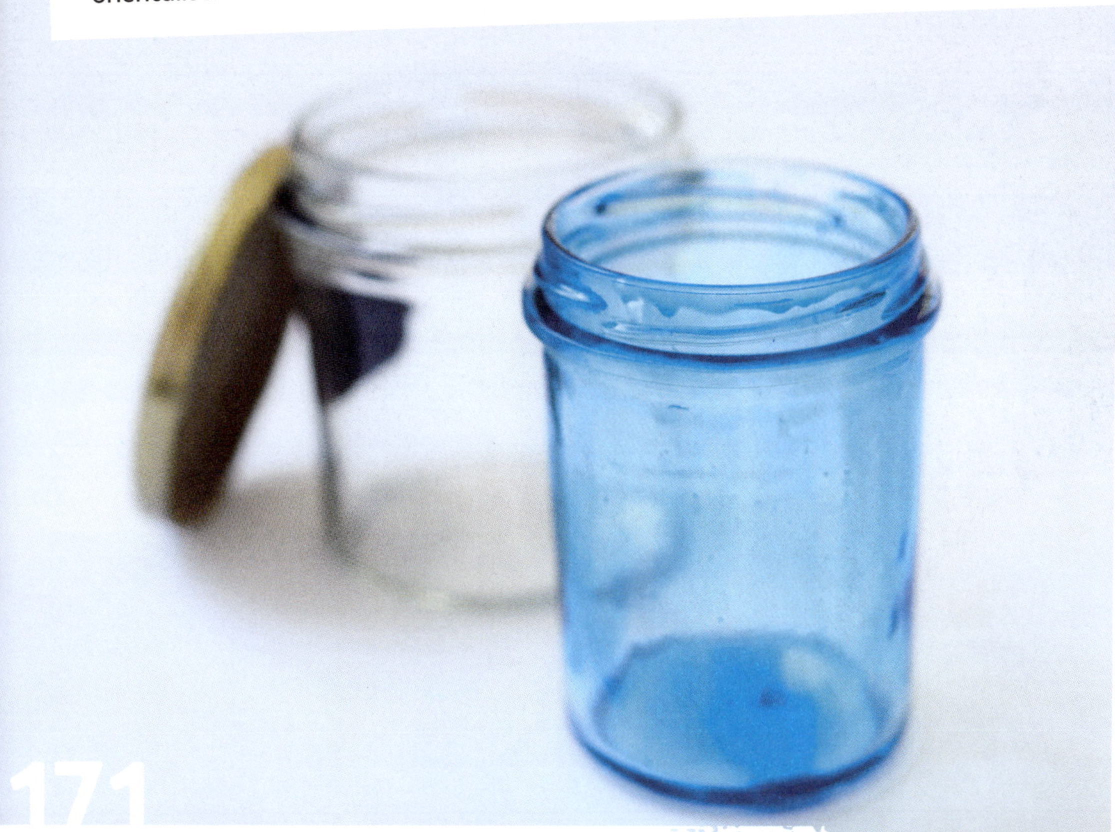

171

DIY-BUNTGLAS

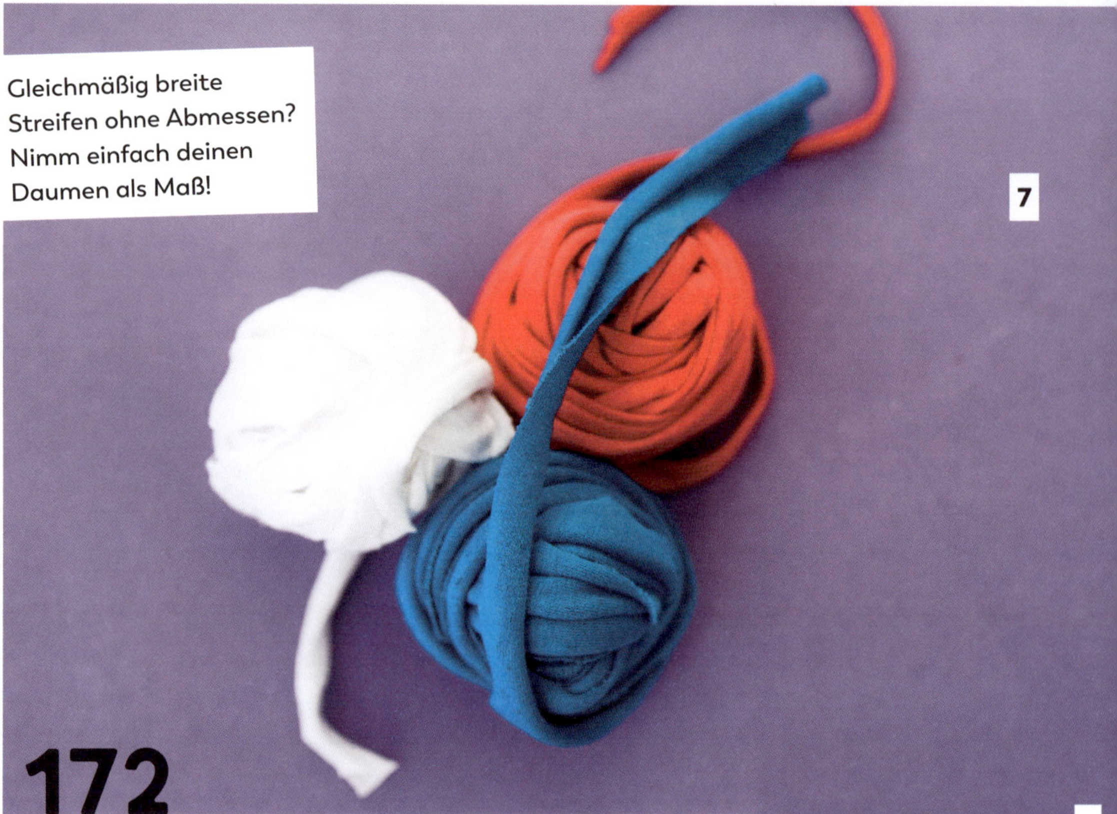

Gleichmäßig breite Streifen ohne Abmessen? Nimm einfach deinen Daumen als Maß!

7

172

T-SHIRT-GARN

1

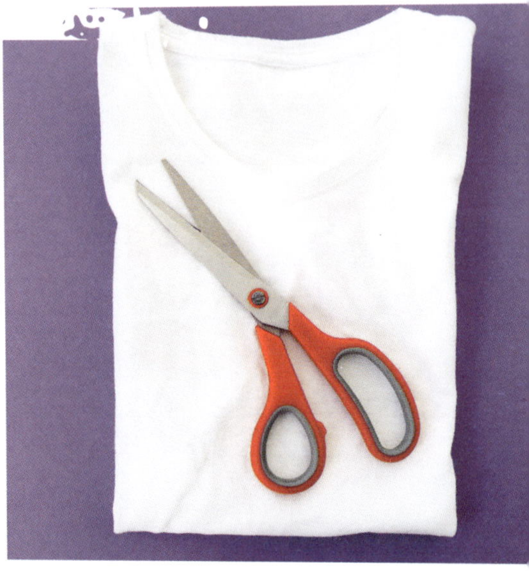

Schnipp-Schnapp! Mit diesem Hack werden alte Lieblings-T-Shirts zur Grundlage für deine nächstes Strickprojekt.

---

1 **Dazu brauchst du nur ein altes T-Shirt und eine Schere.**

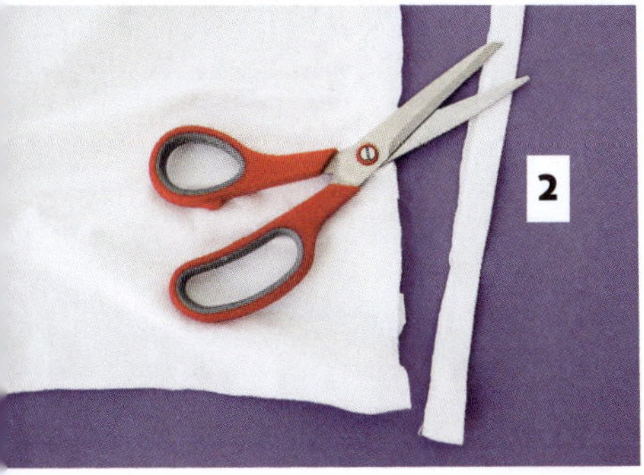

und den oberen Teil samt Ärmeln direkt unterhalb der Achseln ab.

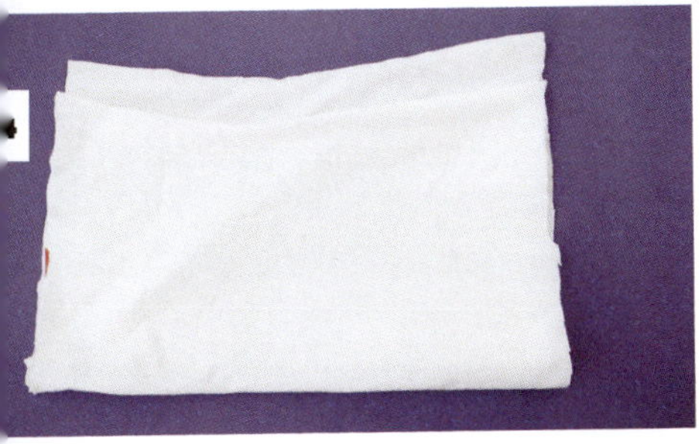

Schneide den gefalteten Stoff von der unteren Kante aus in etwa zwei Zentimeter breite Streifen – gerade so weit, dass die Kante der oberen Stoffschicht durchtrennt wird, von der unteren Schicht jedoch ein etwa 2 cm breiter, zusammenhängender Rand stehen bleibt.

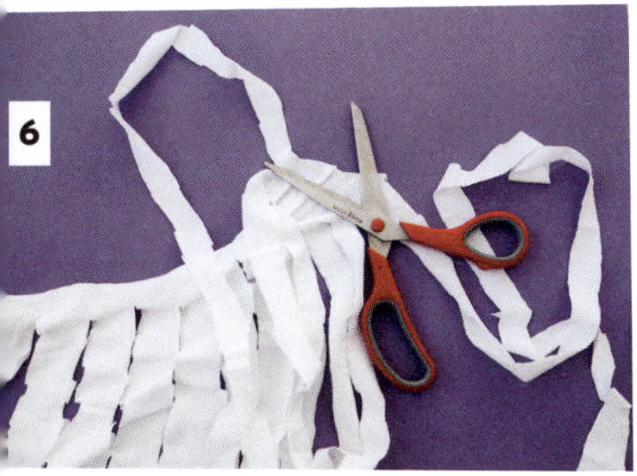

2 Schneide den unteren Saum

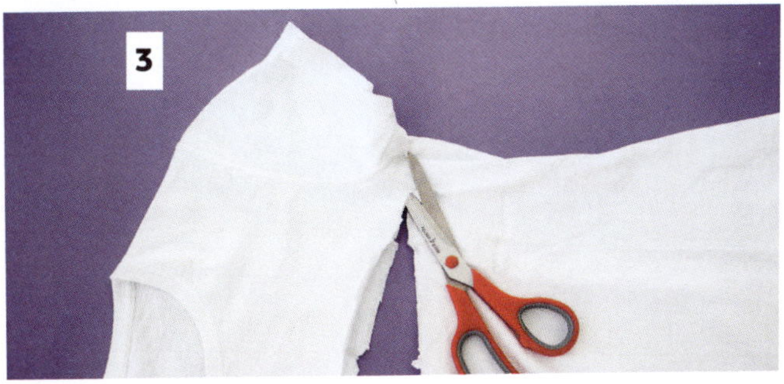

4 Drehe den Stoff um 90° und falte die untere Hälfte des Stoffschlauchs auf die obere Hälfte – dabei sollten 3 cm der unteren Lage sichtbar bleiben.

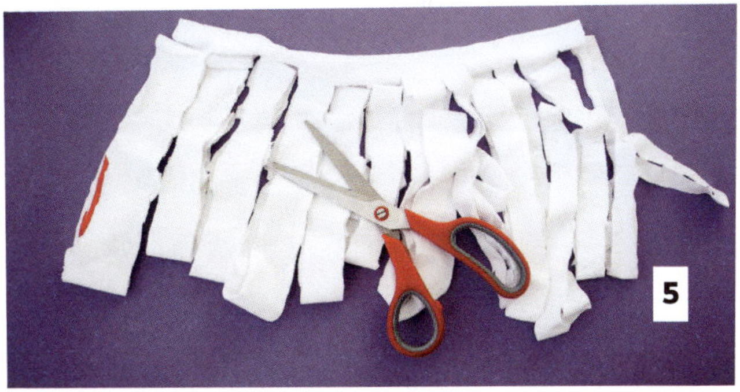

6 Falte den Stoff auf. Durchtrenne den zusammenhängenden Stoffrand jeweils schräg von einem Einschnitt auf der einen Seite bis zum danebenliegenden Einschnitt gegenüber. Dabei entsteht eine einzige, lange Spirale. Schneide vom ersten und letzten Einschnitt jeweils zur Kante hin – so entsteht ein Anfang und ein Ende.

7 Den Stoffstreifen zu einem Knäuel aufwickeln und dabei immer wieder etwas in die Länge ziehen.

Um in Porzellan zu bohren brauchst du einen speziellen Diamant-Bohrer. Klebe die Bohrstelle mit Malerkrepp ab, damit der Bohrer nicht abrutschen kann. Bohre langsam und mit wenig Druck. Wenn dein Bohrstück eine Vertiefung hat (z. B. bei einem Teller), fülle diese beim Bohren mit Wasser. Andernfalls musst du den Bohrer zwischendurch immer mal wieder in kaltes Wasser tauchen.

Mit dieser Technik kannst du zum Beispiel Etageren, Lampen oder Uhren aus hübschem Porzellangeschirr zaubern.

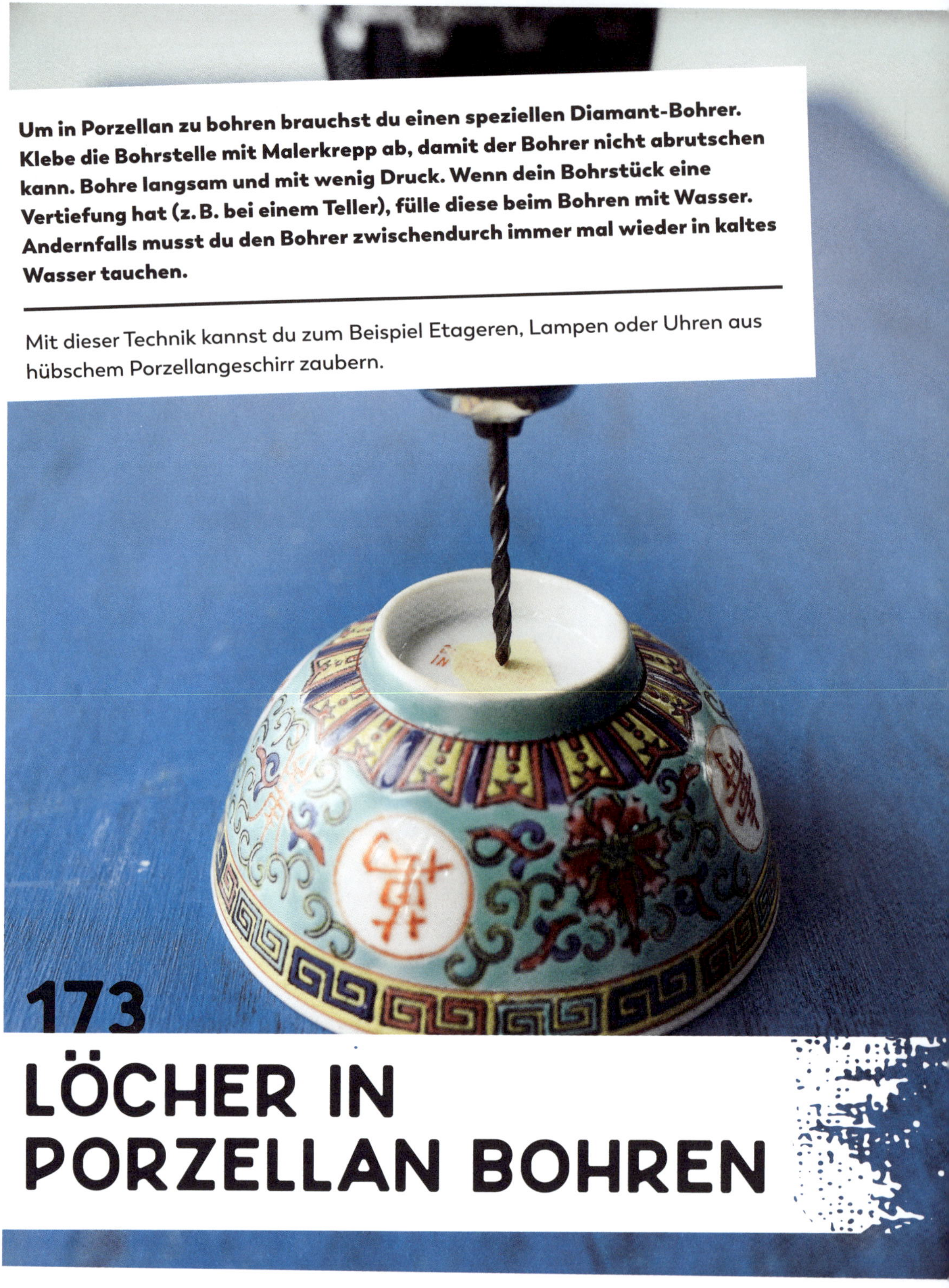

173 LÖCHER IN PORZELLAN BOHREN

174

SPITZER-KUNST

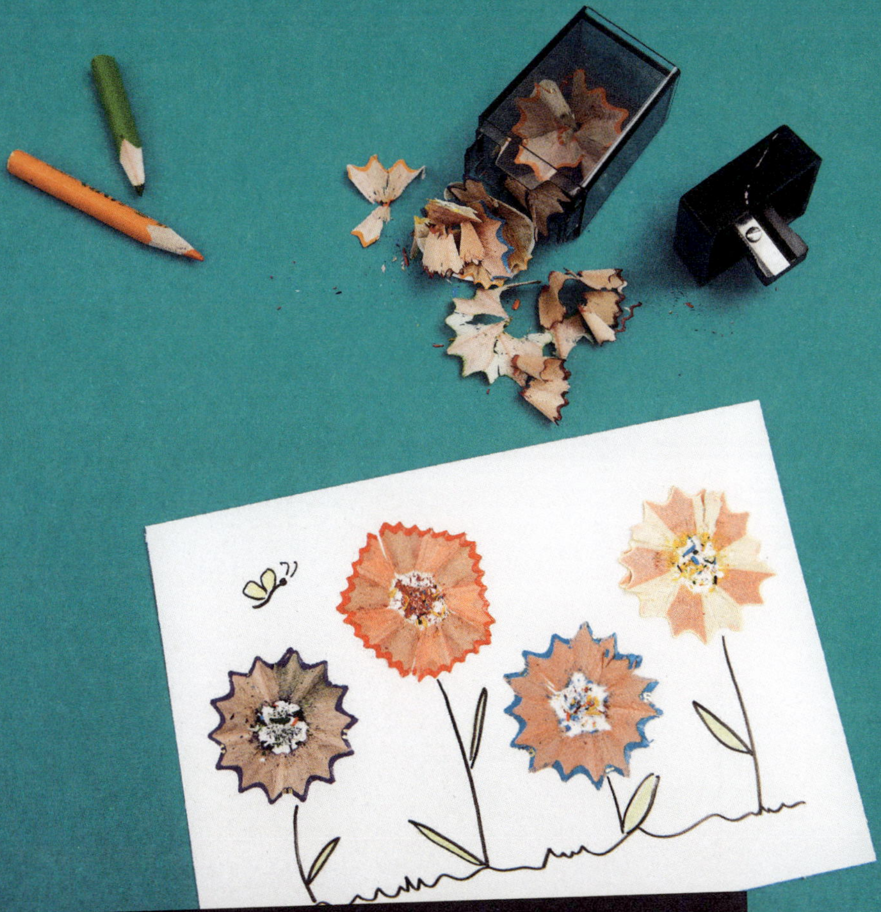

Schau mal, ob in deinem Spitzer auch so tolle Blumen wachsen! Klebe die Holzspäne auf eine Karte, streue ein bisschen Buntstiftabrieb auf und ergänze mit Filzstift die Details. Fertig ist das kleine Kunstwerk – oder die Grußkarte.

Die Späne kannst du auch als Schmetterlingsflügel, Partyhütchen, Kleid oder Röckchen aufkleben. Lass dich inspirieren.

175

ROSTEFFEKT-FARBE

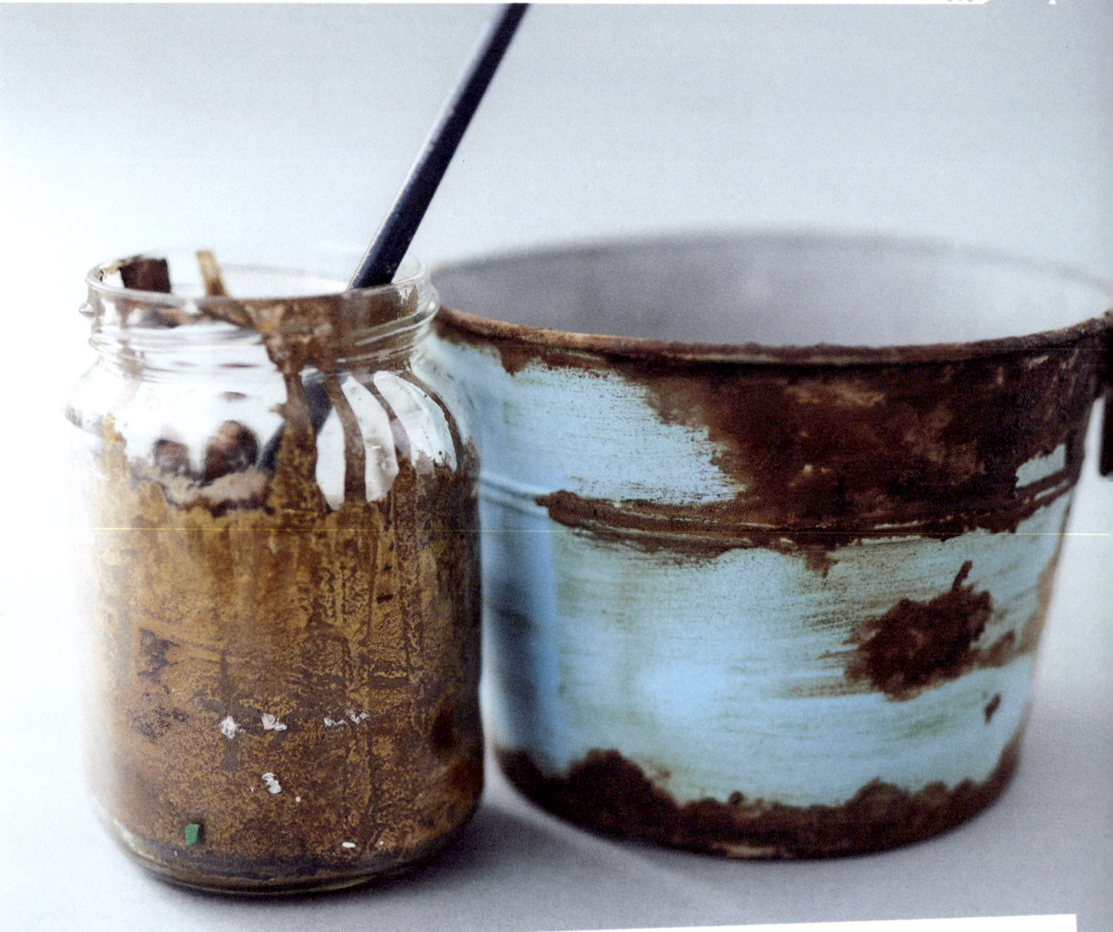

Mische 1 EL feines Eisenpulver mit 2 EL Essigessenz in einem alten Glas und lass es über Nacht offen stehen, bis sich ein rostbrauner Belag am Glas gebildet hat. Tupfe die Rosteffekt-Farbe auf die frisch gestrichene Oberfläche. Beim Trocknen rosten die betupften Stellen. Zum Schutz mit einer Schicht Mattlack besprühen.

Mische 150 g nicht rostendes Eisenpulver mit 500 ml Wand- oder Acrylfarbe und du hast selbstgemachte Magnetfarbe.

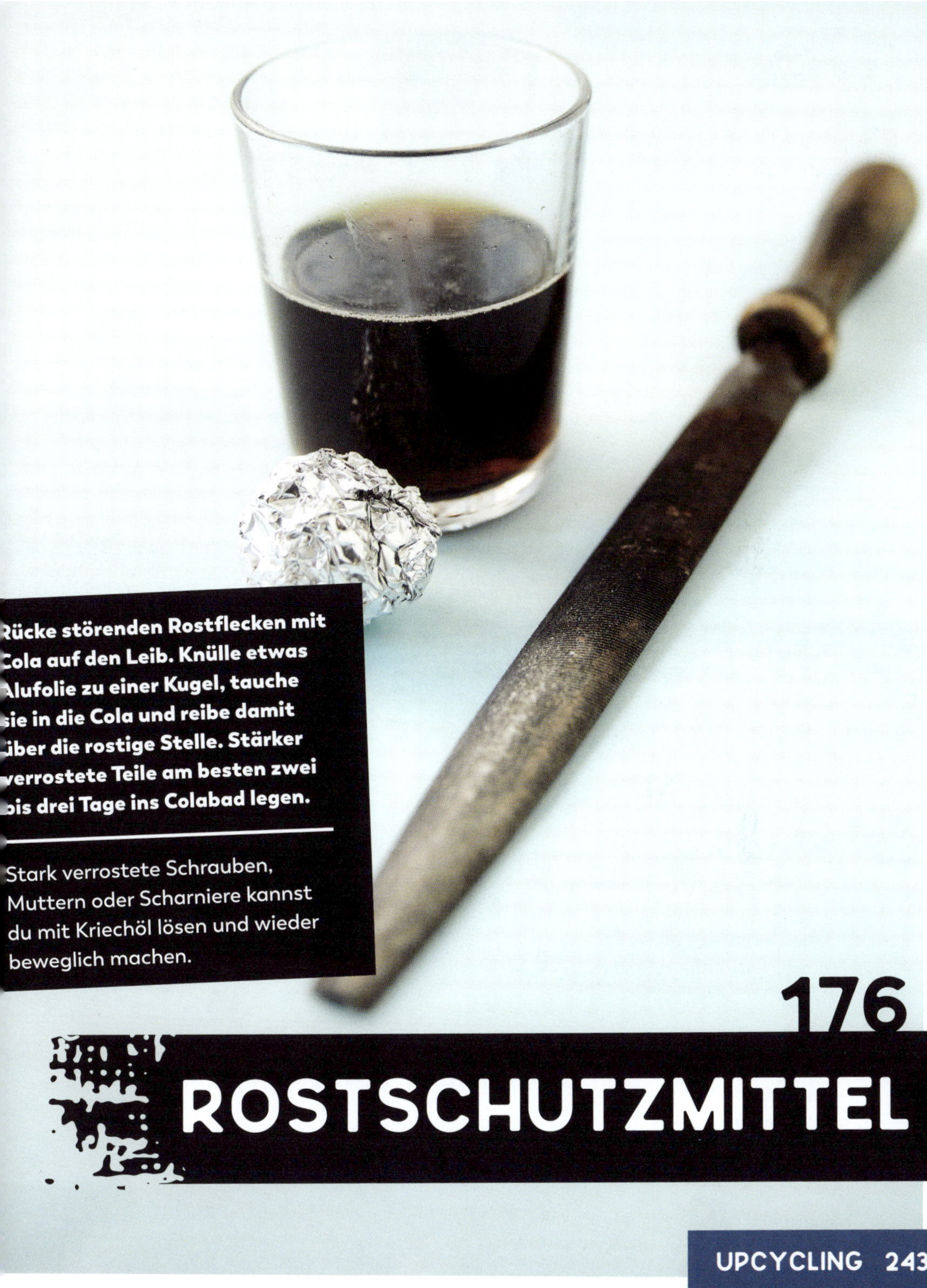

176 ROSTSCHUTZMITTEL

Rücke störenden Rostflecken mit Cola auf den Leib. Knülle etwas Alufolie zu einer Kugel, tauche sie in die Cola und reibe damit über die rostige Stelle. Stärker verrostete Teile am besten zwei bis drei Tage ins Colabad legen.

Stark verrostete Schrauben, Muttern oder Scharniere kannst du mit Kriechöl lösen und wieder beweglich machen.

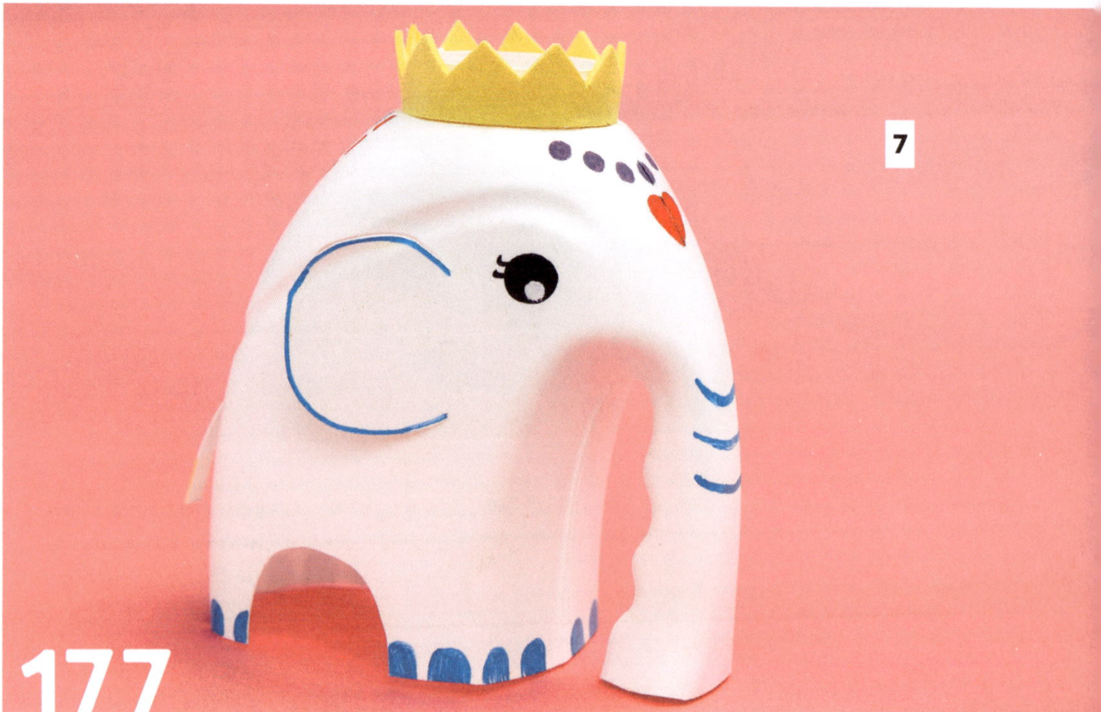

177 DER ELEFANT AUS DER WASCHKÜCHE

1 **Du brauchst dazu: Waschmittelflasche, Cutter, Moosgummi, Permanentmarker, Heißkleber, weicher Bleistift**

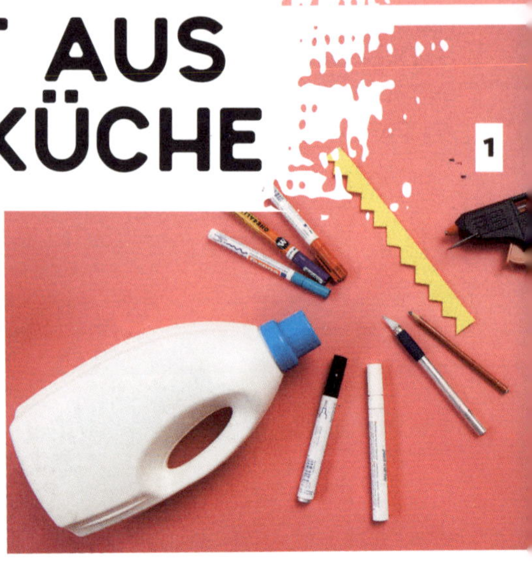

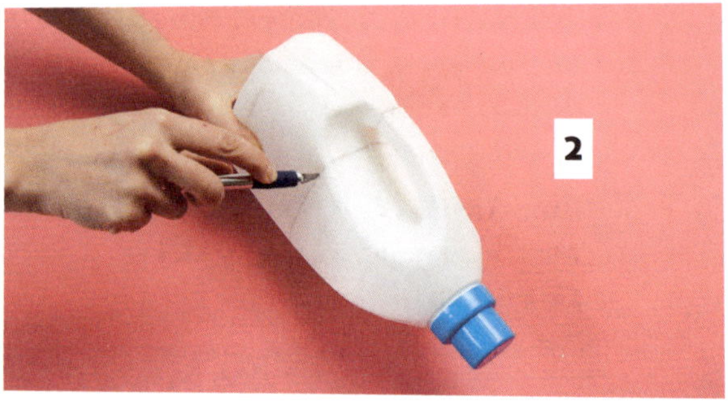

2 **Zeichne am unteren Ende des Henke eine waagerechte Linie an und schne den Boden der Flasche ab.**

Zeichne rechts und links für die Beine einen Halbkreis an und schneide ihn aus.

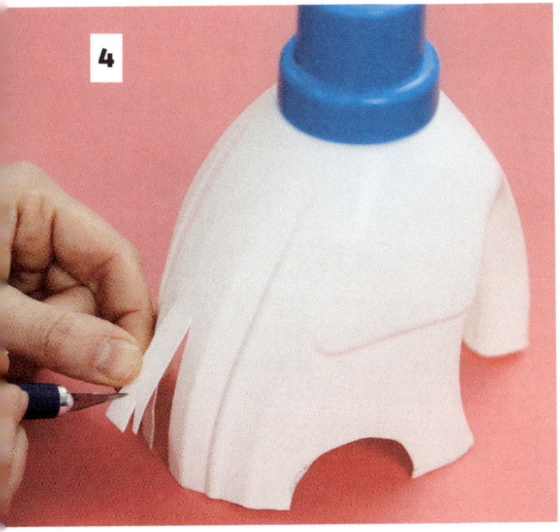

5 **Für die Ohren zeichnest du rechts und links einen Dreiviertelskreis an und schneidest die Linie ein. Biege die Ohren etwas nach außen.**

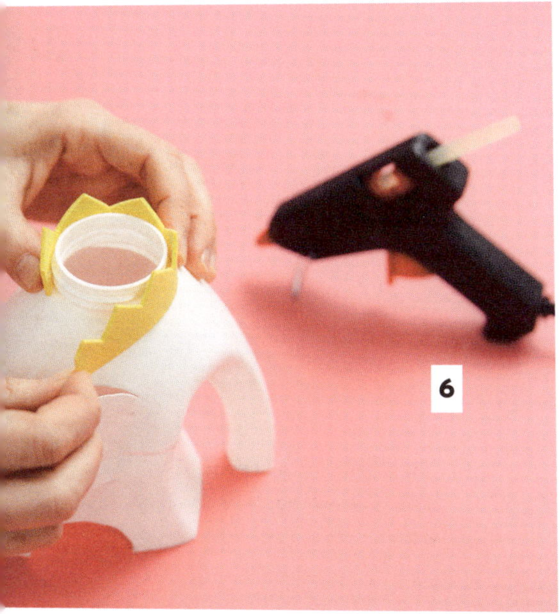

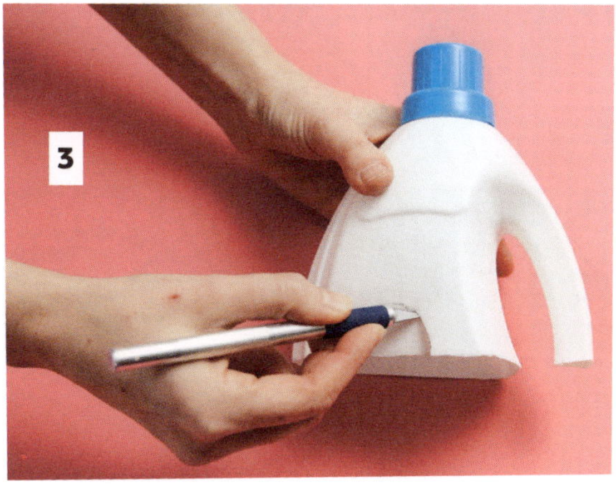

4 **Am Po schneidest du einen Streifen für den Schwanz hinein. Kürze ihn etwas und schneide ihn fransig ein.**

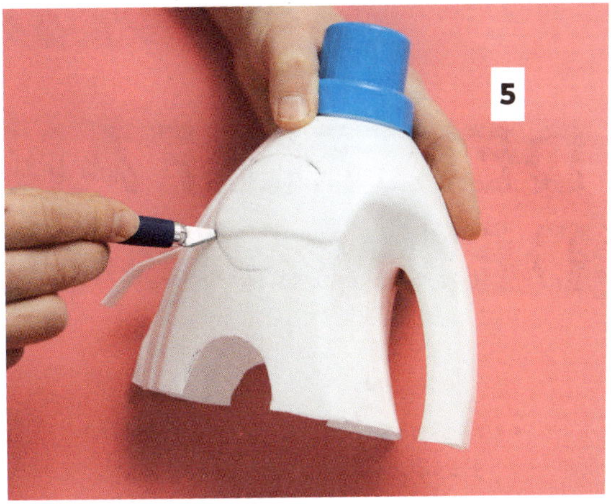

6 **Den Ausguss kreativ umgestalten – du kannst ihn z. B. mit einer Moosgummikrone umkleben, den Deckel als Hut verwenden oder einen Blumentopf einkleben.**

7 **Zum Schluss geht es ans Verzieren: Male Augen, Muster und kleine Details auf.**

178

GIB GUMMI

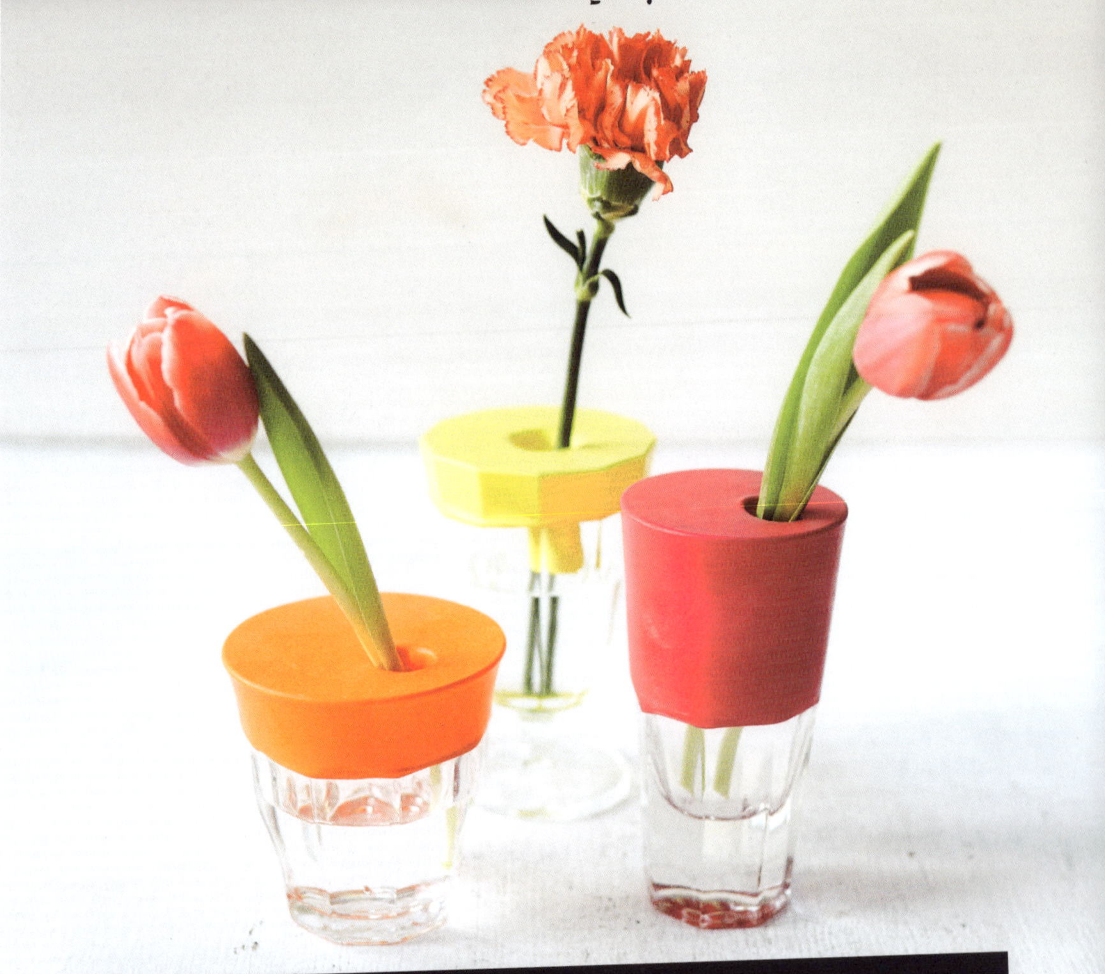

Blase zunächst die Luftballons einmal auf und lasse die Luft wieder raus. Schneide den „Rüssel“ des Luftballons ab und ziehe den Luftballon über das Glas. Stülpe den „Rüssel“ nach innen, fülle das Glas mit Wasser und stecke eine Blume in die Ballon-Öffnung.

Noch mehr Vasen kannst du mit den Hacks auf Seite 70 und 231 machen.

Wer kennt das nicht: Nervige Etikettenreste, die einfach nicht verschwinden wollen. Wenn das Bad im heißen Spülwasser nichts gebracht hat, reibst du die Stelle mit Speiseöl ein. Lass es etwas einwirken und rubbel dann mit einem Alufolienknäuel oder einem Küchentuch darüber. Bei Bedarf noch einmal richtig heiß Spülen und den Vorgang wiederholen. Im Nu ist alles sauber.

Dicke Klebstoffstellen am besten mit dem Fingernagel anlösen.

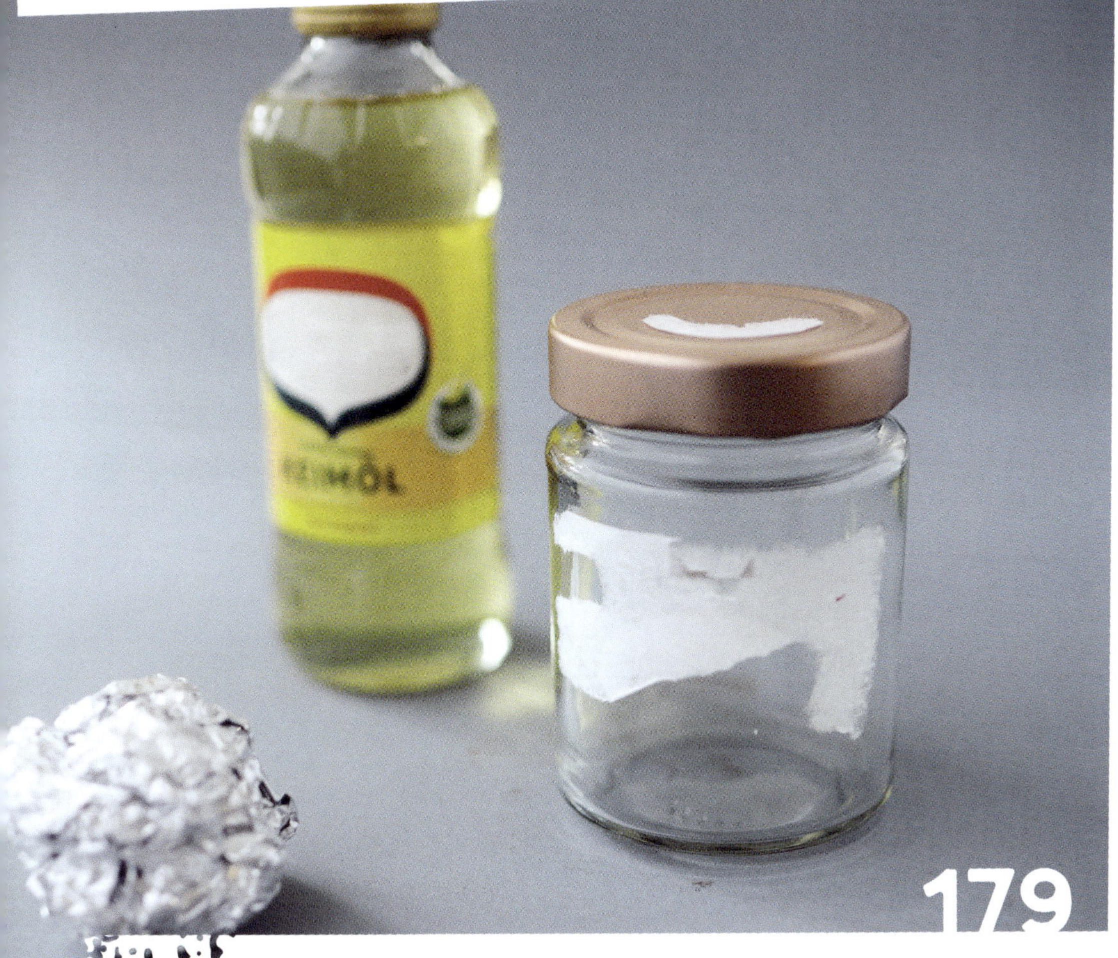

179

ENTKLEBE-ETIKETTE

180 VÖLLIG AUFGELÖST

Den Aufdruck auf Gläsern und Flaschen kannst du mit Essigessenz loswerden. Tränke ein Küchentuch mit Essigessenz und wickle es um das Glas, sodass alle bedruckten Stellen – oder nur die, die du entfernen möchtest – bedeckt sind. Nach 2–3 Stunden lässt sich die Farbe einfach abwischen oder ganz leicht mit der Softnagelfeile oder dem Topfreiniger abkratzen.

Bei Gläsern mit eingebrannten Schriftzügen ist Essigessenz leider wirkungslos. Hier helfen nur ein großes Etikett oder ein deckender Anstrich mit Farbe.

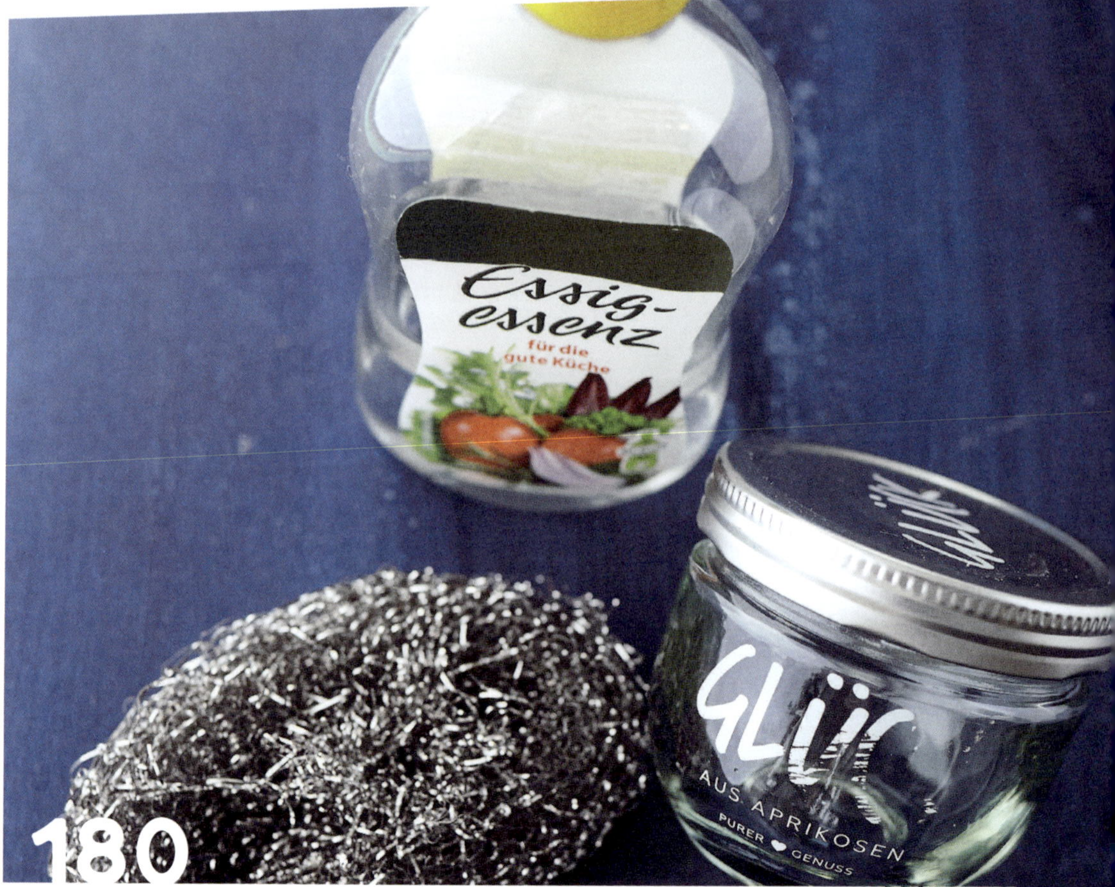

NOTIZEN

AHA!

Alles ist zum Basteln da! Damit dieser Slogan wirklich stimmt, musst du die Sachen aber auch im Haus haben, wenn du sie brauchst. Es schadet also nicht, einen kleinen Vorrat an leeren Konservendosen, Eierkartons, Klopapierrollen, schönen Schraubgläsern oder leeren Verpackungen anzulegen. Achte aber darauf, dass du die Sachen vor dem Einlagern ggf. gut reinigst, damit nichts müffelt oder schimmelt.

Schenken und Verpacken

Geschenkbänder werden schnell wieder glatt, wenn du sie über eine heiße Glühbirne ziehst.

Auch ein Glätteisen ist ein schneller Ersatz fürs Bügelbrett.

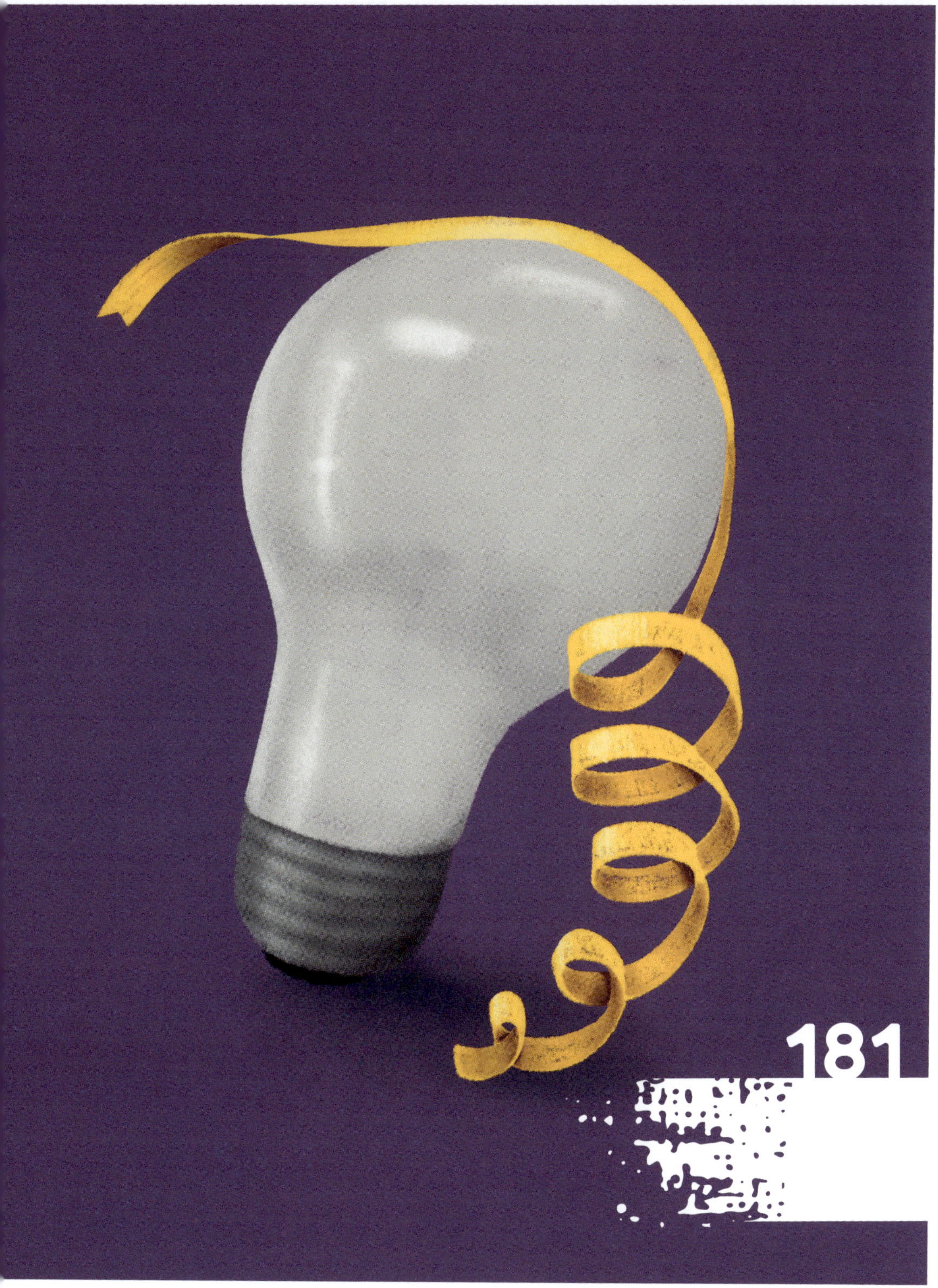

181

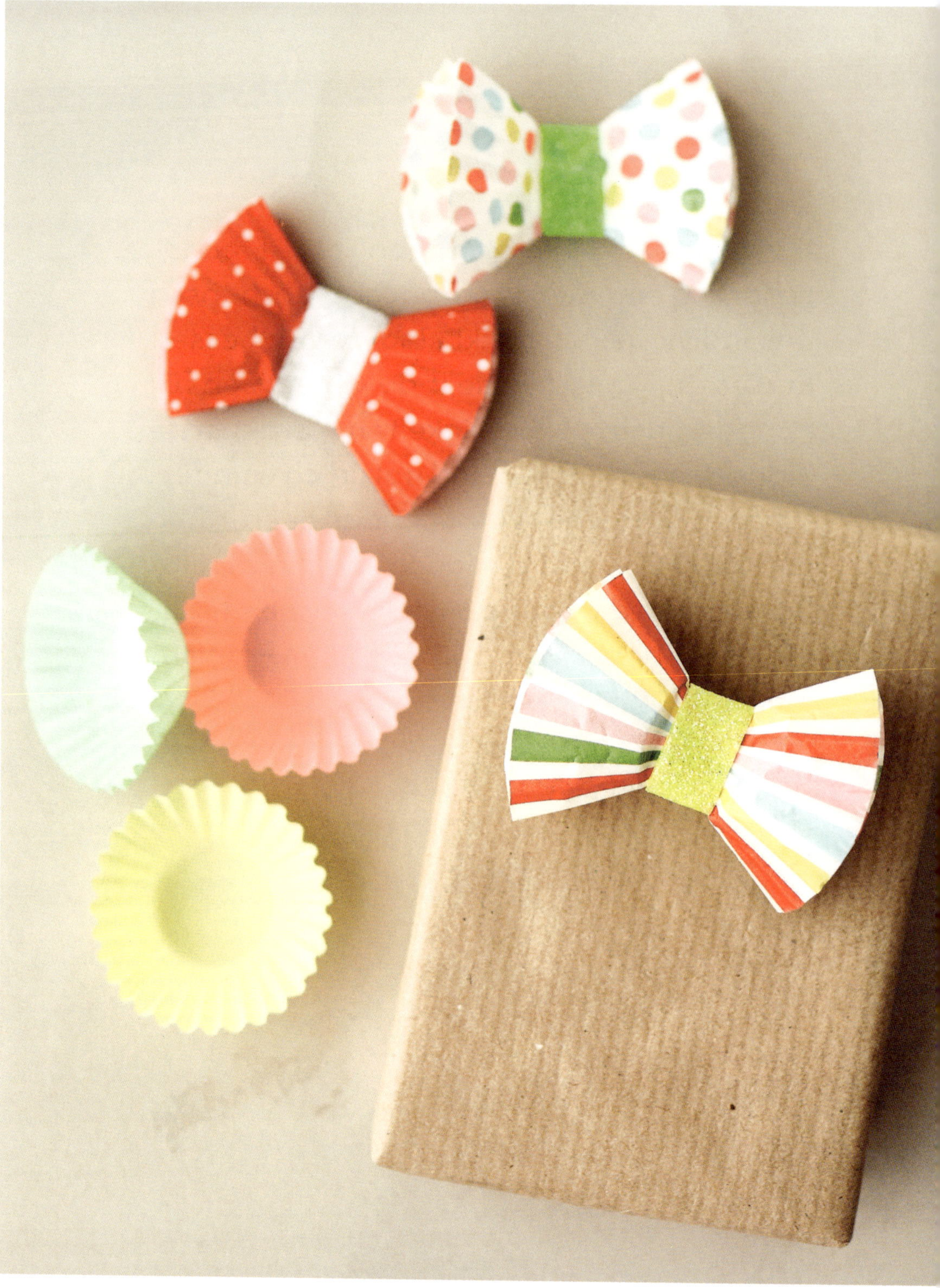

Kleine Geschenke erhalten die Freundschaft. Wenn sie dann auch noch hübsch und individuell verpackt sind – umso besser! In diesem Kapitel findest du viele Ideen für handgemachte Kleinigkeiten, praktische Tipps fürs Einpacken und natürlich wunderschöne, einfache Verpackungsideen. Eine perfekte Schleifen binden, verkrumpelte Bänder retten oder den Anfang beim Klebeband finden sind ab jetzt kein Problem mehr.

182

SAUBERE SACHE

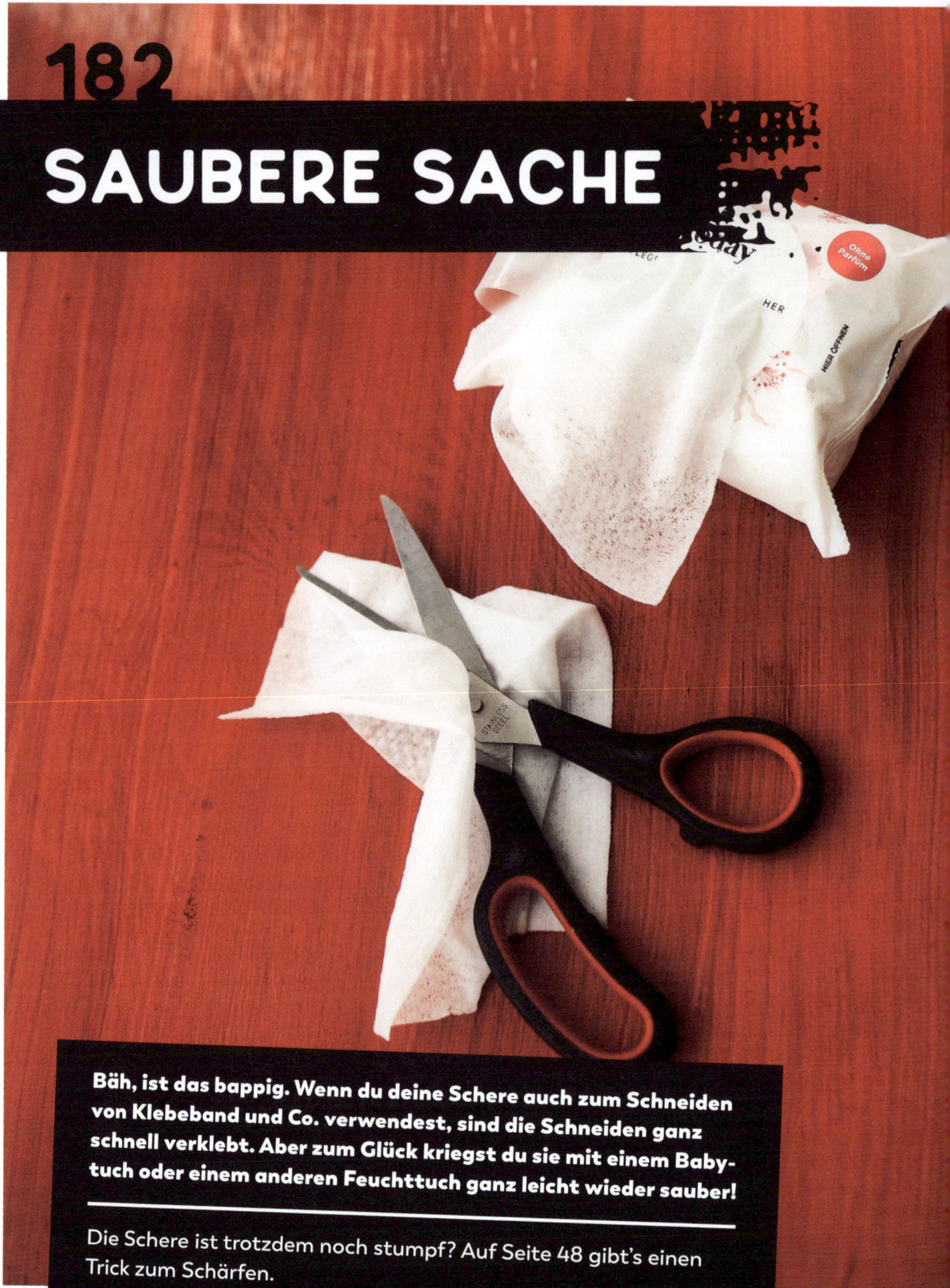

Bäh, ist das bappig. Wenn du deine Schere auch zum Schneiden von Klebeband und Co. verwendest, sind die Schneiden ganz schnell verklebt. Aber zum Glück kriegst du sie mit einem Babytuch oder einem anderen Feuchttuch ganz leicht wieder sauber!

Die Schere ist trotzdem noch stumpf? Auf Seite 48 gibt's einen Trick zum Schärfen.

Gib heißes (aber nicht kochendes) Wasser in eine hohe Vase und stelle die Kerze für etwa 10 Minuten kopfüber hinein. Wenn die Kerze weich genug ist, legst du sie auf ein Stück Backpapier und rollst sie mit dem Nudelholz platt. Spare dabei jeweils die Enden aus. Nimm die Kerze in beide Hände und drehe sie. Auskühlen lassen.

Für etwas mehr Farbe kannst du alte Wachreste schmelzen, mit Wachsmalkreiden einfärben und dann einfach die Kerze eintunken.

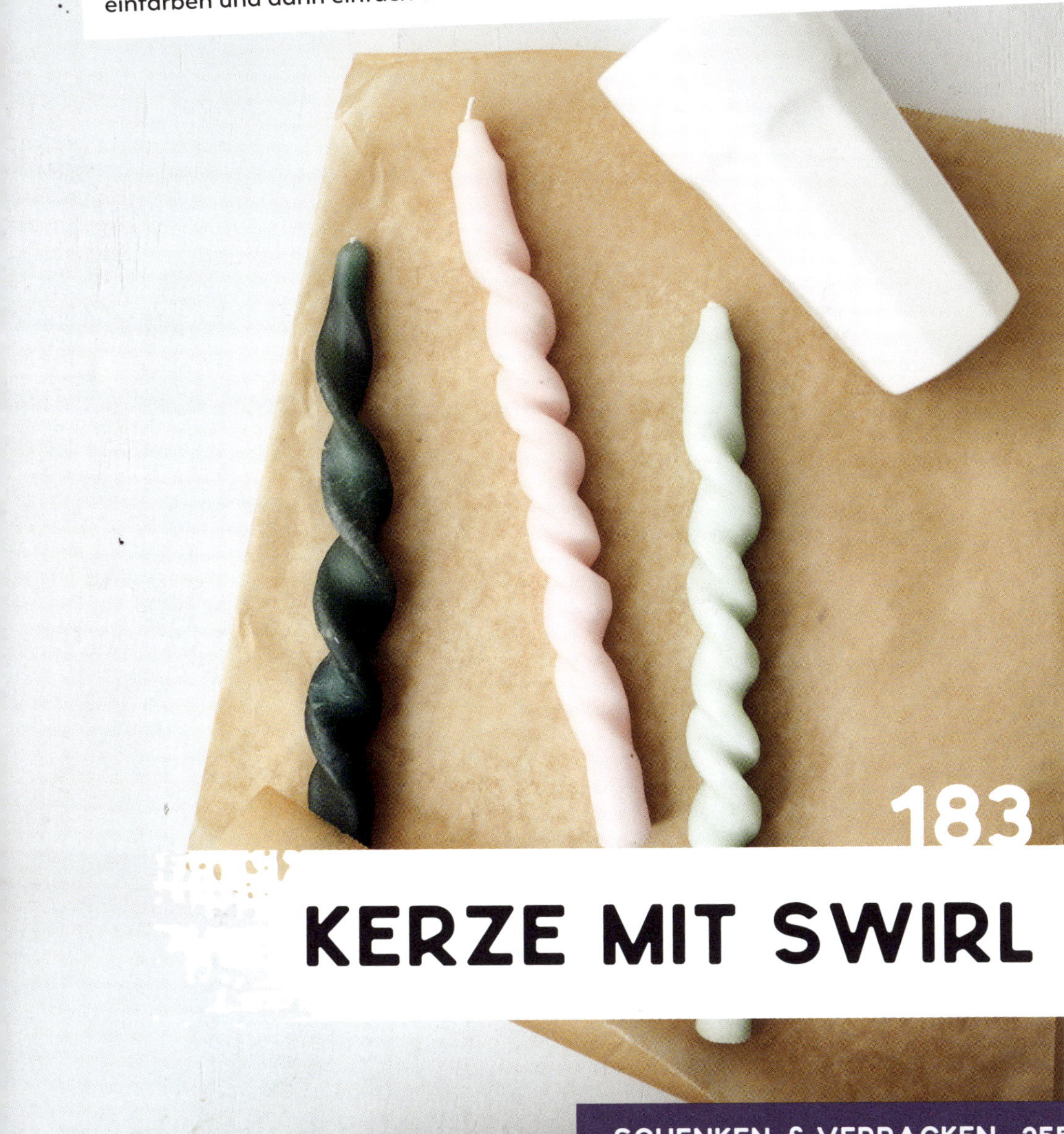

183

KERZE MIT SWIRL

Um umweltfreundliches Zeitungs-Garn herzustellen, faltest du einen Bogen Zeitungspapier zweimal, parallel zur Schrift, zu einem länglichen Rechteck mit vier Lagen. Dann mit einer Schere quer zur Schrift Streifen von ca. 1–1,5 cm Breite schneiden. Drehe nun die einzelnen Papierstreifen mit Daumen und Zeigefinger zu einer dünnen Schnur. Für längere Schnüre die Papierstreifen zuvor mit 2 cm Überlappung aneinander kleben.

Das Drehen geht schneller, wenn du das Papiergarn auf den Oberschenkel legst und mit der ganzen Handfläche rollst.

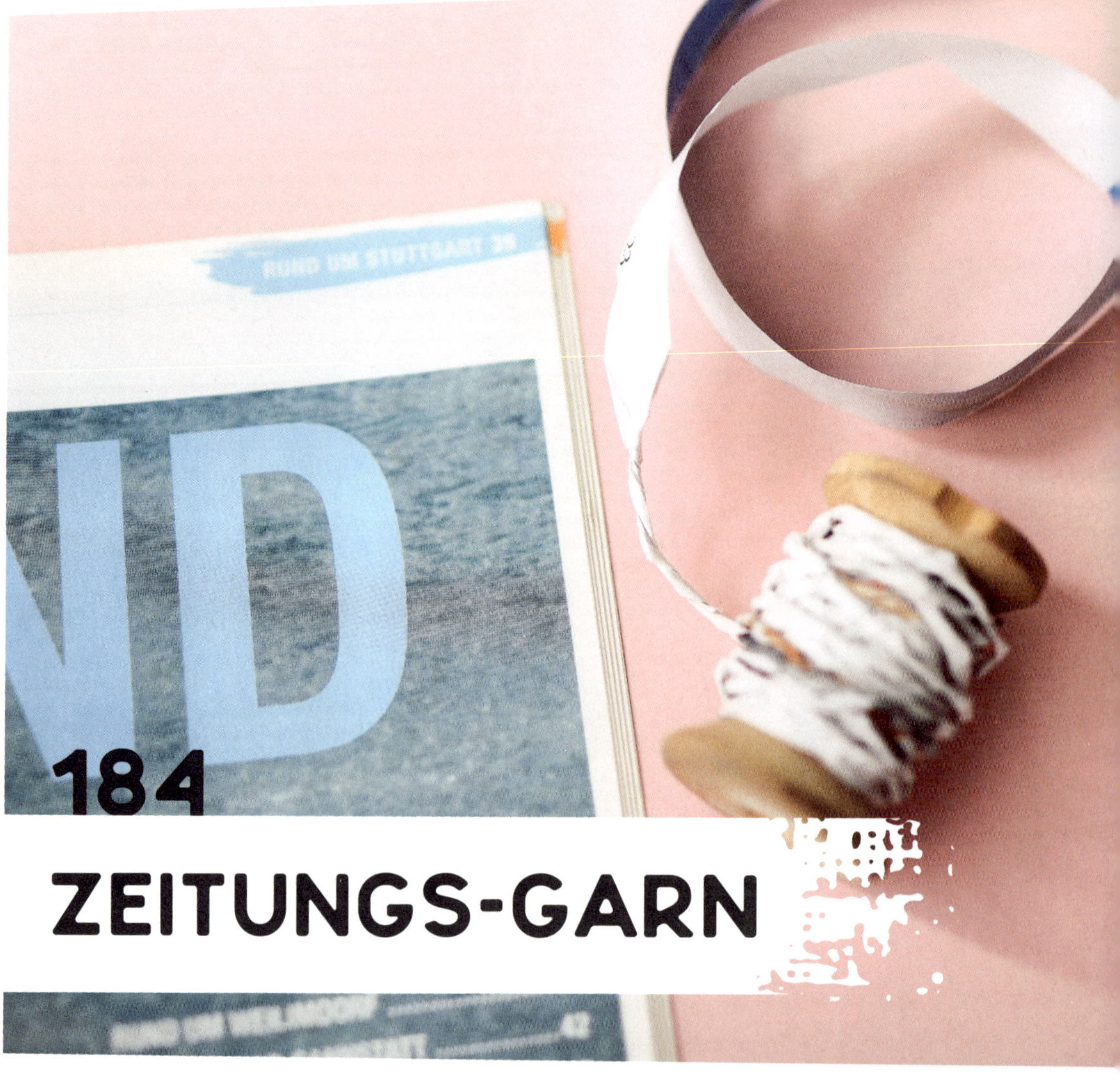

184 ZEITUNGS-GARN

Mit dieser japanischen Einpacktechnik sparst du Papier, Klebeband und Zeit. Einfach mal ausprobieren!
Schneide ein Stück Stoff zu einem Quadrat. Lege den Stoff mit der schönen Seite nach unten auf den Tisch und lege den zu verpackenden Gegenstand quer dazu, mittig darauf. Nimm die zwei gegenüberliegenden Ecken und mache einen ganz normalen Knoten damit. Mache mit den anderen beiden Ecken einen Knoten darüber, verstecke die Zipfel des ersten Knoten darunter und ziehe alles noch einmal fest.

In den Knoten kannst du noch ein paar Zweigen, Blumen oder andere Deko stecken.

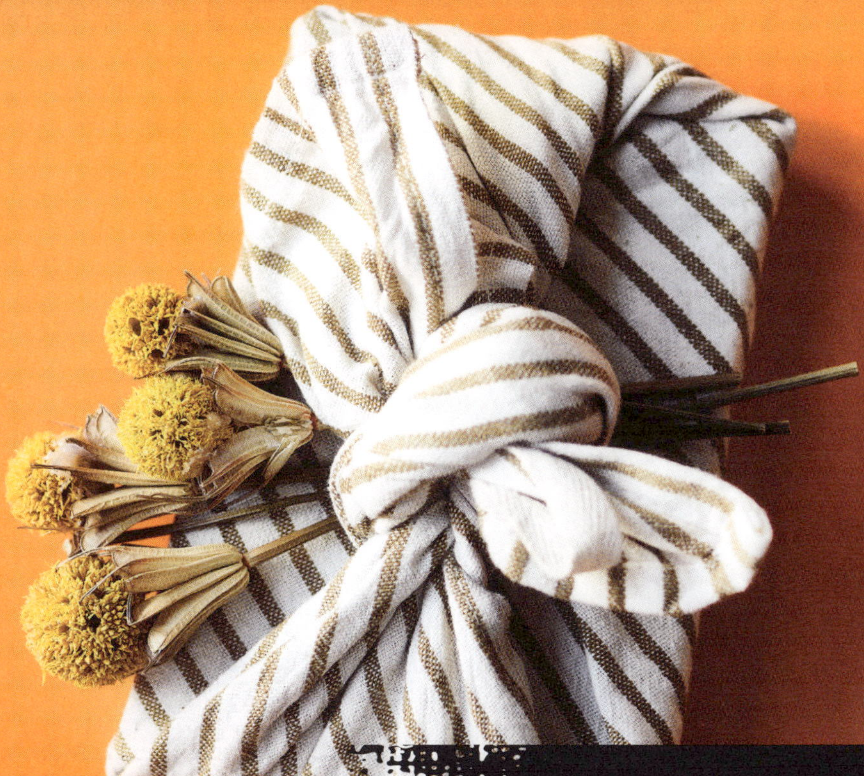

185 FUROSHIKI

Drücke eine Klopapierrolle mit den Händen platt und falze die Kanten mit dem Fingernagel nach. Lege einen Marmeladenglasdeckel auf die Enden und fahre mit einer Stricknadel einen Halbkreis von einer Kante zur anderen nach. Wiederhole das auf der gegenüberliegenden und auf den Unterseiten. An diesen Falz-Halbkreisen drückst du die Rolle mit den Fingern nach innen, sodass sie überlappen.

Dekoriere die Schachtel mit Washitape, male sie an oder beschrifte sie mit Markern.

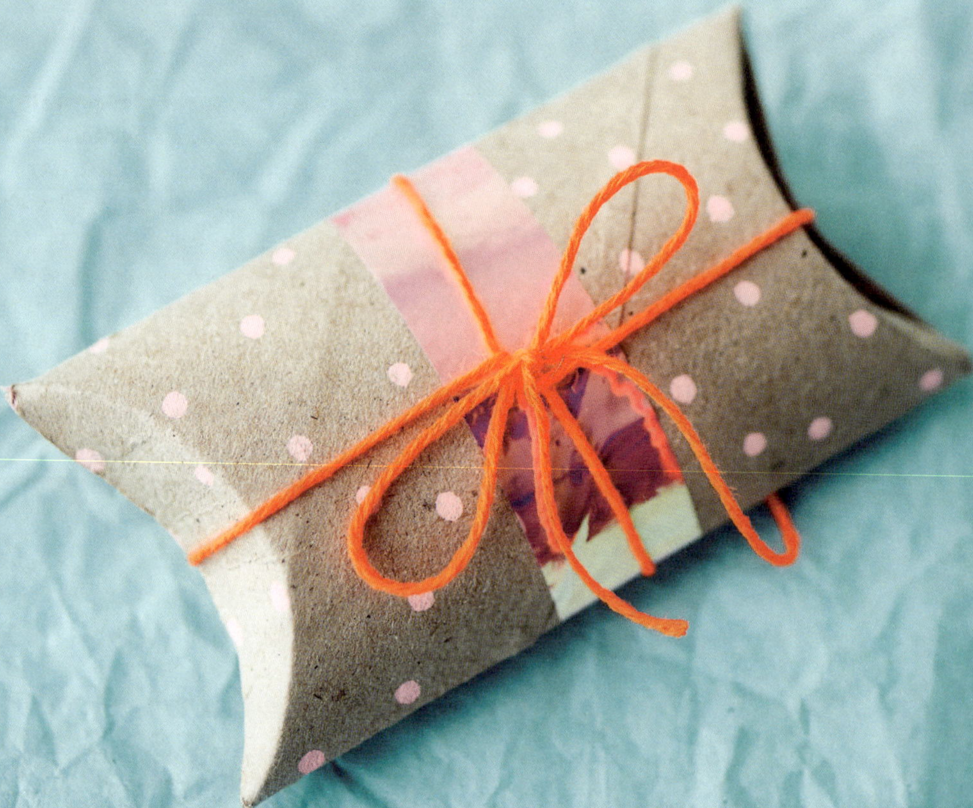

186

GESCHENKSCHACHTE

187

ZERO-WASTE-GESCHENKBAND

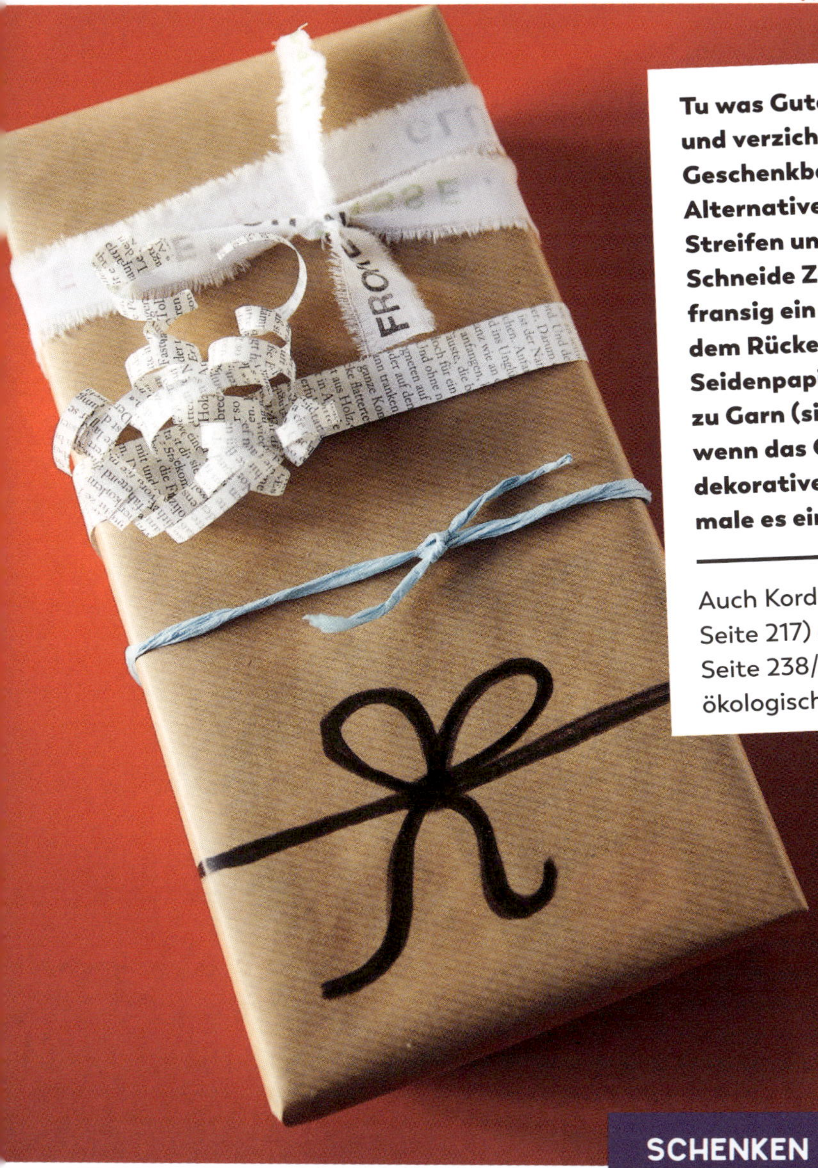

Tu was Gutes für die Umwelt und verzichte auf herkömmliches Geschenkband – es gibt viele Alternativen: Reiße Stoffreste in Streifen und knote sie um. Schneide Zeitungspapierstreifen fransig ein und kräusel sie über dem Rücken einer Schere. Drehe Seidenpapier oder Zeitungspapier zu Garn (siehe Seite 256). Und wenn das Geschenkband nur zu dekorativen Zwecken dient, dann male es einfach auf.

Auch Kordeln aus Wollresten (siehe Seite 217) oder Jersey-Garn (siehe Seite 238/239) sind plastikfreie, ökologisch sinnvolle Alternativen.

Kartoffeldruck kennt wirklich jeder! Dass man ihn aber auch modern intepretieren kann, vielleicht nicht. Schnitze aus der Kartoffel geometrische Formen und wähle aktuelle Trendfarben und schon wird aus stinknormalem Packpapier ein tolles Geschenkpapier.

Statt Kartoffeln kannst du das Papier auch mit selbstgeschnitzen Stempeln aufhübschen – wie das geht, erfährst du auf Seite 15.

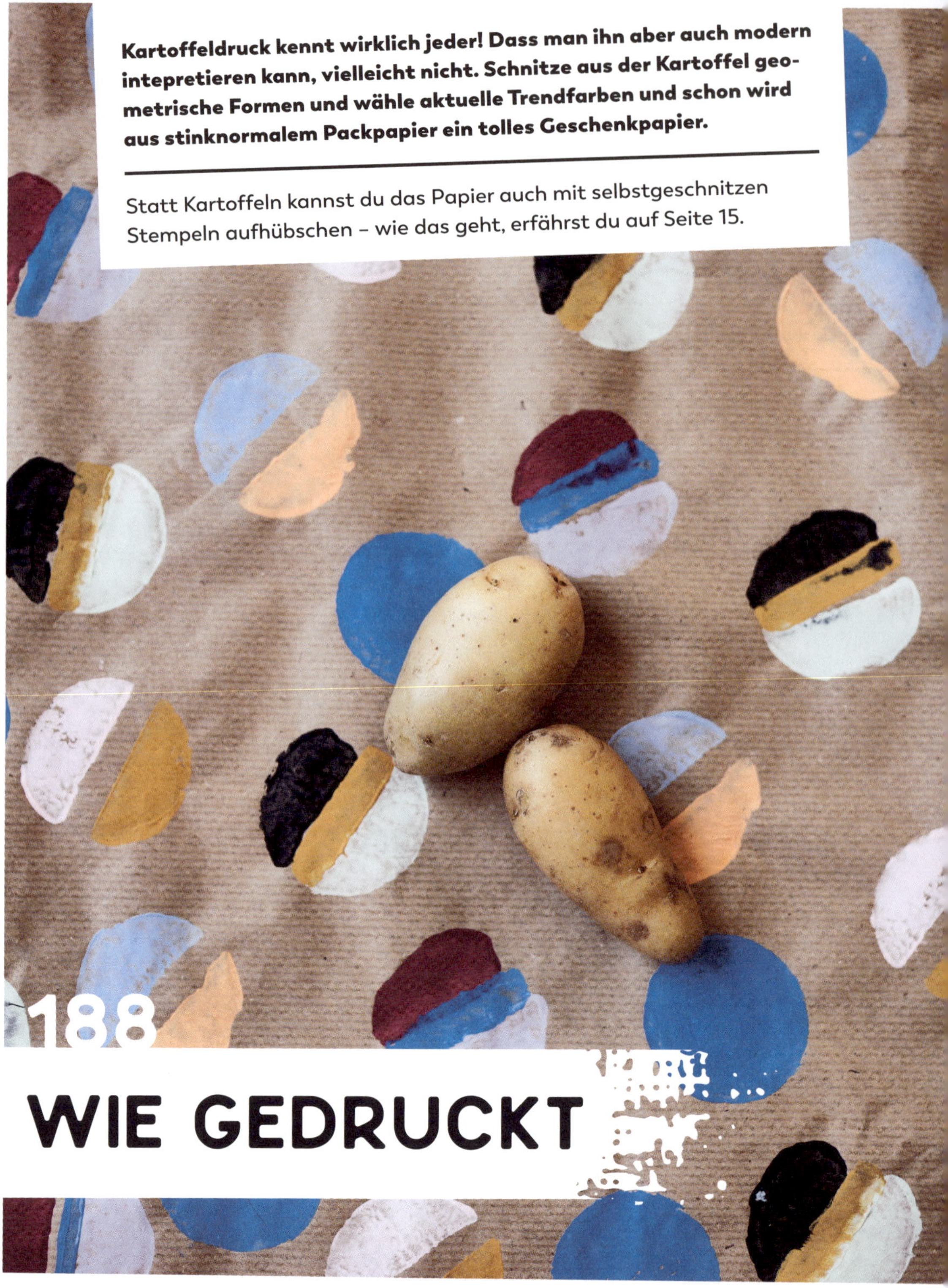

WIE GEDRUCKT

Nimm ein dickeres, rechteckiges Papier und falte einen Längsrand ca. 3 cm um. Falte die Tüte mittig zusammen (der umgelegte Rand liegt oben) und lasse dabei an einer Seite ein ca. 1–1,5 cm großes Stück als Klebelasche überstehen. Streiche die Klebelasche mit einem Klebestift ein und klebe die Taschenkante darauf. Falte den unteren Rand ca. 8 cm nach oben und drücke diese Faltung nun so auseinander, dass an den Seiten jeweils ein Papierdreieck stehen bleibt. Dies wird dein Taschenboden. Klappe von unten nach oben die Hälfte des Bodens hoch, er soll dabei ca 1 cm über die „Mittelnaht" überstehen. Dann klappst du von oben nach unten die andere Hälfte runter, ebenfalls 1 cm überlappend. Klebe die Bodenteile aneinander. Falte nun eine Längsseite in Richtung Mitte der Tasche. Die Schräge unten sollte exakt zur Schräge der Bodenfaltung passen. Verfahre genauso mit der anderen Längsseite.

Je mehr Zentimeter du am unteren Rand nach oben faltest, desto voluminöser, aber auch schmaler wird deine Tasche später.

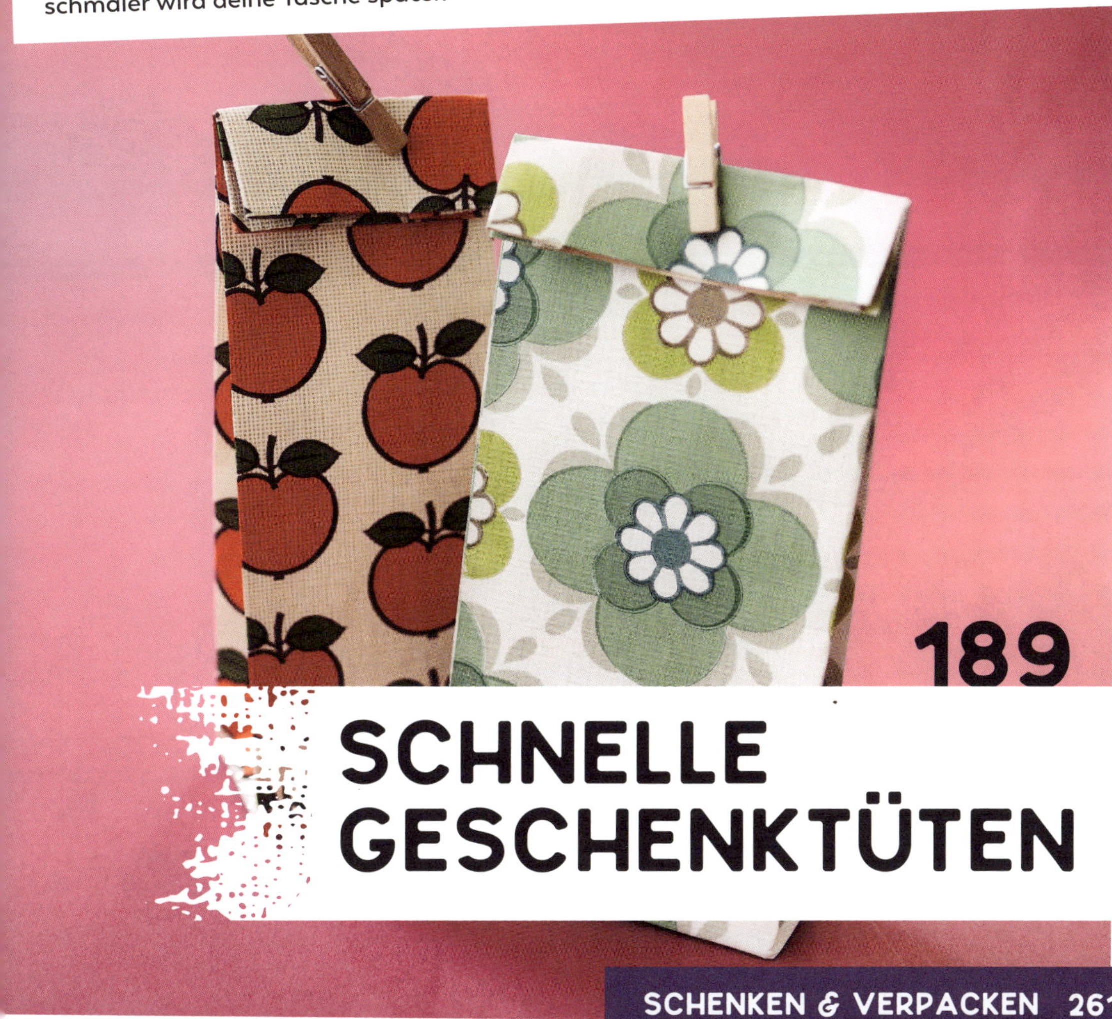

189 SCHNELLE GESCHENKTÜTEN

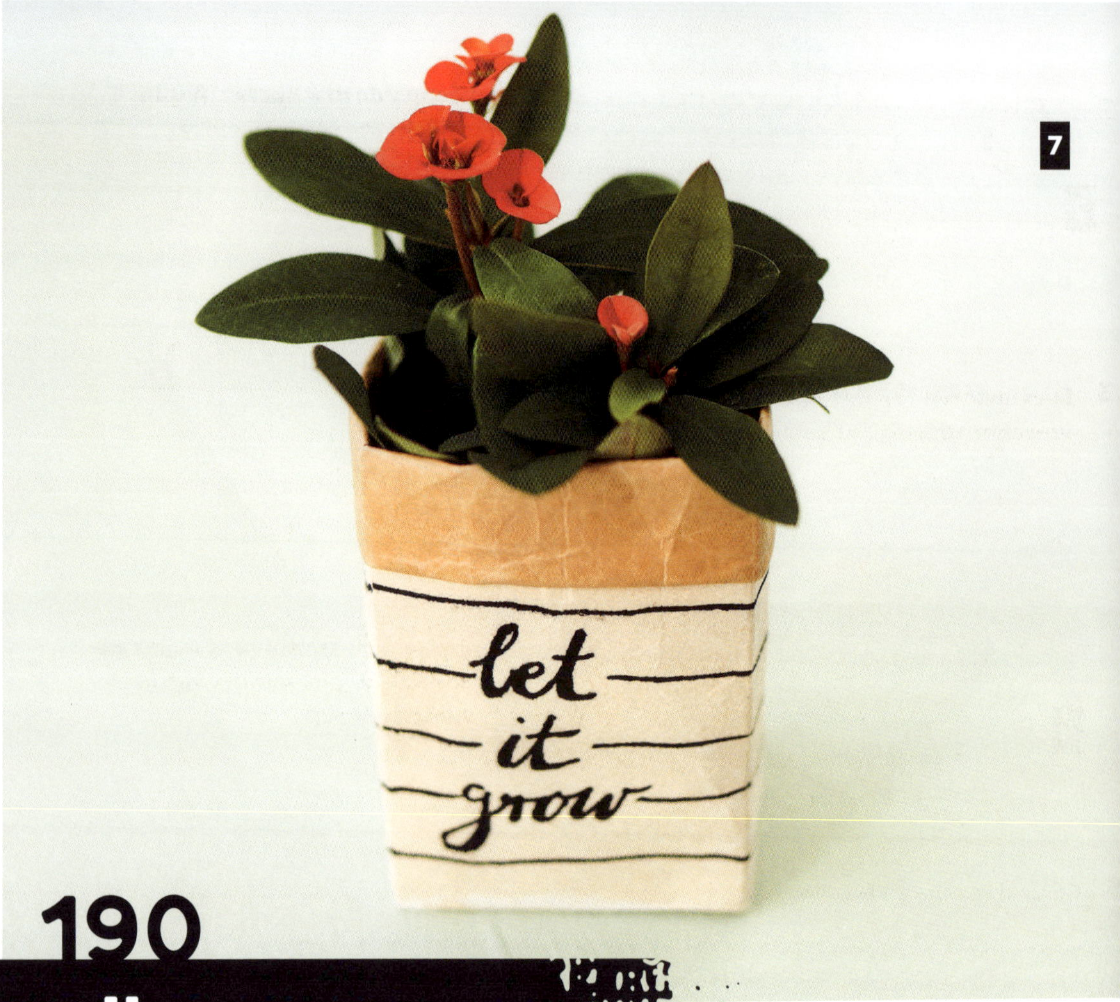

7

190
TÜTENTOPF

1 **Dazu brauchst du: leere, saubere Milchtüte, Schere, schwarzer Acrylmarker**

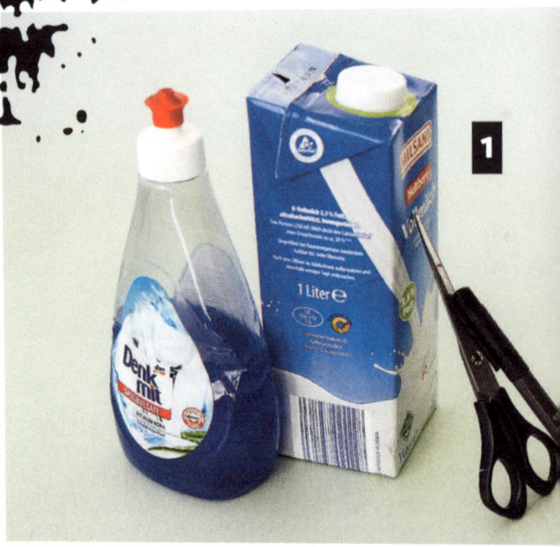

1

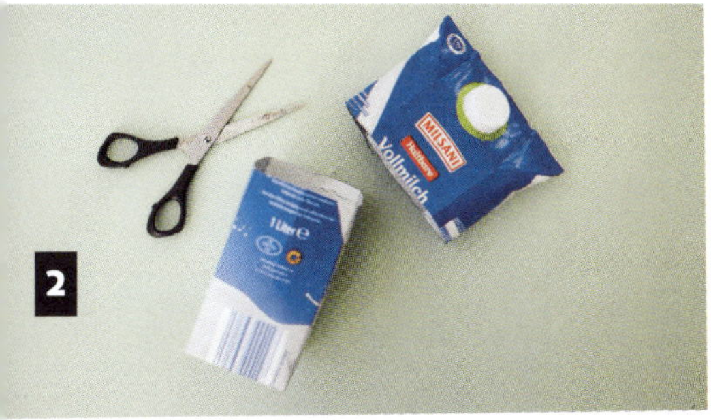

2 **Schneide den oberen Teil der Milchtüte etwa 15 cm ab.**

3 **Den unteren Teil mit Spüli auswaschen und abtrocknen.**

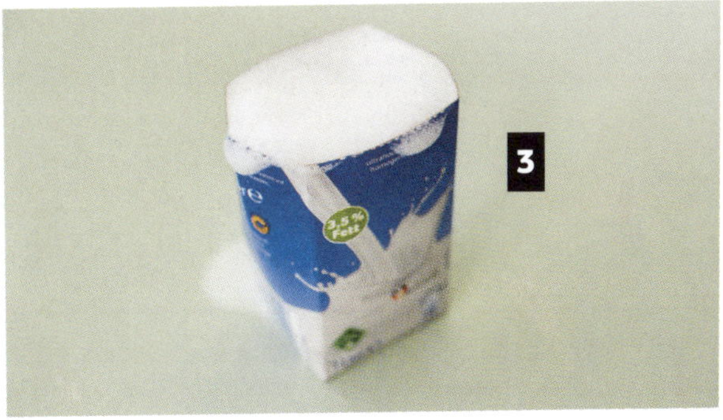

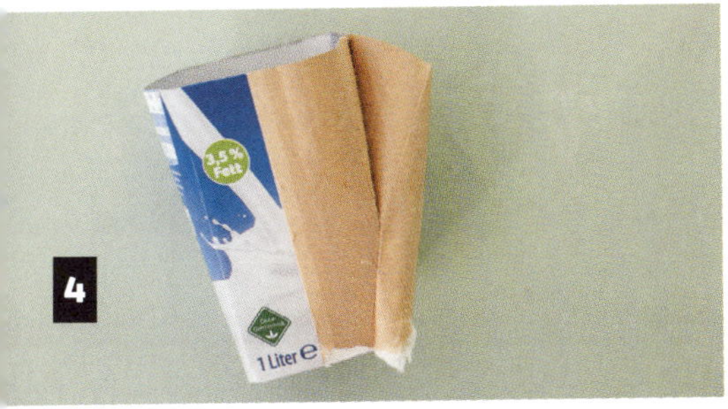

4 **Ziehe von der Nahtstelle aus die oberste Papierschicht von der Außenseite ab.**

5 **Falte den oberen Rand zweimal um.**

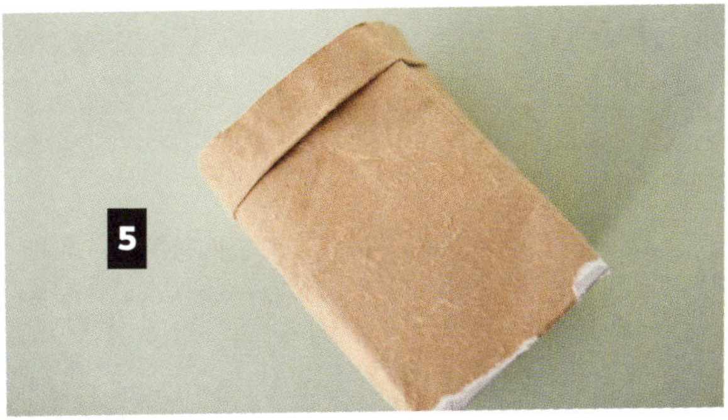

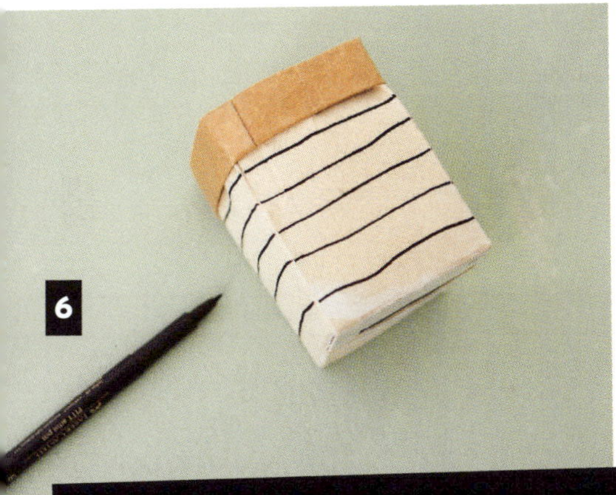

6 **Jetzt kannst du die Außenseite mit einem schwarzen Marker, Farbe oder Stempeln verzieren.**

7 **Noch eine Blume rein und fertig!**

Dank der Innenbeschichtung ist der Topf wasserdicht – perfekt für Pflanzen und feuchte oder fettige Speisen.

191

KNOPFKUNST

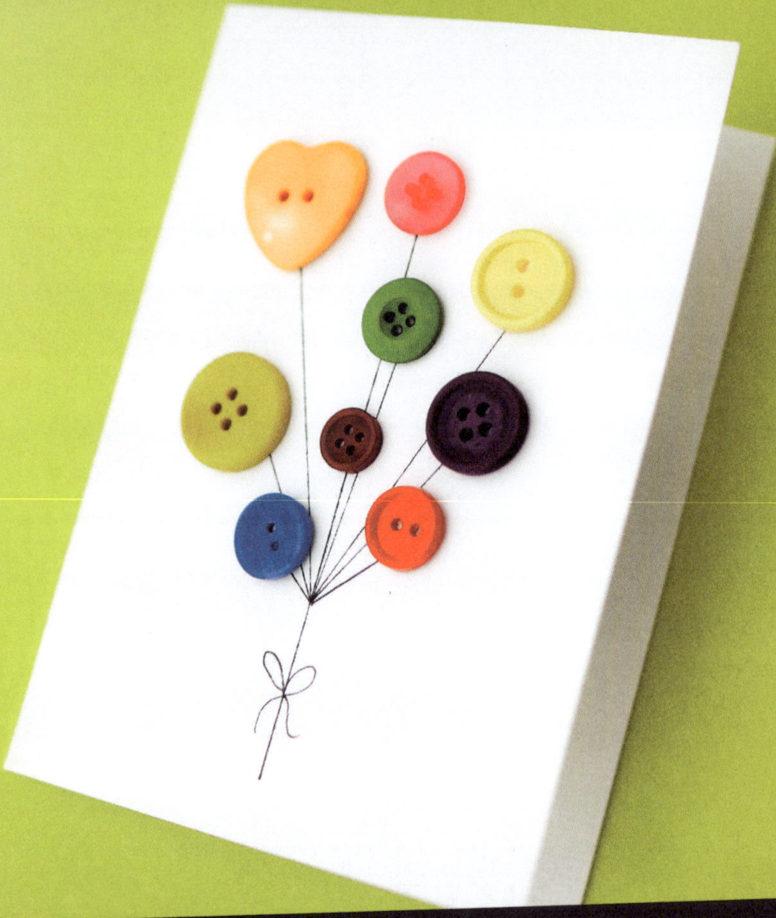

Klebe bunte Knöpfe in einer Art Wolke mittig auf die Klappkarte. Male mit dem Fineliner von jedem Knopf eine Linie nach unten – sie sollten alle zusammenführen. Zeichne eine kurze Linie vom „Knotenpunkt“ nach unten und male eine kleine Schleife daran.

Nicht genug Knöpfe, aber noch Modelliermasse übrig? Dann bastel dir doch selbst welche!

Bei dieser verblüffenden Geschenkverpackung wird sich bestimmt jeder fragen, wie du das Geschenk da bloß hineinbekommen hast. Ganz einfach: Öffne die Dose am Boden mit einem Sicherheitsdosenöffner und klebe den Boden nach dem Befüllen mit Heißkleber wieder unsichtbar auf.

Eine Banderole aus Geschenkpapier rundet das Geschenk ab.

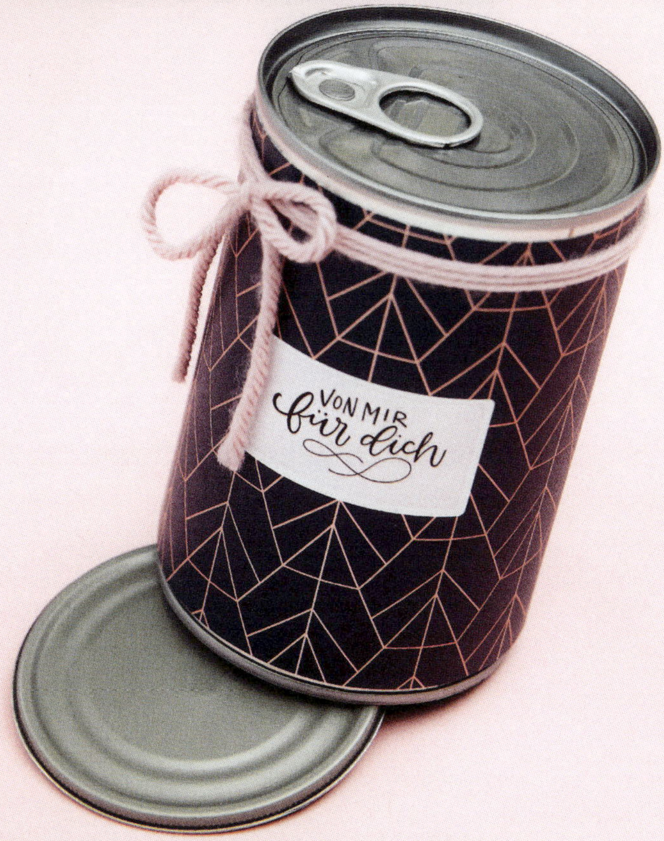

192 GESCHENK-KONSERVEN

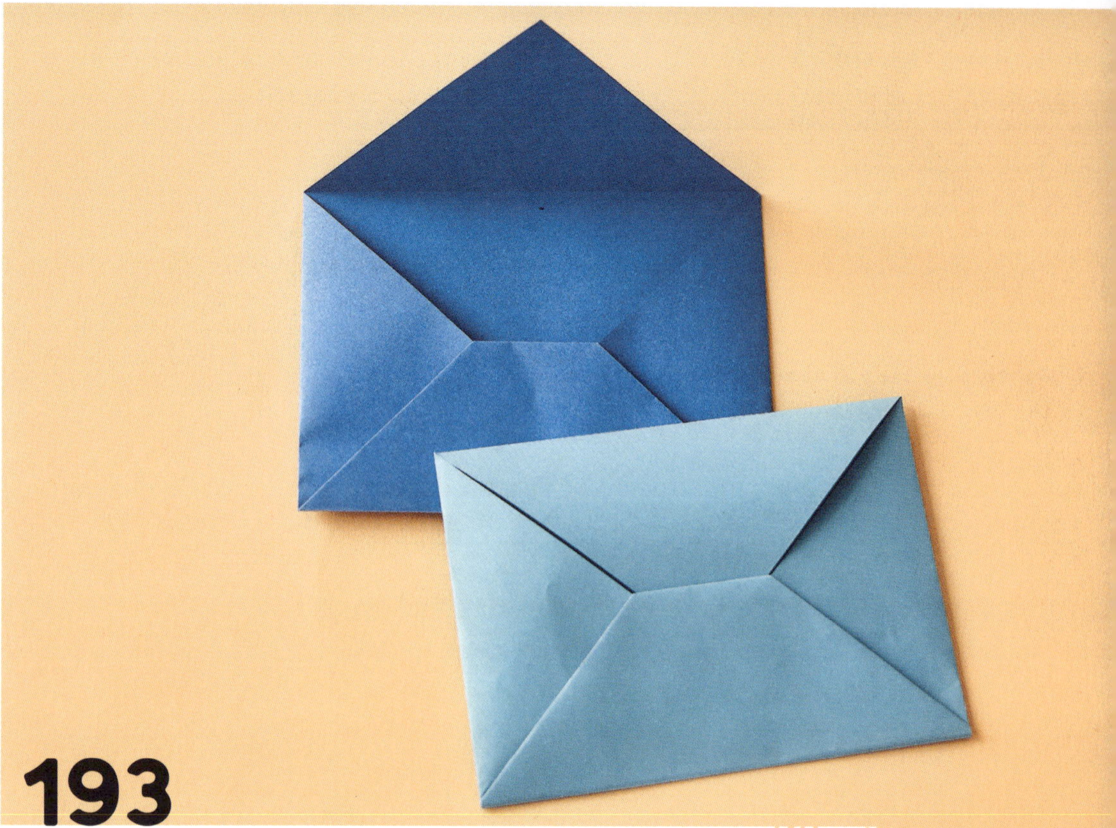

193 ORIGAMI-BRIEFUMSCHLAG

Du brauchst schnell noch einen schönen Briefumschlag? Kein Problem. Für diesen hier braucht du nur ein Stück Papier und weniger als 5 Minuten.

1 Dazu brauchst du: Papierquadrat in deiner Wunschfarbe und -größe

2 Markiere die Mitte des Papierquadrats, indem du es über Kreuz faltest und jeweils in der Mitte mit dem Finger flach drückst.

2

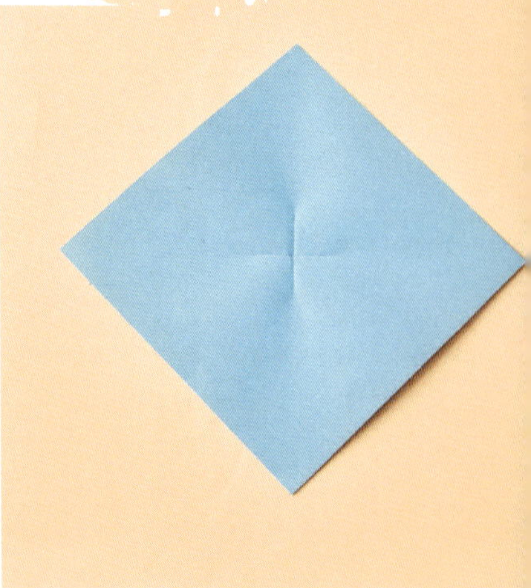

3

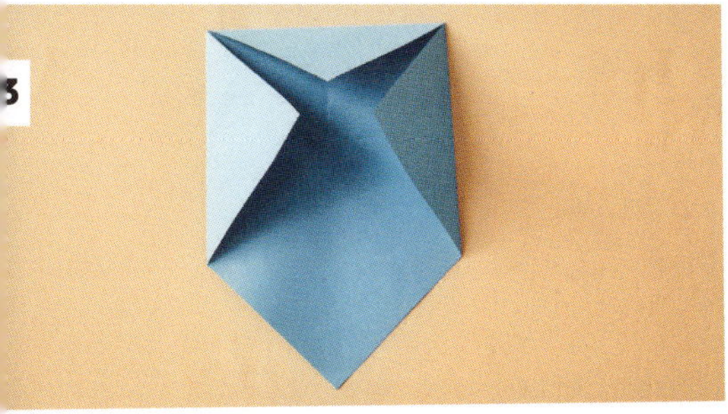

Die untere Spitze zur oberen Mitte falten und wieder öffnen.

5

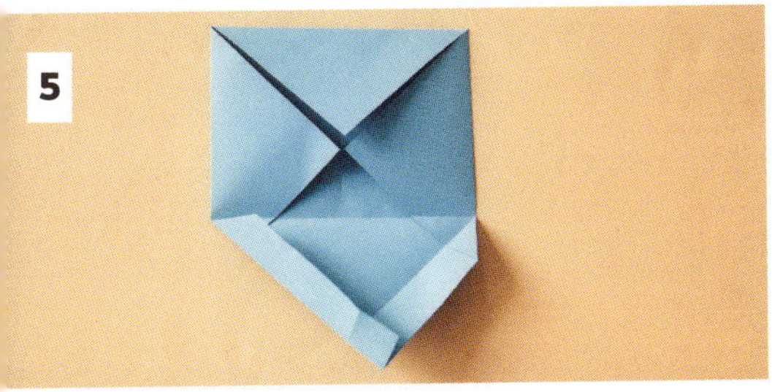

Dann die untere Spitze zur waagerechten Faltlinie nach oben falten.

7

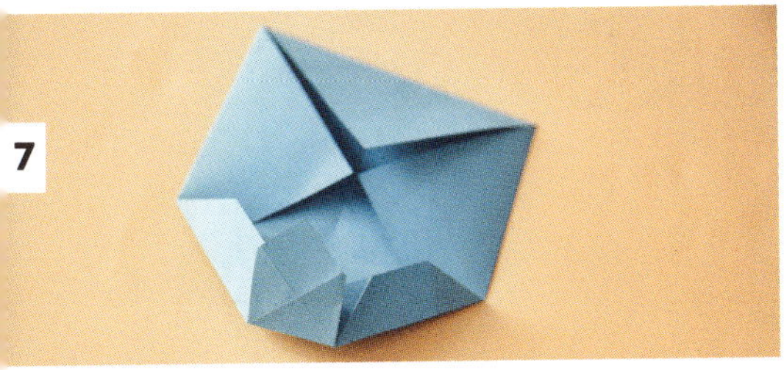

Das untere Teil an der waagerechten Faltlinie nach oben falten und dabei die seitlichen Spitzen einstecken.

3 Falte dann die rechte, die linke und die obere Spitze zur Mitte.

4

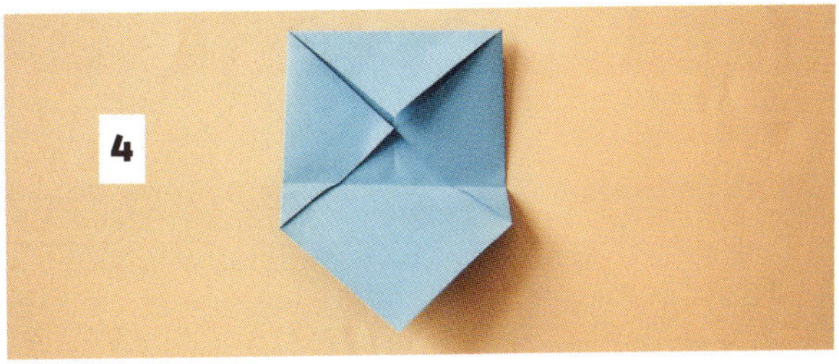

5 Die schrägen Seiten nacheinander nach innen falten und gleich wieder öffnen.

6

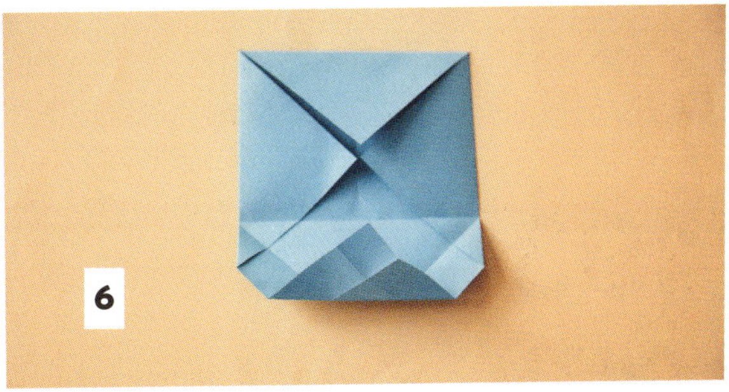

7 Die schrägen Seiten nach innen legen und unter die Spitze einschlagen, sodass in der Mitte die Form eines Hauses entsteht.

8

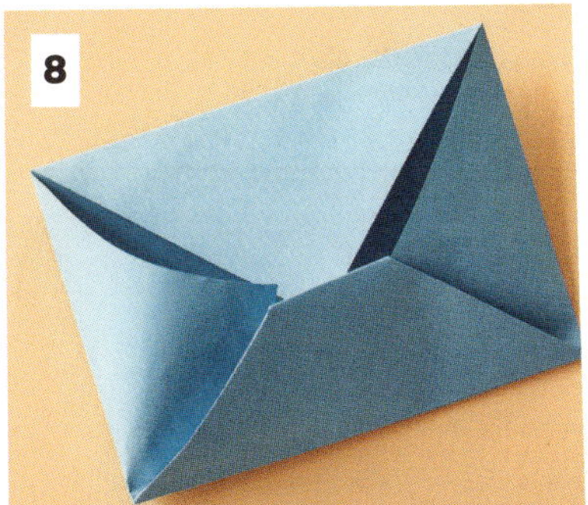

Zum Verschicken die Klappe 1 cm weiter nach unten falten und den Umschlag mit Klebstoff verschließen.

194

WUNSCHLICHTER

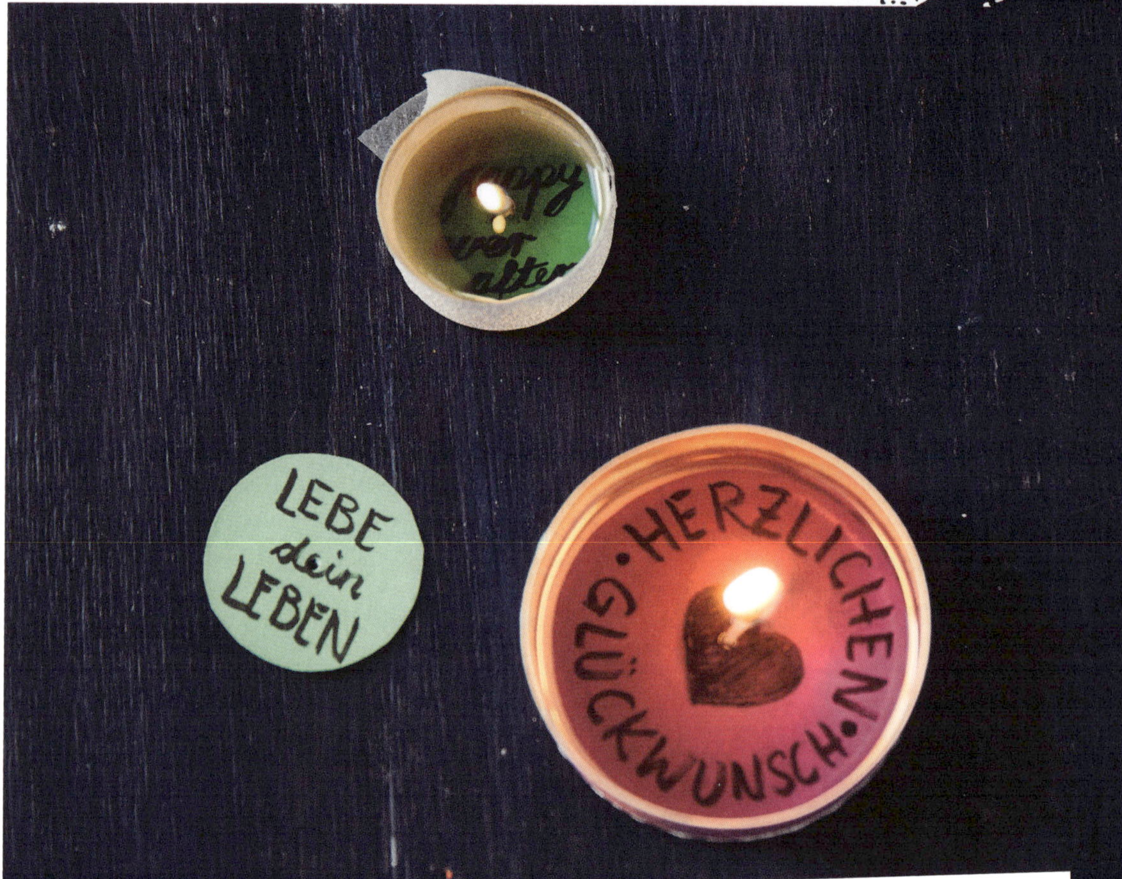

Nimm das Teelicht auseinander. Schneide aus Papier einen Kreis in passender Größe aus und beschrifte ihn mit einem Wunsch oder Spruch. In der Mitte lochen und auf den Docht stecken. Dann die Kerze wieder zusammensetzen. Wenn das Kerzenwachs schmilzt, kommt der Text zum Vorschein.

Beklebe den Rand des Teelichts mit Dekotape oder marmoriere die Schale mit Nagellack (siehe Seite 26/27).

195 MUFFIN-SCHLEIFEN

treiche zwei Muffinförmchen mit den Händen ach und falte sie zur Hälfte (= Halbkreise). alte sie nochmals zur Hälfte (= Dreiecke). Lege ie Spitzen der Dreiecke leicht übereinander und lebe sie mit etwas Tape zusammen. Klebe einen treifen Washitape um die Mitte und bausche die apier-Muffinförmchen etwas auf.

Mit den Schleifen kannst du zum Beispiel Geschenke dekorieren oder eine Girlande basteln.

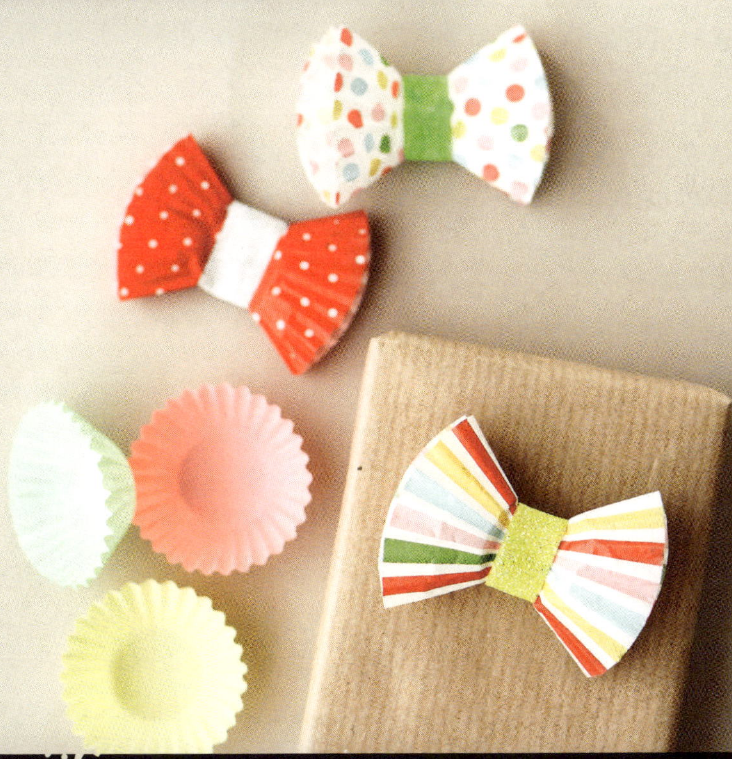

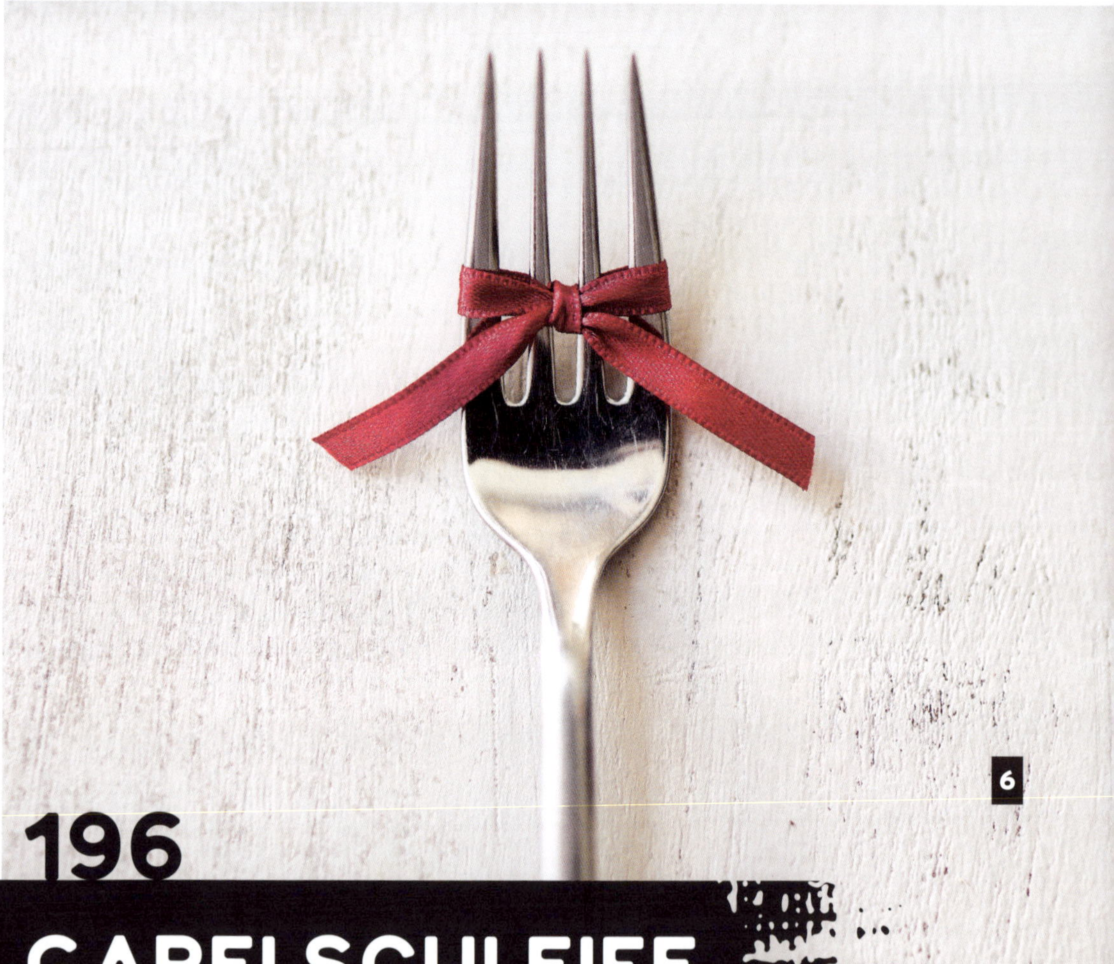

6

196 GABELSCHLEIFE

Warum solltest du Besteck nur zum Essen nutzen, wenn du damit auch perfekte Schleifen binden kannst?

---

1 **Dazu brauchst du: Schleifenband, Gabel, Schere**

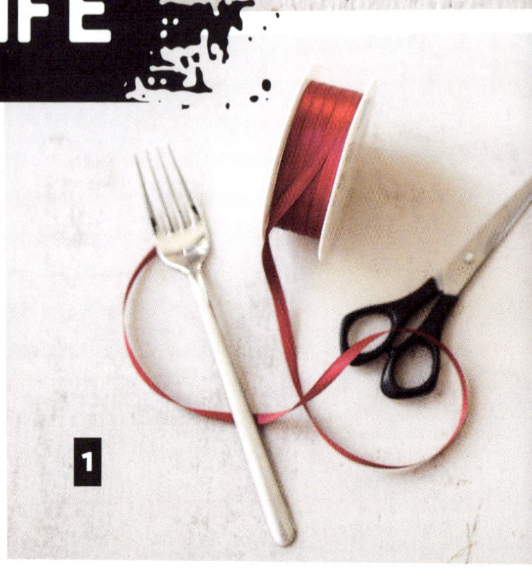

1

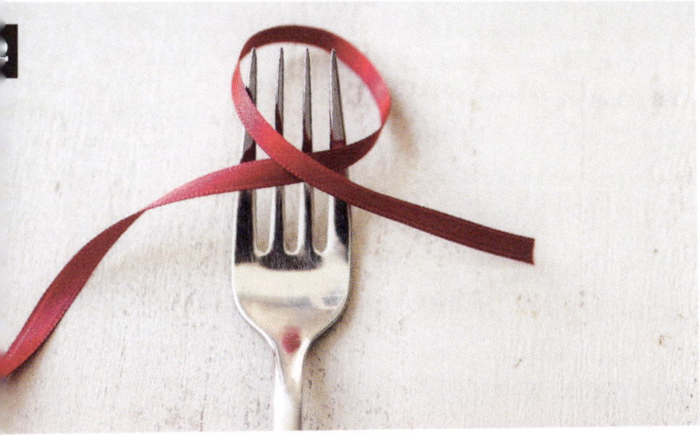

Führe den Teil des Schleifenbandes der oben liegt, unterhalb des zweiten Teiles durch die Mitte der Zinken nach hinten und ziehe ihn etwas fest.

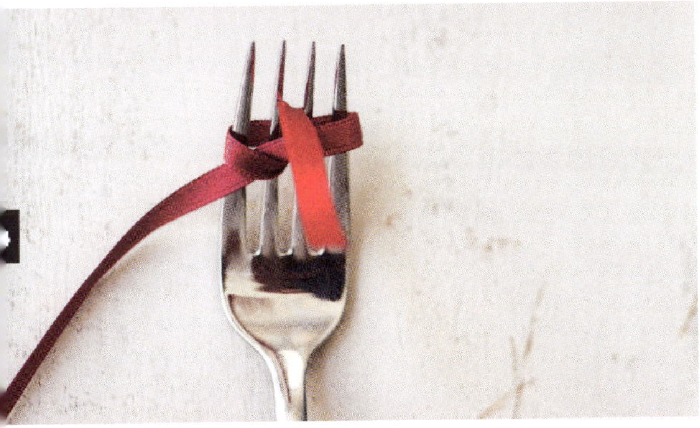

5 **Ziehe das unten liegende Ende des Schleifenband zur Mitte hin und verknote es mit dem oberen Ende. Den Knoten fest anziehen.**

6 **Die Schleife von der Gabel nehmen und die Enden abschneiden.**

Mache am besten gleich einen ganzen Schwung Schleifen – dann hast du sie beim Geschenkeeinpacken schnell griffbereit.

2 **Lege das Band um die Zinken der Gabel.**

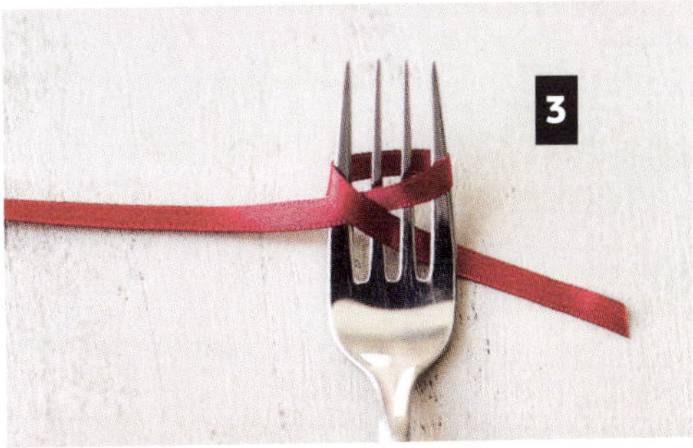

4 **Führe das Band oben noch einmal durch die Gabel.**

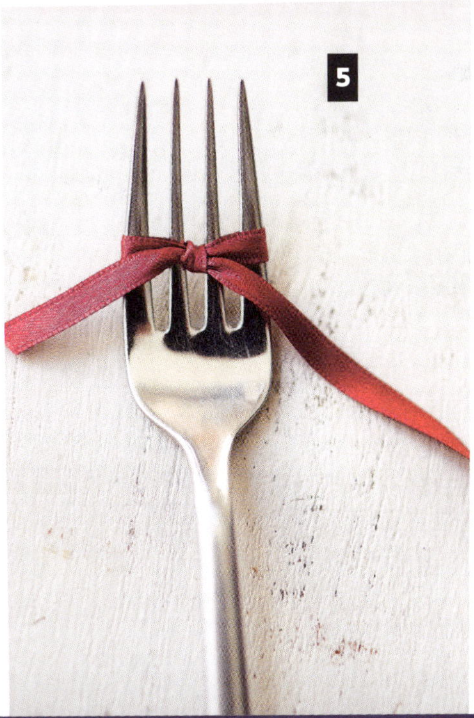

Oh weh, du hast das Geschenkpapier zu klein zugeschnitten? Dreh das Geschenk um 45 Grad und pack es diagonal ein. Das spart Papier – und geht auch noch verdammt einfach. Leg nacheinaner die Spitzen zur Mitte und schlag dabei das Papier an den Ecken nach innen ein.

Du willst ganz auf Geschenkpapier verzichten? Lies auf Seite 257, wie du Geschenke mit Stoffresten verpacken kannst.

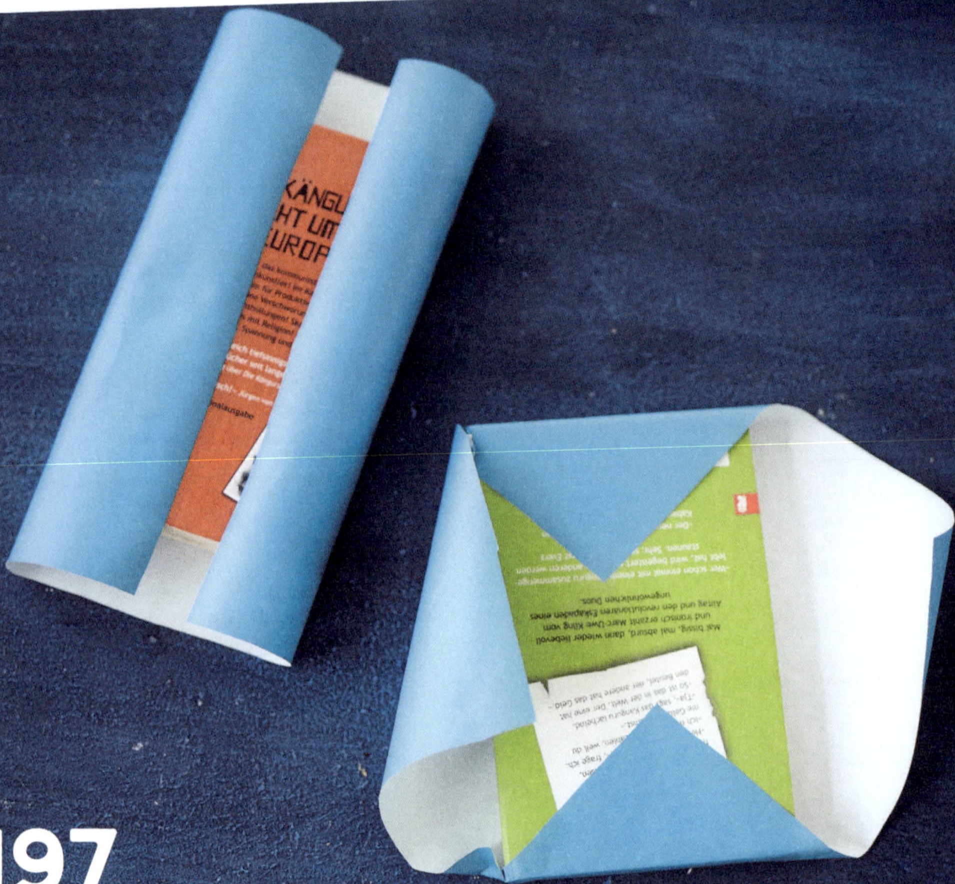

197

SCHRÄG SPAREN

Packe dein Geschenk mit Packpapier ein und zeichne auf die Vorderseite mit einem Filzstift die Umrisse eines Einmachglases. Wickle drei Lagen Paketschnur in der Breite der Glasöffnung auf und klebe sie auf die Zeichnung. Stecke ein passendes Sträußchen Trockenblumen in die Wicklung.

Mit dieser Methode lassen sich viele lustige und individuelle Verpackungen gestalten. So wird zum Beispiel ein aufgeklebter Luftballon zum Elefantenkopf mit Rüssel.

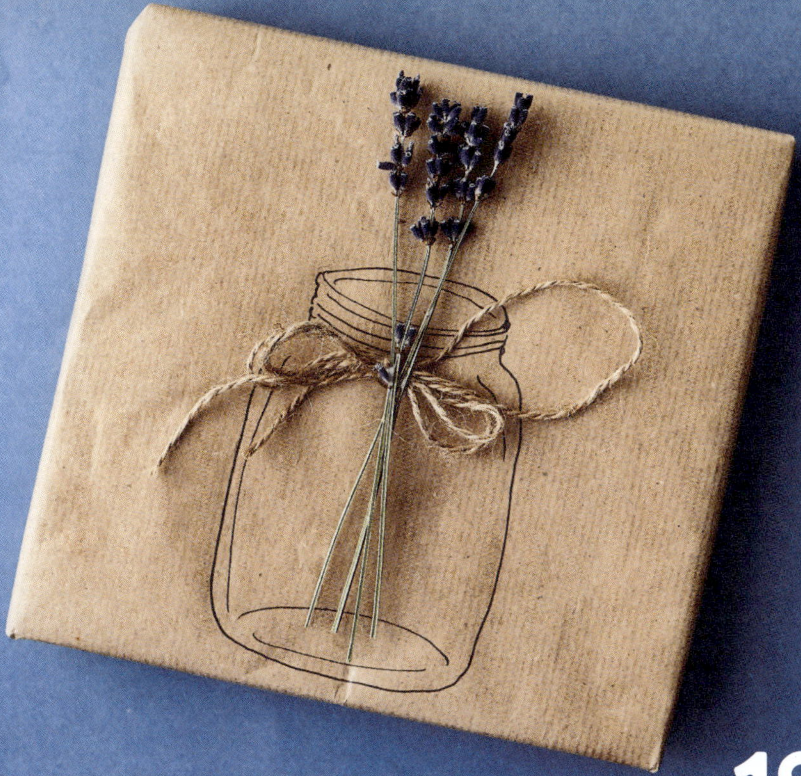

198

BLUMIG VERPACKT

199

CUT & STORE

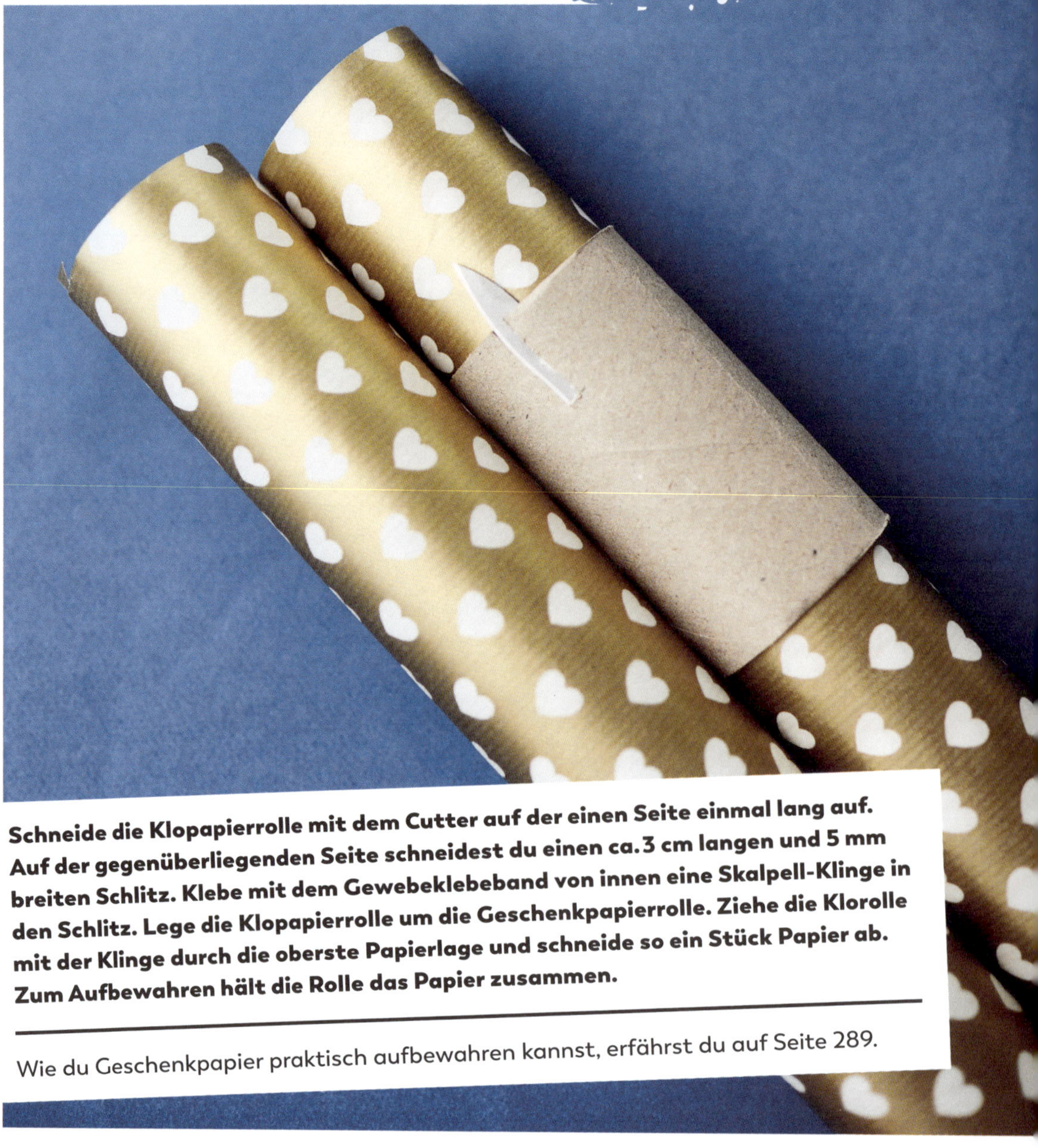

Schneide die Klopapierrolle mit dem Cutter auf der einen Seite einmal lang auf. Auf der gegenüberliegenden Seite schneidest du einen ca. 3 cm langen und 5 mm breiten Schlitz. Klebe mit dem Gewebeklebeband von innen eine Skalpell-Klinge in den Schlitz. Lege die Klopapierrolle um die Geschenkpapierrolle. Ziehe die Klorolle mit der Klinge durch die oberste Papierlage und schneide so ein Stück Papier ab. Zum Aufbewahren hält die Rolle das Papier zusammen.

Wie du Geschenkpapier praktisch aufbewahren kannst, erfährst du auf Seite 289.

Mit einem schlichten Eierkarton kannst du Geschenkband-Knäuel super aufbewahren – ganz ohne Knäuelauflösung oder Bandsalat. Stecke einfach jeweils ein Knäuel in eine Eier-Vertiefung.

Wenn du in den Deckel des Eierkarton jetzt noch mit einer Schere passende Löcher pikst und die Bänder dort hindurchziehest hast du sogar einen „Geschenkband-Spender“.

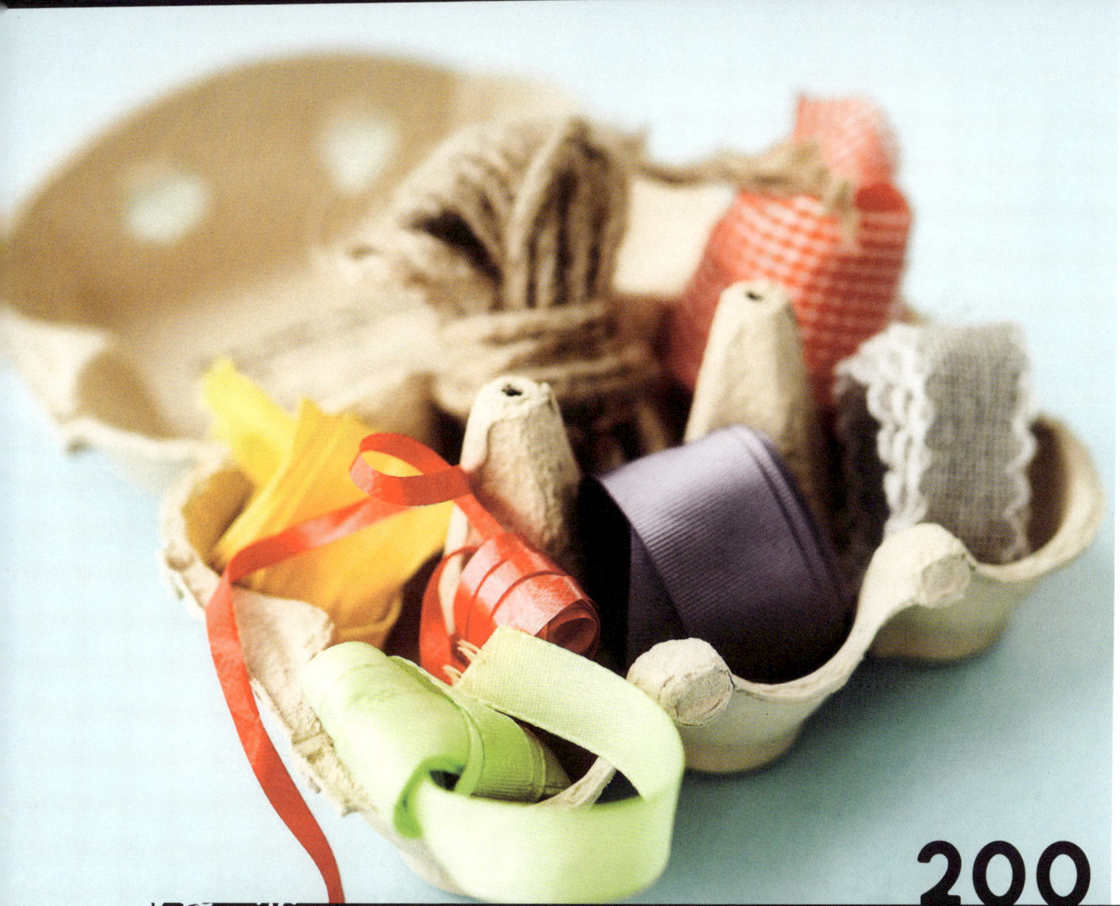

200

GESCHENKBAND-SPENDER

201

KEIN ENDE IN SICHT?

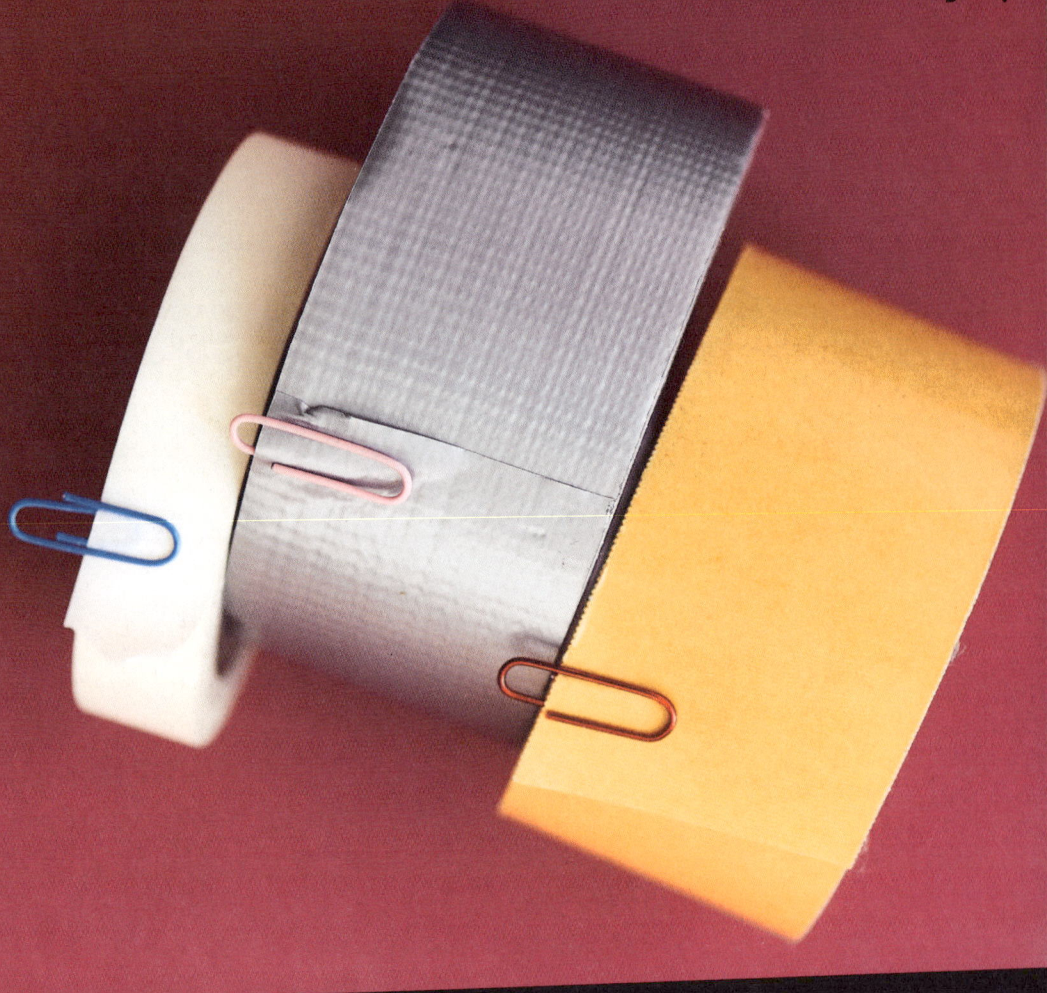

Das Ende vom Klebeband zu finden und abzuknibbeln ist manchmal ganz schön lästig. Wenn du nach der Benutzung eine Büroklammer ans Bandende klebst, findest du beim nächsten Mal ganz einfach den Anfang und kannst sofort loslegen.

Wie du deine Washi-Klebeband-Sammlung organisierst, erfährst du auf Seite 292.

Der Paketdienst war da und nun steht der Versandkarton herum? Perfekt, denn daraus kannst du tolle Geschenkanhänger basteln. Einfach ein 5 cm × 8 cm großes Rechteck ausschneiden, zwei Ecken an der kurzen Seite abschneiden. Loch rein und hübsch bemalen, belettern oder mit Washitape verzieren.

Wofür du einen richtig großen Versandkarton perfekt benutzen kannst, erfährst du auf Seite 20.

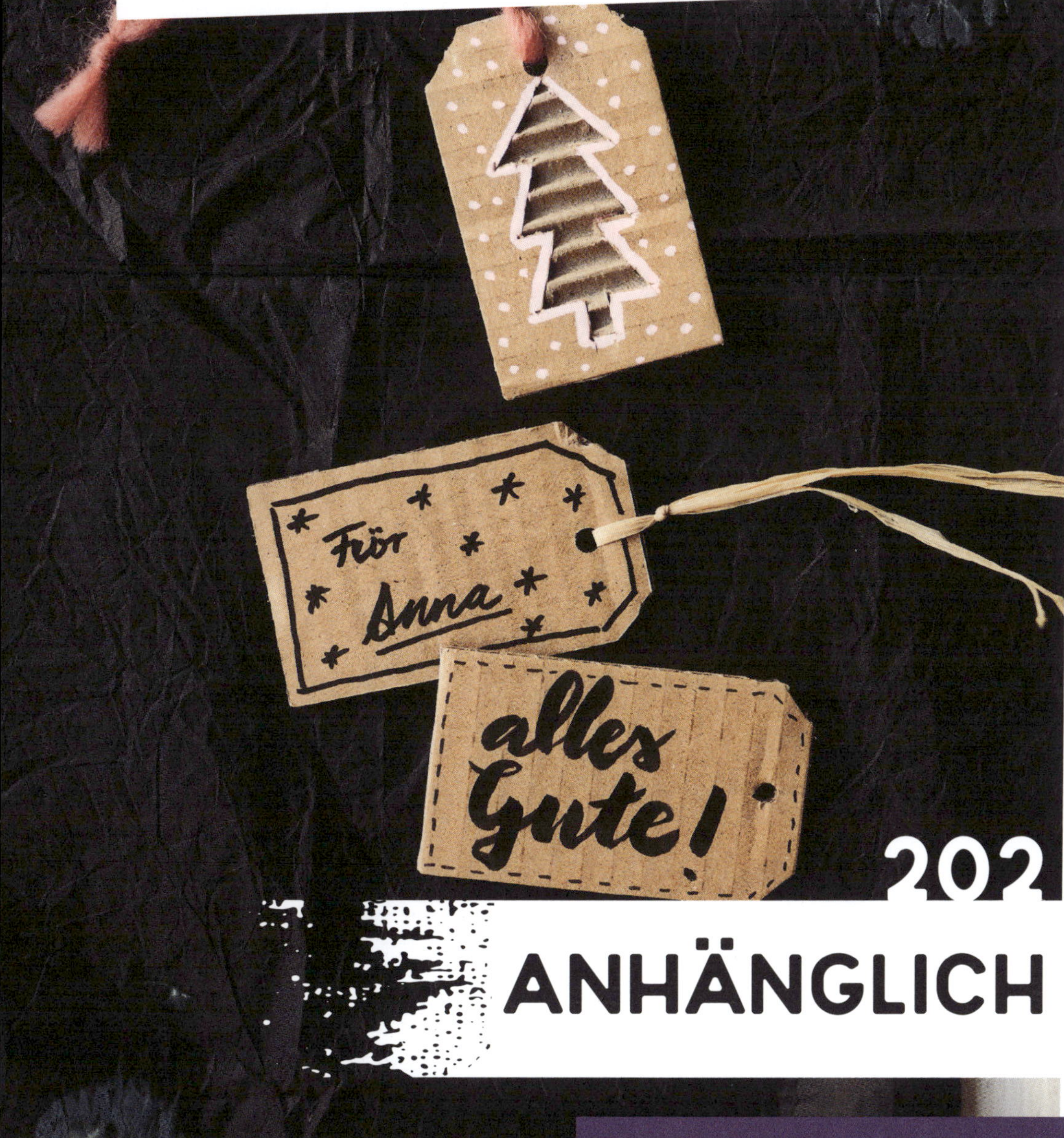

202 ANHÄNGLICH

NOTIZEN

AHA!

Die Verpackungsidee steht – aber du hast keine Ahnung was du schenken sollst? Gutscheine werden immer beliebter – auch bei den Beschenkten. Wenn du genau überlegst, was für einen Gutschein du ausstellen lässt, liegst du damit vermutlich immer richtig. Und wenn dann noch die Verpackung stimmt, wird daraus ein individuelles und sehr persönliches Geschenk!

Ordnen und Aufbewahren

Ob Wolle, Sticktwist oder Bäckergarn – um Garnreste ordentlich und ohne Verknoten aufzubewahren, kannst du sie einfach um Wäscheklammern wickeln. Klemme dafür ein Ende des Garns zwischen die Klammer und wickle den Rest drumherum. Das lose Ende kannst du wiederum im Spalt feststecken.

Wenn du keine Wäscheklammern hast, kannst du auch kleine Rechtecke aus Pappe ausschneiden und die Garnreste darauf aufwickeln. Mache einen kleinen Schnitt an einer Kante und klemme das Garnende hinein, damit sich das Garn nicht wieder abwickelt.

203

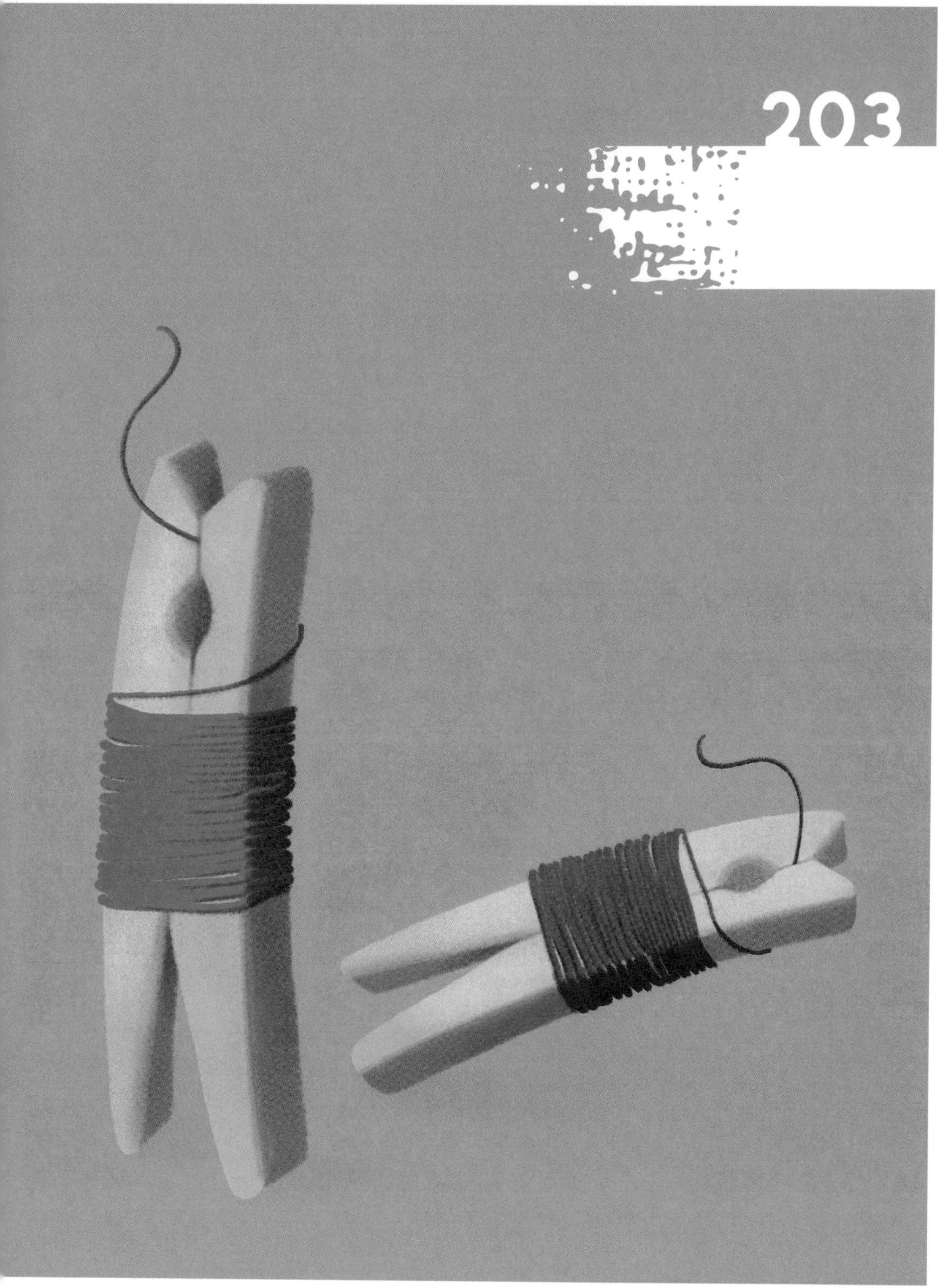

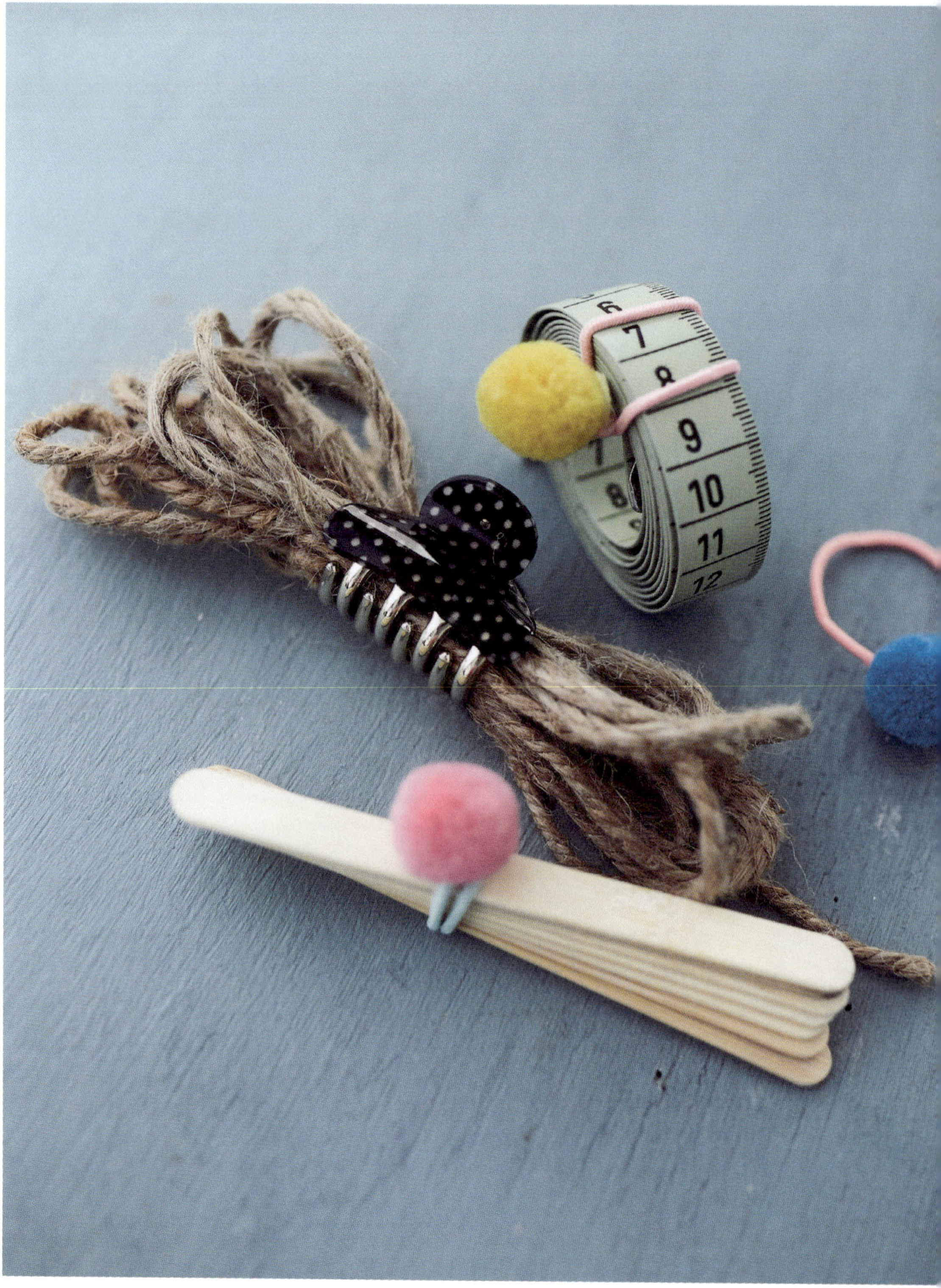

Ordnung ist das halbe Leben – das gilt auch für deine Bastelutensilien! Denn wie nervig ist es bitte, wenn du stundenlang nach dem richtigen Werkzeug suchen musst oder das Papier völlig zerknickt ist, wenn du mit deinem Projekt loslegen willst? Außerdem sieht es doch aufgeräumt gleich viel besser aus. Also ran an die Wühlkisten und Mischmasch-Schubladen und aufräumen, sortieren und saubermachen!

204

EASY TRANSFER

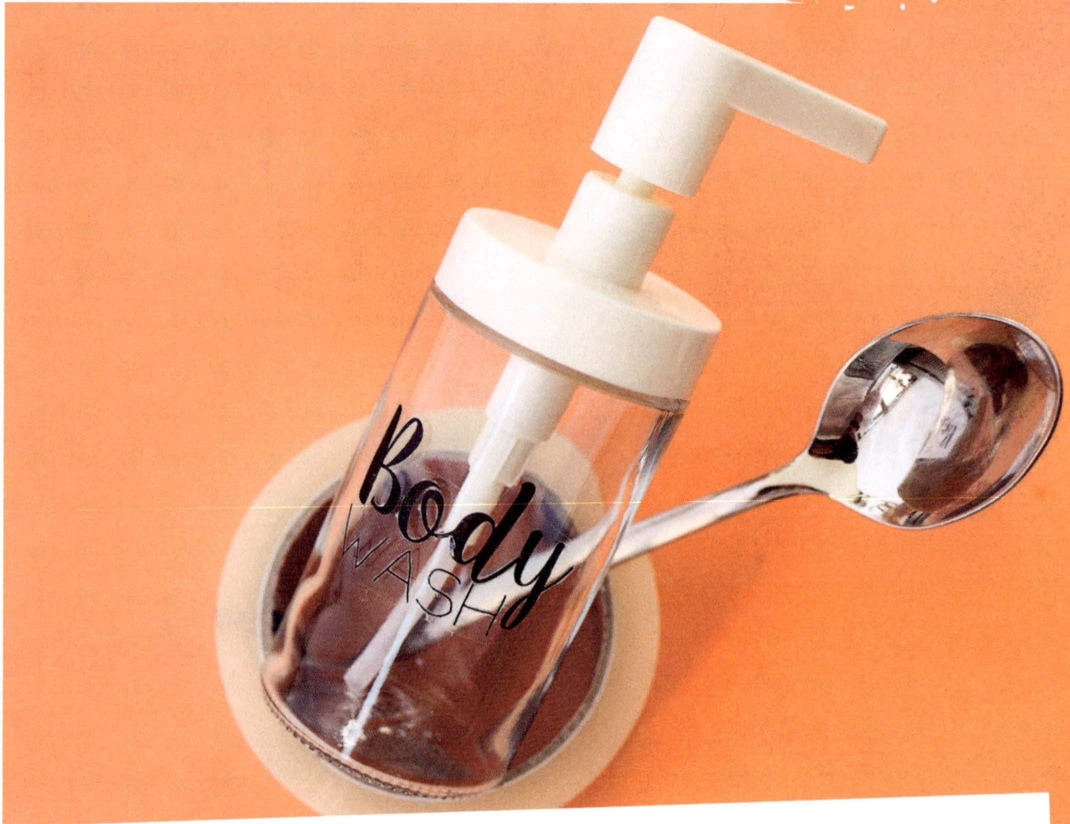

Klebe ein durchsichtges Paketklebeband ohne Falten und Bläschen auf den ausgedruckten Laserdruck-Schriftzug . Nimm einen Esslöffel, reibe mit der Löffelkante über den Schriftzug . Schneide ihn dann aus dem Papier aus. Danach weichst du das Papier in warmem Wasser ein. Rubble es vorsichtig mit den Fingern ab, bis das Klebeband frei von Papierresten ist. Klebe es auf deinen Seifenspender. Dafür muss die Unterseite des Bandes feucht sein. Reibe von der Mitte aus zum Rand hin das Wasser unter dem Klebeband heraus – so hält es statisch fest.

Wie du ein gebogenes Glas oder eine Flasche mit einem Marker ganz einfach mit einem vorgezeichneten Motiv belettern oder bemalen kannst, liest du auf Seite 291.

205

TIERISCHE ORDNUNGSHELFER

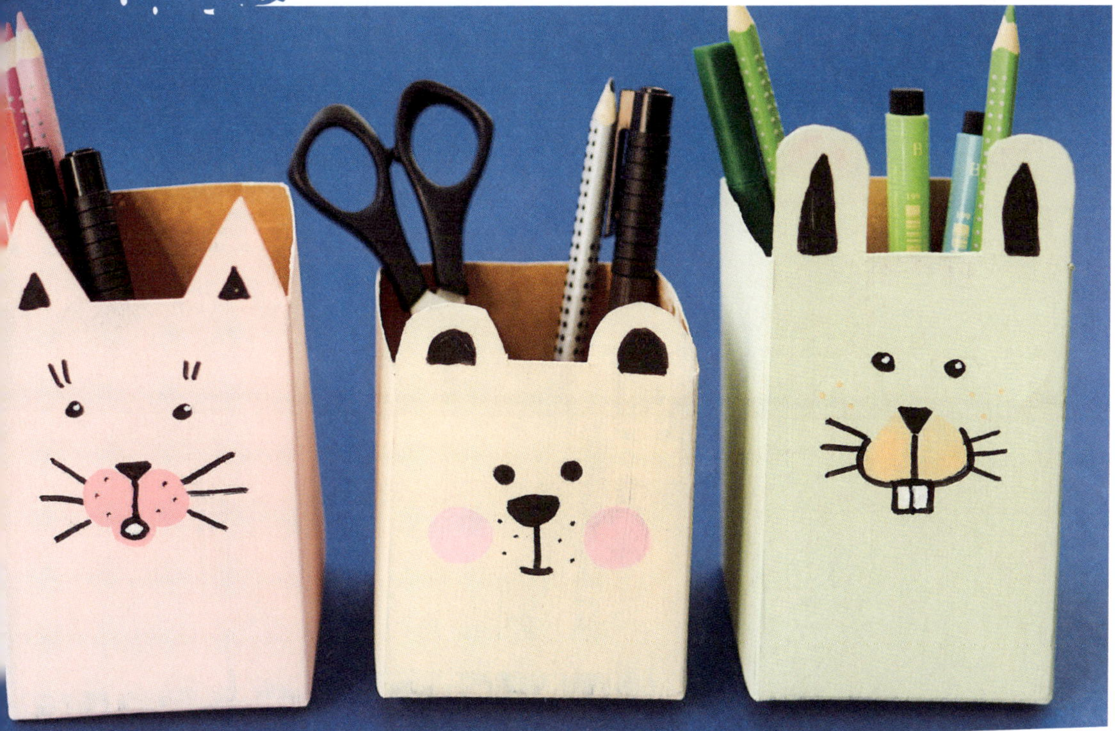

Hase, Katze, Bär? Bei der Gestaltung dieser lustigen Aufbewahrungsboxen sind deiner Fantasie keine Grenzen gesetzt! Schneide einfach den Giebel eines Tetra-Paks® mit der Schere ab, wasche den verbliebenen Teil mit Seifenwasser aus und trockne ihn ab. Zeichne mit einem Stift in der gewünschten Höhe eine waagerechte Linie und an einer Seite den Umriss eines Tierkopfes. Ausschneiden und mit Acrylfarbe grundieren. Nach dem Trocknen kannst du noch ein Gesicht mit Permanentmarkern aufmalen.

Wie du hübsche, detailreiche Gesichter malst, kannst du auf Seite 30 nachlesen.

Sammle nach dem Basteln den verschütteten Glitter mit Knete auf. Damit hast du dann auch gleich noch tolle Glitzerknete!

Auf Seite 296 erfährst du, wie du Glitzer sonst noch einfangen kannst.

206

GLITTER LITTER

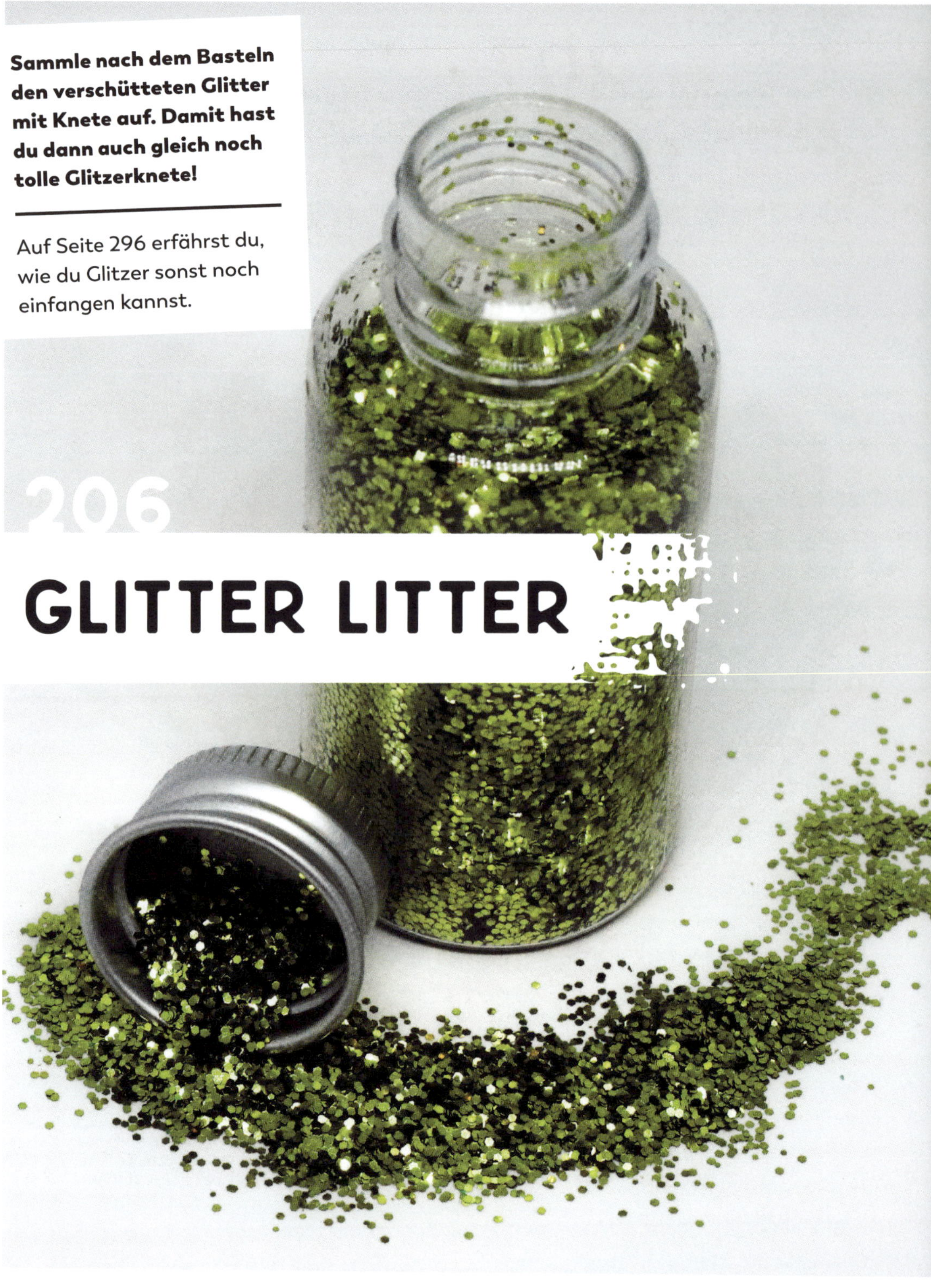

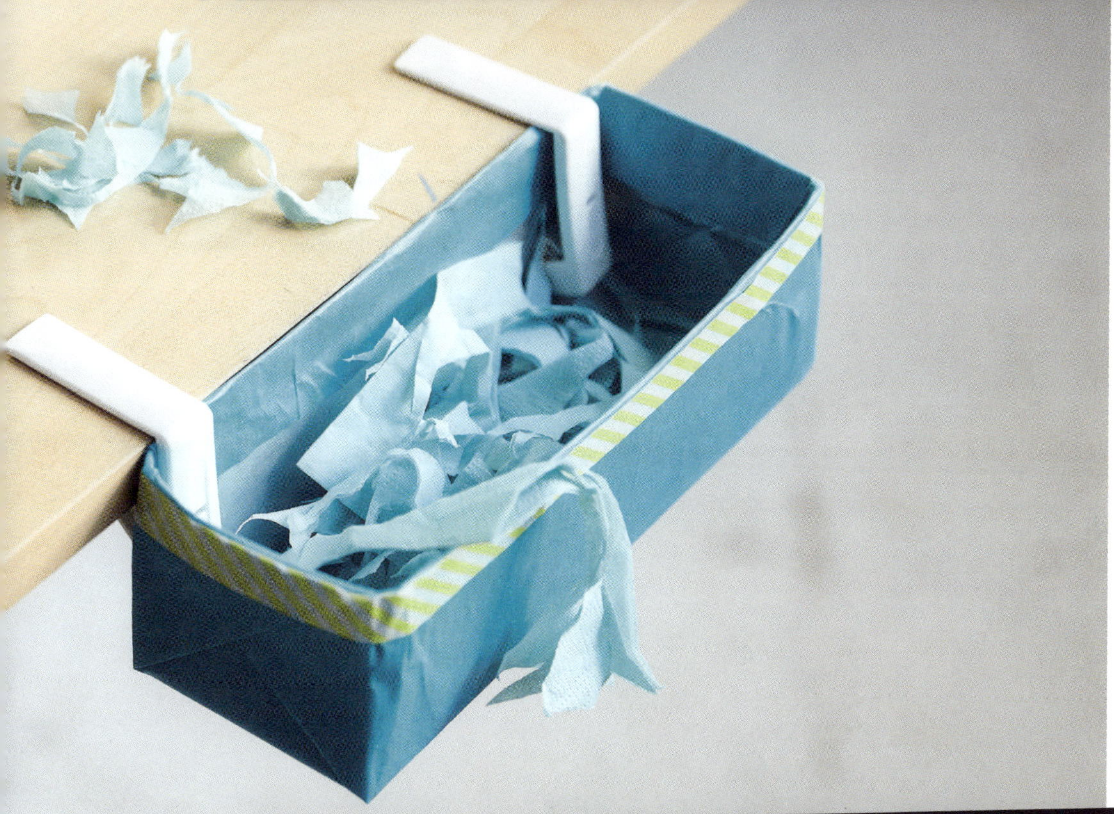

207

MÜLLSCHLUCKER

Klemme ein Tetra Pak® mit Tischtuchklammern an die Arbeitsplatte und du kannst Papierschnipsel, Fussel und Krümel einfach vom Tisch wischen. Das Tetra Pak® dazu an einer Seite aufschneiden und zwei Löcher in die Rückseite machen, um die Klammern durchzustecken.

Beklebe das Tetra Pak® mit Papier und Klebeband oder lass dich auf Seite 262 und 285 für die Gestaltung inspirieren.

Die Schraube ist im Flokati-Teppich versunken oder das Glas mit den Perlen hat sich auf den Boden ergossen? Kein Problem, hole einfach den Staubsauger, ziehe ihm ein Stück Strumpfhose über und befestige es mit einem Haushaltsgummi. Wenn du jetzt saugst, bleiben alle Kleinteile am Strumpf hängen!

Schau dir auf Seite 296 den Tipp mit der Papierrutsche an – so bekommst du die Perlen wieder sauber ins Glas zurück!

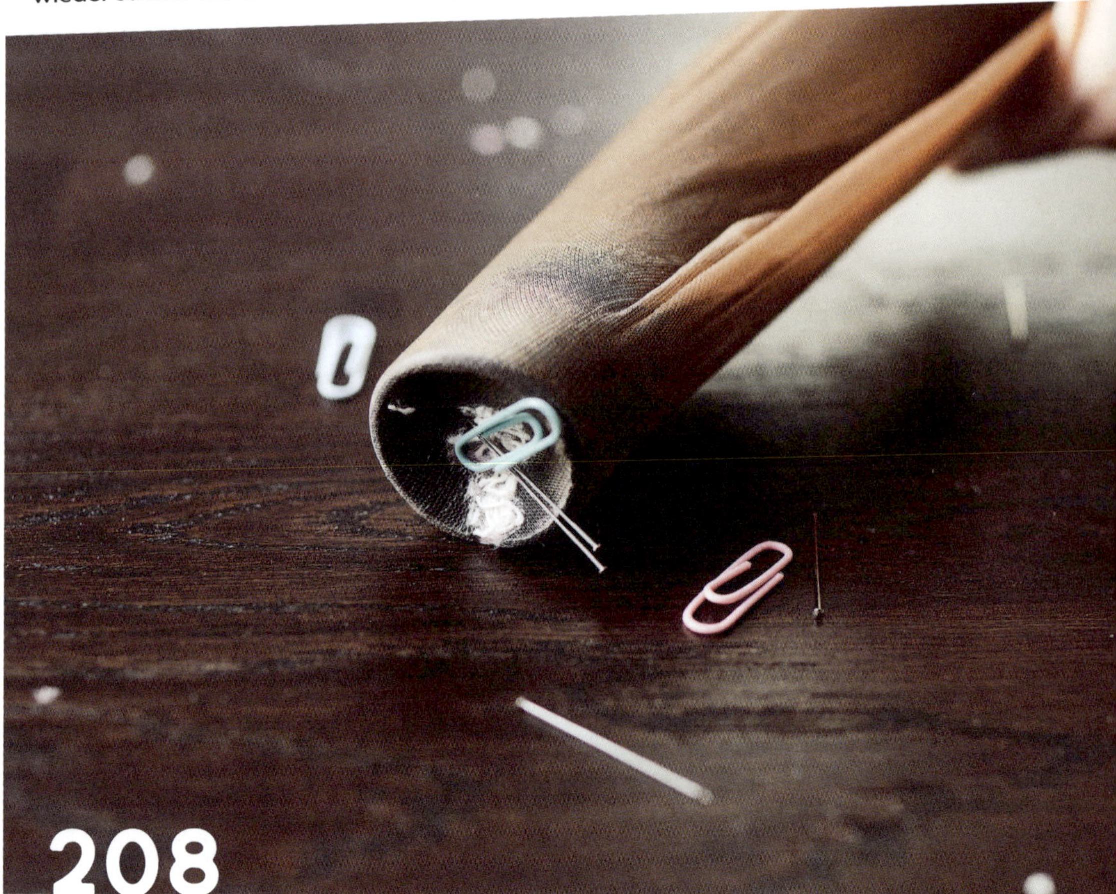

208 SAU(G)STARKER TRICK

209

STEHPARTY

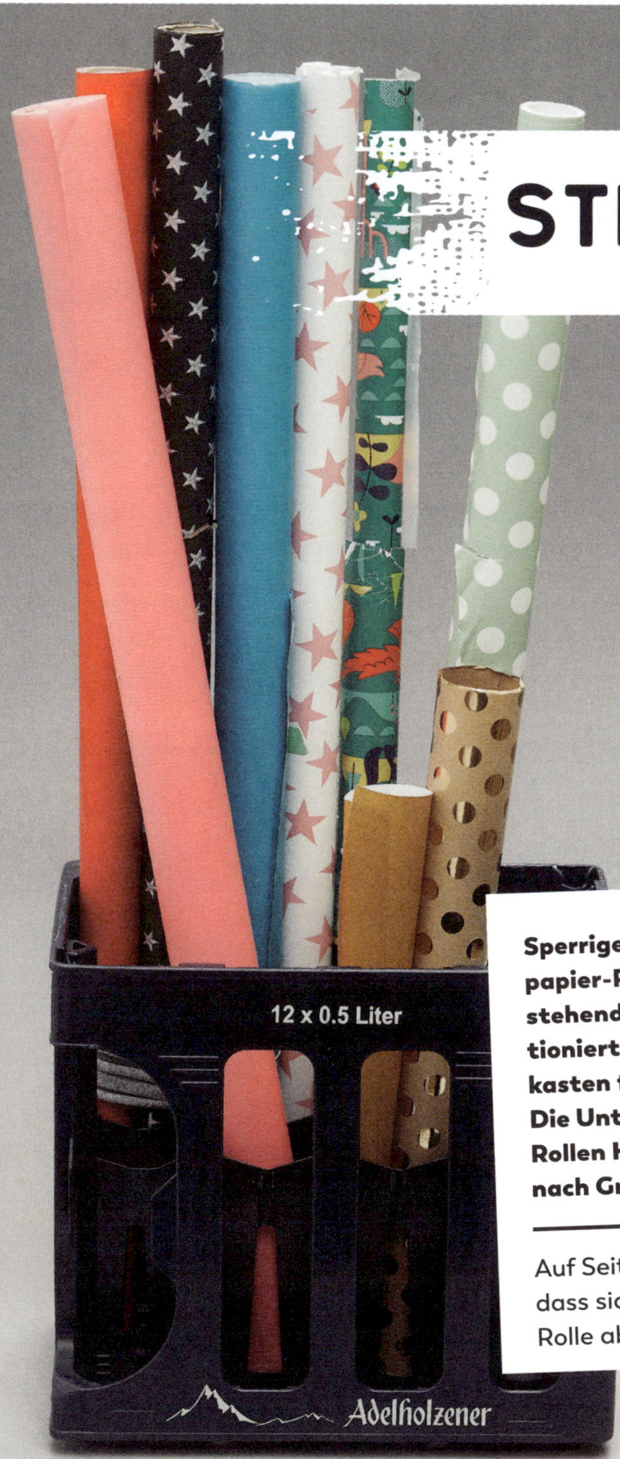

Sperrige und unhandliche Geschenkpapier-Rollen kannst du ganz einfach stehend aufbewahren. Am besten funktioniert das mit einem leeren Getränkekasten für kleine Flaschen (250–330 ml). Die Unterteilungen geben den einzelnen Rollen Halt und du kannst sie zum Beispiel nach Größe und/oder Farbe sortieren.

Auf Seite 274 siehst du, wie du verhinderst, dass sich das Papier beim Lagern von der Rolle abrollt.

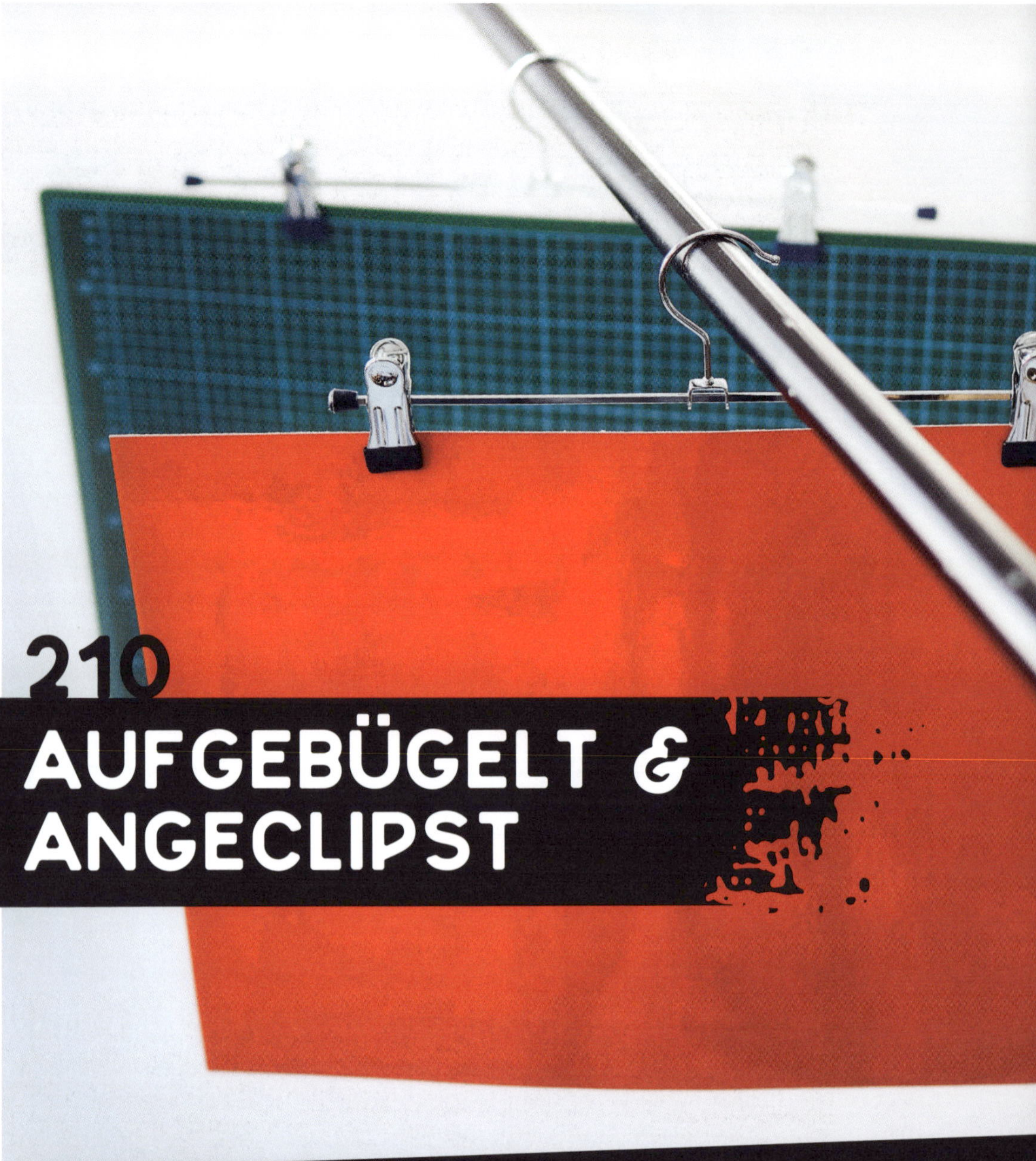

210

AUFGEBÜGELT & ANGECLIPST

Schneidematten, Papierbögen oder andere große, flache Utensilien und Materialien kannst du an Hosen-Kleiderbügeln an einer Kleiderstangen aufhängen. Durch die senkrechte Hängung sparst du Platz und kannst die einzelnen Teile leichter wiederfinden.

Nimm einen Öffnungs-Clip einer Getränkedose und ziehe ihn über den Kleiderhaken. Daran kannst du nun einen zweiten Kleiderbügel anhängen und sparst noch mehr Platz!

211

DURCHGEPAUST

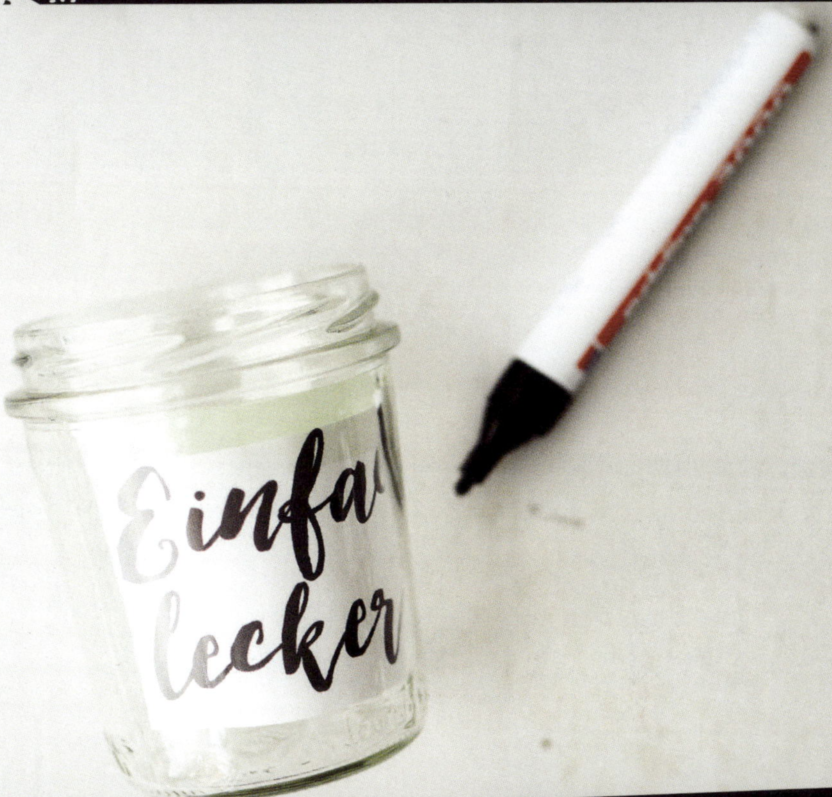

Um ein Motiv auf ein Glas zu übertragen, musst du es zunächst auf ein Stück Papier bringen. Schneide das Papier dann so zurecht, dass es in das Glas passt. Lege das Papier von innen an die gewünschte Glaswand und befestige es mit etwas Washitape. Jetzt kannst du von außen das Motiv nachzeichnen.

Es gibt Permanentmarker, deren Farbe sich im Backofen einbrennen lässt. So sind die Motive auf Glas oder Porzellan länger haltbar.

212

VÖLLIG VON DER ROLLE

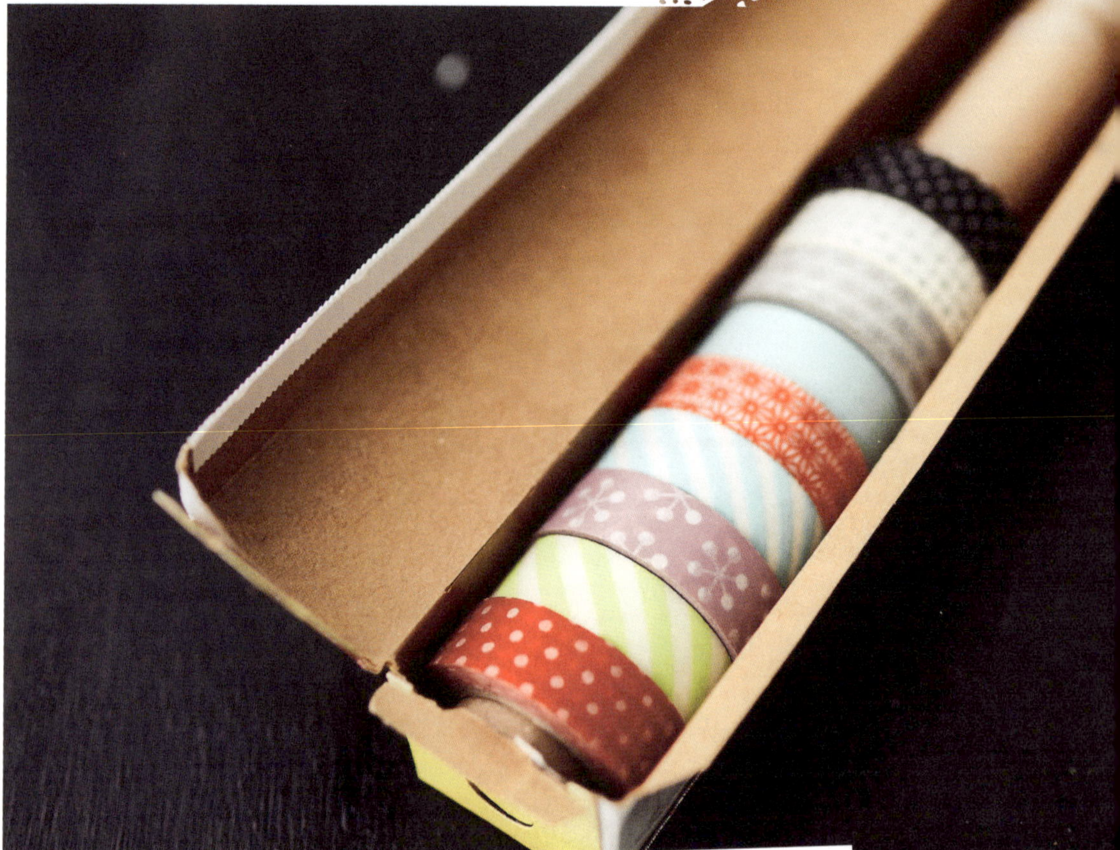

Deine Frischhaltefolie ist alle? Die leere Packung kannst du perfekt zu einer Washitape-Aufbewahrung umfunktionieren!

Verschönere die Außenseite der Verpackung nach Lust und Laune. Male sie an, beklebe sie oder verziere sie mit Washitape.

Setze leere Klopapierrollen senkrecht in einen leeren Karton und schneide sie ggf. oberhalb auf die gleiche Höhe ab. Beklebe die Außenseite der Rollen oder des Kartons mit Geschenkpapier. In den Rollen kannst du z. B. Stifte nach Art oder Farben sortiert aufbewahren.

Auf Seite 285 gibt es noch eine weiteres Upcycling-Projekt, das dir beim Organisieren deines Schreibtischs hilft.

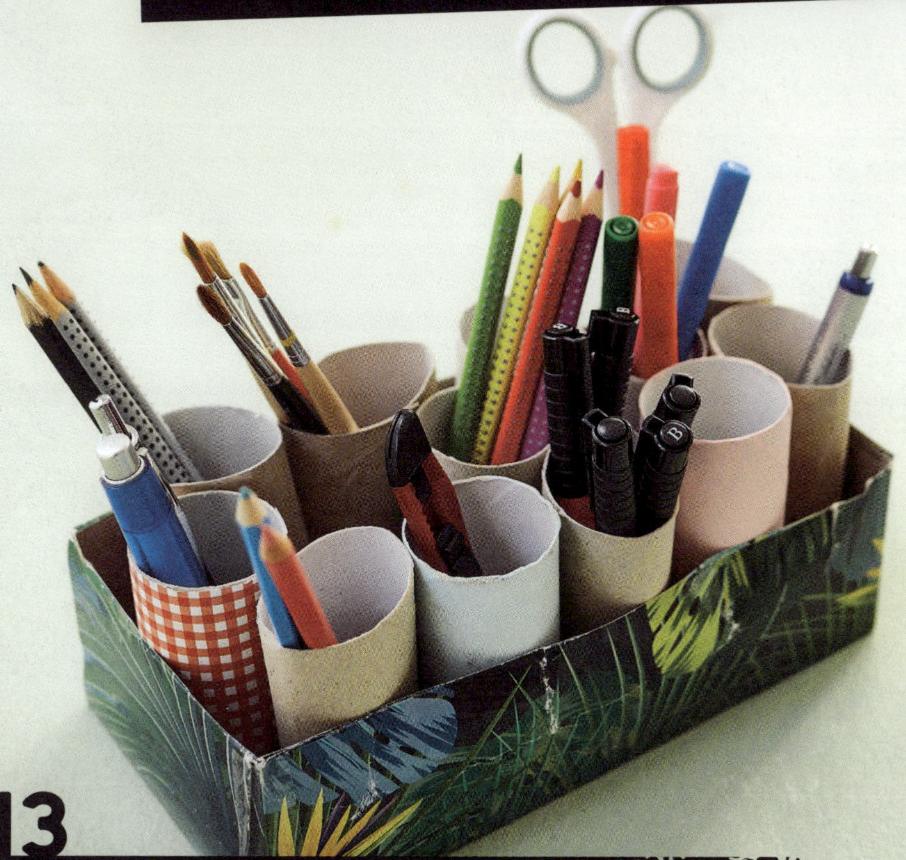

213 SCHREIBTISCH-ORGANIZER

214

AM LAUFENDEN BAND

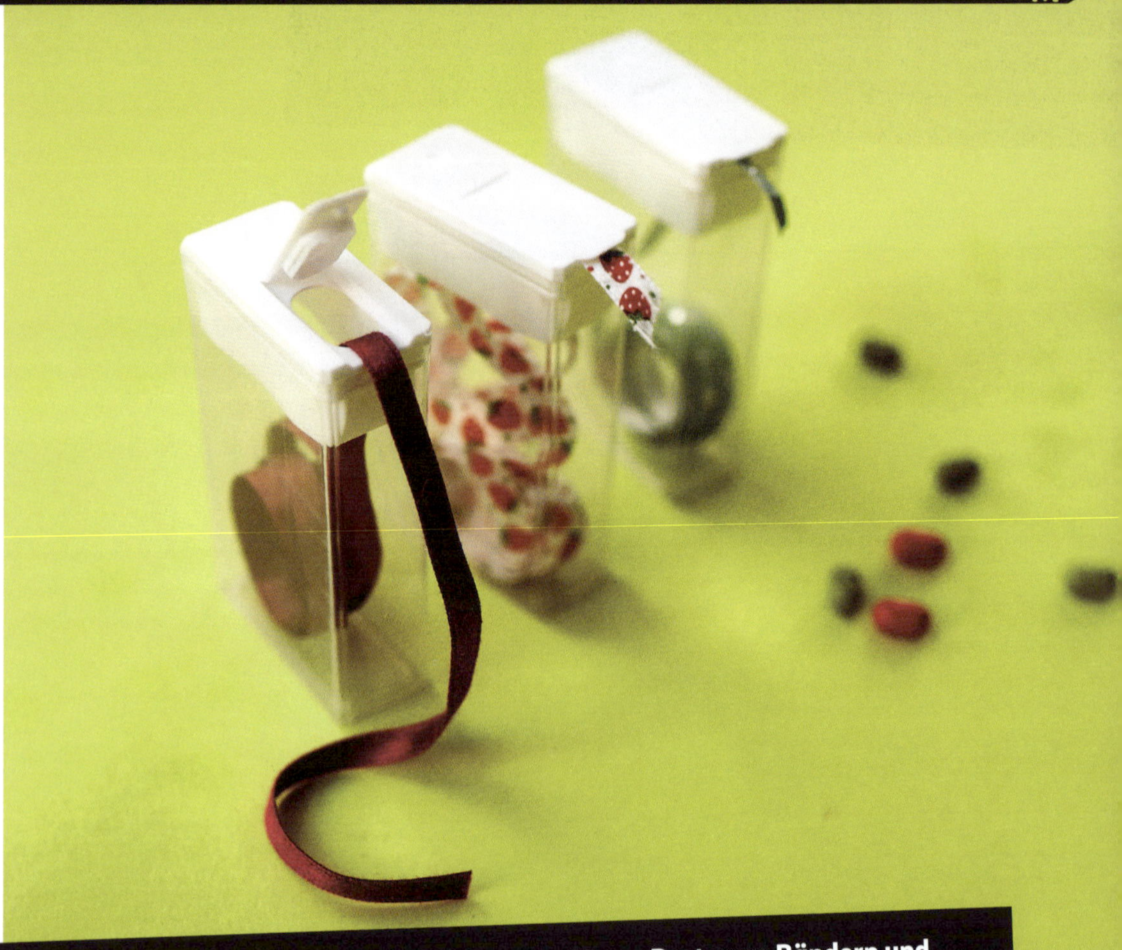

Erst Bonbons naschen und dann Ordnung schaffen … Reste von Bändern und Borten kannst du in leeren Tic-Tac-Dosen aufbewahren. Dafür einfach die Etiketten entfernen, die Bänder aufrollen, in die Dose legen und ein Ende oben aus der Öffnung herausziehen. Schon hast du den perfekten Spender.

Auf Seite 247 gibt es einen Trick, wie du Klebe-Etiketten ganz leicht abbekommst.

unte Papierreste sind viel zu schade zum Wegwerfen. Du kannst e in Stehsammlern aufbewahren und farblich ordnen. Beklebe inen Papierrest pro Farbe mit doppelseitigem Klebeband und chneide einen Kreis daraus. Diesen klebst du dann auf den ammlerrücken. So findest du die Farben auf einen Blick wieder nd trotzdem sieht alles super aufgeräumt aus.

Am schönsten sehen einheitliche Sammelboxen aus – sprühe sie doch einfach in einer Farbe an.

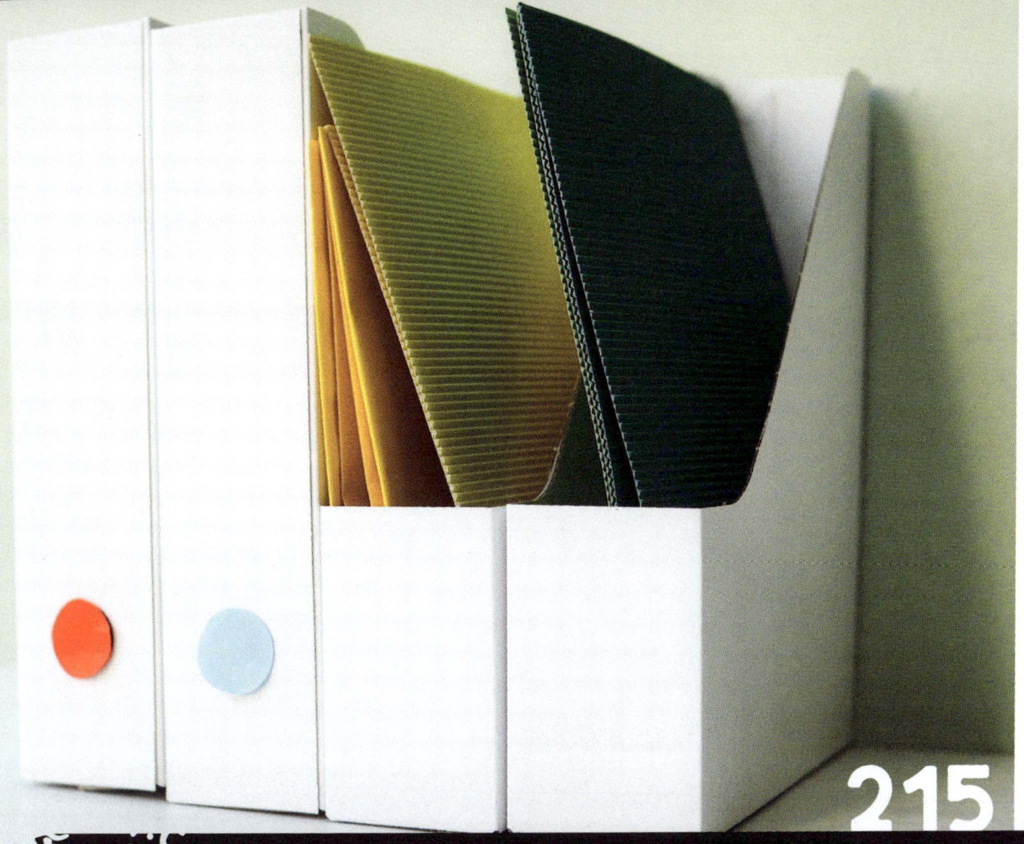

215 ORDNUNGSHÜTER

216

ZURÜCK INS DÖSCHEN

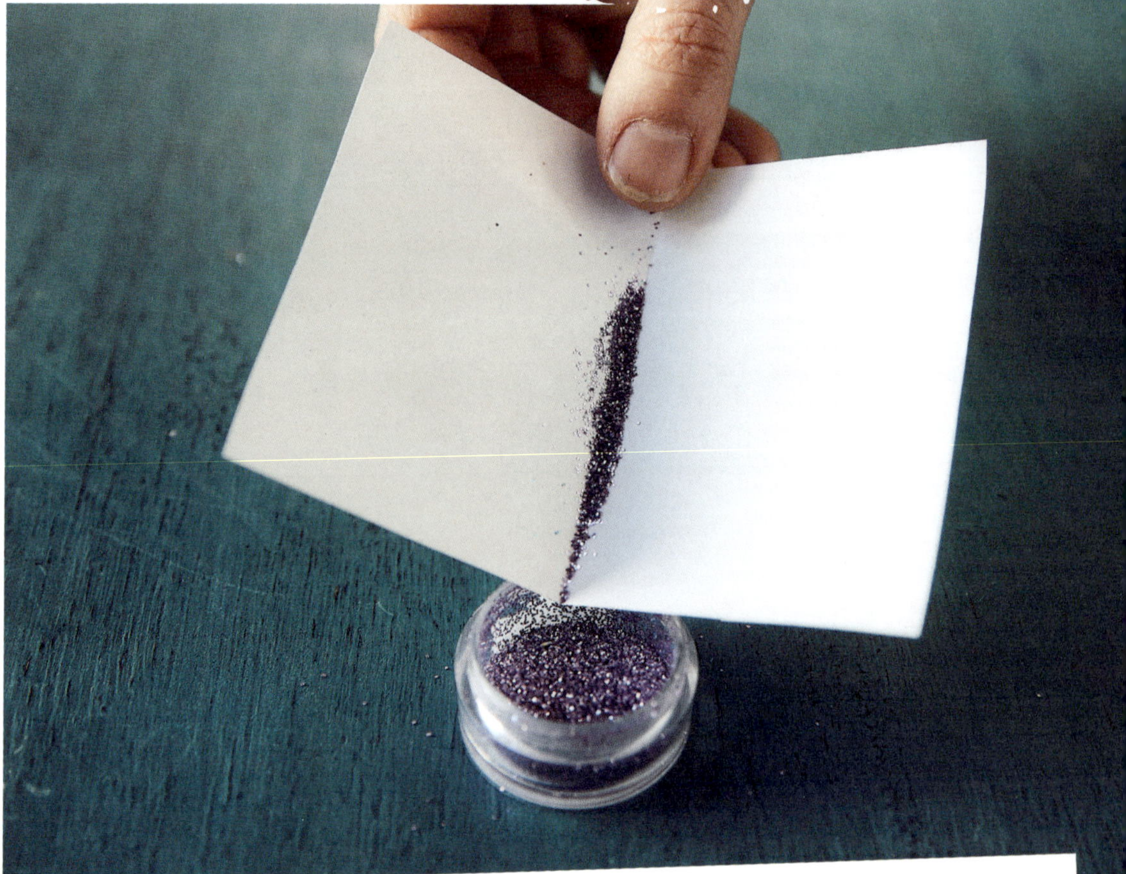

Mach einen Knick in ein großes Papier und verwende es als Unterlage, wenn du mit Glitter arbeitest. Danach das Papier am Knick leicht zusammenfalten und den Glitter in der Faltkante zurück ins Döschen rutschen lassen. Das spart eine Menge Glitter und Geld.

Freilaufenden Glitter, der es nicht mehr zurück ins Döschen geschafft hast, kannst du mit einem Fusselroller einfangen.

Packe deine wichtigsten Bastelutensilien in einen Servierwagen und sie werden dich von nun an auf Schritt und Tritt begleiten und überall griffbereit sein.

Eine Nummer kleiner passt besser? Dann verstaue deine Sachen in einem Besteckträger (siehe Seite 302).

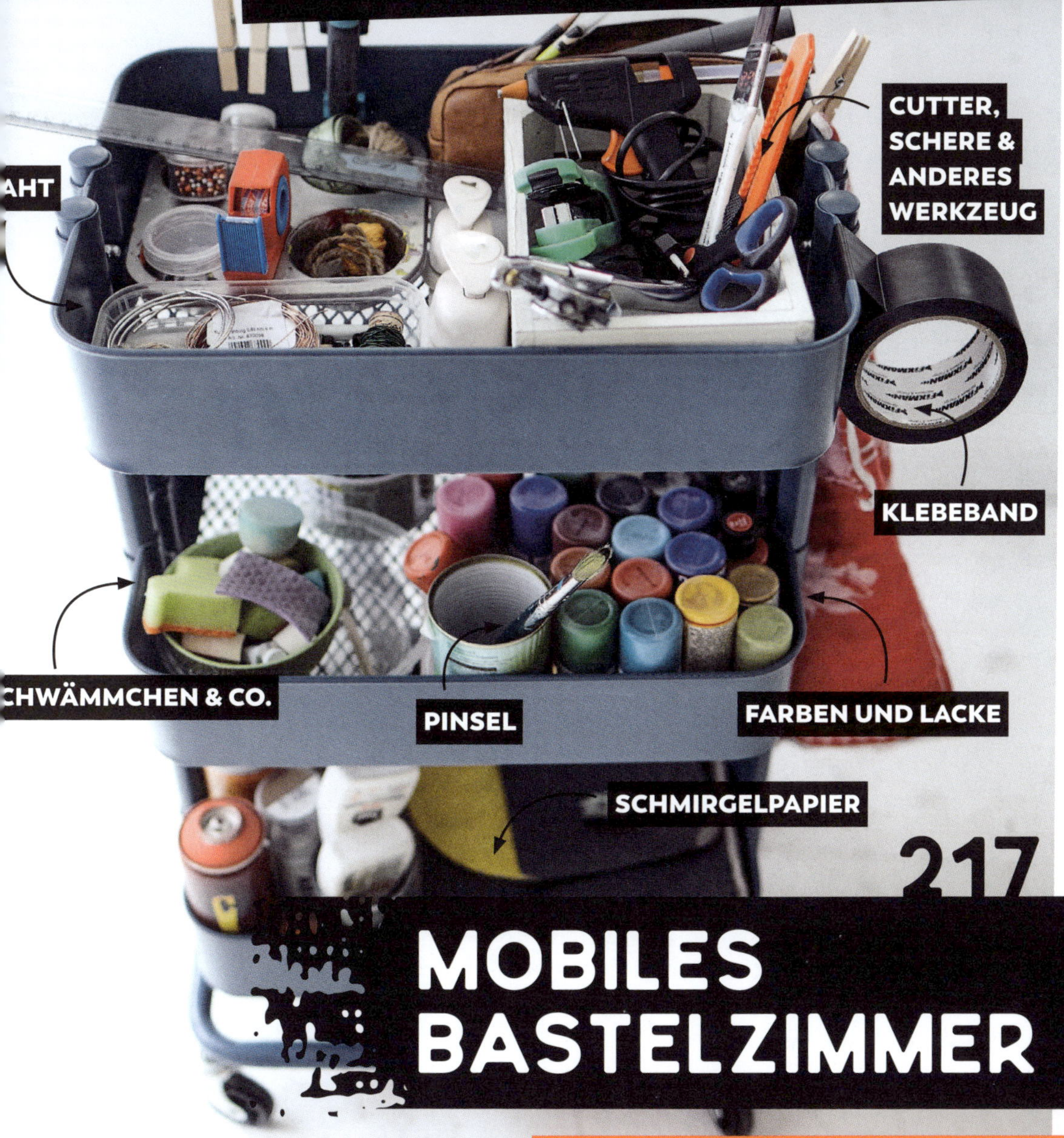

217

MOBILES BASTELZIMMER

Lose Teile wie Schaschlikstäbchen, Bastelhölzer, Chenilledraht und Co. kannst du mit Haargummis und -klammern zusammenhalten.

Im Handumdrehen selbst gemacht: Näh einfach einen großen Knopf mit Fuß an ein Haargummi.

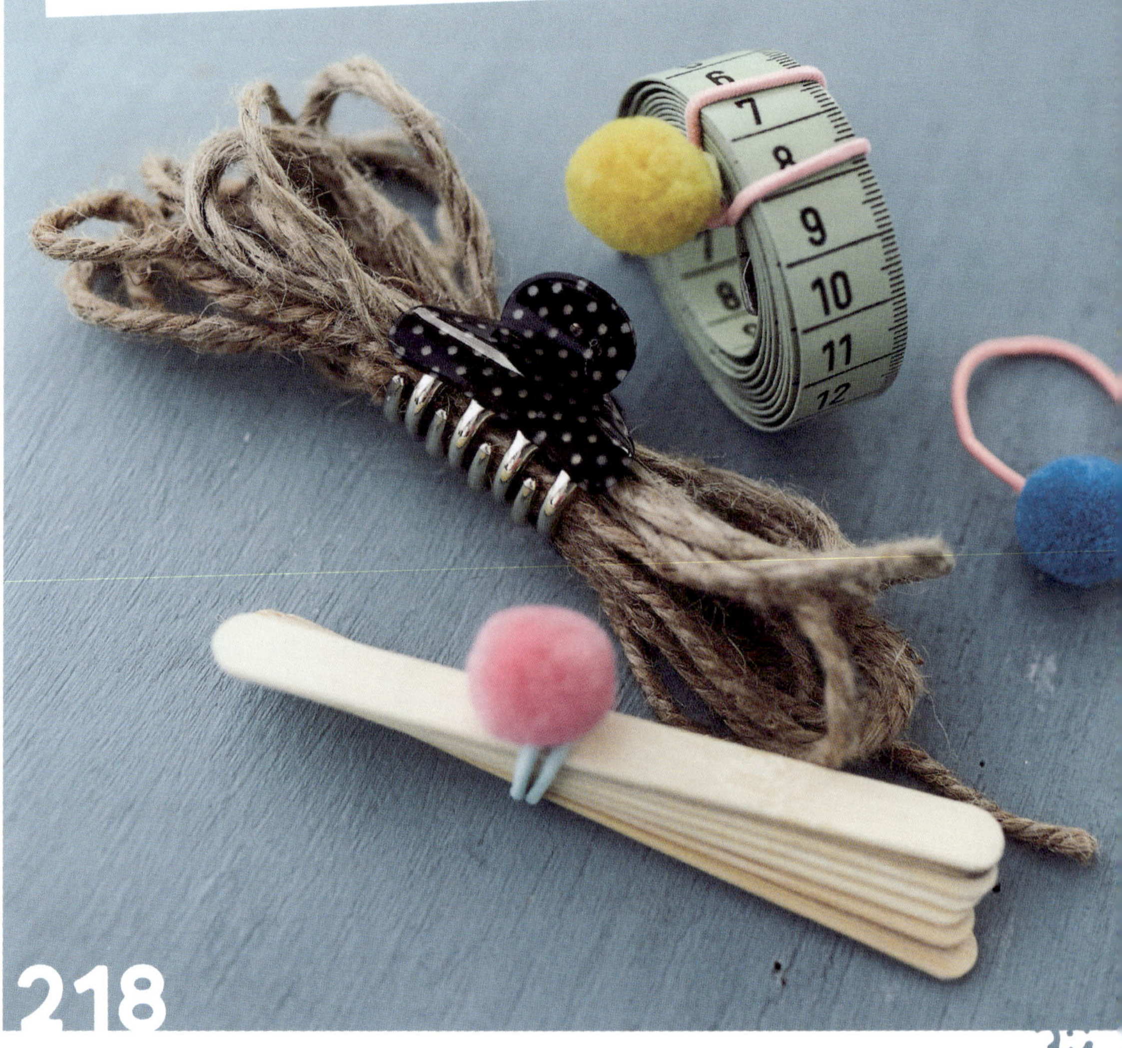

218

GUTER ZUSAMMENHALT

Wohin mit den frisch bemalten Sachen? Verwandle ein Glas in ein Trockengestell. Wenn du es mit einem Netz aus Haushaltsgummis bespannst, kannst du mehrere Sachen zum Trocknen hineinstellen, ohne dass sie sich berühren.

Lege eine alte Zeitung unter das Glas, falls die Farbe tropft.

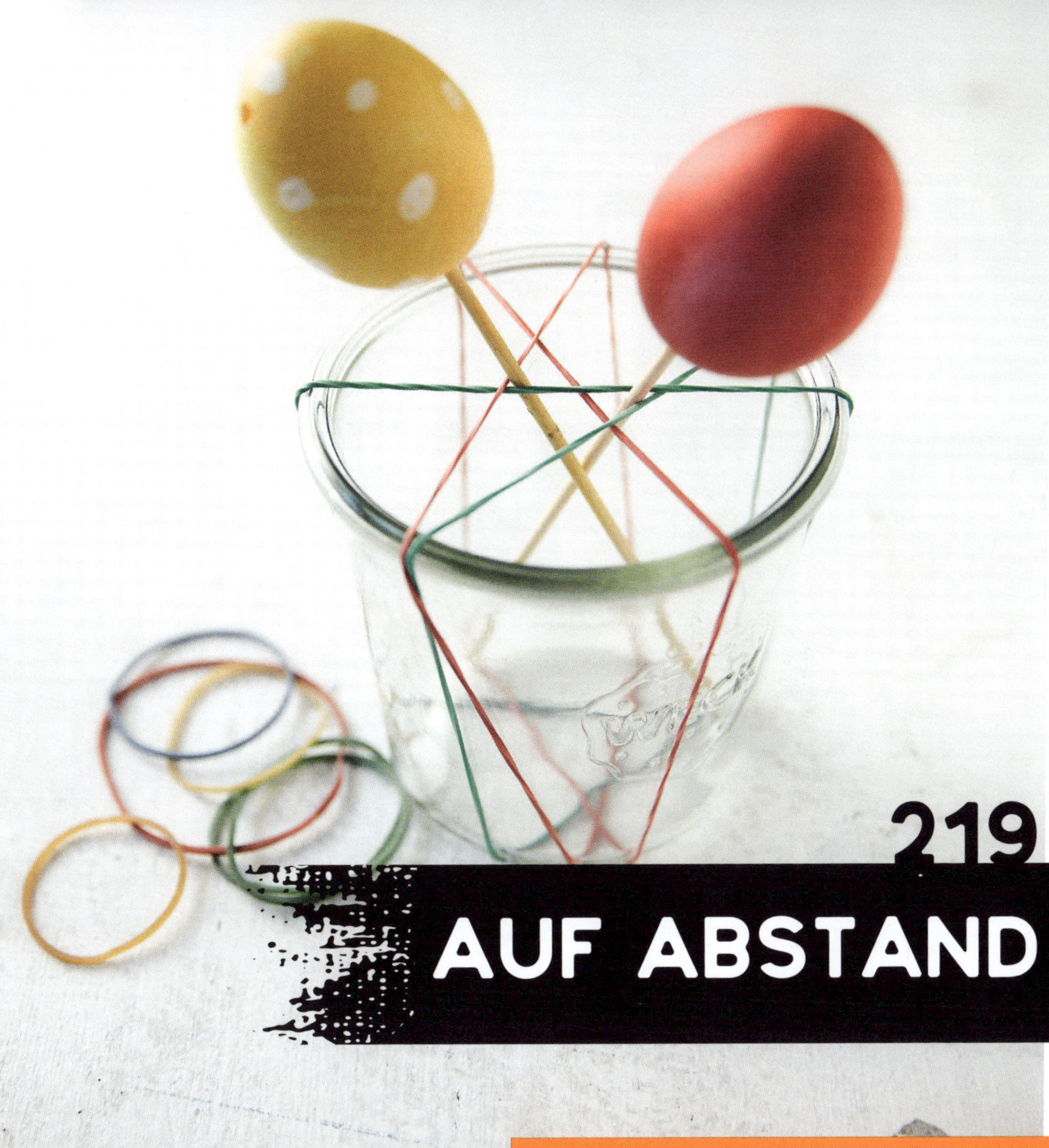

219 AUF ABSTAND

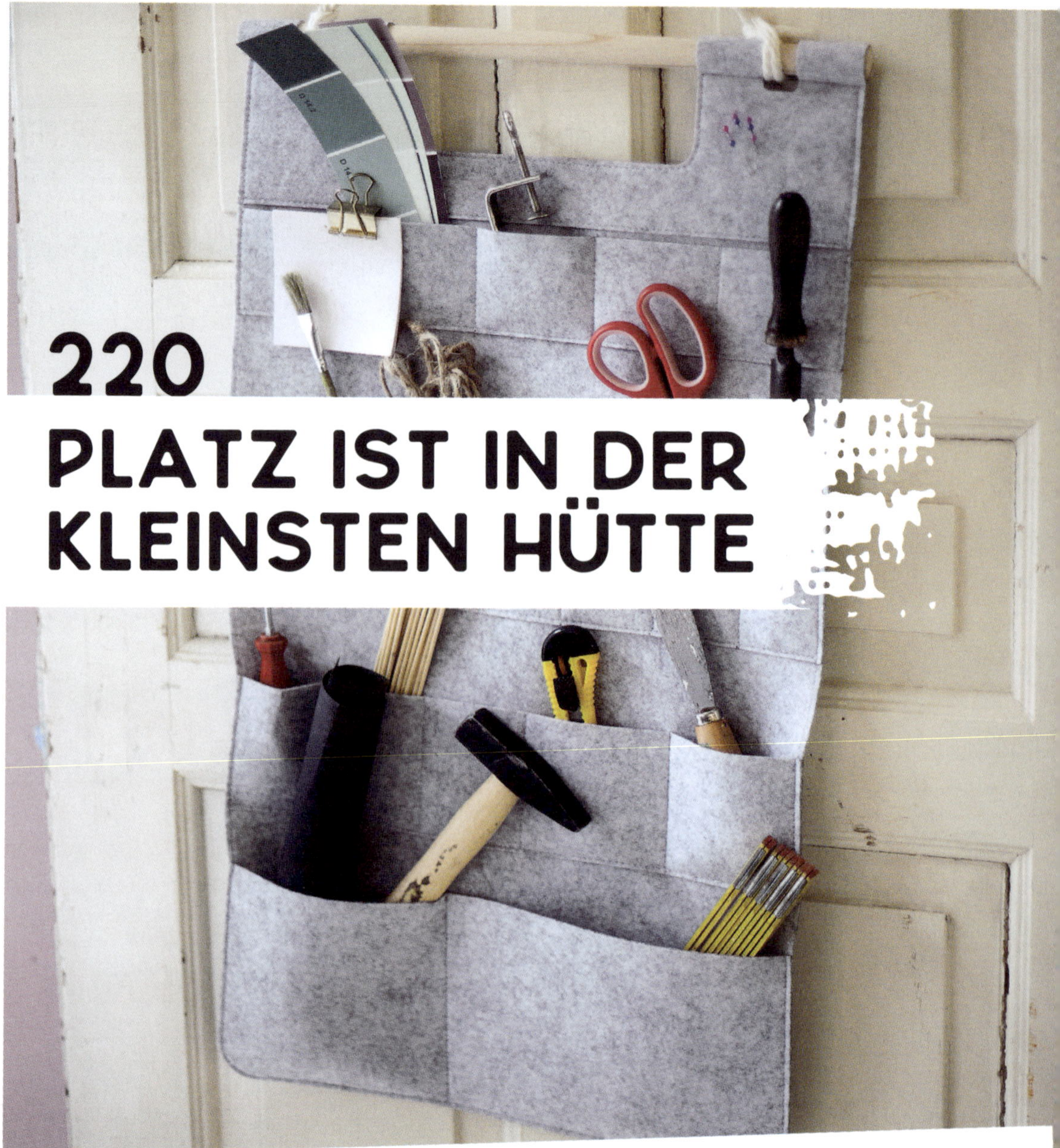

220 PLATZ IST IN DER KLEINSTEN HÜTTE

Alle Schränke, Ablagen und Schubfächer sind voll? Dann verwandle eine Tür in ein Bastelregal. Nutze die freie Fläche und hänge mit Türhaken ein Utensilo auf.

Nähe dir aus Filz dein eigenes Utensilo. Schneide eine Fläche in der gewünschten Größe zu, lege ein paar Filzstreifen quer auf und nähe sie an der unteren Kante fest. Unterteile die Streifen mit vertikalen Nähten, sodass Fächer entstehen. Für die Aufhängung die obere Kante umschlagen, mit etwas Abstand festnähen und einen Stab durch den Tunnel stecken.

221 KLEINES SCHATZ-KISTCHEN

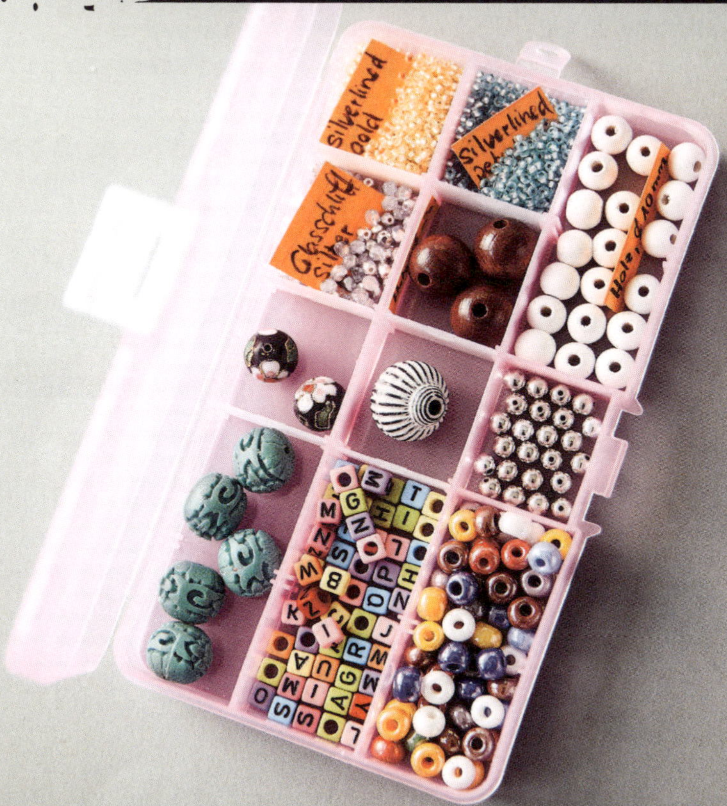

Perlen kannst du in einer kleinen Sortierbox aufbewahren. Die Fächer werden mit dem Deckel sicher verschlossen, sodass nichts durcheinandergeraten kann. Damit du den Überblick behältst, kannst du kleine Infokärtchen zu den Perlen in die Fächer legen.

Kleine Perlen am besten mit einer Papierrutsche einfüllen (siehe Seite 296), damit sie sicher im richtige Fach landen.

222

BASTELWERKZEUG TO GO

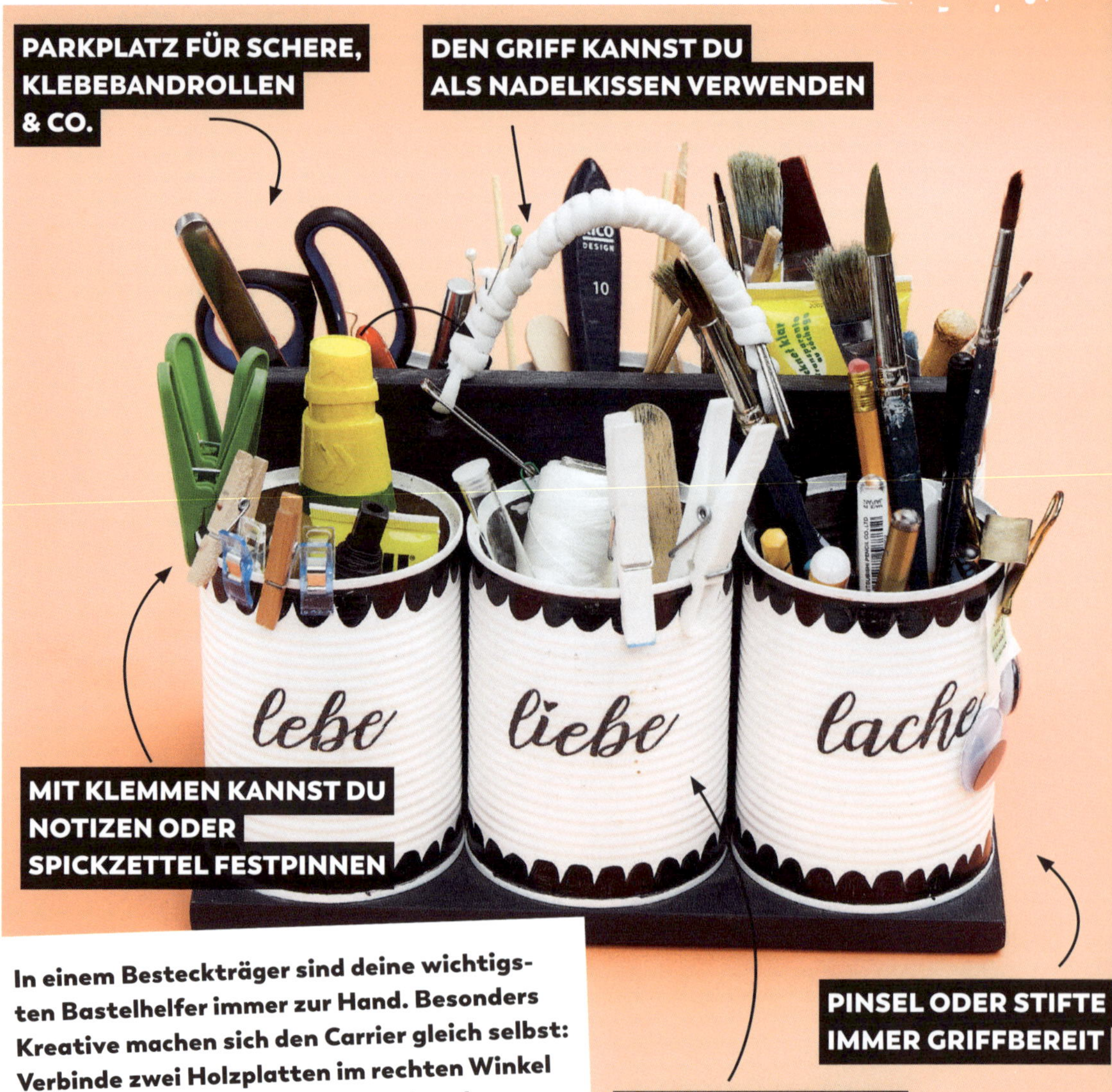

In einem Besteckträger sind deine wichtigsten Bastelhelfer immer zur Hand. Besonders Kreative machen sich den Carrier gleich selbst: Verbinde zwei Holzplatten im rechten Winkel und schraube dann von beiden Seiten leere Konservendosen fest. Als Trageriemen bringst du einfach eine Kordel an.

NOTIZEN

AHA!

Mit ein bisschen regelmäßiger Pflege bleiben deine Basic-Tools immer einsatzbereit. Ersetze stumpfe Messer oder Klingen, sortiere eingetrocknete Farben oder Klebstoffe aus, spitze deine Blei- und Buntstifte an, reibe den Radiergummi sauber oder ersetze leergeschriebene Stifte durch neue. An Pinseln hast du länger Freude, wenn sie jedes Mal sofort ausgewaschen und zum Trocknen mit der Spitze nach unten aufgehängt werden.

CHECKLISTEN

Man kann viel Geld für Bastelwerkzeuge ausgeben – oder einfach mal schauen, was man schon alles zu Hause hat. Mit dieser Liste kannst du so weit wie möglich auf teure Anschaffungen verzichten:

DIE LOW-BUDGET-BASIC-AUSSTATTUNG FÜR KREATIVE ALLROUNDER ✓

- ☐ Bleistift, HB und 2B
- ☐ feiner Filzstift in Schwarz
- ☐ heller weicher Buntstift (zum Anzeichnen auf dunklem Grund)
- ☐ feiner und dicker Rundpinsel, z. B. Nr. 2 und Nr. 12
- ☐ breiter Flachpinsel, z. B. Nr. 40
- ☐ Wasserglas
- ☐ Acrylfarbe
- ☐ ein paar Lumpen oder alte Küchentücher
- ☐ Radiergummi
- ☐ Anspitzer
- ☐ Bürolocher
- ☐ Tacker
- ☐ Metalllineal (zum Zeichnen und Schneiden)
- ☐ Schneidematte
- ☐ Cutter oder Skalpell
- ☐ (altes) Küchenmesser
- ☐ kleine, spitze Schere
- ☐ große, robuste Schere
- ☐ Alleskleber
- ☐ Bastelkleber (Weißleim)
- ☐ Heißklebepistole
- ☐ Klebefilm

- Malerkrepp
- (alter) Kaffeelöffel
- Wattestäbchen
- Zahnstocher
- Schaschlikstäbchen
- Holzspatel
- Wäscheklammern
- Haushaltsgummis
- stumpfe und spitze Sticknadel
- reißfester Faden
- kleines Reise-Nähset
- Schleifpapier, Körnung 80 und 100
- kleine Kombizange
- Seitenschneider
- Schraubenzieher, Kreuz und Schlitz
- kleine Handsäge
- Akkubohrer mit Universalbohrer-Set
- Hammer
- Schraubklemme
- Feuerzeug

Hier eine kleine Auswahl der gängigsten Sachen. Die Liste ließe sich endlos fortsetzen.

WERKZEUGE, HILFSMITTEL UND MATERIALIEN ZUM NULLTARIF ✓

- Zeitungspapier
- einseitig bedrucktes Schreibpapier
- Prospekte, Werbesendungen, Kalender oder Kataloge mit schönen Designs oder Motiven
- Verpackungsmaterial aus Kraftpapier
- leere Verpackungen aus dünner Pappe

CHECKLISTEN

- ☐ Eisstiele
- ☐ alte Chip- oder Magnetstreifenkarten aus Plastik
- ☐ Altkleider aus Baumwoll-Jersey (für Lumpen oder Garn)
- ☐ leere Kunststoffverpackungen wie Schalen, Becher, Eimer, Dosier- oder Sprühflaschen
- ☐ leere Schraubgläser
- ☐ Deckel aller Art (z. B. als Malerpalette)
- ☐ Wein- und Sektkorken
- ☐ Kronkorken
- ☐ leere Milch- oder Safttüten
- ☐ metallisch beschichtete Schokokuss-Verpackungen
- ☐ Klorollen
- ☐ Eierkartons
- ☐ leere Konservendosen
- ☐ Bänder und Kordeln von Preisschildern bzw. Bekleidungsetiketten
- ☐ Drahtkleiderbügel
- ☐ schöne Dosen, Schachteln, Gläser und Flaschen
- ☐ transparente Lebensmittelverpackungen aus Polystyrol

CHECKERTIPPS FÜR SPARFÜCHSE ✓

- Überlege vorher, ob du ein Material öfter oder in größerer Menge brauchst. Größere Packungen haben meist ein besseres Preis-Leistungsverhältnis als kleinere.
- Vollton- und Abtönfarbe aus dem Baumarkt ist eine günstige Alternative zu Acrylfarbe – vor allem, wenn du etwas mehr Farbe brauchst. Mit Klarlack macht du sie haltbar und bringst sie zum Glänzen.
- Beschränke dich beim Kaufen auf wenige Farben wie Gelb, Rot, Grün, Blau und Braun. Zusammen mit Schwarz und Weiß kannst du alle anderen Farben daraus mischen.
- Weiß kommt sehr viel zum Einsatz, zum Beispiel um Farben aufzuhellen oder Objekte vor dem eigentlichen Anstrich zu grundieren. Es lohnt sich also, gleich eine größere Flasche anzuschaffen!
- Kleine Flächen kannst du auch mit günstigem Nagellack bemalen oder lackieren.
- Heißkleberpistolen gibt es in verschiedenen Größen. Wenn du sie eher selten benutzt, reicht eine preisgünstige Mini-Variante.
- Wenn du keine Löcher in die Wand oder in dicke Bretter bohren willst, kannst du dir den Akkubohrer getrost sparen. Ein Handbohrer ist dann genau das richtige Werkzeug für dich.

MAKING OF

Paletten zerlegen erfordert vollen Einsatz!

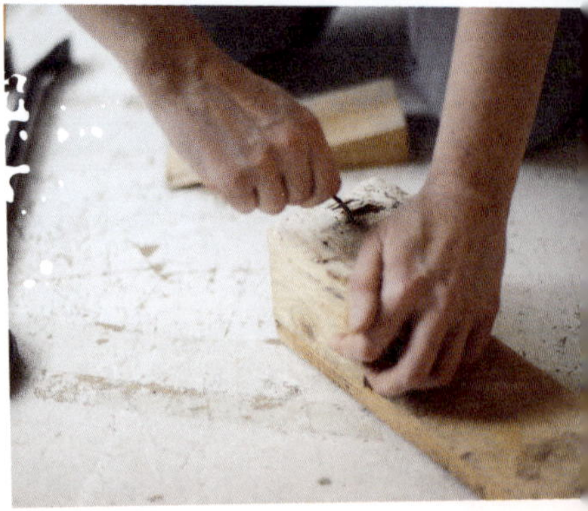

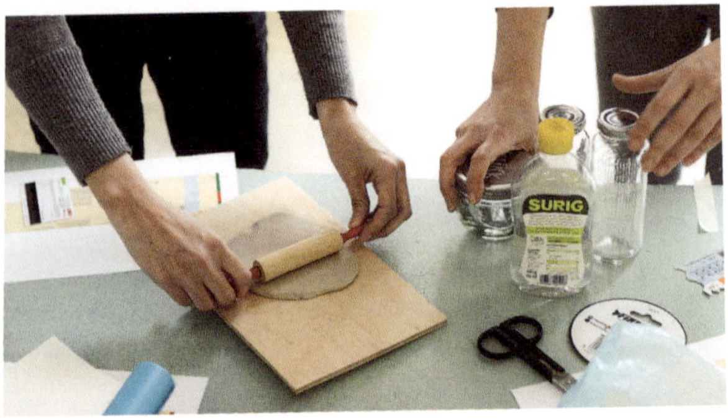

Wir bereiten parallel zwei Fotos vor.

Auch Kranzbinden ist eine gefährliche Angelegenheit – der Draht kann ganz schön pieken.

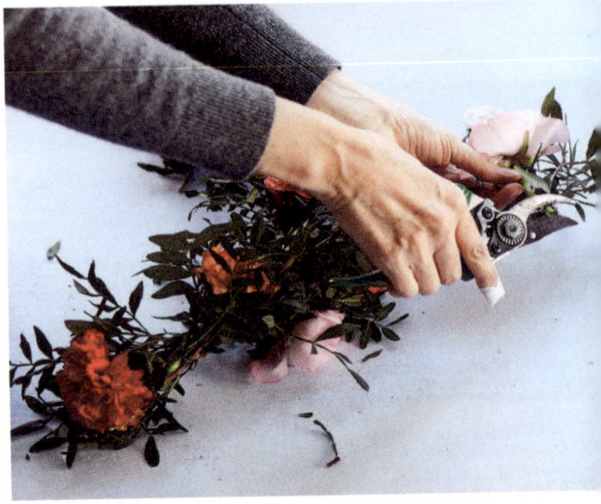

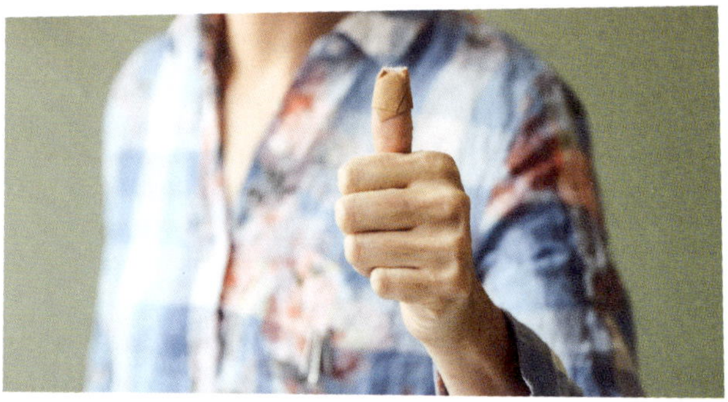

Wir lassen uns von nichts abhalten, kreativ zu sein – Pflaster drauf und weiter geht's!

FAILS

Voll verwickelt! Das Wollknäuel für die Pompons sollte ordentlich aufgewickelt sein.

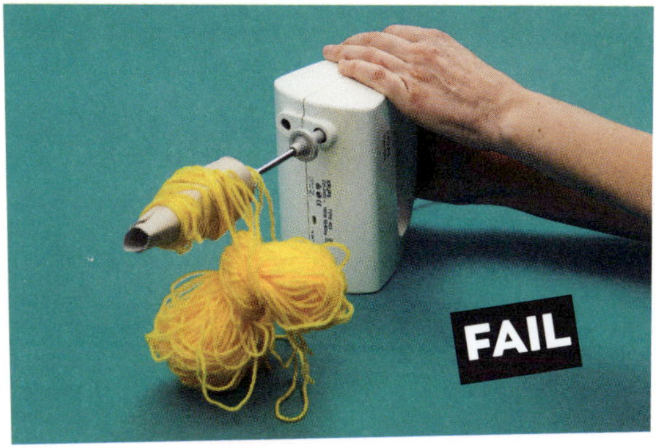

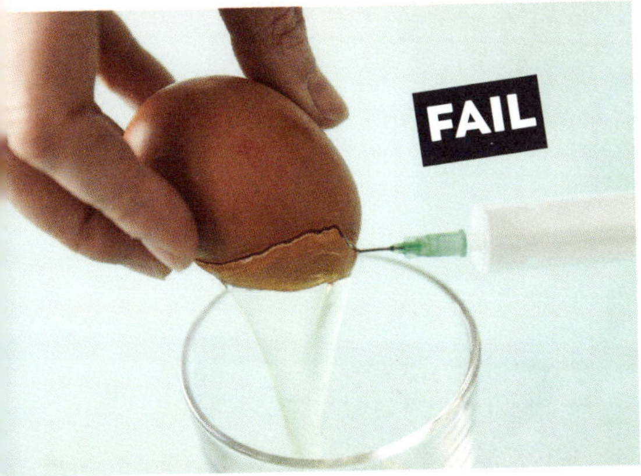

Achtung, Explosionsgefahr! Wenn das Loch in der Schale zu klein ist für den Druckausgleich, fliegt einem – päng! – das Ei um die Ohren.

iese flauschigen Gräser wurden mit Farbe nbetoniert. Mehr Wasser hätte dem arbbad gut getan - oder dünnflüssige extilfarbe.

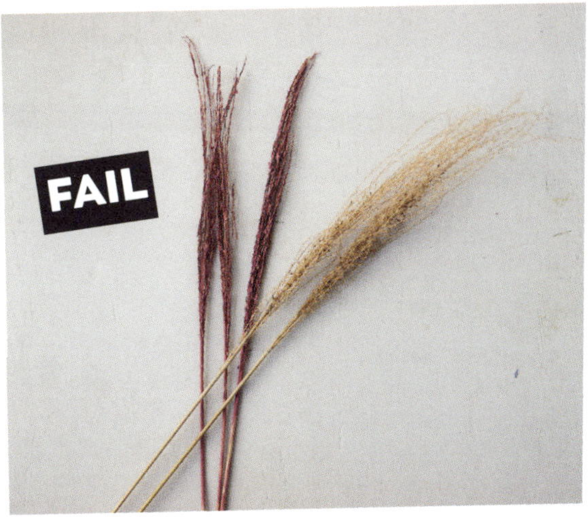

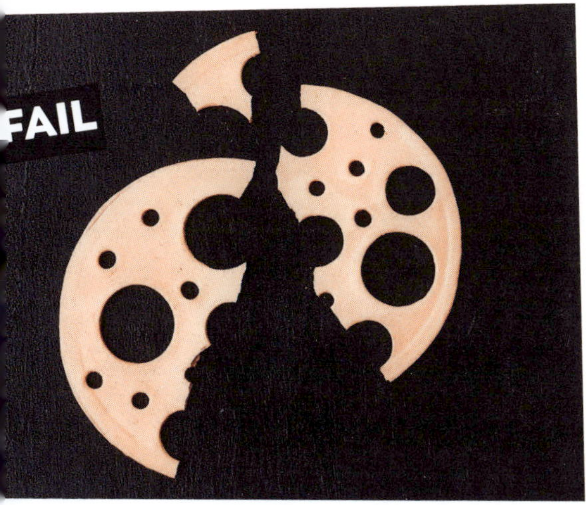

Vorsicht mit dem Blumenverteiler! Die dünne Tonplatte ist wegen der Löcher etwas empfindlich und sollte sorgsam aufbewahrt werden.

DIE AUTORINNEN

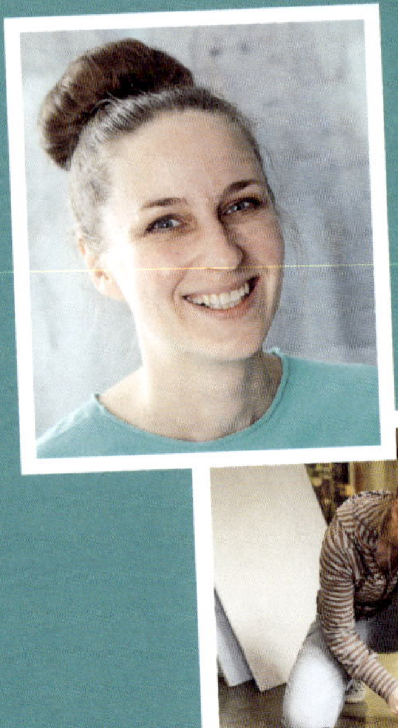

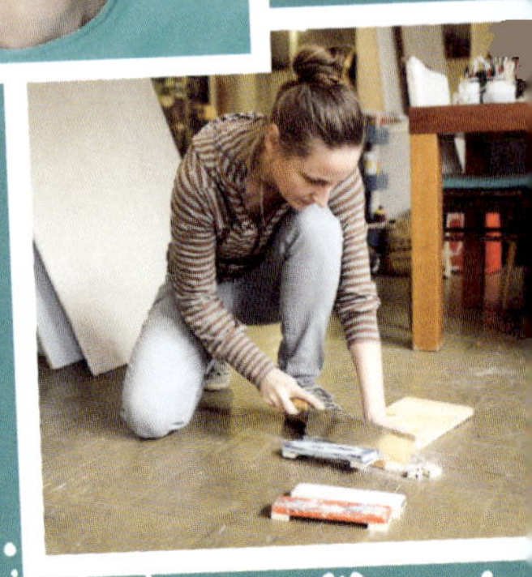

SUSANNE PYPKE

Du liebst kreative DIY-Ideen, probierst ständig neue Techniken aus und machst am liebsten alles selbst? Dann bist du vermutlich genauso bastelverrückt wie ich!

Schon als Kind gab es für mich nichts Schöneres, als mit Werkzeugen, Nähnadeln und Pinseln zu experimentieren. Vor rund zehn Jahren habe ich meine Leidenschaft dann zum Beruf gemacht. Inzwischen sind zahlreiche Bastelbücher mit meinen Ideen erschienen. Und auch im Fernsehen gab es schon die verschiedensten kreativen Tipps und Tricks von mir. Ein kleiner Ausschnitt meines Schaffens ist auf meinem Kreativblog „http://fraeuleinfloh.blogspot.de/" zu sehen. Schau doch mal vorbei!

JOHANNA RUNDEL

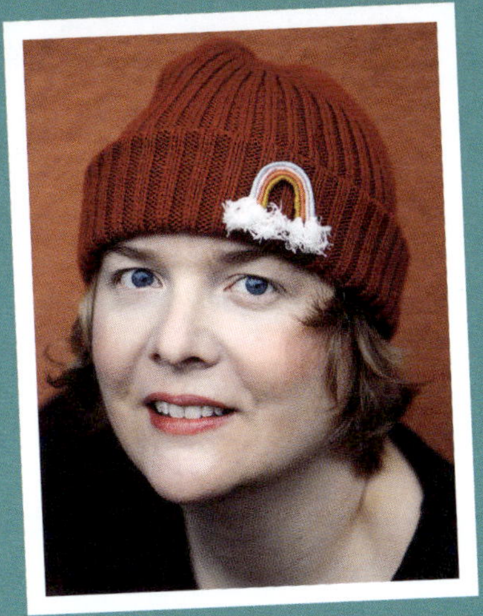

Ich bin Johanna Rundel und arbeite als freie Designerin, Grafikerin, Illustratorin und Autorin in Frankfurt am Main. Und ja, ich gebe es zu: ICH BIN EINE BASTELTANTE! Das Wort „basteln“ mag ich zwar überhaupt nicht, aber bisher ist mir auch noch kein besseres eingefallen. „Handarbeiten“ klingt noch schlimmer … Trotzdem ist es genau das, was ich am liebsten tue: Ich schaffe etwas mit meinen Händen!

In meinem Alltag und Arbeitsleben verbringe ich leider viel zu viel Zeit vor dem Rechner, da ist es absolut befriedigend, die freie Zeit mit dem Gestalten schöner Dinge zu verbringen. Die schönsten Ideen und Projekte teile ich auf meinem Blog www.johannarundel.de und auf Instagram unter @johannarundel. Dank ausführlicher Schritt-für-Schritt-Anleitung und Vorlagen zum Download kannst du meine DIYs dann ganz leicht nacharbeiten.

Schon vor einiger Zeit habe ich meine Leidenschaft zum Beruf gemacht – ich entwickle DIY-Anleitungen für Zeitschriften, Verlage und Unternehmen. Manchmal kann man mich auch live auf einem Workshop sehen oder als Expertin in diversen TV-Sendungen „bewundern“. Für dieses Buch habe ich jetzt mein besten Bastel- und DIY-Hacks aus fast zehn Jahren als Do-it-Yourself-Bloggerin und Berufsbastlerin für dich zusammengetragen – und hoffe du hast viel Freude daran!

REGISTER

#TOPPPROJEKT

Die eigene Kreativität zeigen: TOPPprojekt mit anderen Kreativen teilen und Teil der Gemeinschaft werden.

DIY-begeistert und auf Instagram? Dann unbedingt mitmachen! Hier gibt's Tipps und Feedback zu den eigenen Projekten. Außerdem verlosen wir jeden Monat ein Überraschungspaket. Um am Gewinnspiel teilzunehmen, einfach ein Bild vom Kreativ-Projekt aus unseren Büchern mit #TOPPprojekt posten und unserem Account @frechverlag folgen. Mehr Infos auf TOPP-kreativ.de/TOPPprojekt

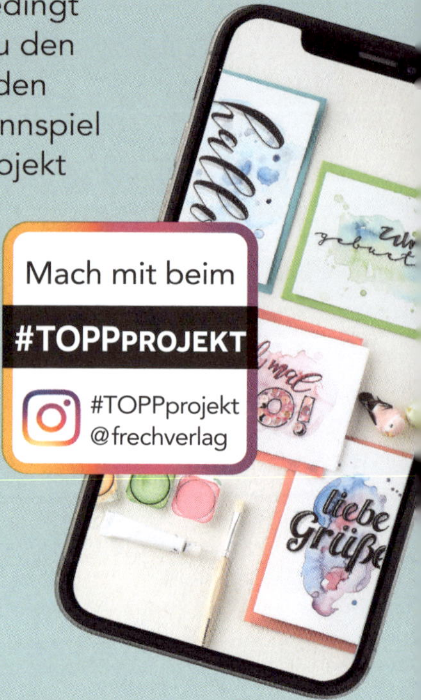

Website
Auf TOPP-kreativ.de kannst du ein riesiges Angebot von über 1.000 Kreativbüchern, Sets & mehr entdecken.

Newsletter
Gleich anmelden unter: TOPP-kreativ.de/newsletter und immer als Erstes von unseren Neuheiten und Sonderaktionen erfahren.

Instagram
@frechverlag

Pinterest
pinterest.com/frechverlag

Facebook
facebook.com/frechverlag

DigiBib
Hier findest du zusätzlich zu vielen unserer Bücher digitale Extras, wie Video-Tutorials, Plotter-Dateien, Vorlagen, Übungsblätter & vieles mehr. Einfach im Impressum deines TOPP-Buchs den Freischalte-Code nachschlagen und exklusive Inhalte freischalten. TOPP-kreativ.de/digibib

Youtube
youtube.com/frechverlag

Wer wir sind, wie wir arbeiten, was wir lieben …

Auf Instagram, Facebook und Pinterest findest du mehr über uns und unsere Arbeit und wirst immer schnell und einfach mit den neuesten Infos versorgt.

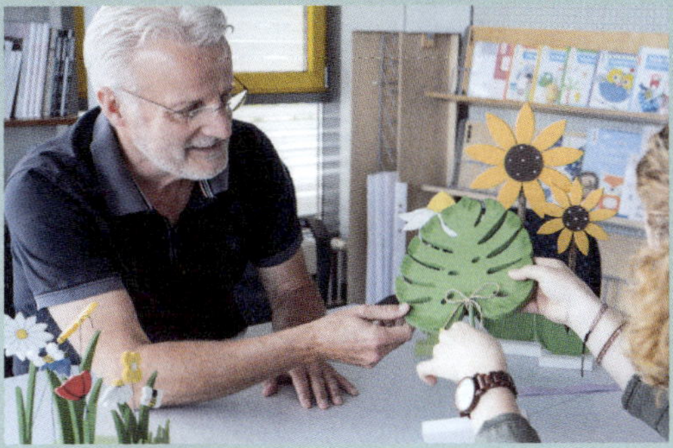

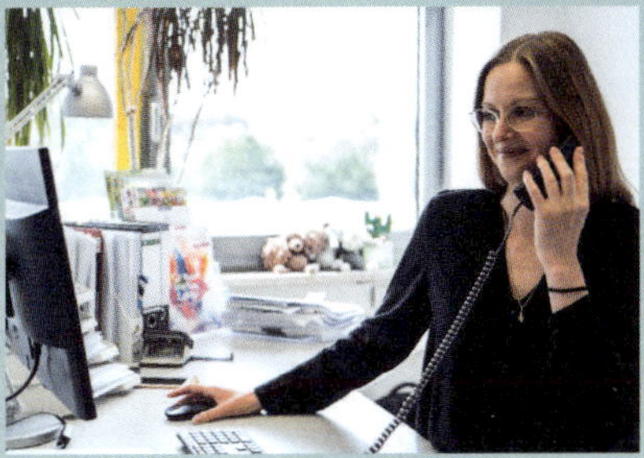

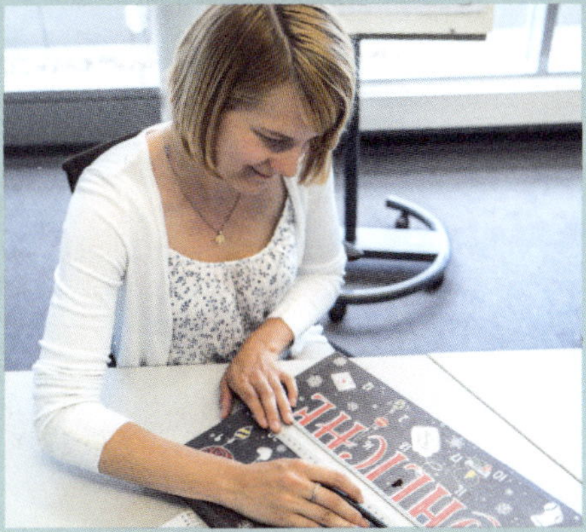

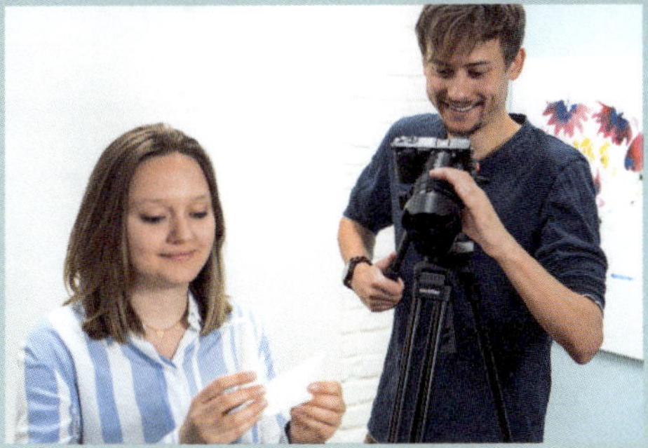

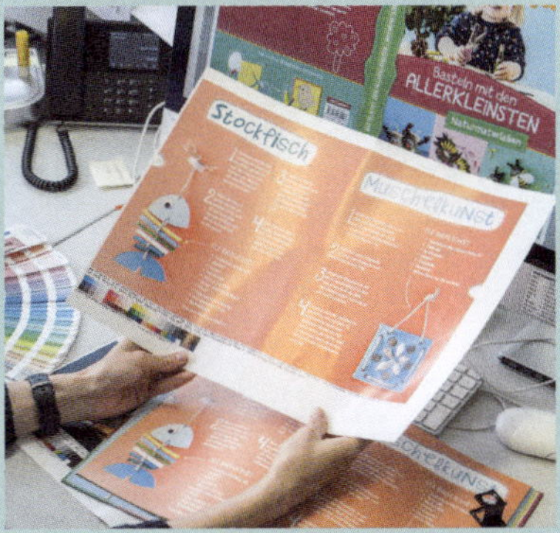

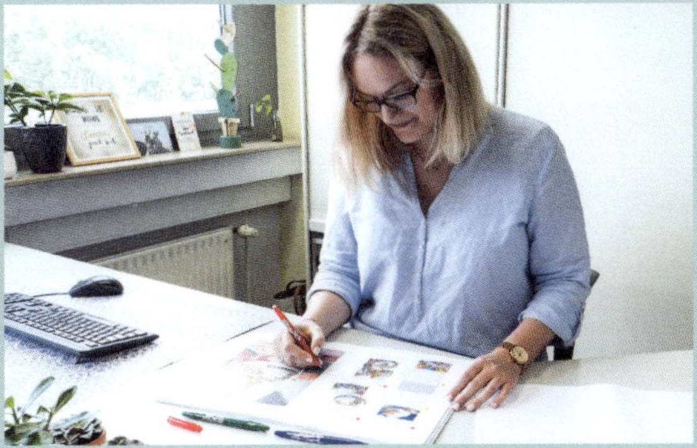

Alle News, alle Infos und alle Links findest du auf www.TOPP-kreativ.de

Buchempfehlungen für dich

Noch mehr Kreativ-Bücher zum gleichen Thema gesucht?

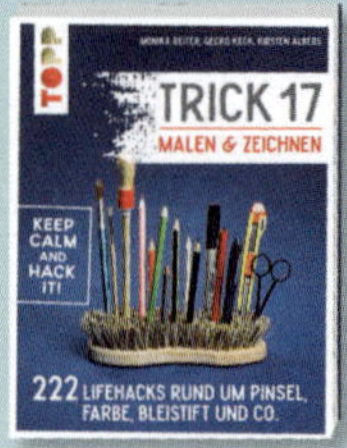

ISBN 978-3-7724-4707-5

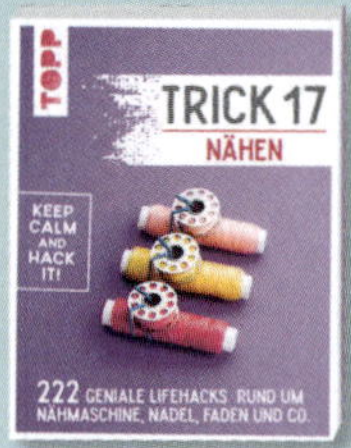

ISBN 978-3-7724-4835-5

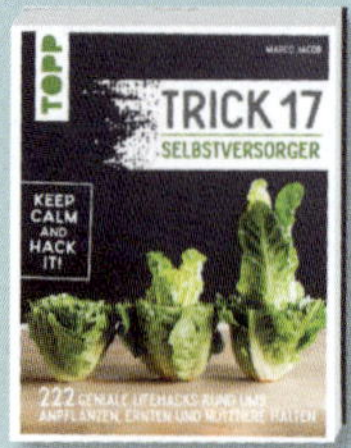

ISBN 978-3-7724-4522-4

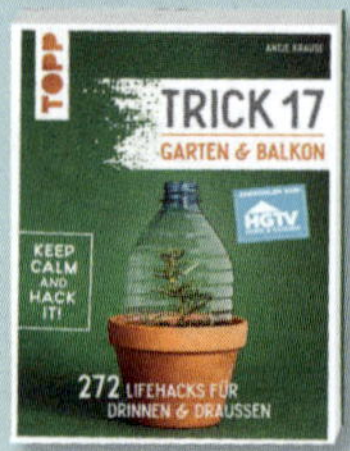

ISBN 978-3-7724-7181-0

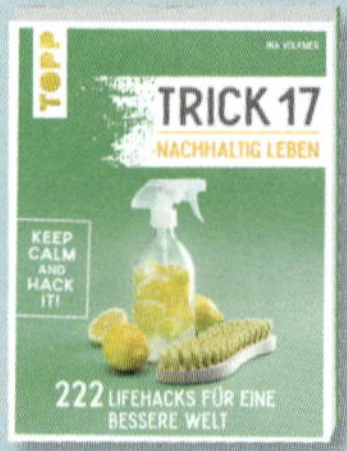

ISBN 978-3-7724-4976-5

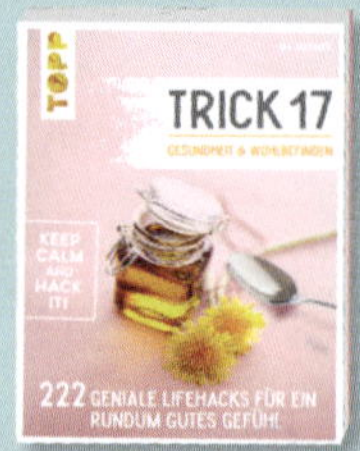

ISBN 978-3-7724-4495-1

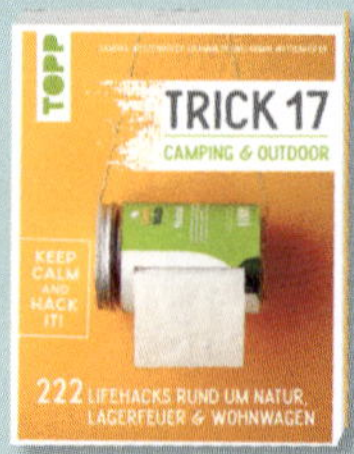

ISBN 978-3-7724-7196-4

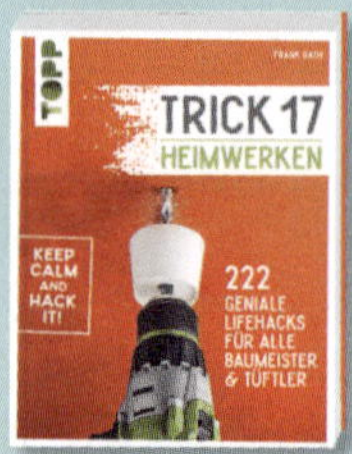

ISBN 978-3-7724-4547-7

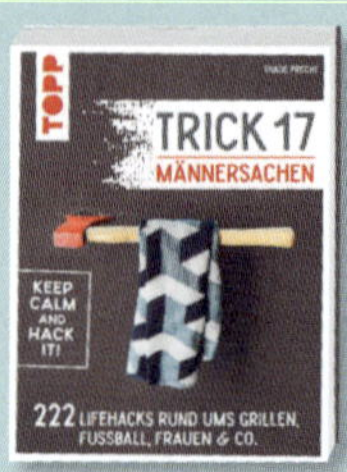

ISBN 978-3-7724-7596-2

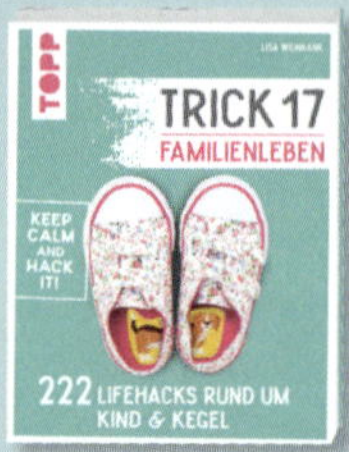

ISBN 978-3-7724-7186-5

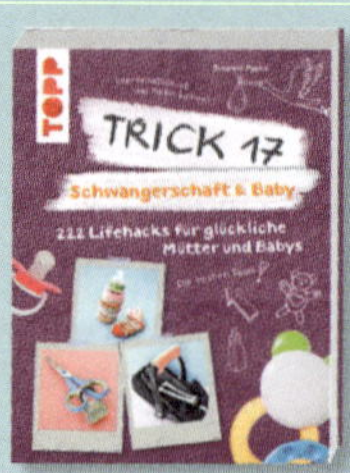

ISBN 978-3-7724-7784-3

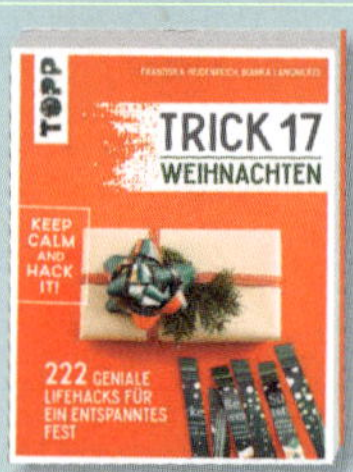

ISBN 978-3-7724-4578-1

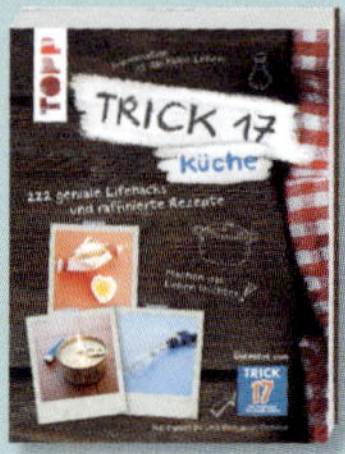

ISBN 978-3-7724-7468-2

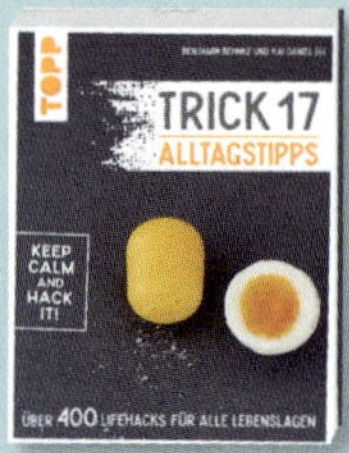

ISBN 978-3-7724-7009-7

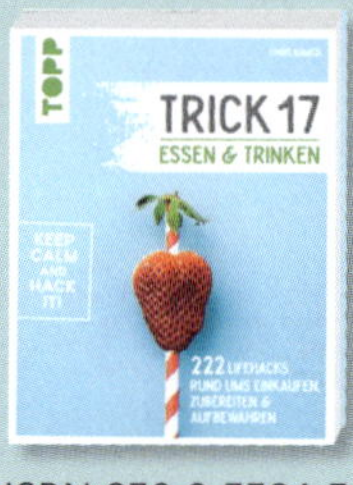

ISBN 978-3-7724-7155-1

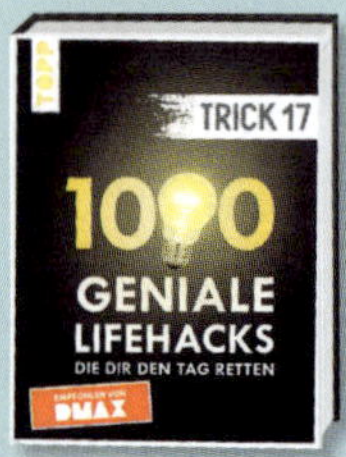

ISBN 978-3-7724-7168-1

Viele weitere Kreativ-Bücher findest du auf www.TOPP-kreativ.de

Entdecke auch unsere kompakten Trick 17-Bände!

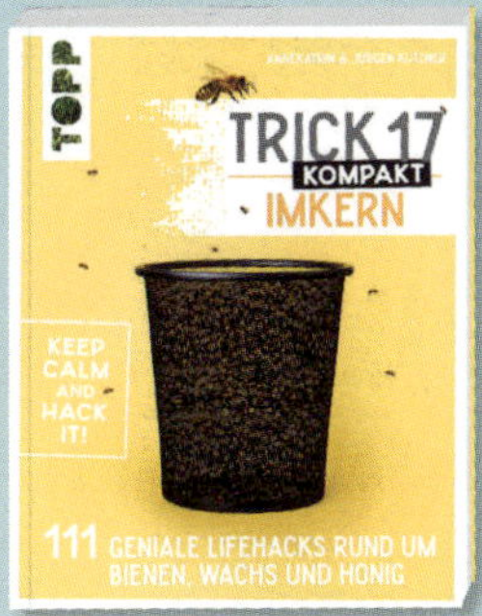

ISBN 978-3-7724-4580-4

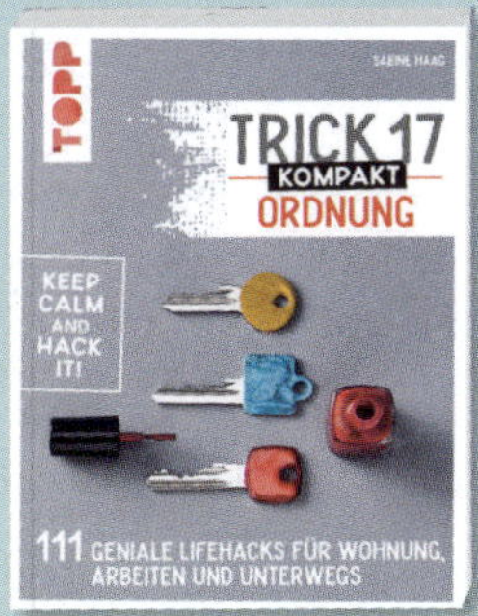

ISBN 978-3-7724-4581-1

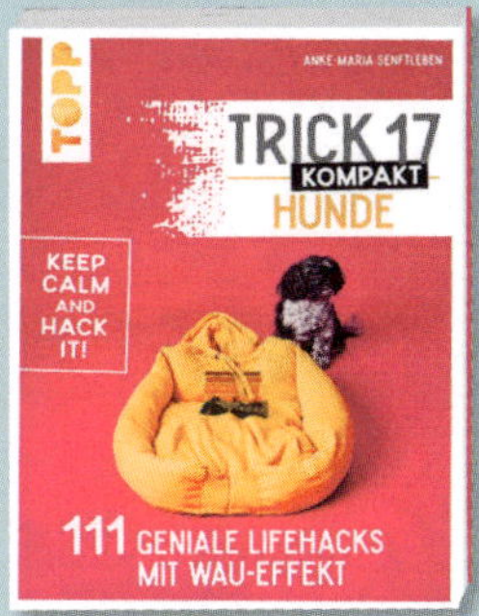

ISBN 978-3-7724-4582-8

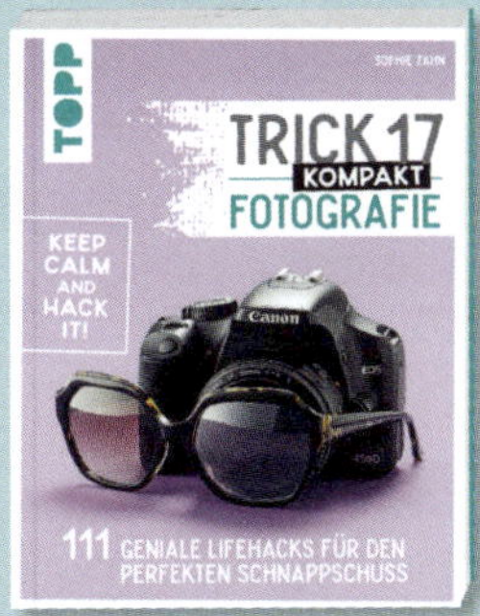

ISBN 978-3-7724-4601-6

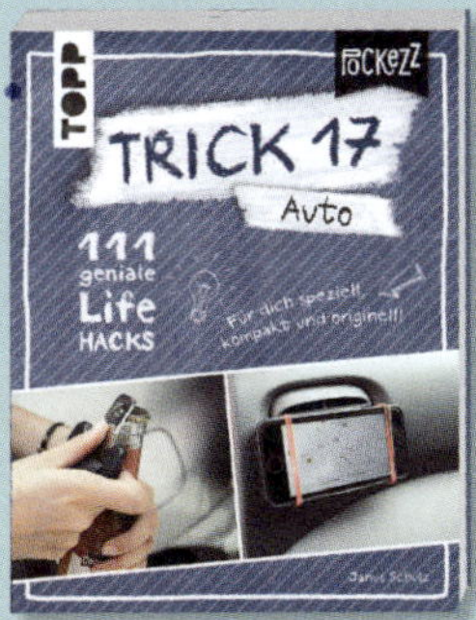

ISBN 978-3-7724-7144-5

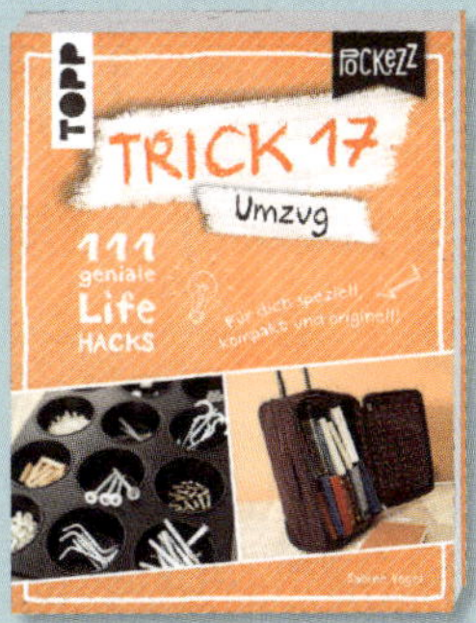

ISBN 978-3-7724-7145-2

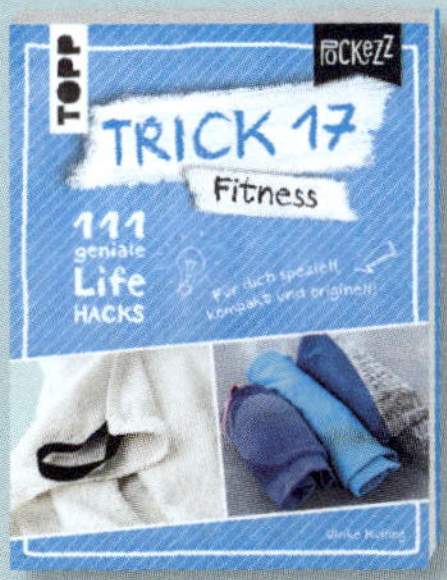

ISBN 978-3-7724-7146-9

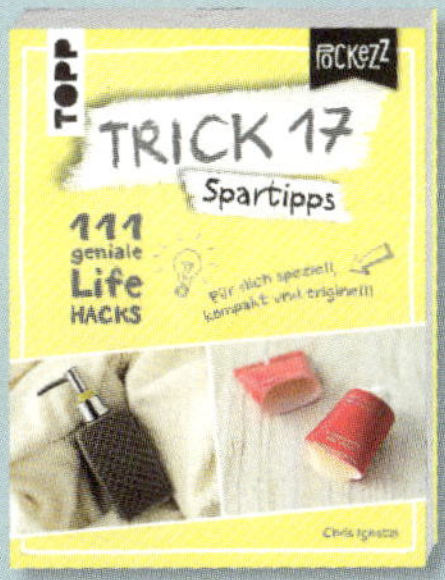

ISBN 978-3-7724-7147-6

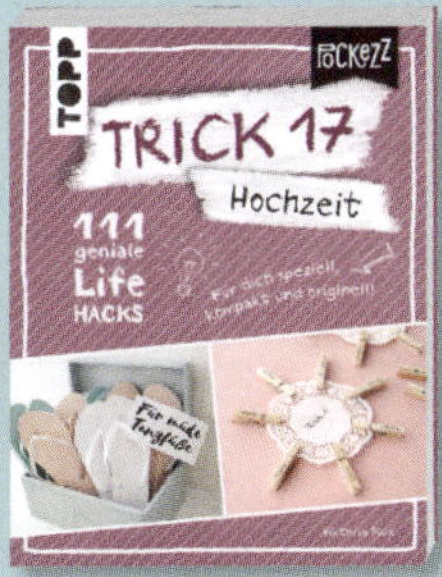

ISBN 978-3-7724-7921-2

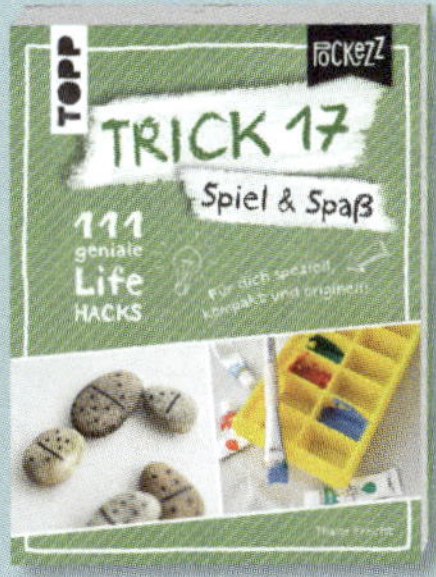

ISBN 978-3-7724-7925-0

IMPRESSUM

MODELLE & TEXTE:
Johanna Rundel (Seite 11, 15-18, 6/7, 19, 24, 36, 37, 40/41, 46-48, 50/51, 54, 56/57, 61, 65, 78, 84/85, 74/75, 92/93, 99, 94/95, 88/89, 86, 104-106, 109-111, 118/119, 120, 123, 138/139, 142-147, 149-152, 154/155, 158-161, 165, 168/169, 172-174, 178, 179, 182, 198-205, 220-222, 224/225, 229-231, 235, 237-240, 246, 254-258, 273, 262/263, 260, 261, 264, 270/271, 274-277, 269, 280/281, 284-286, 288-295);
Susanne Pypke (Seite 10, 12/13, 14, 20-23, 25-35, 44, 45, 49, 52, 53, 55, 58/59, 60, 62/63, 64, 66-69, 70-72, 79-83, 87, 90, 91, 96-98, 100-102, 107, 108, 114-117, 120, 121, 124-135, 148, 149, 153, 156, 157, 162-165, 175-177, 180/181, 183-192, 206-219, 228, 232-234, 236, 241-245, 247, 248, 250/251, 259, 265-268, 272, 287,296, 297, 298, 299, 300, 301, 302)
FOTOS: frechverlag GmbH, 70499 Stuttgart; Fotostudio lichtpunkt, Michael Ruder, Stuttgart; stockfotos: Butsaya (S.185, #1710120700), Chantelle M Siequien (S.286, #1581897454), Fabrizio Guarisco (S.84, #17706807987), Ilona Titova (S.201, # 1342367633), Iris_art (S.179, #1431441890), Kmcnok Nok (S.84, #688127083), Luis Echeverri Urrea (S.85, #1675443736), Nahhana (S.85, #1511185532), Natasha Breen (S.84, #76868098), Pichchapatr Kamkampol (S.85, #1512209366), s_karau (S.11,#320985716), Takahashi Outdoors (S.85, #1698929320), Valentina_S (S.85, #82523833), Vankich1 (S.84, #1594856878), VDB Photos (S.205, #731574637)
ILLUSTRATIONEN: Ludmila Blum, Bunte Galerie, Durbach
COVERGESTALTUNG: Eva Grimme unter Verwendung eines Fotos von lichtpunkt, Stuttgart
PRODUKTMANAGEMENT UND LEKTORAT: Eva Schrecklinger, Ramona Groß, Annika Nürk
HERSTELLUNG: Heike Köhl
SATZ: Fotosatz H. Buck, Kumhausen
DRUCK UND BINDUNG: BALTO print, Litauen

2. Auflage 2021

ISBN 978-3-7724-4577-4 • Best.-Nr. 4577